大学语文

——写作与演讲

主编　陈金琳

内容提要

本书分为写作和演讲两部分内容。写作部分包括基础理论和文体训练，文体训练包含了军队常用事务文书、军队机关公文和新闻的写作等内容；演讲部分包括演讲概说、演讲稿撰写、演讲实施技巧和军队常用演讲等内容。本书适合各类军事院校教学使用。

图书在版编目（CIP）数据

大学语文：写作与演讲 / 陈金琳主编. — 上海：
上海交通大学出版社，2021.11（2025.1重印）
ISBN 978-7-313-25180-0

Ⅰ.①大… Ⅱ.①陈… Ⅲ.①汉语－写作－军事院校－教材②演讲－写作－军事院校－教材 Ⅳ.①H15

中国版本图书馆CIP数据核字（2021）第208785号

大学语文：写作与演讲
DAXUE YUWEN: XIEZUO YU YANJIANG

主　　编：陈金琳
出版发行：上海交通大学出版社　　地　　址：上海市番禺路951号
邮政编码：200030　　电　　话：021-64071208
印　　刷：常熟市文化印刷有限公司　　经　　销：全国新华书店
开　　本：787mm×1092mm　1/16　　印　　张：19.5
字　　数：449千字
版　　次：2021年11月第1版　　印　　次：2025年1月第8次印刷
书　　号：ISBN 978-7-313-25180-0
定　　价：49.80元

编写委员会

主　编　陈金琳（国防科技大学）

副主编　钟雅琼（国防科技大学）

胡　越（陆军工程大学）

雷　奕（国防科技大学）

编　委　（按姓名拼音排序）

刘　凯（海军潜艇学院）

刘　莉（空军预警学院）

王　蓓（空军预警学院）

吴峰敏（海军航空大学）

徐加新（空军勤务学院）

徐培亮（陆军工程大学）

许维娣（大连舰艇学院）

曾　岚（国防科技大学）

张小玲（国防科技大学）

赵晓宇（国防科技大学）

郑晓静（海军潜艇学院）

邹蕙全（海军航空大学）

前 言

良好的写作与演讲能力是军校学员任职部队的必备能力素养。一直以来，培养写作与演讲能力是军事院校教育中的一项基本任务。2018年“写作与演讲”内容被纳入全军科学文化基础课程“大学语文”大纲中。基于新大纲的要求和院校教学实际需求，我们集海、陆、空多所院校的专职教员编写了本教材。具体而言，本教材有以下几个特点：

一是紧扣大纲，针对性强。按照大纲要求，教材内容包含写作和演讲两部分，分为上中下三篇。写作部分包括上篇写作理论知识和中篇文体训练，文体训练包含了大纲提及的军队常用事务文书、军队机关公文和新闻的写作；下篇实用演讲部分包括演讲概述、演讲稿的撰写、演讲实施的技巧和军队常用演讲等内容。这样的结构设置既满足了按纲施训的要求，又满足了理论联系实际的要求。

二是内容丰富，颇有创新。首先，选材新。不少例文选自公开网站、报刊、书籍，大多为近5年发表的作品。有些例文本身就是获奖作品，有些是作者得意之作，有些是据文修改而成，均已通过作者所在单位的保密审查。这些例文时效性强、规范性强、借鉴性强。其次，体例新。不仅有概念定义、案例分析、课后思考与练习，还有拓展延伸。拓展延伸部分所列资料往往与本章节教学内容相关，拓宽了教材的信息量，便于学员课后根据自己实际需要进行拓展阅读。再次，内容新。除了大纲中提及的文体之外，教材还增加了一般军队应用写作教材不太涉及的内容，如军事应用写作的发展史、虚构与非虚构写作的介绍和学术论文、商务文书（创意广告文案、合同）的写作等，既让学员了解了军事应用写作的发展趋势，又顺应时代，满足了学员日益增长的写作需求。

三是贴近部队，实用性强。本书是为指导军校学员将来服务部队而编写，所选文体大多是部队工作中的常用文体，如计划、写作、典型材料、调查报告、思想汇报、决心书、请战书、军队机关公文、军事新闻、读书演讲、战时演讲、分队日常演讲等，基本满足部队日常工作需要。在编写中，作者针对写作的难点和误区，提出了一些实操性的方法和建议，可以帮助学员拨开迷雾，找到正确的方法。

本教材各章节编写任务分工如下。绪论及第一章：陈金琳，第二章：胡越、徐培亮，第三章：郑晓静、刘凯，第四章第一节和第二节：陈金琳、第三节：曾岚、第四节：刘莉、第五节：吴峰敏、邹蕙全、第六节：徐加新、第七节：王蓓、第八节和第九节：许维娣，第五章：陈金琳，第六章：赵晓宇，第七章：钟雅琼，第八章：张晓玲，第九章：陈金琳、雷奕，第十章：雷奕、钟雅琼，第十一章：雷奕，第十二章：钟雅琼。

本书能够付梓完成，首先要衷心感谢上海交通大学出版社编辑的辛苦工作。其次，在本书的写作中参考和借鉴了不少文章，选用了一些例文，在此一并向作者表示感谢。

本书编者虽尽心竭力，力求精准，但难免有疏漏之处。期盼读者朋友和专家、学者不吝批评指正！

编　者

2021 年 6 月 2 日

目　录

上篇　写作理论知识

中篇　文体训练

下篇　实用演讲

上篇　写作理论知识

绪　论

什么是写作？对于这个问题，学界有多种解答。有的说“写作是人们运用书面语言文字，反映事物、表情达意、交流思想的一种复杂的精神劳动”；有的说“写作是一种以言说的方式创造性地对当下生活做出的战略反应”。①其实，写作简而言之就是写文章。写文章既是一种精神劳动，也是一种社会实践活动。这种活动由四个要素构成：一是写作主体，即作者。这是写作中起决定性作用的重要因素，是最活跃的因素。从对客观事物的观察、体验，到写作活动的最后完成都是由主体支配的。比如写愁，人人言殊。李煜写愁是“恰似一江春水向东流”，而秦观写愁却是“无边丝雨细如愁”。主体不同，对事物的观照不同，写作不可避免地“物物皆着我之色彩”。二是写作的客体，也就是文章要反映的客观事物以及这些事物在写作主体心灵中形成的意识成果。客体是对象化了的自然现象、社会现象和精神现象。这是文章写作的基础，也是文章写作取之不尽、用之不竭的源泉。三是写作的载体，也就是反映写作活动成果的文章。它是写作主体要反映的客观事物和要表达的思想、认识和感情具体物化的实体。四是写作的受体，即文章的读者或听众。这是仅次于写作主体的活跃因素。受体不是机械地、全盘地、被动地接受文章，而是根据自己对客观事物的观察、体验和思考，给予相应的反馈，甚至还会有主观能动的创造性理解，所以“一千个读者有一千个哈姆雷特”。写作的四要素之间的互动关系便构成了完整的写作行为系统的运行机制：

主体—客体	认识关系
主体—载体—客体	表达关系
主体—载体—客体—受体	传播关系
主体—受体	反馈关系

美国著名的心理学家艾布拉姆斯（Meyer Howard Abrams）在《镜与灯》一书中，从接受美学的角度论述了这四者的关系。在他看来，文章写出来没有被阅读就还是一堆没有生命气息的死的文字，只有被读者阅读、感知后，文章才活了过来，写作才最后完成。换句

① 周森龙.现代写作论稿［M］.天津：天津人民出版社，2005：2.

话说，是读者最后完成了文章的写作。他的这种理论对传播学产生较大影响，也对写作学产生重大影响。因此，我们说写作既是一种表达，也是一种传播。

了解写作的构成和写作的过程，对于我们认识写作、掌握写作规律、提高写作能力是有所裨益的。因此，自有了人类写作活动开始，就逐渐有研究写作、探索如何写文章的专门之学——写作学。不过，在中国古代，这门学科并不叫写作学，而叫文章学。这门学科历史悠久，有过不少名家名著，比如曹丕的《典论·论文》、刘勰的《文心雕龙》、挚虞的《文章流别集》等。也有不少写作理论散见于书信、散文之中，如韩愈的《答李翊书》（“陈言务去”）、白居易的《与元九书》（“文章合为时而著，歌诗合为事而作”）、苏轼的《文与可画筼筜谷偃竹记》（“成竹于胸”）等。写作学不仅研究如何写作，还研究“文章”自身的构成规律，它的出现对于写作的发展起到极大的推动作用。

受到时代的影响，写作学不仅要研究文本的变化，还要研究写作方式、传播方式的变化。随着社会的发展、科技的进步，学科门类越来越多，写作学与其他学科的联系也越来越紧密，其开始与别的学科有机融合，共同发展。比如以理工商农医这些学科为例，做实验、写报告、发表研究成果等，都离不开写作。其他学科如司法、外交、经济、军事等都对写作提出了不同要求，也产生了相应的边缘学科，如司法写作、商务写作、军事写作等。

关于文体的分类研究自古有之。不过，古代主要是从文章学的角度进行。魏文帝曹丕把文章分为“四科八体”：“奏议宜雅，书论宜理，铭诔尚实，诗赋欲丽。”其中“奏、议、书、论、铭、诔”都是应用文，只有“诗、赋”是文学创作。挚虞在《文章流别集》中从文体的起源和性质入手将文体分为诗、赋、颂、铭、诔等11种；陆机的《文赋》分了10种；梁任昉的《文章缘起》分出58种；姚鼐的《古文辞类纂》分了“论辩、序跋、奏议”3类13种；刘勰的《文心雕龙》分了30余种体裁。他们的分类标准是文章是否有韵，即有韵的为“文”，无韵的为“笔”。这样的文、笔之分将审美的作品和务实的公文混在了一起，因为它的分类标准是以文风、语言和情感等为依据的。

20世纪以来，随着写作学的发展，对文体的分类有了新的标准，按照审美性和实用性进行划分，分为文学作品和应用文；以写作目的和写作材料的真实性为标准进行划分，分为虚构与非虚构写作。本书简单介绍后两种。

虚构写作，通常又叫文学创作。它是作者在观察、体验生活的基础上，运用形象思维，对生活素材进行改造、加工，创造出艺术形象，并运用文学语言使之成为文学作品的审美创造过程。文学创作的体裁主要有小说、散文、诗歌、戏剧等。虚构写作可以通过虚构的方法、夸张的方式表现人物、事件和情感。比如《西游记》中用杂取种种、综合一个的手法塑造了众多形象，其中猪八戒就表现出三性合一（猪性、神性、人性）的特征。他既有猪的贪吃贪睡，又有神的三十六般变化，更有人的七情六欲、爱而不得的苦闷等。这类写作是为了审美的需要，可以带来审美愉悦，遵循的是艺术的真实，而非生活的真实，这是虚构写作的最大特征。虚构写作的结构要跌宕起伏，内在情感要曲折多变，不仅可以运用抒情、描写、议论、说明等多种表达方式，还可用运用比喻、象征、拟人等多种修辞手法和表现技巧，语言词汇丰富、生动传神，追求言有尽而意无穷的美学效果。

要引起注意的是，不要把虚构写作等同于创意写作，它们是两个不同的概念。“创意写作”这个概念是1837年美国作家爱默生（Ralph Waldo Emerson）在美国优等生荣誉学会一次题为《美国学者》的演讲中提出的。作为一个概念，“创意写作”最初指文学写作和文学写作教育，后来泛指包括文学写作在内的一切面向现代文化创意产业，适应文学民主化、文化多元化、传媒技术的更新换代等多种形式的写作及相关的写作教育。“创意写作”有这样几个核心理念：第一，人人可以写作，反对天才论；第二，写作可以激发，写作可以教习，作家可以培养；第三，写作应该面向产业；第四，写作应该面向公共文化服务；第五，写作可以是个人写作，也可以是集体写作，写作可以在集体的环境当中通过互相激发来协同完成。因此，创意写作所定义的作家并非仅限于传统意义上以文学创作为代表的作家，而是指在文化产业化发展的新型语境下，具备创意生产能力，能够与文化产业对接的创意写作者。可以说，创意写作实现了文学创作和现实应用的结合。

非虚构写作通常又叫应用文写作。它是作者因工作、生活、学习等方面的实际需要而进行的实用文体写作。应用文的类型包括日常事务文书（计划、总结、思想汇报、会议讲话稿、述职报告、调查报告等），党政机关公文（命令、决定、请示、报告、通知、通报、纪要、通告等），新闻写作（消息、通讯、新闻评论、新闻调查等），商务文书（合同、企划书、广告等）和学术言论（思想评论、政工研究论文、学术论文、咨询报告等）等。非虚构写作是为了满足现实公务和社会功用的需要，所要遵循的是生活的真实，而非艺术的真实。这种真实大到情节、事件，小到数字、细节。比如在写作手法上相对接近虚构写作的新闻文体，就要求作者以客观描述的方式真实地还原人物、事情经过，还有最后结果，不能用主观臆断代替新闻事实，更不能用虚假数据捏造新闻事实，否则新闻就失去公信力，记者将被追究法律责任。可以说，真实性是新闻的生命，是一切应用文的生命，也是非虚构写作的生命。

2010年，中国人民大学出版社首次引进出版由美国作家雪莉·艾利斯（Sherry Ellis）等编著、著名翻译家刁克利译校的《开始写吧！非虚构文学创作》一书，书中出现了第四类写作——“非虚构文学”的概念。非虚构文学最重要的特性在于写实性。口述史、社会纪实、田野调查、文献史料、跨文体呈现为非虚构文学的基本内核。如美国理查德·普莱斯顿（Richard Preston）的《高危地带》、巴巴拉·W.塔奇曼（Barbara W. Tuchman）的《八月炮火》、王光磊的《一位博士生的返乡笔记：近乡情更怯，春节回家看什么》、梁鸿的《中国在梁庄》《出梁庄记》、马宏杰的《最后一个耍猴人》、阎海军的《崖边报告——乡土中国的裂变记录》、黄耀武的《1944—1948我的战争》等，都可以归纳到非虚构文学范畴。

非虚构文学与一般应用文不同，强调作者身份的个人性、写作的亲历性、文本的揭秘性、题材的猎奇性和叙述的故事性等。真实的材料、文学性的笔法决定了非虚构文学同虚构写作一样，重视讲故事。不过这里的故事是以现实发生的事件为写作对象，或者将历史事件故事化，因此，非虚构文学更注重故事技巧的运用，运用技巧编排故事，使它们更具意义感和审美感。

总而言之，非虚构写作与虚构写作的写作要求不同，它注重事理逻辑，不追求情感的多变，语言风格简洁、鲜明，少用修辞手法，追求言简意赅、准确明了的表达效果。

总之，写作文体丰富，体裁众多。本教材依据全军共同文化课“大学语文”课程大纲编写，根据大纲内容重点介绍军事应用写作。

第一章　军事应用写作

第一节　军事应用写作历史及发展趋势

要深入了解军事应用写作，掌握其写作规律和方法，首先要考察它的历史发展，追溯它的源头，然后对其未来发展的趋势有所预判。

一、军事应用写作历史溯源

据考古和史书记载，甲骨卜辞、早期铭文和《尚书》中的部分殷商遗文可以看作是写作的最早源头，甲骨卜辞是我们能见到的最早的应用文。从那些遗留的资料可见，文字产生之后，最早出现的文章就是应用文，因为文字首先是因应用而产生的。《尚书·序》中记载："古者伏牺氏之王天下也，始画八卦，造书契，以代结绳之政，由是文籍生焉。"这里提到的就是应用文的产生，"书契"即"书之于木，刻其侧为契"。应用文最初只是用来记录生产、征战、生活中的某些事项，但是随着阶级的产生，应用文成为统治阶级维护统治的一种工具。

殷商时代的甲骨卜辞里就有了关于军事、占卜、生产、历法等活动的文字记载。《殷墟书契前编》中有这样的记载："大王令众人曰胁田。"大意是殷王命令奴隶们生产，这就是生产令。军事方面的记载更多。《甲骨文合集》6068："癸未卜，永，贞旬亡祸。七日己丑，长友化呼告曰：邛方征我于奠豊。七月。"[①]《甲骨文合集》137："四日庚申亦有来艰自北，于豸告曰：昔甲辰，方征于权，俘人十又五人。五日戊申方亦征，俘人十又六人。六月在敦。"[②] 从这些"征""俘"的记载，我们可以看到从部落时代直到夏、商国家的建立，占卜内容与战事结果成为书写的重要内容。这是因为征战是这一时期主要的社会活动方式。而这些占卜可以看作军事应用写作的最初痕迹。除了占卜外，还可以在一些早期铭文和史书上看到有关殷商时代其他活动的记载，比如发布政令、记载战功、誓师伐敌等。从文体上看，《尚书》中就有"典、谟、训、诰、誓、命"六种文体，大多记载历代君主言论和行动。如《尧典》记载帝尧的事迹；《皋陶谟》记载宫廷上君臣的谋划和议论；《康诰》是周王

---

① 金鑫.甲骨卜辞战争叙事特点［J］.商丘师范学院学报，2012，10：131-133.

② 金鑫.甲骨卜辞战争叙事特点［J］.商丘师范学院学报，2012，10：131-133.

朝册封文王之子康叔的告谕;《文侯之命》是君王任命官员、侯伯的册命之词;《盘庚》三篇既是商王盘庚迁都时的演讲词，又是动员令;《甘誓》《牧誓》《汤誓》等则是作战前的誓师之词。比如据《史记·夏本纪》记载,《尚书·虞夏书》中的《甘誓》是夏王启在位时，有扈氏不服，启去征伐，在战前发布的誓词；夏王中康时，掌天地四时的官员羲氏、和氏荒废政务，中康命令官员胤去征伐，作《胤征》。《尚书·商书》中的《汤誓》则是商王汤，打着“致天之罚”，即替天行道的旗号，讨伐无道的夏桀而作，其文如下：

> 王曰:“格尔众庶，悉听朕言。非台小子，敢行称乱，有夏多罪，天命殛之。今尔有众，汝曰:‘我后不恤我众，舍我穑事而割正夏?’予惟闻汝众言，夏氏有罪，予畏上帝，不敢不正。今汝其曰:‘夏罪其如台?’夏王率遏众力，率割夏邑。有众率怠弗协，曰:‘时日曷丧?予及汝皆亡。’夏德若兹，今朕必往。尔尚辅予一人，致天之罚，予其大赉汝。尔无不信，朕不食言。尔不从誓言，予则孥戮汝，罔有攸赦。”①

这里的王指的就是商汤，他在出征前阐明了为什么要讨伐夏，是因为“夏氏有罪”，上天要诛杀他，商汤畏惧天命的威严，不敢不去讨伐；然后列举了夏王搜刮耗尽民力，为害夏国，导致百姓诅咒的失德之行；最后表示如果跟随他完成上天的旨意，就会受到赏赐，否则就会遭受刑罚。

由上文可见这一时期的军事应用写作语言简短，疑问句和命令句使用频率较高，口语色彩比较鲜明，语录体形式明显。但这样主题鲜明、言简意赅的文辞在写作手法上已经远远超过甲骨卜辞中的零散记录。

西周、春秋时期，随着社会、政治、经济的发展，文字应用和书写较殷商时期又有了很大进步。由于土地兼并厉害，军事活动日趋频繁，军事应用写作越来越多，也越来越规范。军事应用文无论在内容上还是形式上都有很大发展，占卜式和语录式逐渐发展为叙述式和描写式。《尚书·周书》中的《牧誓》是周武王伐商纣王的动员令，其文如下：

> 时甲子昧爽，王朝至于商郊牧野，乃誓。
>
> 王左杖黄钺，右秉白旄以麾，曰:“逖矣！西土之人!”
>
> 王曰:“嗟！我友邦冢君、御事、司徒、司马、司空、亚旅、师氏、千夫长、百夫长，及庸、蜀、羌、髳、微、卢、彭、濮人，称尔戈，比尔干，立尔矛，予其誓。”
>
> 王曰:“古人有言曰:‘牝鸡无晨；牝鸡之晨，惟家之索。’今商王受惟妇言是用，昏弃厥肆祀弗答，昏弃厥遗王父母弟不迪，乃惟四方之多罪逋逃，是崇是长，是信是使，是以为大夫卿士，俾暴虐于百姓，以奸宄于商邑。今予发惟恭行天之罚。今日之事，不愆于六步、七步，乃止，齐焉。勖哉夫子！不愆于四伐、五伐、六伐、七伐，乃止，齐焉。勖哉夫子！尚桓桓如虎、如貔、如熊、如罴，于商郊。弗迓克奔，以役西土，勖哉夫子！尔所弗勖，其于尔躬有戮!”②

① 尚书［M］.顾迁，译注.北京：中华书局，2016：354-363.

② 尚书［M］.顾迁，译注.北京：中华书局，2016：498-515.

对比《牧誓》和《汤誓》，从形式上看，《牧誓》篇幅更长，体式更完善，行文开头有了具体的人物称谓，如第二、三句“西土之人”“我友邦冢君……濮人”都是称谓；从内容上看，正文有清楚的层次，有讨伐原因，有号召要求；从表现手法上看，不仅有引用，也有叙述、描写、抒情，甚至还用了排比句式，使语言更有气势和感召力。据此可以推论，由于古代军事活动和征战的需要，军事应用写作作为应用文写作的重要组成部分，在统治阶级管理军事、指挥作战中逐步完善、确定下来，推动了写作的快速发展。

春秋战国时期，战乱频仍，军事活动的规模更大，促进了军事应用写作的空前发展和繁荣。这一时期，不仅各国内部、交战双方的各类军事文书大量增加，同时军事学理论研究十分活跃。百家争鸣中，兵家成为重要一家。由此军事理论研究著作走上历史舞台，其中著名的军事学著作是春秋时期孙武的《孙子兵法》十三篇。这本书具有极大的应用价值和学术价值，时至今日仍在世界范围内被广泛研读，成为人类军事学的重要原典。除此之外，一些历史著作和诸子散文中也不乏军事应用写作。《左传》《国语》《春秋》《战国策》《吕氏春秋》等都有许多篇章详细地记录了当时的军事事件和战争，而《左传》特别善于写战争，有些篇章如《烛之武退秦师》《秦晋殽之战》等堪称优秀的军事历史纪实文章。这一时期的军事应用写作在记人记事、说理方面给后世写作提供了典范，成为后世效法的对象。

秦汉以降，以至明清。军事应用写作顺应时代的发展，文体种类不断丰富，名目繁多，除了各种兵书之类的军事学著作外，军事公文的文种逐渐增多。先秦时期，下行文主要有“诰、誓、命”几种，秦朝有了“制、诏”，平行文有“檄、移”等，而上行文通用“书”，如《战国策》中的《乐毅报燕惠王书》、李斯的《谏逐客书》等，秦时也用“奏”。两汉以后，下行文出现了“策、册、敕、令、谕、旨、符”等一二十种，如曹操的《封功臣令》《败军令》等；上行文增加了“表、章、疏、申、启、呈、笺、提、状、议”等十多种，如侯应的《罢边备议》、诸葛亮的《出师表》、周瑜的《疾困与孙权笺》、苏辙的《乞招河北保甲充军以消贼状》等；平行文有“关、牒、刺、照会、咨”等，如《苏州清军总捕分府催速运石料关文》等。在军事应用写作发展过程中，之所以有上述变化，主要是受到不同时期社会流行文风的影响。众所周知，南北朝时骈文盛行，这就使得先秦诸子散文和汉初散文的文风大变，开始追求语言的形式美，注重文采。再加上等级制度和各种礼俗的出现、强化，繁文缛节在公务往来中越来越严重，造成了公文的名目繁多，越分越细。事实上同类型公文“本同而末异”，比如同样是臣子上书君王的文体，刘勰在《文心雕龙·章表》中说：“章以谢恩，奏以按劾，表以陈情，议以执异。”①它们没有本质的区别，都是为了“有司之实务”，只是侧重点和表达手法有不同。“奏”以“明允笃诚为本，辨析疏通为首”，要有理性分析；“表”体“必雅义以扇其风，清文以驰其丽”，重感性表达。

辛亥革命后，南京临时政府颁布了第一个公文条例，废除了封建时代沿用的“制、诏、敕、提、奏、表、笺”等公文名目，明令规定采用“令、咨、呈、示、状”5种公文名称，后增加“批、公函、布告”，废掉“示”，共为7种。这7种公文用途明确，行文简

① 刘勰.文心雕龙义证［M］.詹锳，义证.上海：上海古籍出版社，1989：826.

化。1920年以后，随着白话文的普及，军事应用写作开始使用白话文和新式标点符号。新中国成立后，为了清除旧文牍主义的痕迹，顺应新时代发展，简化公文手续，提高工作效率，1951年，中央人民政府政务院在北京召开了全国秘书长会议，讨论通过并颁布了新中国第一个《公文处理暂行办法》，将公文文种规定为7类12种，即报告、签报；命令；指示；批复；通知、通报；布告、通告、公告；公函、便函。同年，中共中央颁发了《关于纠正电报、报告、指示、决定中的文字缺点的指示》，对公文写作中存在的问题提出了纠正的办法和要求；《人民日报》发表了《正确地使用祖国的语言，为语言的纯洁和健康而斗争》的社论。1957年10月8日，国务院秘书厅发布《关于对公文名称和体式问题的几点意见》。此后，从20世纪60年代到2000年，中共中央办公厅、国务院办公厅先后7次对机关公文处理提出修改意见并颁布新规。2012年4月16日，中央办公厅、国务院办公厅印发《党政机关公文处理工作条例》，将公文种类确定为15种，即决议、决定、命令、公报、公告、通告、通知、意见、通报、报告、请示、批复、议案、函、纪要。军队应用文也依据国家颁布的新规，做出了相应的规范和调整。中央军委先后于2005年、2017年，颁发《中国人民解放军机关公文处理条例》和《军队机关公文处理工作条例》。此外，还颁发了国家军用标准《军队机关公文格式》等相关规定。这些条例和标准对军队应用文的文种、体式、写作规则及文风都做出了规范和要求，对军事应用写作的发展起到了指导和促进作用。通过梳理军事应用写作的历史我们可以看到，它经历了一个由简入繁、再由繁而简的发展变化过程。

二、军事应用写作的发展趋势

科技的飞速发展把人类送入信息化时代，这不仅改变了人们的生活，也改变了人类的写作。在高科技条件下，军事应用写作正面临新的发展和挑战。

第一，写作工具、载体的电子化。写作载体的变化带来书写工具和方式的变化。当以甲骨、竹简为载体时，人们用刀刻；当纸张、绢帛出现时，人们用笔写；当电脑出现时，人们用键盘输入。随着电脑成为写作的主要工具，传统的写作方式发生翻天覆地的变化。沿用几千年的手写、誊、抄，在电脑上可以快捷完成，写、改、存、印一体化，让办公自动化水平不断提高，无纸化写作成为新趋势。这样的写作既快速准确，又成本低廉。运用电脑进行军事应用文写作，可以预设标准和模版，自动生成所需文书格式。当然，无论怎样变，人还是主体，电脑的工具性不会改变。

第二，写作表达的多元化、多媒体化。当下，写作表达对多媒体的依赖越来越严重，写作不再是单一的文字呈现，而是图像、音频、视频等多元呈现。在应用写作中，电子文档不仅可以编辑文字，还可以整合图像、视频和音频，电子课件甚至具有自动演播的功能。例如，作战计划就可以进行多元化呈现，把复杂的作战行动通过简明易懂的符号和动画推演表达出来，其中还可以穿插图片和解说音频。从人的记忆来看，图像记忆比文字记忆更牢固。多媒体声情并茂的演示，不仅可以使写作表达更生动、更易于理解和接受，还可以使受众印象深刻，难以忘记。这也是未来军事应用写作的发展大趋势，多媒体手段的运用只会越来越频繁、越来越科学。

第三，信息传递的网络化。书写工具的变化带来文本传递方式的变化，电脑写作文本既可通过文本、U盘、硬盘传递，也可通过网络传递。相对而言，网络传递比用文本、U盘、硬盘传递有三大优势。一是更快捷。网络可以远程传递，即传即收，打破了时空的界限，提高工作效率。比如从中央军委下发一个文件，可以在几秒钟内同时到达多个指定单位（只受网速的轻微影响），极大地缩短了文件传达的时间。同时，信息反馈也更快捷，利用一些软件，比如钉钉办公软件，可以实现多人线上修改、反馈，极大地提高了工作效率。二是更安全。网络信息可以通过加密的方式传达，实现单线联系，减少了其他传递方式多环节、多人手接触的现象，减少了泄密的可能性。三是更节约。网络传递信息其实也是无纸化办公，它可以节省人力、物力的成本，瞬间完成批量工作。由此，信息的网络传递成为主流。现在，已经可以通过军网邮箱、网盘，实现部队跨单位协作，联合办公。

总而言之，一个时代有一个时代的写作，信息化时代催生信息化写作。但任何事物都有一体两面，利弊互生。当前，信息化时代军事应用写作面临的问题是病毒感染、黑客攻击、网络故障、网络犯罪等。这就要求我们不断增强防范意识，不断提高防范手段。

第二节　军事应用写作的分类及特点

一、军事应用写作的分类

当前，根据功用和体式，军事应用文主要可以分为军队机关公文、军队事务文书、军事新闻、军事言论四种类型。相应地，军事应用写作也主要分为以下四个类型。

（一）军队机关公文写作

军队机关公文是军队机关处理公务过程中形成的具有法定效力和规范体式的文书，也是军队机关使用最多的文体。这类公文根据《军队机关公文处理工作条例》（以下简称《条例》），分为命令、通令、决定、指示、通知、通报、报告、请示、批复、函、通告和纪要12种正式公文。对于这类公文的写作，要参照《条例》执行。

（二）军队事务文书写作

军队事务文书是军队机关和部门常用的、通行的文书，是使用频率较高的文书，在军队处理事务中占有很重要的地位。这类公文的格式相对于机关公文，较为自由，经办不如公文那么严格。常用的有：呈批件、呈阅件、电话记录、计划、总结、典型材料、简报、调查报告、述职报告、思想汇报、请战书、决心书、专业书信（介绍信、感谢信、表扬信等）、喜报、唁电、会务文书、规章制度、细则等。根据《条例》的规定，军队机关内部的呈批件、呈阅件、电话记录、简报等文书的写作和处理，参照《条例》执行。

（三）军事新闻写作

我军历来重视新闻的宣传鼓舞、舆论引导作用，因此对军事新闻的写作也非常重视。全军有《解放军报》《解放军画报》等报刊、中国军网等网站，各战区、各军兵种有自己的报纸、网站、微信公众号。新闻撰稿者不仅有专业记者，还有各单位的宣传干事，有些单位同时也鼓励广大官兵动手写新闻，甚至把新闻稿的完成当成一项任务，因而新闻文体成为我军使用较多的文体之一。军事新闻包括若干体裁，常见的有消息、通讯、新闻调查、新闻评论等。每一种体裁又可以分为多种类型，比如消息可以分为动态消息、综合消息、经验消息、述评消息等；通讯可以分为人物通讯、工作通讯、事件通讯、概貌通讯等；新闻评论可以分为社论、评论员文章、时评、短论等；新闻调查一样可以分为多种类型。

（四）军事言论写作

军事言论写作在军队建设中，特别是在对官兵进行军政教育以及在军事理论研究中被广泛使用。早在延安时期，毛泽东同志就非常重视这类写作。写了很多这样的文章，比如《论持久战》《反对党八股》《反对本本主义》等。它是以严密的逻辑推理和令人信服的说理为特征的论说文。常见的体裁有：思想评论、建言献策、军事论文、政治工作研究理论文章等。其中军事论文又包含了军事学术论文、军事评论、军事杂谈等。

除以上四种主要类型外，还有军事史、传、军事教材等类型。学史可以知兴替。我军从 1927 年建军以来，一直重视对军事史的研究和军事人物传记的修撰，尤其是新中国成立后，这样的研究更得到大力扶植。1958 年成立的军事科学院设立了 3 个学部，其中一个就是军事史学部。多年来，这方面的研究已经取得丰厚的成果，成为我军一笔宝贵的精神财富，对我军强军兴军、实现跨越式发展有着非常重大的指导意义。当然，军事教材也是不可忽视的门类。早在延安时期，毛泽东就一直强调我们的队伍要一手拿枪杆子、一手拿笔杆子，军事教材是提高干部队伍文化素质的必备法宝。当前，军事教材是我军院校、培训机构培养人才的基础性材料，在军事应用写作中也占有一席之地。

二、军事应用写作的特点

（一）直接的效用性

刘勰在《文心雕龙·序志》中写道："唯文章之用，实经典枝条。五礼资之以成，六典因之致用，君臣所以炳焕，军国所以昭明。"直接指出了文章的应用功能是应用文的最大特点。军事应用写作追求立竿见影的效果，不能像某些文学作品那样潜移默化地实现社会效用。军队机关公文和军队事务文书是直接为军队事务工作服务的，对实用性和可执行性要求最高。文件下发要限时反馈，命令下达要立即执行，指示下发要认真贯彻，通知印发要严格落实，请示上报要谨慎批复，函件发出要及时回复，通告发布要众所周知等。工作中，如果做不到这几点就会造成政令不通、工作不顺的状况，最终导致工作混乱。军事言论主张什么、反对什么，都要针对部队的实际工作，甚至具有指导性。军事学术研究应该为军服务、为战服务。军事新闻是军队宣传的喉舌，要起到典型带路、舆论引导的作用，同样要对部队工作有实际效用。2015 年 12 月 25 日，习近平主席视察解放军报社时强调：“坚持军报姓党、强军为本、创新为要，为实现中国梦强军梦提供思想舆论支持。”解放军报社原总编辑孙继炼说：“要牢牢坚持党性原则，把鲜明的政治特色作为‘品牌’，把坚持正确政治方向放在首位，勇于发声、敢于亮剑，当好意识形态领域的生力军。”为党、为军发声可以看作是军事新闻的宗旨。军事应用文不是“可看可不看，可办可不办”的闲书软文，而是军队日常工作平稳运行的指南针和助推器。

（二）真实性与准确性并存

军事应用文的直接效用性要求它必须真实而准确。真实性是应用写作的最基本要求之一，也是应用写作的一条根本原则。军事应用文是军队机关办理公务的实实在在的工具，担负着传递策令，沟通信息，指导、布置和商洽工作，报告情况，交流经验的重要职能。因此，其所表达和反映的内容和情况绝不允许有假大空，不允许有浮华失实，而必须是在现实生活中具体存在的事实，只有这样才能保证应用文的有效性。1945 年，毛泽东同志在中国共产党第七次全国代表大会上的口头政治报告中就提出“讲真话”。这不仅是对待工作的态度也是对待写作的态度。讲真话，就是要“不偷、不装、不吹”。所谓“不偷”就是实事求是，就是要诚实。谁干的就是谁干的，谁说的就是谁说的，不能张冠李戴。功劳要实至名归，不剽窃他人成果、冒领他人功绩。责任要明确，该处罚谁就处罚谁，不能转嫁危机，找人背锅。“不装”就是“知之为知之，不知为不知”，就是不要装模作样。应用文写作是件严谨的事，绝不能挂羊头卖狗肉。“不吹”就是“一是一，二是二”，正确对待成绩和问题。写成绩要恰如其分，不浮夸、不吹牛；写问题要一针见血，不避重就轻、蜻蜓点水。所有的数据要“实报实销”，既不“放卫星”，也不遗漏隐瞒。毛泽东同志在《对外宣传不要夸大》一文中说：“在我们自己方面，对外宣传不要夸大。无论什么时候，都要谦虚谨慎，把尾巴夹紧一些。”①他还说，新闻工作者不能变成“卖狗皮膏药的”。

对于军事应用写作的真实性，不能只停留在一般的层面上，而要将其作为具有政治工具功能的特殊文体，从深层角度加以认识和理解。它的真实的客观标准是现实的真实、主流的真实和发展的真实三者的紧密结合和有机统一。其中现实的真实是指它所运载的思想路线、方针政策必须实事求是，所涉及的事实材料必须是现实生活中客观存在而且是经过反复核实证明确凿无误的，而不是作者为某种目的随意杜撰的；主流的真实是指它所运载的思想路线和方针政策必须代表和反映最广大官兵的根本利益，而不能仅代表少数人的意志和利益；发展的真实是指它所反映的思想路线和方针政策必须具有前瞻性和预见性，能够洞察当今世界军事发展的现状和趋势。可见，军事应用文所讲的真实，是以客观事物存在为基础的绝对真实。

真实性往往又与准确性紧密联系在一起。由于军队所肩负的责任的特殊性，应用文必

① 中共中央文献研究室，新华通讯社.毛泽东新闻工作文选［M］.北京：新华出版社，2014：233.

须内容准确，容不得半点的含糊。准确性属于概念、判断和推理方面的问题，同时也是逻辑方面的问题，“一字之差，谬之千里”。写作不严谨，会给部队带来重大损失。如果在战时，则可能要付出重大的血的代价。

（三）目的明确而针对性强

写作本身就有其目的性和针对性。无论是“比、兴、美、刺”，还是“劝善惩恶”，抑或是“陶冶性情”，都有目的性。对于文学作品而言，有的不直接说出目的，借助曲笔的手法表达，给读者留下想象的空间，这种艺术手法称为“留白”或“曲笔”。比如李商隐的《无题》诗，其目的性是表达作者的主观感受，表达当时内心的迷茫和困惑。他没有直抒胸臆，而用朦胧的手法似是而非地表现出来。因此有人说“一篇《无题》费疑猜，楚雨含情皆有托”。这非但没有损伤它的艺术性，反而让它成为精品佳作。但是军事应用文则不能用曲笔，要直接地、鲜明地表达出来目的，针对什么人、什么单位、什么问题，要让人一看就懂，绝不能含糊其词，遮遮掩掩。特别是军队机关公文、军队日常事务文书，更是针对军队某项具体的任务、具体的对象而写，它对目的性和针对性的要求更高。比如《关于向排雷英雄杜富国同志学习的决定》，有具体的学习对象，也有学习的目标。写作中，如果目的不明确、针对性不强，平时会给我们军队的现代化建设带来不必要的障碍；战时则会影响整个战局的胜败。比如一份作战计划，要依据敌我双方态势以及我方参战部队的具体情况，提出明确而具体的方案。如果计划没有目的性和针对性，那就是盲人摸象，眉毛胡子一把抓。命令调动哪些部队，哪些部队就必须坚决执行。如果命令含糊不清、有歧义，就会导致各部队理解上的偏差，最终导致整个战略部署成为“剪不断、理还乱”的一团乱麻。军事新闻、军事言论也要针对军队的现实生活或与军队现实有关的理论问题而写。

（四）严格的规范性

规范性在这里指每一种军事应用文都有自己的体式和行文结构，文字表达符合要求，不能随意更改。国家和军队先后多次下发条例和标准，对写作进行规范。比如2012年，国家下发了《党政机关公文处理工作条例》和《党政机关公文格式》。此外，还有国标《出版物上数字用法》（GB/T15835−2011）和国标《标点符号用法》（GB/T15834−2011）。军队在国家标准的基础上于2017年颁布了《军队机关公文处理工作条例》《军队机关公文格式》《军队机关公文常用术语》《军队机关公文常用词语汇释》等。这些规范大的方面涉及文种的选择、格式的选用，小的方面涉及字体和字号的选择、数字的用法、文辞的采用。比如，呈报审批要用“报批”；报告请示要用“报请”；上报呈送要用“报送”；直接报送要用“径报”；呈送报告要用“呈报”；恭敬地递上要用“呈递”；呈送请示要用“呈请”；呈送请指正要用“呈正”；机关工作人员向上级请示或报告工作的简短呈文要用“签呈”；当面送交要用“递交”；传递送达要用“递送”；申请呈报要用“申报”；说明理由、报申请求要用“申请”；送交和请求要用“送请”；送上供审查要用“送审”；递传、阅读要用“传阅”；提出送交要用“提交”；提出并请求要用“提请”等。部队、装备简称和别名等也都有严格规范，不能随意更改。这些规范还只是冰山一角，在实际写作中，军事应用写作的规范也在不断变化、发展。比如《现役军官管理暂行条例》颁发之后，涉及干部职务等级的表述要适当与新的军官制度衔接，原“师级干部领导”的表述就要变成“大校军官”等。

（五）很强的机密性

机密性强是军事应用文的重要特点。无论是军队机关公文，还是公开发表的文章必须符合《中国人民解放军保密条例》的规定。军事新闻、军事言论、军事学术论文这一类文章，发表前都必须通过保密审查或新闻审查，确保不涉及军事机密，内容导向正确。以军事新闻为例，对军事训练和演习的报道，不能暴露演习的规模、地点、部队番号、指挥员姓名、训练具体内容等；公开报道提到人名时，一个单位的主要领导成员在同一新闻中不能同时出现，对于团级以上领导干部，要尽可能少提名字；报道部队番号时不能同时提到驻地等敏感信息，而对驻地有关的报道，则应把部队番号改为“某部”；报道新式武器的研制、战术、战略武器的部署等机密，都要慎重考虑，不能随意公开，否则就可能给军队乃至国家造成意想不到的巨大损害。

随着移动互联网飞速发展，智能手机的使用越来越普及，人人都可以发声，成为自媒体的传播者。很多军人没有意识到：当军人在执行任务时，在网络上上传自拍、发文就是军事宣传报道，就涉及是否泄密的问题。2007 年，美军一士兵用智能手机随意拍发一张照片，导致美军基地部署状况泄露，导致对手利用这些信息对美军基地发起袭击，最终造成 4 架阿帕奇直升机被摧毁，直接经济损失达 2 亿美金。2015 年，乌克兰东部的冲突越演越烈，正规军被一群民兵压制性打击。乌克兰和西方一些国家怀疑俄罗斯为这群民兵提供了金钱、武器以及训练帮助，甚至有俄罗斯军人直接参与到民兵组织当中，但是俄罗斯方面予以断然否认。不久，网络上一名俄罗斯现役军人桑亚·斯特琴的自拍照引起了轩然大波，这张照片的地理定位就在乌克兰。这个证据一经曝光，俄罗斯顿时面临国际社会的强烈指责，承受了巨大的舆论压力。不仅如此，西方国家还借机对俄罗斯进行了严厉的经济制裁，让本就萎靡的俄罗斯经济雪上加霜。可以说，一张小小的军人自拍照直接影响国际局势的变化。2018 年 6 月 28 日《中国国防报》上刊登了一篇题为《警惕随手拍发照片泄密》的评论文章，文章说：“我们要绷紧保密这根弦，切勿将无意看到的新型武器装备或关键信息设施拍照上传互联网，不经意间泄露了国家军事机密，不仅危害国家安全，还会受到刑事处罚。”

第三节　学习写作的意义和方法

一、军校学员学习写作的意义

在人类历史上，写作活动历史悠久，源远流长。自从有文字以来，写作记载并创造了人类的文明。从原始社会的结绳记事到甲骨篆刻，从竹简书刻到活字印刷再到电脑打字，人类文明的发展与写作的关系极其密切。写作已经成为人类交流信息的基本工具，任何民族、任何行业、任何人都离不开写作。学习写作的重要意义越来越被人们认识和重视。对我们军校学员而言，学习写作至少有以下几点意义。

（一）学习写作是适应社会发展的需要

中国历来有重视写作的传统，曹丕《典论·论文》说："文章，经国之大业，不朽之盛事。"他把文章写作上升到治国经邦的高度。古代的科举取士也是以文章的优劣作为评判标准。随着科技的发展、信息传递的加快和人际交往的频繁，写作日趋专业化、多样化，商务写作、新闻写作和司法写作等逐渐出现。在写作过程中，写作主体既要考虑专业性，又要考虑社会需要、公众心理、读者期待、组织要求等。写作上的失误直接影响信息传播的准确性和实际效果，会给工作、生活、学习带来或大或小的损失。因此，信息化时代对写作手段、写作艺术、写作质量提出了更高的要求，具有较高写作素养的人才能更好地适应社会的发展需要。正如余秋雨所说："写作实际上构成一个现代人人格素质的重要部分，没有足够的写作能力就很难算作一个真正的现代人。"①

（二）学习写作是适应军队建设的需要

在现代化和高技术条件下，一切军事行动都需要写作。部队的日常工作、研究，解决军队建设中的各种问题，军事作战演练指挥，对内对外宣传等，没有哪个环节能离开写作。毛泽东曾说，革命要靠枪杆子和笔杆子，共产党是要左手拿宣传单，右手拿枪弹，才可以打倒敌人的。

部队的写作有自己的特殊性，讲究写作的快速反应。常言道："兵贵神速。"在战时，军队行动的突变性大；在和平时，军队工作讲究雷厉风行。传达上级意图、指挥部队行动、宣传和教育部队统一步调、反映部队情况的文书，是不能有半点拖拉和迟缓的。这就要求部队干部既要写得快又要写得好。写作是思维的训练，也是能力的训练。部队的发展需要我们的干部在写作中不断总结经验教训；不断提高运用科学理论思维观察事物、分析问题、解决问题的能力；不断提高干部战略思维、历史思维、辩证思维、创新思维和底线思维能力；不断增强工作的科学性、预见性、主动性和创造性。总之，干部写作能力的高低，决定了思维能力的高低，决定了治军能力的高低。在新的历史条件下，我们军队要应对复杂的国际环境，实现跨越式发展，则需要大量懂写作、会写作的领导干部。

（三）学习写作是学员个体成才的需要

我党我军的历届领导人先后多次提出领导干部带头写。毛泽东说："书记要亲自管报纸，亲自写文章。"邓小平同志在 1950 年《在西南区新闻工作会议上的报告》中讲道，"不懂得用笔杆子，这个领导本身就是很有缺陷的"。军校学员是部队未来的领导干部，拥有较强的

---

① 余秋雨. 写作是构建现代文明的重要素质［J］. 写作，1994（5）：11.

文字功底是将来胜任领导岗位的重要能力保障。

文字的运用是写作主体所有知识的大融合，体现了一个人的修养、综合能力、逻辑思维力，甚至品德。写出《少年维特的烦恼》的歌德曾说，一个人若想写出明白的风格，他首先就要心里明白；若想写出雄伟的风格，他首先就要有雄伟的人格。写作能力，小而言之能为个人在工作、生活中增添“亮点”，大而言之能为职场“加码”“给力”。

知识改变命运，能力成就人生。如果具备了“语不惊人死不休”的写作态度和“下笔如有神”的写作能力，就掌握了改变命运的“杀手锏”。

二、学习写作的方法和途径

写作是一种复杂的创造性劳动，要学好写作须从多方面努力，综合提高自己的素质。对于我们军校学员而言，可以从以下几个方面着手。

（一）明确学习目的，加强自身修养

明确学习目的，就是要解决为什么写作的问题。这是每个学习写作的人都必须明确的问题。古往今来，有的人是为直面人生、忧国忧民而写，如屈原、司马迁、韩愈、白居易、范仲淹、欧阳修、苏轼、龚自珍、梁启超、鲁迅等；有的人是为了宣扬自己的政治主张、思想观念和科学见解而写，如马克思、恩格斯、毛泽东、牛顿等人；有的是为本职工作的需要而写，如我们党、政、军机关的“笔杆子”；有的人是为谋生而写，在线下和线上不同平台或渠道发表文章，以赚取生活资料，比如记者、编剧、自由撰稿人等；有的人是为自己的兴趣爱好而写，如不少文人墨客热衷于在博客、各类网站，以及微信公众号发表自己的感悟或心得。当下，网络写手俨然成为一个比较热门的职业，腾讯阅文集团专为网络写手有偿发表网络文章。军队干部应该是为更好地建设军队而写，为传承红色基因，赓续革命优良传统，宣扬党的路线、方针、政策，弘扬军营时代新风尚、新观念，打造强军文化，提振文化软实力而写。为此，要学好写作，必须加强自身修养，即道德修养和文化修养。文如其人。鲁迅在《革命文学》一文中说：“我以为根本问题是在作者可是一个‘革命人’，倘是的，则无论写的是什么事件，用的是什么材料，即都是‘革命文学’。从喷泉里出来的都是水，从血管里出来的都是血。‘赋得革命，五言八韵’，是只能骗骗盲试官的。”[①] 先生形象地强调了作者的世界观和道德修养对写作的决定性作用。唐代的李翊向韩愈请教写文章的方法，韩愈在《答李翊书》一文中云：“养其根而俟其实，加其膏而希其光。根之茂者其实遂，膏之沃者其光晔。”他指出写好文章的基本条件是要不断加强学习和修养，无望其速成，不诱于势利，树立“立言”的志向。

（二）理论联系实际，培养写作兴趣

学习写作，一定要重视理论学习。“理论是实践的眼睛。”理论是前人在长期实践中总结出来的精华。写文章，理论素养不可少，理论素养包括政治理论素养、专业理论素养。

---

① 鲁迅.革命文学［J］.民众旬刊，1927-10-21.

写作者不能缺乏政治素养（政治站位、政治鉴别力、政治敏锐性、政治预见性等），因为写作属于一项意识形态的工作，而“意识形态工作是党的一项极端重要的工作”，[①]影响着人们的思维和行为的新闻报道、公文等具有很强的舆论导向，即使是司法文书、广告文案等也会产生广泛的社会影响。舆论引导正确，利党利国利民；舆论引导错误，误党误国误民。若要正确引导舆论，没有一定的政治理论素养则不行。专业理论素养包括对写作理论的掌握。只有掌握一定的写作理论，才知道写什么和如何写。以学术论文而言，不掌握相关的写作理论，就不知道基本的学术规范，甚至不知道如何下笔。从这个层面说，懂得了理论就懂得了写作规矩。学习理论会让写作有更明确的方向，避免走弯路，同时也能提高写作的素养。

但是光有理论不行，“纸上得来终觉浅，绝知此事要躬行”。学写作要从写作的特点出发，将写作理论与写作实践紧密地结合起来。用写作的理论来指导写作实践，通过反复的写作实践，把理论变成自己的技能和技巧。轻视写作理论或理论不结合实践，是学习写作时常犯的两种错误，要想提高写作能力，必须避免这两种误区。另外，“兴趣是最好的老师”。学写作时，培养写作的兴趣是十分重要的。子曰：“知之者不如好之者，好之者不如乐之者。”有了写作兴趣，才能乐此不疲，才能有足够的动力去提高写作能力。

（三）坚持模仿借鉴，揣摩写作之道

文章最忌雷同，但是在应用文的写作中，模仿和借鉴都是很有必要的，也是学习写作的基本方法。模仿和借鉴，实际上就是从别人好的文章中学习写作方法，领会写作的要领。

模仿，就是仿照一定榜样做出类似动作和行为的过程。文章是有形的，写法是公开的，模仿写作是初学者进入写作的第一道门。模仿首先要阅读，要认真剖析对象，“读书破万卷，下笔如有神”“熟读唐诗三百首，不会作诗也会吟”。人们熟读诗文的过程，也是不知不觉地学习他人写作诗文技巧的过程。其次要根据自己的实际，模仿文章的结构、选材、表现手法和语言技巧。应用写作文类众多，不同的文种写法、结构不同，有些对格式和表述有严格的规定，不能随意改变，如军队机关公文要严格遵守结构和行文规则等，写作时首先要按照要求进行模写。

借鉴，就是拿他人或事做镜子，以便从中吸取经验教训。写作中的借鉴就是取长补短，提高自己的写作水平。鲁迅先生曾说过：“此后如果要创作，第一须观察，第二是要看别人的作品，但不可专看一个人的作品，以防被他束缚住，必须博采众家，取其所长，这才后来能够独立。”[②]“博采众家，取其所长”就是借鉴，只有这样才能写出属于自己风格的文章。1942 年，毛泽东《在延安文艺座谈会上的讲话》中也指出：“我们必须继承一切优秀的文学艺术遗产，批判地吸收其中一切有益的东西，作为我们从此时此地的人民生活中的文学艺术原料创造作品时候的借鉴。有这个借鉴和没有这个借鉴是不同的，这里有文野之分，粗

① 习近平.全国宣传思想工作会议上的讲话［EB/OL］.（2013-8-20）[2021-01-11].http://politics.people.com.cn/n/2013/0820/ c1024-22634056.html.

② 鲁迅.致董永舒［M］//鲁迅全集（第 12 卷）.北京：人民文学出版社，1981：212.

细之分，高低之分，快慢之分。所以我们决不可拒绝继承和借鉴古人和外国人，哪怕是封建阶级和资产阶级的东西。但是继承和借鉴决不可以变成替代自己的创造，这是决不能替代的。”鲁迅和毛泽东的这些言论虽然是针对文学写作而谈，但对于应用写作同样适用。应用写作中模仿和借鉴优秀文章的结构和手法，其目的是为了创新，而不是抄袭。

（四）谨记反复修改，领会写作技巧

世上真正的写作天才很少，大多数人的写作水平是“练”出来、“写”出来的。在练和写的过程中有一个重要的行为，就是修改文章。有的人甚至说“文章是改出来的”。修改的直接效果是提高文章的质量，间接效果是提高作者的写作水平。“文章频改，功夫自出。”道同此理，在反复修改中便能深刻体会文章应该如何写、不应该怎么写。任何一次认真的修改，都能使写作者获得一种写作的体验。因此，有人说，认真地修改一篇重要文章，等于进了一次写作学习班。毛泽东曾说：“哪一年能使我们少看一点令人头痛的党八股呢？这就要求我们的报纸和刊物编辑同志注意这件事，向作者提出写生动和通顺的文章的要求，并且自己动手帮作者修改文章。”①他还提出三条改进的方法：“你们要注意帮助人家，把文章的作风改一改。现在许多同志的文章，空话连篇的也有，但比较少；主要的缺点就是古文多，半文半白的味道很大。写文章要讲逻辑，就是要注意整篇文章、整篇说话的结构，开头、中间、尾巴要有一种关系，要有一种内部的联系，不要互相冲突。还要讲文法。许多同志省掉了不应当省掉的主词、宾词，或者把副词当动词用，甚至于省掉动词，这些都是不合文法的。还要注意修辞，怎样写得生动一点。总之，一个合逻辑，一个合文法，一个较好的修辞，这三点请你们在写文章的时候注意。”②对于初学者，一定要重视修改在写作中的作用，并在修改中领会写作技巧。

思考与练习

（1）考察军事应用写作的源头，对认识军事应用写作有何启发？

（2）非虚构文学写作与创意写作有何异同？

（3）简要论述军事应用写作的未来发展趋势。

（4）军事应用文有哪些种类？这些种类分别有何具体要求？

拓展延伸

[1] 周淼龙.现代写作论稿[M].天津：天津人民出版社，2000.

[2] 葛红兵.关于文学创意写作[EB/OL].（2009-12-06）[2021-01-11].http://www.chinawriter.com.cn/news/2009/2009-12-06/80023.html.

[3] 朱晓军.非虚构与非虚构写作[J].当代文坛，2019（06）：97-101.

---

① 中共中央文献研究室.毛泽东文集（第7卷）[M].北京：人民出版社，1999：539.

② 中共中央文献研究室.农业合作化的一场辩论和当前的阶级斗争[M]//毛泽东文集（第6卷）.北京：人民出版社，1999：467.

第二章　文章的构成

一、文章与文章的构成

“文”，甲骨文为[illegible]，本义“纹画交错”。“章”，金文写作[illegible]，义为刑，刀在奴隶身上刻下的图形标记，小篆讹变为[illegible]，因此《说文解字》释为“乐竟为一章，从音从十”。这一义项逐渐定型为“歌曲诗文的段落”，如“积句而成章，积章而成篇”（选自《文心雕龙》）。今天所说的“文章”便是基于这一义项，指“独立成篇的文字”。

写作一篇文章，首先要看写作的是哪类文章。“本同末殊”，不同类的文章从形式到内容都有不同。古人写文章承袭先秦作文之法则，从《尚书》“帝庸作歌”“毛诗三百篇”《左传》的“叔向贻子产书”、鲁哀公《孔子诔》、孔悝《鼎铭》、虞人《箴》的“歌、诗、书、诔、箴、铭”分类开始，写作不同文章，会在标题上注明文体。最早的“文章学”研究者结合标题，按照语言形式、内容或应用范围，对文体进行了划分。

如今文章的分类多种多样。按照使用语言的新旧，分为古文（文言文）和白话文；按照文章的交际功能，分为普通文与应用文；按照作者在文章里是否自己说话，分为记叙文（客观文）和论说文（主观文）①；按照文章内容是否虚构，分为非虚构写作文章和虚构写作文章。

一篇文章的基本构成包括内容和形式。一篇文章记载什么事物、事理或者抒述什么意思与情感，事物是什么样子，事理是否真切，意思是否恰当，情感是否真挚，事物、事理或者意思、情感对于世界有什么关系，这是文章的内容；同是记载事物、事理或抒述意思、情感，在文章上有多少方式，怎样说起，怎样接说下去，什么地方说得简单，什么地方说得繁复，到末了又怎样收场，以及怎样用词，怎样造句，怎样分段落，怎样定题目、加标点，这是文章的形式。

二、写作之外与写作之内

写作是一个厚积薄发的过程，真正功夫在写作之外：一是立诚求真，二是广泛阅读，三是不断思考。在此基础上，才能真正进入写作之内。

写作之内的第一项训练从“构思”开始。构思是在动笔之前打的“腹稿”，包括内容与形式两个方面，具体来说，即用语言或文字的形式搭好思维与认知的内容的基本框架。按照文章学的既有观点，我们的构思训练依据文章的基本构成要素——主题、材料、结构、

---

① 叶圣陶先生在《国文百八课》中提出这样一种分类方式。

语言，依次展开。掌握了基本的写作步骤与方法，尔后的修炼便是持续地进行练习。古人曾说“文章本天成，妙手偶得之”。天成的文章是不存在的。即使是妙手，也无从偶得。妙手是经过长期的努力学习、锻炼，在实践中逐步达到的。

第一节　炼意——主题的确立

一、主题概述

（一）什么是主题

“主题”一词，源于德语“thema”，最初是一个音乐术语，谓乐曲中最富有的特征，并处于优越地位的旋律，即主旋律，为乐曲的核心。后来这个术语借用到文学理论中，日本把这一词翻译为“主题”。我国古代文论中的“意”“旨”“主旨”“主脑”等概念，与今天舶来的“主题”含义相当或相近。“意”多指文章的思想内容。“旨”与“主旨”意思一样，指文章的核心意义。“主脑”指文章的中心思想，有时也指文章的主干情节。由于主题的含义适应性强，因此它在各类文章写作中取得了“通用”的地位。

具体来说，“主题”是文章所要表达的主要事实、倾向。有的文章中作者全程不说话，不发表意见，只是传递事实；有的文章中作者说话，发表意见，表达意图、主张或看法；有的文章中二者兼有，既传递事实又发表观点。

（二）主题的分类

1. 客观事实

客观事实是对客观世界的观察与再现，包括事物与事件。

2. 主观倾向

主观倾向是主观对客观世界的认知与理解，包括意图、主张或情感。

（三）主题的作用

确立一个明确、清晰的主题，是文章写作的重要起点。

1. 主题是文章内容与精神的“内核”

主题是文章内容与精神的内核。好的内核是文章具有较高价值的保证。真实、积极、深刻的主题，给人以知识的正向增长、思想的激发和启迪、精神的感触与陶冶；虚假、消极、平庸的主题，则会带来相反的结果。

2. 主题是文章逻辑与框架的“抓手”

从文章的结构框架来看，主题是一个抓手。我们总是选择更能突出主题的材料，围绕主题组织材料的详略。没有主题，材料的选择就会失去主心骨。杜牧在《答庄充书》中说：“凡为文以意为主，以气为辅，以辞采章句为之兵卫。”

此外，虽然文章的风格会受到作者个体的偏好与风格的影响，但“意在笔前”，主题是作者胸中之竹，落笔总会始终服务于此。

二、主题确立的要素与步骤

文章写作大部分是“命题作文”，面对特定的事实、特定的读者（听众）起到交际的作用。因此，写作有一个清晰的表达目的、明确的表达对象。表达目的和表达对象，是主题确立的需求要素，是写作首先应考虑的要素。领导意图从广义来说也包括背景知识和上级政策，因此其作为文章的特殊表达目的，是主题确立的一个特殊需求要素。事实是文章所涉及的相关事物、事件或事理。观点是作者对于事物、事件或事理的主观理解、态度或价值。事实和观点是主题确立的内容要素。因此，主题的确立包含“表达目的、表达对象、领导意图、事实和观点”四个要素。文章写作的实操训练，按照明确四个要素的步骤依次展开。

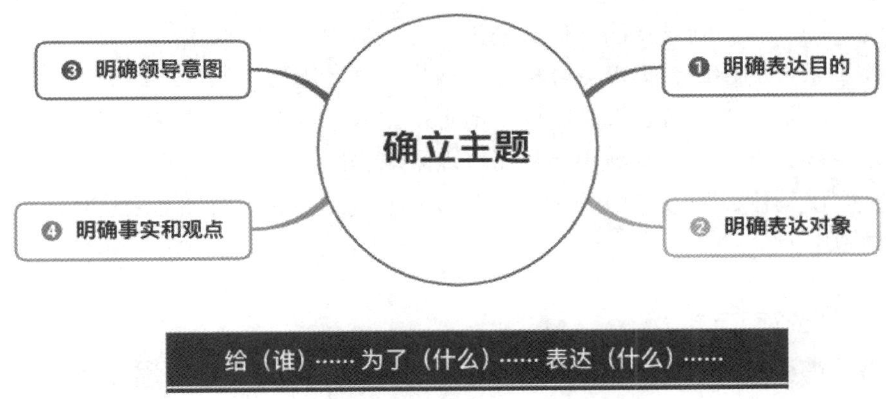

（一）明确表达目的

任何文章都源自表达的需求，或记载一件事情，或提出一个问题、解决一个问题，或发表自己的主张、见解等，总之，是要有所为而作的。应用文写作更是为了完成特定的事务而进行的表达行为，写作作为工具被赋予了交际任务。

文章写作是否有效，要看其是否能完成表达的目的。因此，明确表达目的是确立主题时首先应考虑的要素。只有紧密围绕表达目的而进行的写作，才是有效的。再漂亮的文字如果脱离表达目的，也是无效的。表达目的是选择写作内容素材、写作样式和表达方式的关键依据。

实际操作训练方法是，首先思考“为什么写，要达到的目的是什么”，确定表达目的后，用一句话及关键词把它写在主题位置，可以使用思维导图展示思考的过程。

（二）明确表达对象

表达对象是文章的读者。所有文章，皆有读者，有的是假想的，有的是确定的；有的是多个的，有的是单一的。表达对象也会影响写作内容素材、写作样式和表达方式的选择。表达同样目的的文章会因表达对象的不同而在写作的态度和方法上有所不同。同一篇演讲稿，对象是地方大学生和军校学员，内容可以不变，但是用语、引例会有变化。应用文写作的读者一般是确定的、单一的。了解你的表达对象，选择表达对象可以接受的表达方式、表达节奏与结构，将促成写作的有效性与合适性（社会的）。因此，在明确表达对象的环节，需要做好以下案头工作：深入了解表达对象与作者的关系，针对该表达对象应选择的合适表达形式。实际操作训练方法为，思考"是对谁写的？谁是怎样的？"确定表达对象的过程即回答该问题的过程，明确答案后可以使用一句话将表达对象与表达目的串联，并添加在思维导图中。

（三）明确领导意图

领导意图是指领导在布置工作、下达任务、发布指令时的意图或精神实质。因此，从本质来看，领导意图也属于表达目的。但由于它本身在应用文写作中的特殊性和专门性，所以单列为一项。领会领导意图从广义来讲，也包括领会上级政策。对政策、意图的领会需要大量实事求是的调研、推理、分析与总结，需要运用历史的、理性的思维方法找到问题的本质。实际训练中，需要大量阅读、调研，在有一定思考和理解的基础上多与领导沟通。同样在主题的确立中，明确领导意图可以采取提问的方式，思考"政策（领导）的意图或者精神实质是什么"，并做出回答。可以使用一句话将领导意图与表达目的合并，并添加在思维导图中。

（四）明确事实与观点

事实是一篇文章中作者的观点的基本前提。观点是作者在事实前提下得到的并要在该文章中提出的结论。

事实是文章写作中涉及的非作者意思和意图的事物、事件或者事理。事实是作者传递事实、展开推理、形成观点的基础。如果说明确表达目的、表达对象、领导意图是主题确立的间接工作的话，那明确事实和观点便是主题确立的直接工作。事物事实是文章涉及的客观个体，事件事实是文章涉及的客观事情，事理事实是非作者阐述的事理。明确事物事实，需要对相关事物进行具体的调查和研究；明确事件事实，需要对相关事件进行历史的、共时的还原；明确事理，要理解原义。实际操作训练方法为，思考"我是基于怎样的事实传递什么或者提出什么"，确定事实的过程即回答该问题的过程，明确事实后，可以使用一句话将其与表达对象、表达目的、领导意图串联，组成一个完整的表达并添加在思维导图中。

文章的观点是作者对世界的主观理解与倾向，表现为作者对事物或事件的意图、主张、看法或情感。它是传统文章学中探讨的“意”之所在，也是当前写作和阅读训练中，大多数训练关注的重点。作者基于观察和思考，提炼并形成对现实世界事实的理解和倾向。现实世界事实主要包括事物、事件、事理。事物包括人、物、景等静态存在。除去呈现事物、事件的本质属性及特点外，可以加入主观的态度、评价或者情感，这些成为立“意”。

大多数时候，作者对于传递什么或者提出什么是很明确的。但是在确立主题的过程中，明确主要事实仍然是一个不可或缺的重要步骤和要素。如果作者对于传递什么和提出什么有确定答案，明确事实可以帮助作者再次印证和梳理，最终得出可靠的观点；如果作者对于传递什么和提出什么是不确定的，那么明确事实的过程则更加不可缺少了。

在完成明确表达目的、明确表达对象、明确领导意图、明确事实和观点四个步骤之后，最后需要完成的就是将四个步骤的回答合并、总结、归纳为一句话。至此，主题确立完成。“意司契而为匠”，“主题”一旦确立，就成为全文的纲领和灵魂。

第二节　选材——材料的收集与整理

一、材料的含义

写作离不开材料，材料是构成文章的基本要素之一。如果说主题是保证文章言之有理的话，那材料就是保证文章言之有物。从广义上讲，材料是指作者为了某一写作目的收集和整理的全部资料，包括素材和题材；从狭义上讲，材料是指为了某一写作目的，从现实中收集、摄取并写入文中的事实和依据。

具体地讲，材料是指作者为了表现文章主题，从现实活动中摄取并写入文中的一系列内容，包括情况、背景、目的、根据、办法、措施、意见、规定等。它是提炼应用文主旨的基础和依据。

材料对主题具有制约作用。有什么样的材料，就可以提炼出什么样的主题；能否做到主题正确、鲜明、集中，关键取决于材料的优劣。离开材料，就难以形成文章。此外，主题的表达也要依据材料。在应用文写作中，要运用大量的事实、数字、论据等体现主题，而这就必须以材料为依据。总之，材料是应用文写作的基础。

二、材料的种类

写作的材料可以根据四种不同的标准进行分类。

（一）感性材料和理性材料

这是从材料的性质角度来划分的。感性材料是指历史上已经发生或生活中存在的具体事物或书籍、文件中提供的具体事实，包括人物、事件、情况等；理性材料是指来源于实践，或在实践中得到验证的观点、看法、结论等，包括科学原理、定理、定义、规则和警句、格言、谚语等。

（二）现实材料和历史材料

这是从材料存在的时间或时代角度来划分的。当代或者当前出现的材料是现实材料，而离写作时间较为久远的材料称为历史材料。这两种材料都具有相对性，今天的现实材料在后人眼里即变为历史材料，历史材料以前也曾是现实材料。

（三）直接材料和间接材料

这是从材料来源的角度划分的。其中直接材料是指应用文作者亲身经历的第一手材料，可以通过观察、走访、调查等多种途径获得；间接材料则是指作者非亲身经历的、从其他途径得来的材料，如阅读文件、引用报刊中的材料，以及从他人手中获取的材料等，又称第二手材料。

（四）正面材料和反面材料

这是从是非的角度来划分的。有些材料具有明确的是非性质；有些材料的性质一时不好确定，只能根据它在文中的实际作用来判别。因此会出现这样的情况，同样的材料，一些文章将其作为正面材料使用，另一些文章却作为反面材料使用。从这个意义上讲，材料的正与反有时带有主观性和相对性。

上述各类材料对写作来说都是必需的。不同的文体必须用实实在在的与之相适应的材料去证明或说明主题，才能够使读者知晓其意。

三、材料的收集与整理

材料的收集与整理就是把现实情况从工作活动和文件资料中提取出来，为形成与表明观点、主张做准备。收集整理材料是写好文章的基础，是文章写作的一个起点，影响整个文章写作的速度和质量。准确充分的材料是文章提出解决问题措施的依据，是形成观点的基础。缺少充足的材料，文章的观点将失去支柱；缺少可靠的材料，文章的约束力将大大降低。

材料本身是一个内容庞杂的集合体，来源广泛，形式也多种多样。有稳定不变的，也有流动多变的；有直接的，也有间接的；有表象与本质一致、容易提取的，也有表象复杂而不易提取的等。如果不加以留心，不刻意去做这个工作，就不可能真正地占有它，材料就成了过眼云烟。因此，需要有一个合理的材料收集方略。这个方略就是做好日常积累，占有第一手和第二手材料并随时加以整理。就应用文写作来说，这两个方面的材料都需要，不可偏废，但前者无疑更重要、收集难度更大些。

收集和整理材料的过程是一个学习和熟悉材料的过程。常用的收集和整理材料的方法有以下几种。

（一）笔记式

写读书笔记是克服遗忘、积累资料的好方法。读书笔记大体有这样几种形式：摘录式——把阅读时发现的重要资料，如基本观点、主要论据、精彩片段、名言警句等一字不易地抄录下来；提要式——把资料的要点概括出来；心得式——读后把心得、体会、疑问、意见、评论等记录下来，整理成文。无论哪种形式，都要记明资料的详细出处和作者、标题。

（二）剪辑式

把同一专题的材料剪贴在一起，一般用于报刊资料的收集。一般报刊栏目众多，内容丰富，不能兼收并取，必须根据实际需要，有选择地进行剪贴。对于被剪的材料，要随手在空白处标明出处。装订时要加封面，按标题拟定总目。这种方法比较灵活，易于归类。

（三）卡片式

把所见所闻的某一观点、某个实例、某项数据的材料或精华部分摘抄记录在卡片上，适用于对书刊中材料的收集。由于卡片容量有限，做卡片时要注意字迹端正清楚，内容精练扼要，一张卡片摘引一个观点、一段论证，便于保存、归类和使用。

（四）索引式

将材料的名称、作者和出处，分类编成索引，以便需用时按索引查找材料的原文，它最适合于对各类公文的登记编目。日后需要回溯检索时，一查索引，便可以直接找到原文。

（五）电子式

利用电脑收集整理电子文件。由于不同信息类型的文件，如文本、图像、图片、声音等，技术、存储载体、信息记录标准、信息压缩方法等不同，应分别采取不同措施进行收集整理。例如，针对收集到的文本信息，可按“叙述”“描写”“说明”“议论”“抒情”等表达方式的不同分类整理，也可以按“文学写作”“新闻写作”“公文写作”“学术写作”等文体的不同分类整理。

第三节　运思——思路的梳理

确立主题、采集和整理材料后，接下来的环节便是“运思”。现代汉语中多使用“构思”一词，基本意义与“运思”相同。为突出和呈现思路构建的运动性，我们使用“运思”表达梳理思路的意义。“振笔若天文，运思若回云。”（晋·傅玄《客难》）“运思”这一词语主要使用于古代汉语、近代汉语时期，说的是在诗文写作中运用心思。清代李渔在《闲情偶寄》中告诫“作传奇者不宜卒急拈毫，袖手于前，始能疾书于后”，强调运思的重要性。应用文写作的运思具体表现为梳理思路以构建文章的逻辑结构和语言结构，以恰当使用材料表达主题。

一、思路的概念

思路是作者在构思文章时的思维条理和脉络。从运思的步骤流程来看，梳理思路发生在确立主题和整理材料之后，是按照一定的思维脉络有条理地表达主题，它是文章整体的思维脉络的呈现。《尺牍新钞》卷七引明代俞琬纶《答友人书》：“凡不得意文，皆思路不开时所作。”李渔《闲情偶寄·词曲上·结构》：“作传奇者，能以‘头绪忌繁’四字刻刻关心，则思路不分，文情专一。”

思路的本质是文章运思中的思维活动。这一思维活动进行的目的是完成主题的表达。因此，在文章运思的语境里，思路的内涵是对事物或事件的客观记录与陈述、主观理解与倾向的思维脉络。

二、思路形成的依据

文章都必须“有序”。思路形成的依据来自有序，即自然有秩序、认知有秩序、逻辑有秩序。语言表达之序是自然秩序、认知秩序、逻辑秩序的信息化形式，文章结构是语言表达的符号化形式。因此，文字符号的排列就是序化的结果。

（一）自然秩序

自然秩序是客观存在的，它的存在是源于人也是大自然的一员，必须并且追求遵循大自然、宇宙的时间和空间秩序，这也是自然美学的核心要义。“文之为德也，大矣；与天地并生者，何哉？夫玄黄色杂，方圆体分，日月叠璧，以垂丽天之象；山川焕绮，以铺理地之形。此盖道之文也。仰观吐曜，俯察含章；高卑定位，故两仪既生矣。惟人参之，性灵所钟，是谓三才。为五行之秀，实天地之心。心生而言立，言立而文明，自然之道也。”（刘勰《文心雕龙·原道》）刘勰说的自然之道就是自然秩序，它具体包括时间序和空间序。时间序是就事物的运动形式、过程而言，表现为事件的呈现，像拍电影。空间序是事物的存在状态、位置、次序，表现为事物的呈现，像画一个事物。时间序与空间序在一个文章中，常常会同时存在。朱启平在著名的长篇新闻报道《落日》中，从“一九四五年九月二日上午九时十分，我在日本东京湾内美国超级战舰“密苏里”号上，离日本签降代表约两三丈的地方，目睹他们代表日本签字，向联合国投降”这一历史时间开始，按照日本投降仪式的时间顺序安排了“签字场所”“白马故事”“代表到来”“仪式开始”“投降书脏了”五段典型场面，可谓把时间序运思得巧妙至极。

（二）认知秩序

认知秩序是主观附着在客观世界上重建的新秩序，也称为心理秩序。它的存在是因为人作为认知世界的主体，以“认知”为目的，以“我”的视角秩序来进行思维和表达。认知是指人获得知识，应用知识或信息进行加工的过程，这是人的最基本的心理过程。认知秩序是按照作者或人物的认知过程、心理过程，结合表达目的和对象需求，对表达做出新的秩序安排。认知秩序不是客观还原事物的状态、位置、次序，而是从该事物的属性及与其他事物的关系、因果联系、作用影响来呈现主观认知。蔡元培的文言短文名篇《图画》，从对图画的整体感觉入手，在与建筑、雕塑的比较中，在东西方图画的比较中，理性认知图画，按照认知的顺序对图画进行运思和说明。这类秩序安排尤其多用于以论述和说明为主的论文写作中。

（三）逻辑秩序

逻辑秩序是人类理性精神的重要体现。因此，逻辑秩序强调在遇到一个复杂和困难的问题时，从清楚、明确的概念出发，精确地确定问题之所在；把该复杂问题分解为多个相对简单的问题（即判断，它是推理的前提）；运用推理，找到给出这些问题的解决方法（即新判断，它是推理的结论）；运用逻辑的规律、逻辑的形式规则，检验结论的有效性与可靠性（即真假对错）。

推理是逻辑的重要形式与方法，它包括演绎推理和归纳推理两种。演绎推理是指从一般性原理推出个别性论断，其结论所断定的隐含在前提之中，所以结论所断定的没有超出前提所断定的范围。演绎推理是必然性推理，它是形式逻辑的主要且重要的推理形式。归纳推理是从个别到一般，或者从个别到个别的推理，其结论所断定的超出了前提所断定的范围。因此，前提的真不能保证结论的真，是一种或然性推理。梁启超的《论毅力》即典型的演绎推理。中国古代先贤在论证观点时，经常使用打比方、举例子的方法，这便是归纳推理。季梁劝说魏王不要攻打赵国，便给魏王讲了“南辕北辙”的故事，从逻辑秩序来看，这使用了类比的归纳逻辑。

三、思路运行的基本方法

思路的运行方法与思维的基本方法相对应。思维是认识现实世界时动脑筋的过程，也指动脑筋时进行比较、分析、综合以认识现实的能力。从生物个体来看，思维的本质即大脑的活动。思维科学对思维做出了“形象思维”和“逻辑思维”的形态划分。形象思维通过图像、影像的记忆处理和传递信息，逻辑思维通过符号和符号间的规律（语言的载体和推理的方法）来处理和传递信息。形象思维依赖于感性的体验与感受，逻辑思维依赖于理性。因此，思路运行的基本方法包括用于完成对事物或事件的客观记录与陈述的形象思维，以及完成对事物或事件的主观理解与倾向的逻辑思维。

（一）形象思维

形象思维是一种以头脑中的表象为工具，通过联想、再现、想象来组成形象、画面的思维活动。形象思维主要调动五官，对事物、事件进行观察、感受从而形成思考。形象思维活动过程伴随着具体形象。

（二）逻辑思维

逻辑思维作为理性精神的产物，主要使用概念、判断、推理等思维基本形式，进行演绎思维和归纳思维的训练。更广义的理性思维来自理性精神，是对事实的求证、对有效推理形式的求证、对因果联系的求证。

此外，创新思维因其在现代社会的重要性，也需要引起我们的关注，创新思维的实质是创新精神，其形式是打破常规，其基础是对知识的融会贯通和综合使用。

四、思路运行的步骤

无论是对事物或事件的客观记录与陈述，还是对其的主观理解与阐释，思路运行的步骤主要包括：

第一，明确主要的表达目的、对象（主题），分清是客观表达还是主观表达，表达对象是事物还是事实，是对其是记录、陈述还是理解、阐释。如果是对事物的客观表达，那么主要使用形象思维的基本方法，按照自然秩序的空间顺序梳理思路和形成内容结构。

第二，对主题涉及的关键概念进行观察、感受或者理解与解释。如果是对主题涉及的概念的观察和感受，则使用形象思维的基本方法；如果是对主题涉及的概念的解释与理解，则使用逻辑思维的基本方法，按照认知秩序、逻辑秩序进行理解与解释。

第三，按照自然秩序、认知秩序、逻辑秩序梳理出完成主题的内容脉络。如果是对事物的客观记录，则按照事物的自然本体秩序如空间顺序梳理思路；如果是对事件的客观陈述，则一般按照时间顺序进行有序梳理思路；如果是对事物、事件的主观理解，则一般按照认知秩序梳理思路；如果是对事物、事件的主观倾向，则一般按照逻辑秩序梳理思路。

第四，形成结构。在古代汉语里“结构”最早指“连结构架，以成屋舍”，后引申为诗文书画等各部分的搭配和排列。在现代社会，事物结构是指事物自身各种要素之间的相互关联和相互作用的方式，包括构成事物要素的数量比例、排列次序、结合方式和因发展而引起的变化。

文章结构的安排包括内容的有序（自然秩序、认知秩序、逻辑秩序）结构与语言的布局结构的整理与设计。内容的有序结构是作者给出主题的有序过程与方式；语言的布局结构是文章的谋篇布局，多用开头、中间、结尾的结构。传统文章的结构设计中，常用“起、承、转、合”的有序结构与语言的布局结构。现代文章有更为丰富多变的结构，在非虚构文章中就有“问题式结构”和“论证式结构”等。“问题式结构”即“是什么？为什么？怎么办?”这一结构按照内容的认知秩序排列内容思路。论证式结构为观点、论证方式及过程，这一结构是按照内容的逻辑秩序排列的。

第四节　语言——选词与炼句

想什么和写什么、怎样想和怎样写，对具有写作能力的人来说，基本上是一致的，关键是语言表达。语言是思想的直接现实，作者通过语言文字对运思中孕育的腹稿进行表述，用字、词、句、标点以及文体和结构，使腹稿最终成为书面的文章。尽管各种文体都有自己的表现形式，但其内容的表述必须通过语言这一工具的有效运用来实现。因此，语言的表达对文章的表意有巨大的影响，它不仅把文章的意义定型下来，还对原有的构思有深化作用。语言表达是写作活动得以实现的基础，尤其是选词与炼句，是对文章进行审美的前提。写作中一切美妙的构思，只有实实在在落在选词与炼句上，才能化为现实。

一、选词的依据

应以写作对象、写作目的和文章体式三个方面为依据，进行词语选择。

（一）依据写作对象选词

写作对象是文章中所要描述和表现的事物，是作者集中关注的写作客体。所以，在词语选择上，要对写作对象进行更为集中、更有个性的表达。一方面，要挖掘能够体现写作对象所蕴含的意义的贴切词语，如描写人物要选取最能体现人物性格的词语。另一方面，虽然写作对象限制了词语的选择，但写作对象本身又不仅只有一个向度，即作者在写作时不会总朝着一个方向或角度去构思。因此，词语的选择也是富有弹性的。例如，对同一事件的不同侧面进行描述，就需要根据角度的不同，来选择最能恰当反映事件发展变化中某一刻的状态的词语。

（二）依据写作目的选词

写作目的是写作活动所要达到的预期目标，任何写作活动都有一定的目的。而写作目的需要与之相应的词语表达来实现。例如，在演讲稿写作中，如果是一篇“使人激”的演讲稿，那在用词上就应选择具有鼓舞性、动员性的词语；而如果是“使人知”的演讲稿，在用词上应选用规范、正规的术语和能使听众接受的通俗易懂的词语。从某种意义上来说，如果选择的词语不能为实现写作目的服务，那就无法达成预期的写作目的，或在作品完成时改变了原有的写作目的。

（三）依据文章体式选词

任何写作都是“合体”的写作，即根据主题选择合适的文章体式完成写作活动。不同的文章体式对词语表达有不同的要求；同时，词语表达也不能不考虑与文章体式的要求相对接，否则，写出的文章就会不伦不类。一方面，在“文类”层次上，选择好词语。例如，写议论类文章需要选择能使说理透彻的词语，能够显现思想和见解的词语；写说明类文章需要选择能够体现事物的具象或事理的抽象的词语。另一方面，在“文种”层次上，要把握不同文种所需要的词语表达。例如，在公文写作中，“通知”需选择准确、清晰的词语，而“函”不仅需要选择准确、清晰的词语，还需要用诚恳、谦敬的词语进行写作。

二、炼句的内容

文章的炼句包括修辞、语法、语体、语序等多个维度，最终目的是使词句内容简洁优美，逻辑结构通顺流畅。深化认识、调整结构和润色语言是炼句的重要内容。

（一）深化认识

文章的写作是作者感性认识和理性认识的综合体现。文章中的感性内容过多，就会缺乏深入的思考和独到的认识，叙述简单笼统；而理性的内容过多，就会令读者感到晦涩难懂，“烧脑”，不明就里。针对感性内容过多的文章，在炼句时应避免不必要的描写和抒情，减少修辞，充实内涵；针对理性内容过多的文章，在炼句时需以通俗易懂的语言加以叙述，以简洁明了的语句阐述抽象的事理。例如，《科技日报》有篇报道在介绍多普勒效应时写道：“多普勒效应也被称为‘平移’效应：当物体以直线运动时，它发出的光或声波频率会发生改变。即朝观察者移动时接收频率变高，远离观察者移动时接收频率变低。”这段叙述是理性的抽象的严谨的学术阐释，而对于没有相关知识的读者来说较难理解。于是，为使这一概念通俗易懂，作者用一个形象的例子深化了这一认识：“火车高速接近时的鸣笛声，听起来会比火车远离时要尖锐一些。”

（二）调整结构

文章的写作一般不会从构思到成文一步到位，很少有第一稿就写得十全十美的，大多会经过多次调整和修改才会达到最终目的。即使是一位成熟的作者，在写作中也会反复磨炼。因为成文的过程就是作者思路由模糊到清晰、结构由无序到有序的过程。如果文章的结构缺乏合理的顺序、不符合读者的阅读心理，就会影响到文章的表达效果，不具有感染力和渗透力。例如，一名学生在习作中写道：“跨进房间的门后，首先映入眼帘的是窗台上摆放的君子兰，而在门的内侧还有一小株挂着‘福’字的金橘树，房间中部的圆桌上还布置了两盆水仙花。”这段语句的问题是前后无序。从空间顺序来说，进门后可按照由近及远的顺序结构来展开，也可以按照视线由远及近的顺序结构“窗台—房间中部—门内侧”来展开。而这段文字先写远处（窗台），再写近处（门内侧），最后写中间（房间中部），叙述结构不合理，既不能体现作者的观察过程，也不能清晰地向读者还原场景。因此，对这段文字就应以合乎人们观察过程的结构进行炼句，“跨进房间的门后，首先映入眼帘的是门内侧的一小株挂着‘福’字的金橘树，房间中部的圆桌上还布置了两盆水仙花，而远处的窗台上摆放着一盆君子兰。”

（三）润色语言

润色语言是炼句的重要内容之一。由于作者写作经验不足或语言积累不够，抑或是因为写作时间仓促未深入思考，语言的表达常常会有不准确、不清晰、不具体等问题。这时，就需要对文章的语言进行润色，精心推敲，以提升文章的品味。例如，鲁迅先生在《藤野先生》的手稿中写道，他从监狱旁客店搬到离监狱远的客店后，“从此就看见许多新的先生，听到许多新的讲义”。这段文字中的两个“新”字概念并不明确，表述得不准确，“新”既可以指“刚出现的”，也可以指“性质上变得更好的”。这样一来，“新的先生”可能是之前没见过而现在见到了的先生，也可能是指之前不是“先生”而现在成了“先生”的先生，“新的讲义”可能是指之前早已存在而现在刚听到的讲义，也可能是指之前没有过而刚刚出现的讲义。读者在读文章时就会困惑。为使表达更准确、更清晰，鲁迅先生进行了这样的修改：“从此就看见许多陌生的先生，听到许多新鲜的讲义。”通过这样的炼句，文章表述的意味就显而易见了。

思考与练习

（1）解释并辨析下列概念。

①文、章、文章。

②表达目的、表达对象。

③领导意图。

④感性材料、理性材料。

⑤直接材料、间接材料。

⑥自然秩序、认知秩序、逻辑秩序。

⑦演绎、归纳。

（2）简述主题确立的步骤。

（3）简述应用文语言使用的基本要求。

（4）请使用思维图的形式画出“拓展延伸”（见本书第 33 页）中的文章的逻辑秩序（脉络），并说明其文章的布局结构。

（5）从下面材料中提炼出主题，分析其中包含的事实和观点。

◎**材料 1：**[①]

据不完全统计，10 月 1 日至 15 日，美军出动 7 架次军机前往南海进行侦察。国际军事行动法专家田士臣表示美军频频在南海活动旨在强化军事存在，其核心意图主要是战略威慑。

① 资料来源：15 天内美军出动 7 架次军机抵近南海进行侦察［N/OL］.（2020-10-24）[2021-05-31]. https://news.china.com/socialgd/10000169/20201024/38885120.html

◎材料2：①

据澎湃新闻消息，自10月1日起，截至15日，美国方面已经出动了7架次军机逼近南海。而且，还可能有不少军机没有侦察到。相关的军事专家表示，美国频频在南海活动的意图主要就是战略威慑。

其实自新冠疫情暴发以来，美国已经多次在南海问题上插手，一再干预中方内政。10月19日，美国军机就曾逼近到福建、广东50海里处。据环球网消息，10月12日，美军一架E-8C监视机从韩国起飞，飞进黄海进行侦察。10月19日，美军一架RC-135W电子侦察机、一架EP-3E电子侦察机飞向了福建、广东的近空进行侦察，而EP-3E型号侦察机当时距离领海基线仅50海里。值得注意的是，美方已经连续三个月对中国进行侦察，并且在这一过程中，美国的海陆空三军多种型号的军机轮番上阵，其侦察范围也在不断地扩大。据不完全统计，九月，美军在黄海进行了13架次的军机侦察、东海6架次、南海41架次。国际军事行动法专家田士臣表示，美军的这一系列行为，实际上是出于战略与战术的考虑。但是有一点能够确定的是，美国方面现如今已经将中国当作了最大的竞争对手，而美方在南海的行为，极有可能让双方"擦枪走火"。此前，中方国防部发言人吴谦就曾对此事表明中方的态度，警告美国不要在南海再生事端。美国在南海频频挑衅，炫耀武力，这样的行为对南海地区和平维持有极大影响。在疫情如此严重的时候，美国方面应该将视线放回国内，切实关注本国民生问题，而不是在国际上煽风点火，屡生事端。

◎材料3：②

事实上，美军长年累月频繁派出军舰和战机进入南海大搞名目繁多的军事演习和巡航活动，炫耀武力，甚至派出舰机闯入其他国家海空域开展抵近侦察和所谓的"航行自由行动"，侵犯沿岸国主权安全，破坏南海的和平稳定和良好秩序，这才是影响南海局势稳定的根本原因。

今年以来，美国国内因为防控不力而导致新冠肺炎疫情蔓延，包括航母在内的美军部队也遭受疫情严重冲击，军队新冠肺炎病例居高不下，但美军高层依然抱着冷战对抗思维不放，念念不忘搞所谓的"大国竞争"。美军不顾疫情扩散的危险和官兵尚未痊愈的现实，坚持派出航母、驱逐舰、轰炸机等兵力窜入南海，显示其军事存在，耀武扬威，寻衅滋事。国际社会看得非常清楚，美国才是南海地区和平稳定的干扰者、破坏者和搅局者。

中国对南海诸岛及其附近海域拥有无可争辩的主权。对此，中国拥有充分的历史和法理依据。中国坚定维护领土主权和海洋权益，同时，始终致力于同有关直接当事国通过谈判协商和平解决有关争议，始终致力于同东盟国家共同维护南海地区和平稳定。

当前，在中国和东盟国家共同努力下，南海地区形势保持总体稳定，"南海行为准则"磋商不断推进。中国与东盟国家就谈判协商解决争议、共同维护南海地区和平稳定达成了

---

① 资料来源：时刻警惕战争！15天内美军机7次抵近南海 意图是什么？[EB/OL].（2020-10-24）[2021-05-31]. https://baijiahao.baidu.com/s?id=1681405799946864944&wfr=spider&for=pc

② 资料来源：美军舰机果然不老实了！驱逐舰靠近南沙群岛后，侦察机又抵近广东[N/OL].（2020-07-15）[2021-05-31].https://baijiahao.baidu.com/s?id=1672283211165727788&wfr=spider&for=pc

一系列双边协议和地区共识，构成了南海地区规则和秩序的重要根基。美国应尊重地区国家维护南海和平稳定的努力，尊重地区国家根据国际法确立的地区规则和秩序，停止在南海地区的各种军事冒险和挑衅行为，停止以任何形式、任何借口威胁南海沿岸国主权和安全、破坏地区规则和秩序、扰乱地区和平稳定。

中国一向尊重和维护各国依据国际法在南海享有的航行与飞越自由，但是坚决反对任何国家假借航行与飞越自由之名，损害沿岸国主权和安全。中国人民信理不信邪，不惹事也不怕事。中国人民决不会屈从于任何外国的武力威慑与胁迫。任何外国不要指望中国会拿自己的核心利益做交易，不要指望中国会吞下损害国家主权、安全、发展利益的苦果。中国军队将继续坚定履行防卫职责，继续采取一切必要措施，坚决捍卫国家主权安全，维护地区和平稳定。美国在南海的军事挑衅行动注定徒劳无功。

拓展延伸

季氏将伐颛臾。冉有、季路见于孔子曰："季氏将有事于颛臾。"

孔子曰："求！无乃尔是过欤？夫颛臾，昔者先王以为东蒙主，且在邦域之中矣，是社稷之臣也。何以伐为？"

冉有曰："夫子欲之，吾二臣者皆不欲也。"

孔子曰："求！周任有言曰：'陈力就列，不能者止。'危而不持，颠而不扶，则将焉用彼相矣？且尔言过矣，虎兕出于柙，龟玉毁于椟中，是谁之过与？"

冉有曰："今夫颛臾，固而近于费，今不取，后世必为子孙忧。"

孔子曰："求！君子疾夫舍曰'欲之'而必为之辞。丘也闻有国有家者，不患寡而患不均，不患贫而患不安。盖均无贫，和无寡，安无倾。夫如是，故远人不服，则修文德以来之。既来之，则安之。今由与求也，相夫子，远人不服而不能来也，邦分崩离析而不能守也，而谋动干戈于邦内。吾恐季孙之忧，不在颛臾，而在萧墙之内也。"

（选自《论语·季氏》）

第三章　文章的表达方式

第一节　文本表达的基本方式

表达方式，又叫表达方法，是文章思想内容变成具体存在现实的一种艺术形式、一种艺术手段。它是文章的重要形式因素，也是衡量文章艺术性的重要条件。

文本的基本表达方式有五种：叙述、描写、抒情、议论、说明。

一、叙述

（一）叙述的含义与作用

1. 含义

叙述是作者通过一般性的陈述，介绍、交代人物、环境、事件及事件的发展演变过程的表达方法，即回答“是什么”的问题。

2. 作用

（1）介绍人物的经历、事迹、交代人物的关系。

（2）交代事物发生的时间、地点及其发展过程。

（3）概括事实事例，为文章的议论提供依据。

（4）联系故事情节、转换上下文的意思。

（二）叙述的类型与方法

1. 类型

叙述有两类，即概括叙述与具体叙述。概括叙述又叫简述、略述，就是用简单的笔墨对人物、事件、环境加以介绍，给读者提供一个大概的印象。具体叙述又叫详述、细述，就是用详尽的笔墨对人物、事件、环境做详细交代。

2. 方法

（1）顺叙。顺叙是按照事件的发展过程或人物经历的自然顺序进行叙述的方法。它符合人们一般的认识习惯，条理清楚，脉络分明，易于将人和事叙述完整。

如《老山界》一文，就是按照时间的推移（当天下午—天黑—当天夜里—第二天黎明—第二天下午两点—两点以后），记叙了红军翻越老山界的过程。

（2）倒叙。倒叙是先叙述事件的结局或把事件发展过程中某个突出片段提到前面来写，然后再按事件的发生发展顺序展开叙述，传统上称为“倒插笔”。倒叙强调了事件的结果或高潮，容易造成悬念，形成波澜，引人入胜，采用这种方法一定要根据表达的需要，不应人为地强制。要注意做好起笔的“倒叙”与后文的“顺叙”部分的衔接，使之连接紧密，过渡自然。

如革命先驱李大钊的女儿、中国现代作家李星华的散文《十六年前的回忆》，即采取倒叙的手法，回忆了父亲被害的全过程，展现了作为父亲的李大钊对家人的关怀、爱护，作为革命者的李大钊对革命事业的忠诚，同时也表达了作者对父亲的敬仰与深切的怀念，内容真实可信，语言朴素自然，既具有文学价值，又具有很强的史料价值。

（3）插叙。插叙是在叙述主要事件的过程中插进另一有关事件的叙述，这段叙述只是一个片段，并非文章中心部分。插入的叙述结束后，原来的叙述再继续进行下去。插叙不影响全文的叙述安排。其作用是扩大叙述的跨度，帮助展开主要事件，丰富叙述的内容，使行文曲折有致、紧凑丰满。

如鲁迅的《风波》写七斤嫂在土场上吃晚饭，“又矮又胖的赵七爷正从独木桥上走来”时，插入了一个片段介绍赵七爷是何许人物，插叙完毕，接着写赵七爷从独木桥走来以后的情形。这一插叙既介绍了人物身份，又为下文塑造人物性格打下了基础。

（三）叙述的人称

叙述的人称，就是叙述客观事物或人物活动时所确定的出发点和所选择的角度。常用的叙述人称有三种：第一人称——我、我们，第二人称——你、你们，第三人称——他、他们。

使用第一人称，有三种情况。“我”“我们”有时就是作者本人，有时是虚构的艺术形象，有时还可能是作品中的主人公或其他人物。使用第一人称的优点是：讲的是“我 ”“我们”的亲自见闻，有助于表达作者的思想感情，真实、亲切、自然。其缺点是，只能从“我”“我们”的角度去写，在刻画人物、描写景物环境时要受时间和空间的限制。

使用第二人称，有两种情况：如果作者在文章中不仅叙述了别人，也叙述了自己，实际上是站在第一人称的角度上进行叙述的。如果作者较为客观地向读者讲“你”“你们”的事，自己并没有在文章中出现，那实质上是第三人称的叙述。

使用第三人称的优点是：不受时间、空间限制，能够自由灵活地将叙述对象讲述出来。其缺点是客观色彩较浓，缺乏第一人称叙述的优点。

在叙述时还要注意以下问题：

一要线索清楚。无论多么复杂的情况，只有确定一定的线索，才能理丝有绪，自成条理。

二要交代明白。叙述要达到告诉读者“是什么”的目的，就要把握叙述的六要素：时间、地点、人物、事件、原因和结果。这样读者才会得到一个完整、清晰的印象。

三要详略得当。叙述一件事时，对它发展过程中的每个阶段的叙述要详略得当，叙述几件事，也要有侧重点，要根据文章的具体情况，做到详而不杂，细而不荒，简而不陋。

四要波澜起伏。“文如看山不喜平”，要善于交替使用各种叙述方法，运用抑扬、快慢、断读、离合等技巧，使叙述峰峦起伏、跌宕多姿。

二、描写

（一）描写的含义与作用

1.含义

描写，就是用生动形象的语言，把人物的状态、动作，景物的性质、特征，环境的色彩、布局等具体地描绘出来，具体、形象、生动地再现客观事物，给人以身临其境的真实感。它回答的是“怎么样”的问题。

2.作用

（1）展现自然景色的风貌。

（2）展现人物的形态、举止、言谈及内心世界。

（3）展现人物活动的背景或具体环境。

（4）唤起人们的审美情绪，影响人们的感情，加深人们对客观事物美的感受，使作品具有吸引人的魅力。

（二）描写的类型与方法

描写大致有四种类型：人物描写、环境描写、场面描写和细节描写。

1.人物描写

人物描写包括肖像描写、行动描写、语言描写、心理描写。

（1）肖像描写。肖像描写指对富于特征的人物外形——容貌、姿态、精神、服饰等的描写，以表现人物的身份、性格等。人物肖像描写重在“以形传神”。

古今中外名家笔下的肖像描写，不但反映出人物的性别、年龄、职业这些显而易见的不同，而且也透露出人物的出身教养、社会地位，生活经历、兴趣爱好等的不同。他们所描绘的肖像突出地刻画了人物的特征，这些人物形象“各自有其形状，各自有其装束”，而非模式化的、脸谱化的。

如《水浒传》第37回，李逵初次亮相：“不多时，（戴宗）引着一个黑凛凛大汉上楼来，宋江看见，吃了一惊。”金圣叹曾对此批语，“‘黑凛凛’三字，不惟画出李逵形状，兼画出李逵顾盼、李逵性格、李逵心地来。”可谓形神俱现。

（2）行动描写。行动描写即通过对人物行为动作的描写展示人物性格。

作者必须善于抓住人物富有个性特征的动作、行为、细节，才能达到“形神兼备”的目的。

如我国古典白话小说《杜十娘怒沉百宝箱》中，“怒沉百宝箱”这个动作，比“怒斥”“怒打”更能刻画出杜十娘善良、倔强，视金钱、权力如粪土的性格，以及对追求幸福的绝望心态。《儒林外史》中严监生的吝啬性格，则在他临死前望着同燃的两根灯芯而难以瞑目的行为细节中淋漓尽致地展现出来。

（3）语言描写。语言描写指用人物语言，特别是个性化的语言，刻画人物性格。通过人物对话来刻画人物性格，是语言描写中最基本的手段。要刻画出生动而真实的人物来，就必须让人物的语言富于个性化，力戒雷同。

如鲁迅的著名小说《伤逝》中有一段经典的对话描写，涓生在与一位“世交”对话过程中，得知了子君已经去世的噩耗。通过“世交”和涓生对话时轻蔑的语气和他对子君之死的冷漠态度，深刻地展现了这位“世交”的无情与迂腐。

（4）心理描写。心理描写是对作者或人物的思想活动和内心感受的描写。它包括人在特定的环境下产生的看法、感触、联想、心态、幻觉、意识流等。心理描写可以直达人的精神领域，透视人物的感情和思想，是深入细致地刻画人物的重要手段。描写人物心理可以由作者直接做心理剖析或由人物直接倾吐，可以通过人物内心的独白，可以用传神的动作和富有表现力的对话，也可以通过梦境、幻觉、意识流动等。心理描写一定要根据表现人物和情节发展的需要，真正有利于反映人物或作者的思想感情。

如海明威在代表作《老人与海》中，大量运用意识流手法来表现老人的心理。和鲨鱼搏斗时他突然想起棒球、圣彼得罗，又想起老年的孤单，甚至想到被捕到的大马林鱼的可怜……通过人物的心理描写，深刻地揭示了主人公内心的自豪、坚毅及孤独感，有力地揭示了人生的意义，不仅深化了小说的主题，而且闪烁着深邃丰富的哲理光彩。

2.环境描写

人总是生活在一定的环境中，并与一定的客观事物相接触。因此人们在塑造人物、展开情节时，总脱离不了描写人物活动的场所和周围的自然景物，环境描写分为自然景物描写和社会环境描写。自然景物描写指作者以自然景物作为描写对象，为主人公的活动提供客观的自然生活环境，以达到抒发感情、渲染气氛的目的。自然景物描写要善于捕捉那些与塑造人物相关的景物，力求人与景的水乳交融。社会环境描写即对于人物生活、活动的社会环境的描写，用以表现事件发生的时间、空间的背景，或借以衬托人物的思想性格。自然景物描写和社会环境描写都不是可有可无的装饰品，而是密切地联系着人物的思想和行动。

如郑义的《老井》描写了历史文化、伦理道德、宗教迷信等形成的一种集体无意识，长期积淀在“山民”所生活的社会环境里，制约并伴随他们走完艰难的人生历程。又如鲁迅的小说《阿Q正传》《风波》对社会环境的描写都极为成功。社会环境的描写成功与否，直接影响着人物性格的塑造。

3.场面描写

场面描写是对在特定的时间与地点内，各类人物活动的总体的表现。场面一般分为重点场面、一般场面、过渡场面，在对各个场面的描写中，需注意详略得当，点面结合，层次分明，中心突出，方能获得较好的艺术效果。

如李铁林的《原木在移动》描写了冰天雪地中穿着单薄的志愿军战士们，即使身体被冻僵，却仍像“移动的原木”一样顽强不屈地与美军作战的震撼场景，展现了志愿军战士们的钢铁意志和战斗精神。

4. 细节描写

细节是记叙类文章中人物、事件、环境的细微的局部，是与客观事物或描写对象整体和大端相对而言的细枝末节，它是描写人、事、景、物的最小组成单位。从古至今，关注、把握细节是人的一种思维方式，由细节推知整体及其他也是一种思维方式。

鲁迅曾不止一次提倡读稗官野史和笔记丛录，因为由其中的历史细节往往能见到比官方记载更真实的历史，历史学家黄仁宇的《万历十五年》之所以为学界所推崇，也正在于其由细节入手反映宏大与整体历史的崭新思维方式和表述方式。

三、抒情

（一）抒情的含义与作用

1. 含义

抒情，即作者在文章中抒发主观感受和思想感情。

2. 作用

（1）以情动人，增强文章感染力。

（2）开拓意境，表现和深化主题思想。

（3）渲染气氛，显示行文格调，贯通文章意脉。

（二）抒情的方法与要求

1. 方法

抒情的方法有直接抒情、即事抒情、借景抒情、议论抒情等。

（1）直接抒情，又叫直抒胸臆，即作者直接倾吐自己的感情。

（2）即事抒情，又叫叙述抒情，是作者因事而动情，将感情融入叙事之中的一种抒情方式。如老舍的《我的母亲》、巴金的《怀念萧珊》、孙犁的《亡人逸事》，在叙事中无不渗透了作者对亲人的那份深厚的情感。

（3）借景抒情，又叫寓情于景或描写抒情，即作者把感情寄托在景物描写之中，以景物的形状、色彩浓度、格调表达感情。景、情、物必须高度融合，才能达到情景交融、情以物兴、物以情观的审美效果。如杜甫的《春望》，堪称情景交融之至作。

（4）议论抒情，又叫寓情于理，即把感情寓于道理之中，借助说理表达思想感情。它常常伴随叙述的人物故事或所描绘的人、事、物而出现，并及时加以富有感情色彩的评议，从而深化主题，道出内含之理，并起到突出人物性格、加强感情色彩的效果。例如鲁迅先生的《记念刘和珍君》。

2. 要求

一要有真情实感，不可为文造情、无病呻吟；二要同内容和谐一致，形成有机联系；三要有积极、健康的情趣。

四、议论

（一）议论的含义与作用

1. 含义

议论，即分析评论客观事物，表现自己的观点和态度。

2. 作用

在记叙性文体中，议论通常是在叙述、描写的基础上进行适时适度的评品，或以此传情，或深化主题。而在议论文中，议论则是主要表达方式，通过概念、判断、推理的逻辑形式来剖析事理，发表见解和主张。

（二）议论的方法与要求

1. 方法

一般论说文的论述顺序是：提出问题—分析问题—解决问题，要一步一步说清，要由此及彼、由表及里、次第分明。切忌颠三倒四、相互掺杂。

2. 要求

议论文有三个要素：论点、论据、论证。论点，是作者在文章中所表明的观点、见解思想、理论。它是论说中的核心内容，必须十分明确，不能模棱两可。论据是作者精心选择的用以证明论点的材料。可以做论据的材料很多，如事实、数字、经典性论述、科学公理定理等，关键是恰当选择。论证是作者深入剖析论点和论据间的内在逻辑联系，运用论据证明论点的过程。论证需要作者具备广博的知识、严密的逻辑思维，还要掌握多样的论证技巧。因此，要能得出正确结论，必须注意观点和材料的统一，还要注意推理必须符合逻辑、论证要有顺序。

五、说明

（一）说明的含义与作用

1. 含义

说明即用言简意赅的文字，把事物的形状、性质、特征、成因、关系、功用等解说清楚，把人物的经历、特点表述明白。

2. 作用

（1）在议论文中用它交代论据。

（2）在记叙文中用它起注释作用。

（3）在新闻中，用它介绍背景材料，加强内容表达。

（4）在科学报告或教科书中，用它表述科学知识或事物。

（二）说明的方法与要求

1. 方法

（1）比较说明，即把不同事物或同一事物的不同情形、不同问题或不同方面进行比较，从而使各自的本质、特征显示得更为突出。比较有横的比较和纵的比较。横的比较是指不同事物或不同问题间的比较；纵的比较则是指同一事物的不同情形或同一问题在不同情况下的比较。

（2）分类说明，即把被说明的对象按同一标准分成不同类别，逐类加以说明。

（3）比喻说明，即找出具有与被说明对象相同或相似之点的事物、事理，用以说明对象。

（4）诠释说明，即以下定义的方式说明事物或事理。用简洁而明确的语言，指出被说明对象的性质特点，使它与那些易混淆的对象区别开。

此外，还有举例说明、引用说明、问答说明、描述说明、图表说明、数字说明等。

2. 要求

一要把握说明对象的特点；二要善于说出事物的疑似之处；三要客观地说明；四要用浅显、准确、详尽的文字。

思考与练习

（1）文本表达的基本方式有哪几种？

（2）叙述时需要注意哪些问题？

（3）以“军校生活中的难忘片段”为主题，综合运用恰当的表达方式，创作一段不少于500字的文章。题目自拟，体裁自选。

拓展延伸

[1] 周振甫. 文心雕龙选译［M］. 南京：凤凰出版社，2017.

[2]（法）罗兰·巴尔特. 写作的零度［M］. 李幼蒸，译，北京：中国人民大学出版社，2008.

第二节　修辞表达的多种手法

修辞指为了使语言增强表达效果而运用的一些修饰描摹的特殊方法，又称辞格、辞式。修辞是语言在长期运用过程中形成的，具有特定形式和表达功能的语言修饰格式，有的修辞有鲜明的形式特征，有的则在表达功能上独具特色。

现代汉语中常见的修辞手法有：比喻、借代、比拟、夸张、对偶、排比、反复、设问、反问等。

一、比喻

（一）含义

比喻就是“打比方”，即用一事物来比方另一性质不同但有相似点的事物。

（二）结构

比喻的结构一般由三部分组成，即本体（被比喻的事物）、喻体（作比喻的事物）和比喻词（比喻关系的标志性词语）。

（三）构成条件

1. 甲和乙必须是本质不同的事物，否则不能构成比喻

判断一个句子是不是比喻，不能单看有没有喻词，下列几种情况中，虽有喻词，但不是比喻。

（1）同类相比。例如：她的性格很像她母亲。

（2）表示猜度。例如：这天黑沉沉的，好像要下雨了。

（3）表示想象。例如：每当看到这条红领巾，我就仿佛置身于天真烂漫的少年时代。

（4）表示举例。例如：社会主义的中国，在党的阳光照耀下，涌现出许多英雄人物，像雷锋、焦裕禄等。

2. 甲乙之间必须有相似点

如下文“比喻的种类”中所举例子中，明喻例句中本体和喻体的相似点为“形状”，暗喻例句中本体和喻体的相似点为“形态”，借喻例句中本体和喻体的相似点为“性情”，博喻第一个例句中本体和喻体的相似点为“步骤”。

（四）种类

1. 明喻

本体、喻体都出现，中间用比喻词“像”“似”“仿佛”“犹如”等联结，有时后面还有“似的”“一样”等词语配合。明喻的典型形式是：甲像乙。例如：叶子出水很高，像亭亭的舞女的裙。

2. 暗喻

本体、喻体都出现，中间用喻词“是”“成了”“变成”等联结，有时暗喻不用喻词。暗喻的典型形式为：甲是乙。例如：更多的时候，乌云四合，层峦叠嶂都成了水墨山水。

此外，暗喻还有许多变体值得注意：

（1）本体和喻体是并列关系。例如：人多主意好，柴多火焰高。

（2）本体和喻体是修饰关系。例如：我的思想感情的潮水在放纵奔流着（这里“我的思想感情”是本体，“潮水”是喻体）。又如：谎言打扮得再漂亮，也害怕事实的镜子（这里

"事实"是本体，"镜子"是喻体）。

（3）本体和喻体是注释关系。例如：我爱北京——祖国的心脏。

3.借喻

不出现本体，直接叙述喻体。借喻的典型形式为甲代乙。例如：独有英雄驱虎豹，更无豪杰怕熊罴（出自毛泽东《七律·冬云》，这里以"虎豹"和"熊罴"分别喻指帝国主义和修正主义，同时又把它们放在一起，归为一类，既形容了它们的凶恶，又点明了它们虚弱的反革命、反人民的本质）。

4.博喻

连用几个比喻共同说明一个本体。例如：这种下笔以前的修改是最要紧不过的了，正如盖房子首先要打好图样，作战首先要订好计划一样。

有时博喻是以不同角度的几个比喻来描绘一个本体。例如：层层的叶子中间，零星地点缀着些白花……正如一粒粒的明珠，又如碧天里的星星（前一个比喻是从荷花个体的角度，写它的光泽和颜色；后一个比喻是从荷花整体的角度，写它在荷塘里的分布）。

（五）作用

比喻可以让文章化平淡为生动，化深奥为浅显，化抽象为具体，化冗长为简洁。

二、借代

（一）含义

借代是用相关的事物来代替所要表达的事物的修辞方式。这种修辞方式不直接说出要说的人或事物。

（二）种类

1.用事物特征代本体事物

例如：红眼睛原知道他家里只有一个老娘。

2.用具体代抽象

例如：枪杆子里面出政权。

3.用专名代泛称

例如：我们的时代需要千千万万个雷锋。

4.用形象代本体

例如：上面坐着两个老爷，东边的一个是马褂，西边的一个是西装。

5.用部分代整体

例如：吟罢低眉无写处，月光如水照缁衣（用"无写处"即文字无处可发表这一现象，形容极度悲愤的心情和整个黑暗的社会现状）。

6.用结果代原因

例如：专弄文墨，为壮士捧腹（"捧腹"是"笑"的结果）。

7. 用具体代抽象

用客观存在的具体事物代替抽象的事物。例如：五十年间万事空，懒将白发对青铜（用具体的“白发”“青铜”代指年华老去，岁月变迁，人事已空，表达看透红尘的心境）。

（三）作用

借代可以使语言以简代繁，以实代虚，以奇代凡，以事代情。此外，运用借代时应注意必须抓住事物的最典型特征，对于所借代的事物一般应在一定的语言环境中有所交代，且借代的借体和本体事物不能同时出现。

三、比拟

（一）含义

比拟是把甲事物模拟作乙事物来写的修辞方式。包括把物当作人来写（拟人）、把人当作物来写（拟物）和把此物当作彼物来写（拟物）几种形式。事实上，前一种形式是把事物“人化”，后两种形式则是把人或事物“物化”。

（二）种类

1. 拟人

例如：女人坐在小院当中，手指上缠绞着柔滑修长的苇眉子。苇眉子又薄又细，在她怀里跳跃着（运用“跳跃”这一动作，把芦苇“人化”）。

2. 拟物

例如：指导员讲得真来劲儿，嘎子竖起耳朵听（此处把人的耳朵描写得像兔子等动物一样“竖起”，是典型的“把甲物乙物化”）。

（三）作用

比拟可以使语言色彩鲜明、描绘形象、表意丰富。

四、夸张

（一）含义

夸张是为达到某种表达需要，对事物的形象、特征、作用、程度等方面着意扩大或缩小的修辞方式。

（二）种类

夸张可分为三类，即扩大夸张、缩小夸张、超前夸张。

1. 扩大夸张

故意把客观事物说得“大、多、高、强、深”的夸张形式。例如：蜀道之难，难于上青天。

2.缩小夸张

故意把客观事物说得“小、少、低、弱、浅”的夸张形式。例如：一个浑身黑色的人，站在老栓面前，眼光正像两把刀，刺得老栓缩小了一半。

3.超前夸张

在时间上把后出现的事物提前一步的夸张形式。例如：农民们都说：“看见这样鲜绿的苗，就嗅出白面包子的香味来了。”

（三）作用

在文章中运用夸张的修辞手法能够有助于：揭示事物本质，给人以启示；烘托气氛，增强感染力；增强联想，创造气氛。

在运用夸张的修辞手法时应注意：第一，夸张不是浮夸，而是故意的合理夸大，所以不能失去生活的基础和生活的根据。第二，夸张不能和事实距离过近，否则会分不清是在说事实还是在夸张。第三，夸张要注意文体特征，如科技说明文、说理文章就很少用甚至不用夸张，以免歪曲事实。

五、对偶

（一）含义

对偶是用字数相等、结构形式相同、意义对称的一对短语或句子，来表达两个相对或相近的事物的修辞方式。

（二）种类

1.正对

上下句意思上相似、相近、相补、相衬的对偶形式。例如：墙上芦苇，头重脚轻根底浅；山间竹笋，嘴尖皮厚腹中空。

2.反对

上下句意思上相反或相对的对偶形式。例如：横眉冷对千夫指，俯首甘为孺子牛。

3.串对（流水对）

上下句意思上具有承接、递进、因果、假设、条件等关系的对偶形式。例如：才饮长沙水，又食武昌鱼。

（三）结构形式

1.成分对偶

例如：然而我的坏处，是在论时事不留面子，砭痼弊常取类型，而后者尤与时宜不合。

2.句子对偶

例如：落霞与孤鹜齐飞，秋水共长天一色。

（四）作用

在文章中运用对偶是为了便于吟诵，易于记忆，有音乐美，同时表意凝练，抒情酣畅。

六、排比

（一）含义

排比是由三个或三个以上结构相同或相似、内容相关、语气一致的短语或句子排列在一起，用来加强语势、强调内容、加重感情的修辞方法。

（二）种类

1. 成分排比

即一个句子中的一些成分组成排比。例如：延安的歌声，它是黑夜的火把，雪天的煤炭，大旱的甘霖。

2. 分句排比

即一个复句的各个分句构成排比。例如：他们的品质是那样的纯洁和高尚，他们的意志是那样的坚韧和刚强，他们的气质是那样的宽厚和优雅。

3. 单句排比

例如：八路军穿草鞋，把日本鬼子赶下海；解放军穿草鞋，把蒋家王朝踢下台；如今八连穿草鞋，把香风毒雾脚下踩。

4. 复句排比

例如：如果我们能够研制出一种类似鹰眼的搜索、观测技术系统，就能够扩大飞行员的视野，提高他们的视敏度；如果能研制出具有鹰眼视觉原理的“电子鹰眼”，就有可能控制远程激光武器的发射；如果能给导弹装上小巧的“鹰眼系统”，那么它就可以像雄鹰一样，自动寻找、识别、追踪目标，做到百发百中。

（三）作用

在写作中运用排比可以使文章内容集中，增强气势；叙事透辟，条分缕析；节奏鲜明，长于抒情。

七、反复

（一）含义

通过一遍一遍地重复个别词语或句子，以达到强调目的的一种修辞。

（二）种类

根据构成特点，反复可以分为两类。

1.连续反复

例如：大刀向鬼子们的头上砍去，全国武装的兄弟们，抗战的一天来到了，抗战的一天来到了！

2.间隔反复

例如：你们想找出路吗？对，大家都在找出路。那么，出路在哪儿？我想出路就在反抗，出路就在斗争，出路应在把咱们个人的命运结合在一起。

（三）作用

反复的作用是强调、突出相关内容，以加强语气、增强语言表达的感染力，使语句格式整齐有序而又回环起伏，充满语言美。

八、设问

（一）含义

即是明知故问、自问自答，或提出问题不需确定答案的修辞手法。例如：谁是我们最可爱的人呢？我们的部队，我们的战士，我感到他们是最可爱的人。

（二）作用

设问的作用是强调问题，以引起人们注意，启发人们进行思考；同时，在结构上还能起到引出下文、承上启下，使层次分明、条理清晰、结构紧凑的作用。

九、反问

（一）含义

反问是用疑问句的形式表示确定的意思，以加强语气、增强表达效果的修辞手法，句末一般用问号，有的也用感叹号。

（二）种类

1.用肯定的形式表示否定

例如：四十多个青年的血，洋溢在我的周围，使我艰于呼吸视听，哪里还能有什么言语？

2.用否定的形式表示肯定

例如：现在，很多法律、法规的制定和修改都可以公开向社会征询意见，那么教科书的修改，为什么不可以借鉴这样的做法让公众多一些知情权呢？

（三）作用

反问可以加强语气，强调所要表达的意思，发人深思，激发感情，加深印象；还可以增强文章的气势和说服力，奠定一种激昂的感情基调。

思考与练习

（1）什么是修辞？

（2）现代汉语中常见的修辞手法都有哪些？说出它们的定义并分别举例。

（3）以小组合作的方式，进行经典军旅文学名篇阅读鉴赏，各小组选取中国近现代经典军旅文学名篇，对其主题和修辞手法的运用进行分析解读并在课堂上展示。

拓展延伸

［1］夏丏尊，叶圣陶.七十二堂写作课［M］.北京：开明出版社，2017.

［2］刘军强.写作是门手艺［M］.桂林：广西师范大学出版社，2020.

［3］陈果安，李作霖.文学写作教程［M］.长沙：中南大学出版社，2012.

［4］金振邦.阅读与写作［M］.北京：中央广播电视大学出版社，2004.

中篇　文体训练

第四章　军队常用事务文书

第一节　计　划

一、计划概述

（一）计划的含义

计划是机关单位或个人对一定时期内学习、工作等事宜，预先做出安排的日常事务文书。

在实践中，计划经常以不同的名称出现，如“安排”“打算”“规划”“设想”“意见”“要点”“方案”等。每一种名称都有各自特殊的含义。例如“规划”适用于比较全面展现某一项重大的工作、工程或生产的大轮廓的计划；“方案”是对某项具体工作从目的、方式、方法到进度等做出的全面计划或具体要求；“设想”是为长期的工作或某种目的而做的、非正式的、粗线条的计划；“打算”则是为短期工作而做，但对指标和措施不做具体考虑的计划；“安排”是为短期工作所做的、内容较为具体的计划；“要点”或“意见”常指上级给下级布置下一个阶段的工作或某项重要任务时，为交代政策而提出的具体要求。在实际写作中要根据不同的情况，准确地使用计划的不同名称。

（二）计划的种类

计划种类繁多，通常可以按照以下三种标准进行分类：

（1）按范围大小，分为个人计划、单位计划、地区计划、国家计划等。

（2）按时间长短，分为长期计划、中期计划、短期计划、年度计划、季度计划、月计划、周计划等。

（3）按内容性质，分为学习计划、工作计划、训练计划、生产计划等。

二、计划的写法

（一）计划的行文结构

计划一般由标题、正文、落款三部分组成。

1. 标题

计划的标题分为全称标题、简称标题和文章式标题。

（1）全称标题，由标题三要素（单位、期限、事由）和文体（计划）构成，如《东部战区 × 集团军 2020 年军事训练计划》。

（2）简称标题一般省略了计划的单位或期限。如《推动学习贯彻党的十九大精神走深走实的实施计划》。

（3）文章式标题一般按照计划的内容或要达到的目标拟定，如《为创基层文化工作先进单位而奋斗》。

如果计划不成熟或者没有正式通过，一般要在标题后面或下一行居中处用括号注明“草案”“讨论稿”“供讨论用”等字样。

2. 正文

计划的正文一般由前言、主体、注意事项三部分组成。

（1）前言。主要写明制订计划的依据，如所依据的党、国家和军队的方针政策、上级主管部门的指示精神，以及本单位的实际情况。可从简要回顾前段工作写起，可从上级部署要求写起，可从目的要求或指导思想写起，也可综合上述三种写法简要开头。如《某部队关于开展“传承红色基因，担当强军重任”主题教育的落实计划》的前言如下：

> 为认真贯彻党中央、中央军委和习近平主席决策指示，按照联参党委部署要求，结合 ×××× 部队实际，研究制订如下落实计划。

这份导语就是根据上级的部署要求和本单位实际情况而写，说明了计划制订的原因，简单明了。

（2）主体。主要写干什么事（任务必须明确），何时干（起止时间必须清楚），由谁去干（明确到人和单位），干到什么程度（要明确指标、要求），怎么干（写清采取的措施、步骤、方法）。它一般包括目标任务、措施和方法、步骤和安排三个方面的内容。

①目标任务。这部分内容主要回答“做什么”的问题。目标的确定要实事求是、符合实际，力求避免设置过高或过低的计划指标。目标可以是总目标，也可以是具体任务或指标。总目标往往是要实现的最终目的，是多方面综合指标的最终体现；具体任务或指标则是具体说明要完成的任务、要达到的指标。计划要明确写明在一定期限内，必须完成哪些任务、实现什么目标、做哪些事，使计划执行者一看便知道准备做什么、做多少，做到心

中有数。如果是综合性计划，更要突出重点和难点。同样是《某部队关于开展“传承红色基因，担当强军重任”主题教育的落实计划》，其“目标任务”部分如下：

一、总体要求

紧紧围绕用习近平新时代中国特色社会主义思想、习近平强军思想武装官兵这个核心内容和根本任务，落细走实教育筹划、专题学习、实践活动和检查督导等各环节工作，在学深悟透重大理论中坚定维护核心、看齐追随的忠诚信念，在纠治根除和平积弊中强固支撑联指、谋战研战的使命责任，在传承弘扬我党我军和联参光荣传统中振奋矢志强军、勇挑重担的革命精神，教育引导官兵自觉将思想意志凝聚到习近平主席的战略部署上来，进一步强化“四个意识”、坚定“四个自信”，做到“两个维护”，不断激发瞄准世界一流军队标准、建设特别过硬部队的内在动力。

二、主要任务

（一）精心搞好筹划部署（略）

（二）严密组织专题学习（略）

（三）持续抓好党委中心组学习（略）

（四）分批组织干部理论培训（略）

（五）扎实开展“和平积弊大起底大扫除”活动（略）

（六）严肃进行教育整顿（略）

（七）深入推进“两学一做”学习教育常态化制度化（略）

这份计划的总体要求就是总目标，主要任务就是具体要完成的事项。综合看来，计划有远期的宏大目标，也有近期的具体任务，并通过分条列项的方式将它们罗列出来，层次清晰，目标明确而具体，便于执行。

②措施和方法。这部分是回答“怎么做”的问题。在明确了工作任务之后，计划要根据主客观条件，设计必要的措施和方法，以保证任务的完成。这部分要写达到既定目标需要采取什么方法、动员哪些力量、创造哪些条件、排除哪些困难等，如组织分工、进程安排、物质保障、考核奖惩、方式方法等。作者要全面规划、精心设计，提出科学合理、职责分明、切实可行的工作措施和方法。

再如《某部队关于开展“传承红色基因，担当强军重任”主题教育的落实计划》中，“组织领导”部分就是“措施和方法”的内容：

三、组织领导

（一）压实各级责任

认真落实党委议教制度，每季度集中分析单位学习教育形势，研究官兵思想情况，确定阶段教育任务，明确教育目标要求，统筹解决开展教育过程中遇到的现实矛盾问题。各党支部要定期召开专题支委会学习各级要求、研究教育计划、安排教育任务。党委、支部书记当好管思想、抓教育的第一责任人，重要活动、关键节点亲自参与、亲抓落实，切实发挥好领导干部示范引领作用。有关部门负责配发学习资料、安排集中授课、组织参观见学、开展配教活动、督促教育落实，协调各业务室、勤务分队做好主题教育各项工作。

（二）融入主责主业

紧密结合落实单位参加值勤训练、大项任务等时机，开展战备教育、保密教育等经常性学习教育，以学习教育的深入促进中心工作的开展，以完成任务的质量检验学习教育的成效。将单位研究中心关于习近平强军思想、前沿作战理论、各方向军事斗争准备等方面研究成果，作为学习教育资料及时补充。依托单位技术创新中心，开发学习软件、制作媒体课件，为主题教育提供创新技术支持。

（三）加强检查督导

坚持每季度集中进行 1 次学习教育任务和组织生活制度落实情况检查，重点检查党员干部自学计划和党支部年度学习教育实施计划、组织生活计划制订落实情况，实践活动整改措施落实情况，党支部集中授课辅导情况，传达学习有关文件和开展集中学习教育情况，人员到课和补课记录情况，按规定登记、统计开展组织生活情况，领导干部参加双重组织生活情况等，单位将根据检查情况，结合半年、年度工作总结进行讲评通报。值勤人员，除上级规定必须在单位参加的活动外，按要求参加各值勤队临时党支部组织的政治教育；借调在外或参加短期培训人员，每月向单位报告个人学习情况。

这段措施和方法内容充实，分别从各级责任、主责主业、检查督导三个方面提出了保障计划完成的措施，科学合理、职责分明，让人一目了然。

③步骤和安排。这部分是进一步回答“怎么做”和“何时完成”的问题。步骤是指工作的程序和时间安排。每项目标和任务都要分阶段完成，先做什么，后做什么；主干什么，次干什么；每一步在什么时间做，达到何种程度；人财物如何调配、布局；各阶段如何配合、衔接等，都必须写得合情合理。所以，这部分要统筹安排，分清主次，突出重点，以保证计划顺利推进。下面是一份某学校的植树造林计划的“步骤和安排”：

二、步骤和安排

（一）人力分配和时间安排

（1）在校 10 亩荒坡上掘坑，由校绿化委员会组织 60 名战士负责，3 天完成。植马尾松 2000 棵，由警勤连和通信连负责，3 天完成。

（2）在南石山地植杉树和杨树 2000 棵，由机关干部和运输队负责，3 天内完成。

（3）在三号营区渠塘和水池边植枫树、柳树、榆树共 1200 棵左右，由研究生队发动军人学员每人种 10 棵，非军籍地方学员每人种 5 棵，1 天内完成。

（4）在学员宿舍楼前后空地植桂花、桃花等树木，每栋楼前至少种 6 棵，由各学院自行负责。

（二）树苗来源

马尾松由红星花木苗厂提供，杨、柳插条等其他树苗由军需营房科负责集中采集供应。

（三）检查评比

由供应保障处处长和各院军需营房科代表组成检查评比小组，于3月28和29日两天检查评比。出色完成任务的，通报表扬；完成任务不好的，通过有关人员返工补种。

这部分从三个方面着手植树造林工作的具体问题，从细节上全面考虑，使这次植树造林工作的安排十分扎实到位，计划执行起来也有极强的现实操作性。如果考虑不到位，计划订得太含糊，执行起来就无所适从，或者如果责任不明确，就会影响工作的有效进行。

从上面的例子可以看出，“步骤和安排”板块是比较细化的衔接、组织和配合，在短期的、内容比较单一的、范围不大的计划中比较常见，但是在宏观的、长期的计划中通常融入计划主体的第二部分，不单独列出。比如前面提到的《某部队关于开展“传承红色基因，担当强军重任”主题教育的落实计划》就没有这么细致的步骤安排。可见，计划的主体部分内容可以根据实际客观需要进行灵活处理，不是一成不变的。

（3）注意事项。实施计划中应注意的事项可以单独作为一部分，也可以在各项任务中分别写清。有的计划可以不写这部分。

3.落款

在计划的结尾处，署名并写上时间，也可把落款写在标题下方。

（二）计划的写作要求

1.要熟悉部队情况，服从全局

部队与一般党政机关单位不同，写作者要熟悉部队情况，以及部队的工作流程、方法、权限范围。部队制度严格，要求下级服从上级、局部服从全局，这是计划制订的重要原则。制订计划时要注意领会、吃透上级部门相关精神，自觉做到学习中央精神不过夜、掌握党的政策不跑偏、关注时政信息不懈怠。随时掌握上级部门的工作动态，主动同上级机关的同志保持经常性的沟通联系，悉心体悟上级部门和领导决策的发力点、工作的着力点，结合本部门的实际，进行分析判断和吸收借鉴，自觉主动地在思想认识上吐故纳新。认真考虑如何更好地完成上级交给的任务，以便更好地结合、贯彻、落实党的方针政策和上级指示精神。本单位计划的制订绝不能存在与上级精神和要求相抵触的地方。

2.要采取科学态度，留有余地

要根据工作任务、要求制订计划，但也要注意到现实生活中实际情况的复杂性和多样性。因此，在制订计划时要注重科学性，要留有余地，以防情况变化导致计划无法顺利完成。当然，在制订计划时也要充分考虑可能出现的特殊情况，预先想好补救措施，制订可行性预案，防患于未然。

3.要抓关键，主次分明

计划是用来指导今后工作的，是未来工作的风向标。计划的内容是要付诸实践的。单位也好、个人也好，不可能在一定时期内只有一项工作任务，工作有主次、有重点，中心工作要作为重点突出；即使是一项具体的任务，也有轻重缓急，在计划拟制中要注意不能平均用力，要抓关键点，突出中心工作，切实解决重点难点问题。

三、例文评析

【范例一】军事训练计划

××冬季适应性训练计划

根据××《20××年军事训练预备期指示》和《关于冬季适应性训练规定》的要求，紧密结合××实际，按照×××的思路，采取×××的方法，坚持从难从严从实战要求出发，突出练指挥、练作风、抗疲劳、耐严寒、防侦察训练，全面提高部队严寒条件下的适应能力。××对冬季适应性训练做出具体安排。

一、思想重视，突出三个训练重点

一是注重指挥能力训练，提高人员素质。（略）

二是适应艰苦环境作战，培养部队作风。（略）

三是利用野战化训练，检验部队战斗力。（略）

二、参加单位、人员和武器装备

（略）

三、时间安排

（略）

四、各单位演练路线、行程和训练内容

在演练路线的选择上，我们主要把握三个原则：一是结合兵种专业特点，二是避免与往年重复，三是靠近驻地。具体情况如下。

（一）演练路线及行程（略）

（二）训练具体内容（略）

五、实施方法

（略）

××师司令部

20××年×月×日

【评析】这份计划是大单位的专项军事训练计划，涉及面广，人员多。写计划时突出强调了三个训练重点，可谓主次分明、重点突出，便于下级领悟掌握；措施、步骤、方法，具体明晰，科学合理，便于下级执行。

【范例二】业务学习计划

×学院青年教员业务培训实施方案

为适应任职教育要求，全面加强我院青年教员的培养力度，切实提高青年教员业务能力和水平，根据学院年度教育训练工作部署，定于3月、4月组织青年教员培训。现将有关事项安排如下：

一、指导思想

以中央军委关于院校建设与人才培养的重要论述为指导，以学院党委关于加强教员队伍建设的有关要求为依据，针对当前青年教员队伍建设存在的薄弱环节，强化业务培训，严格综合考核，增加压力，激发动力，提高能力，增强活力，着力提高我院青年教员的业务水平和综合素质，促进学院人才培养质量和办学水平的提高。

二、组织领导

为确保培训工作顺利实施，确保质量和效果，成立学院青年教员业务培训和考核工作领导小组，由××副院长任组长，××副处长任副组长，成员有××教授、××教授、××教授。教学科研处负责整个培训和考核计划制订、内容安排、讲课教员的协调等组织工作；政治工作处负责参训教员名册编制以及到课率的检查、督促和登记；训练部办公室负责部队教学参观点的联系和参观协调工作；政治工作处负责地方教学参观点的联系及参观协调工作。

成立青年教员业务培训队，教学科研处×××副处长兼任队长，政治工作处×××副处长兼任政委。

三、培训对象及编组

（1）年龄在35岁（含以下）、讲师（含）以下专业技术职务，在一线教学岗位上工作的青年教员。

（2）20××年以来调入我院工作的讲师（含）以下专业技术职务教员。

具体名单编组情况见附件。

四、方法步骤

（一）培训动员

召开由各系所主任（所长）、政委、副主任（副所长），各教研室主任、副主任，担负培训授课任务的院内教员和参训青年教员参加动员会，传达青年教员业务培训和考核实施方案，明确培训的意义和主要任务，增强青年教员参训的积极性和主动性。

（二）课程教学

安排“高等教育教学理论”“军事教育教学理论”和“教学基本功训练辅导”3门课程，帮助青年教员学习掌握有关高校教学理论和军事教育教学理论，掌握教学的一般规律和基本方法。

（三）教学参观

利用一天的时间组织青年教员到××学院和××部队参观见学。

（四）教学观摩

现场观摩××教员的多媒体课堂教学。此外，参训青年教员自主选择跟听与本专业相关的2名院内教员的课堂教学10课时，并自选一名副教授以上教员作为教学指导老师。

（五）座谈交流

召开由院处领导参加的青年教员代表座谈会，听取青年教员对学院教学科研和其他方面工作的意见、建议。

（六）培训考核

考核工作由教学科研处具体组织实施，各系所、教研室、专家考核组与参训青年教员共同完成。

1.考核内容

一是对参训青年教员来院任教以来的教学科研工作进行统计；二是所在教研室分别对青年教员的政治思想和业务素质做出鉴定；三是组织军事教育理论和高校教育理论的闭卷考试；四是现场考核多媒体课件制作能力；五是课堂教学讲授考核。

2.成立考核专家小组

成立由机关领导和专家教授组成的五个专家考核小组，分别对每位青年教员进行考核。

3.考核成绩评定

业务培训和单项考核结束后，考核小组根据上述五项成绩，按优秀、良好、合格与不合格四个等级，研究评定每位参训青年教员的成绩。

4.建立培训和考核档案

建立青年教员业务培训和考核登记表，记载考核结果，存入教员档案，与青年教员送学、职称评审和个人立功受奖挂钩。对考核合格以上的教员颁发教员资格证书。对考核不合格的青年教员制订帮扶计划，并列入下一批业务培训和考核计划。

（七）培训总结

对综合考核优秀的青年教员进行通报表彰，优秀青年教员进行教学汇报演示，安排大会交流发言，学院领导对整个培训工作做总结。

五、几点要求

（一）高度重视，提高认识

各级要高度重视青年教员业务能力培训工作，把它当作贯彻落实学院党委提出的打基础、抓经常、加强基本队伍建设、提高课堂教学质量等一系列重要指示精神的一件大事来抓，加强组织领导。各系所要在学院集中动员的基础上，进一步做好教育发动工作，统一思想认识，提出明确要求。参训青年教员要以此为契机，把握机会，认真学习，努力提高自身业务能力。

（二）严密组织，认真实施

此次培训时间长、内容多、要求高，各单位要密切配合，统筹兼顾，认真落实培训各环节工作，搞好协调。尤其是集训队领导和骨干要认真负责、严格管理，确保参训人员、培训时间、考核组织等工作落实到位。参训青年教员要处理好培训和日常工作的关系，严格遵守培训纪律，无特殊情况一律不得请假。如需请假，须逐级报批，最后由训练部批准。

附件：1.参训青年教员名单（略）

2.参训青年教员编班安排表（略）

3.培训和考核整体安排日程表（略）

××××学院

20××年××月××日

【评析】方案一般是针对专业性比较强的单项工作，从目的、要求、方法到具体步骤等做出较为全面周密的部署和安排。这篇方案从指导思想、组织领导、培训对象及编组、方法步骤和具体要求五方面组织材料，重点落在方法步骤上。方案中有些内容不适合在正文中出现，可以用附件的方式呈现。附件部分是对正文内容的补充和完善。

思考与练习

（1）根据下面的内容，选择合适的计划名称。

①某陆军士官学院十年人才培养（　）

②关于军事职业教育网络课程建设的初步（　）

③某集团军2020年军民共建工作（　）

④英模与新兵新学员对话交流活动（　）

（2）你认为计划的写作要注意哪些问题?

（3）下面是一份篮球比赛计划，请找出不恰当处进行修改。

××学院×大队“勇士杯”篮球赛活动安排

为丰富本大队学员的校园文化生活，提高学员身体素质和积极性，增进各学员队之间的交流，决定于2019年10月1日于风雨篮球场举办篮球赛。

一、比赛日期与地点

时间：10月1日至10月5日每日下午16时至18时（如有调整另行通知）

地点：风雨篮球场

二、活动方式

（一）各学员队选派五名学员组成参赛队参赛，2名（含2名以上）学员替补和1名队长。

（二）各队没有参赛的学员由值班员组织成啦啦队。

三、比赛方法

4个代表队，抽签决定A、B、C、D队伍，A与B比赛，C与D比赛，胜者晋级。晋级的队伍争夺一、二名，未晋级的队伍争夺三、四名。

比赛规则

（一）每队上场队员5名，替补球员2人，领队1人。比赛分前后半场，每半场20分钟，中场休息10分钟。比赛比分相同时，则延长比赛时间5分钟，如比赛比分仍相同，再延长至比赛分出胜负。

（二）球投进篮筐经裁判认可后，便算得分。3分线内侧得分算2分，三分线外侧算3分，罚球算1分。

（三）比赛开始由两队各出一名球员来中央跳球区，由裁判抛球双方跳球，比赛开始。

（四）每次替换球员上场要在20秒内完成，替换次数不限定。替换选手的时间应选在有人犯规，争球，暂停时机，裁判可暂停中止比赛的时间计时。

（五）每个球员有4次违规机会，第5次违规时则被罚出场，不能再进行同场比赛。罚球时要站在罚球线后，在接过裁判球5秒内进行投篮，球触到篮筐前均不能触线。

（六）普通违例：带球走步，两次运球，脚触球或以拳击球等：除了跳球球员以外的球员不能在跳球球员触碰到球之前触碰跳球区：一方球队进攻时，持球时间不能超过24秒。

四、活动组织

（一）组织部门：××学院×大队团委

（二）比赛裁判：各学员队选派一名裁判

（三）比赛计时、计分：各学员队选派两名学员

（四）比赛场纪律维护：司令部、团委

（五）卫生负责：各队啦啦队打扫所站位置，司令部负责进行监督和协助

（六）后勤保障：司令部、团委及各队后勤保障人员

五、比赛奖项

（一）奖励项目

1.第一名

2.最佳球员4名

（二）奖励内容

1.第一名：奖状一张

2.最佳球员：奖励精美纪念品

六、注意事项

（一）本次比赛是以团结进取、友谊第一为目的：一切球员都得尊重裁判判罚、遵守规则，文明比赛，不得请外援（参赛运动员必须为本队学员，各队请备好球服）

（二）各队必须准时到达比赛场地，有事者必须提前向举办部门领导说明，如无故迟到5分钟，当弃权处理，并判给对方胜利

（三）每场比赛司令部会派协助人员，主要任务是协助比赛正常进行

（四）各队注意学员安全，实行队干部负责制，司令部、团委干事协助管理

（4）请以连队的名义拟写一份本年度军事训练计划。

拓展延伸

［1］陈金琳.新编军队常用文体写作指导及范例［M］.长沙：国防科技大学出版社，2014.

［2］陈金琳，曾凡解.军队应用文写作［M］.长沙：国防科技大学出版社，2008.

第二节　总　结

一、总结概述

（一）总结的含义

总结是对前一阶段的全面工作或某一方面的具体实践活动进行系统回顾和深入分析，从中找出经验教训，获得某些规律性认识的书面材料，是军队机关日常事务文书之一。总结是一种认识活动，也是一个探寻规律、认识真理的过程。人类认识实践的过程是“实践—认识—再实践—再认识”。所以，总结是把已经做过的某一时期的工作或学习进行全面系统的检查、评价、分析、研究。

（二）总结的种类

总结种类繁多，可以按照以下四种标准进行分类。

（1）按主体不同，分为个人总结、单位总结等。

（2）按时间长短，分为月总结、季度总结、年度总结等。

（3）按内容性质，分为学习总结、工作总结、训练总结等。

（4）按内容范围，分为综合性总结和专题性总结。

①综合性总结，也叫全面总结。它是对个人、单位或部门在一定时间内的实践活动所作的全面总结，如《空军雷达兵第×旅 2020 年工作总结》。

②专题性总结。它是对某一项具体的实践活动或某项具体实践活动的某一方面所作的总结，如《战略支援部队某基地 2019 年党风廉政建设工作总结》。

（三）总结的特点

1. 写作的求是性

总结不但要把从事过的实践活动做回顾、汇总，说明做了些什么、有什么成绩，还要为今后从事的实践活动提供借鉴，因此，总结要实事求是，内容必须真实。

2. 选材范围的限定性

总结所选用的材料，只能是在规定范围内的实践活动中发生的事实，超出规定范围（如时间、地点）的实践活动，只能作为背景介绍或对比说明问题时的辅助材料。

3. 写作人称的单一性

总结从严格意义上说应该由总结内容的直接实践者写作，如果旁人代笔，代笔人要完全以实践者的身份和语气说话。因此，总结只能使用第一人称。

二、总结的写法

（一）总结的行文结构

总结一般由标题、正文和落款三部分组成。

1. 标题

总结的标题通常用单标题，有时也用双标题。单标题，也称简式标题，由一个词、词组或一句话构成。双标题，又称复合标题，由主标题和副标题构成，主标题往往较抽象概括，副标题是对主标题的说明和注解。

（1）总结的单标题有四种写法。①由单位、期限、事由和文种构成，如《海军某舰队2020年度宣传工作总结》；②由期限、事由和文种构成，如《2019年“传承红色基因，担当强军重任”主题教育工作总结》；③由事由和文种构成，如《基层党组织整顿情况总结》；④一般文章标题，如《因势利导，活跃战士业余文化生活》《我们是怎样深入开展学雷锋活动的》。

（2）双标题中的正题往往高度概括出总结的基本经验，副题则标明什么单位关于什么问题的总结。如《搞好“结合”“渗透”，调动练兵热情——合成第×旅军事训练中政治工作总结》《立足特点搞共建，基层建设焕新颜——×旅2020年军民共建工作总结》。

2. 正文

总结的正文一般包括以下四个部分。

（1）情况概述。这部分是导言，要交代时间、地点、背景、经过、做法、效果等。它可以采用概述式，简要交代背景、时间、地点或对工作的主要内容做提示性、概括性的介绍；可以采用结论式，先提出结论使人了解经验教训的核心所在；可以采用提问式，一开头就提出问题，点明重点；也可以采用对比式，用对比的方法将有关情况进行比较，以示高下。如《某旅20××年工作总结》中的“概述”部分如下：

> 20××年，是我旅建设发展史上不平凡的一年。我们在集团军党委、机关的正确领导下，团结和带领全旅官兵，以“抓标准、上质量、创一流、能打仗、打胜仗”为目标，以“抓班子、强核心，抓干部、强素质，抓经常、强基础，抓典型、强活力”为重点，开拓进取，奋力拼搏，使部队全面建设上了一个新台阶，党委班子、基层连队呈现出协调发展的局面，进入建旅以来最好的时期。集团军党委组织的工作组于年底考察时，对一年来我旅党委班子和部队建设的发展进步给予了充分肯定。

这段情况概述交代了工作目标和重点，对工作的情况做了总的分析和评价，写得简明扼要。

（2）做法和效果。这是总结的核心所在，也是写作的重点。如果是总结正面的经验，就要如实地写工作的重点、取得的成绩，并突出关键性、创造性的做法，然后分析成绩取得的原因，总结出规律性的经验；如果是总结反面教训，则应如实地写出实践中的失败或失误，并认真分析导致失败或失误的原因。这部分写作要用叙议结合的手法，既要有翔实的材料，用事实说话，又要有精辟的理论分析，总结经验或教训。如《××政治处20××年度工作总结》的“做法和效果”部分如下：

一、年度工作取得的主要成绩

今年，政治工作处的各项工作是在人员成分新、任务重、要求高的情况下展开的，全处同志按照“思想求硬、业务求精、作风求实、办事求快”的要求抓工作落实，取得了明显的效果。

（一）政治理论学习制度得到较好落实（略）

（二）业务水平有明显提高（略）

（三）工作任务完成比较圆满（略）

（四）指导部队思想政治建设收效明显（略）

（五）工作作风有所改变（略）

（六）自身建设得到加强（略）

二、基本做法

（一）抓岗位练兵，努力提高政治机关干部业务素质（略）

（二）抓改革创新，努力增强部队思想政治工作活力（略）

（三）抓作风改进，努力增强指导基层思想政治建设的实效（略）

（四）抓自身建设，努力树好政治机关干部的良好形象（略）

从上面这个例子可以看出，“做法和效果”部分写取得了什么工作成绩、如何取得这些成绩。“做法”小标题的提炼是写作中的一个难点，内容上要概括精准，反映经验的可行性，形式上要体现语言的简洁之美。

（3）存在的问题。这部分要写出实践活动存在的缺点、错误或有待今后改进的问题。写作时，着重分析出现问题的原因，力求写得客观、具体，不可泛泛而谈或含糊其词。关于存在的问题，再举上篇《××政治处20××年度工作总结》中的相应内容为例，如下：

三、存在的主要问题

（一）业务学习还不够刻苦

个别同志在学习上存在浮躁情绪，满足于本职业务的学习，缺乏不出成绩、不出精品决不罢休的精神，理论功底扎实，但工作经验不丰富。

（二）能力素质还不能满足工作要求

个别同志理性思维能力不强，不能从理论上分析解决问题。对与本职业务相关的政策规定、办事程序不够清楚，致使工作中常出现不应该有的失误。还有的驾驭文字材料的能力不强，对公文写作要领把握不好。

（三）指导基层还不够有力

指导基层时部署任务多，检查督促少；发现问题多，帮助分析、解决问题少；调查研究的力度还需要进一步加大。对基层党委（支部）班子建设情况把握不准确，帮带不够有力。干部管理还不够严格，在一些棘手问题的解决上有想法、没办法，影响了全团干部队伍整体素质的提高。

（四）自身要求还不够严格

落实组织生活制度不经常，一日生活制度和办公秩序不够正规，存在上班迟到早退、不出早操、不假外出等不良现象。

这部分存在问题紧扣第一部分主要工作成绩来写，有概括、有分析，写得比较细致，态度严谨，抓问题一针见血。

（4）今后努力的方向。这部分要针对问题提出切实有效的改进措施，或者根据面临的新形势、新任务提出一些新的目标以及心得、意见和打算。当然，也可以二者兼有。

正文的结构形式要根据总结的目的和内容来确定。不同类型的总结，结构不同。有的典型经验总结是“两段式”的，即只有前两部分；有的总结是“三段式”的，即只有正文的前三部分；有的总结是“四段式”的，即包含了正文的四个部分。综合总结通常采用“四段式”结构，专题总结采用“两段式”或“三段式”结构。

3.落款

正文的右下方署名并写上日期；有的总结在标题下署名，文尾则只需写总结的日期。

（二）总结的写作要求

1.要搞好调查研究，充分占有材料

写好总结的第一步就是深入调查研究，充分占有材料。写作者要积极参与相关工作，深入实际了解情况，广泛收集材料。第一手材料掌握得越多越利于写作。除了可以在平时工作中积累外，还可以通过开座谈会、走访调查、调查问卷、统计数据等多种方式获得。在调查和收集中要走群众路线，集思广益，达成共识。

2.要根据目的决定内容的详略

用于向上级报告工作的总结，要写得简明扼要，突出重点内容。用于向本单位下属汇报工作的总结，对具体的工作过程和众所周知的情况应简略介绍，对典型事例可多介绍，对带规律性的问题应重点分析。用于在报刊或内部简报上发表的总结，结构要严谨，事例要少而精，“存在问题”和“今后努力方向”两部分可以不写。

3.要善于抓重点，探索规律

写总结要善于抓重点，总结经验教训，找出规律性。如果总结只是记流水账，记载现象，不探索规律，就失去了意义。面对纷繁复杂的各种材料和现象，要学会用科学的方法分析，由表及里，抓关键问题，提炼出观点。这样的总结才对今后或全局工作起一定的指导和借鉴作用。

4.要实事求是，正确评估

总结的主体是单位或者个人，在写作过程中要做到“不虚美，不隐恶”并不容易。写作者要秉持实事求是、客观公正的原则，一切从实际出发，恰如其分地评价分析，既要肯定成绩，发现亮点，总结成功的经验，也要直面存在的问题和不足。写作者要以唯物辩证的态度正确评估，切忌先入为主、借题发挥，或者报喜不报忧，更不能刻意拔高、夸大成效，要尽量避免“假大空”现象和弄虚作假的行为。

三、例文评析

【范例一】军事训练专题总结

20××年度新兵教育训练总结

我×在20××年度的新兵教育训练工作中，认真贯彻落实上级新兵教育训练的指示精神，以打牢新兵“四个基础”为着眼点，以端正入伍动机为重点，切实加强组织领导的力度，严密组织、科学施训、注重质量，较好地完成了新兵教育训练任务。

一、基本情况

今年我×共补入新兵×××人。新兵训练以各×、×直为单位，共编×个新兵营，××个新兵连，分两个阶段进行。第一阶段为××××年×月××日至××××年×月××日；第二阶段为××××年×月××日至×月××日。平均完成军事训练189个小时，政治教育126个小时，体育训练48个小时，“两实”（实投和实弹射击）作业受训率达100%，所训科目综合成绩及格率达100%，其中投弹、队列、战术基础、器械基础成绩达良好以上，按计划完成了新兵训练的全部科目。

二、主要做法

（一）统一思想，提高认识，加强新兵教育训练的组织领导

今年的新兵入伍训练，×领导和机关各部门高度重视，专门召开会议研究新兵训练问题，并在新兵营的建立，新兵训练干部骨干的选派、训练方案的制定，物资和后勤保障等方面，作了充分的准备和合理的安排。新兵训练展开前，我们及时对新兵训练干部骨干进行了“服务育人、管理育人、训练育人”的思想教育，帮助大家提高对新兵入伍训练重要性的认识。所有这些，都为搞好今年新兵入伍训练工作打下了坚实的基础。新兵训练展开后，×领导多次打电话了解新兵训练和生活情况，及时帮助解决训练中的困难，确保今年新兵入伍训练任务的圆满完成。

（二）搞好教育，打牢基础，引导新兵端正入伍动机

为搞好今年的新兵训练任务，在新兵到来之前，要求各××按照上级关于搞好新兵政治教育的通知要求，结合今年新兵特点，制订详细的教育计划，购买相关学习资料。新兵入伍后，首先把帮助新兵端正入伍动机，作为政治教育的第一课，并及时向新兵下发了《新战士入伍须知》《士兵政治常识读本》《士兵理论常识读本》等书籍。其后，按照教育计划，分形势政策、光荣传统、遵纪守法等五个专题，对新兵实施政治教育。此外，还开展了“当兵为什么，入伍干什么”大讨论，并叫响了“流血流汗不流泪，掉皮带肉不掉队”

的口号，使新兵坚定安心服役的决心，端正入伍动机，激发了训练热情。

（三）循序渐进，科学施训，注重打牢新兵的军事素质基础

今年新兵入伍训练时间紧、内容多、要求高，加之冬季天气寒冷，对新兵训练影响较大。为了提高新兵训练质量，打牢新兵的军事素质基础，我们严格按照训练大纲和上级指示要求，做到循序渐进、科学施训、严格训练、严格要求。在训练中采取了集中示范、分类讲解、分组练习、个人体会、评比竞赛等多种形式组织训练，规定每学完一个训练科目，都要组织会操评比活动，利用争夺“流动红旗”、争夺“训练标兵”等形式，激发新兵的训练积极性，形成了一种“争标兵、夺红旗”的训练热潮。由于新兵训练工作组织有力、方法得当，新兵训练中没有出现装病不参训或因训练强度过大病倒的现象。通过综合训练成绩考核，今年我×的新兵入伍训练成绩合格率达到了100%，顺利完成新兵训练任务。

（四）严格管理，注重养成，坚持用条令条例规范新兵的言行

为确保新兵训练起好步、上好路，我们从抓好新兵入营第一周的生活秩序和礼节礼貌等八件事入手，注重作风养成，使新兵尽快适应部队生活。带新兵的干部骨干能够以身作则，率先垂范，有的手把手教新兵洗衣叠被，有的为患病的新兵问医求药。元旦、春节期间干部骨干下厨房到哨位，使新兵过了一个愉快的节日。整个训练期间，各单位能够严格落实一日生活制度，不早起，不晚睡，不加班加点，不超负荷训练，全×未发生一起打骂体罚新兵的现象。还注意及时做好重点人的帮扶工作，采取重点帮、积极引等有效方法，较好地解决了个别新兵思想中存在的问题，没有发生一起跑兵现象，保持了新兵队伍的稳定。

（五）突出重点，优先保障，为新兵的教育训练创造良好环境

为使新兵吃好，各单位加强了对新兵生活的管理，单设了新兵伙食账目，由××和××统一定食谱，所有的新兵连队保证每人每天吃一个鸡蛋，保证吃饱，保证新兵能喝上干净、卫生的开水。××还每天派军医对新兵进行巡诊，并给各新兵营调配了军医和卫生员，解决了看病难的问题。新兵入营前，师下发了训练教材和器材2000余套，训练周表、登记统计表50本，保证了新兵教育训练的有序进行。各×也专门为新兵订阅了报纸，配发了文体器材，丰富了新兵的业余文化生活。

三、存在的问题

今年的新兵教育训练，我们虽然做了大量的工作，取得了一些成绩，但是与上级的要求还有差距。

一是少数干部骨干政工素质不高。由于个别单位在干部骨干的选拔上把关不严，少数干部骨干不善于做个别人的思想稳定工作，加上训练方法简单、态度粗暴等问题还不同程度地存在。（略）

二是个别单位训练质量不高。少数单位怕跑兵，降低了训练强度，特别是体能训练抓得不够紧，影响了军体训练成绩。（略）

三是个别单位的训练严抓、细抠不够。少数单位在正步、投弹和射击练习技能训练上不扎实，导致部分新兵训练成绩偏低。（略）

××××××

20××年×月×日

【评析】这是一份三段式专题总结，内容翔实，材料典型，层次清楚，语言较为简练，以打牢新兵“四个基础”为着眼点，把端正入伍动机作为重点来写，体现了“专”的特点。情况概述部分概括性强，用数据说话，体现了作者对工作情况的把握准确到位。“主要做法”是总结的重点所在，既是工作的重心，也是好的工作经验，需要通过具体、典型的材料对好的工作经验加以充分、严密的阐述，要介绍具体做法、说明效果。本文在这方面阐述比较到位，经验值得借鉴、推广。

【范例二】党委工作全面总结

××党委年度工作总结

20××年，我们以习近平新时代中国特色社会主义思想为指导，认真贯彻落实习近平强军思想，紧紧围绕“敢打仗、打胜仗”这个目标，积极推进军事斗争准备，圆满完成了年度各项工作任务，部队打赢能力有新提高，全面建设有新发展。

一、今年部队建设的基本形势

20××年，在上级党委的正确领导和全体广大官兵的共同努力下，突出做了以下五个方面的工作：

（一）思想政治工作在突出主线、改革创新中得到加强（具体情况略）

（二）战备训练在任务牵引、按纲施训中取得新突破（具体情况略）

（三）基层建设在科学指导、固强补弱中协调发展（具体情况略）

（四）后勤和装备工作在探索规范、深化改革中整体推进（具体情况略）

二、党委领导工作的主要经验

一年来，各级党委在领导部队建设中积累了宝贵经验。认真总结这些经验，对于改进工作指导方法、促进新年度各项任务的圆满完成具有重要意义。

（一）必须紧紧抓住党委班子和干部队伍建设这个关键（具体情况略）

（二）必须突出军事斗争准备的“龙头”地位（具体情况略）

（三）必须在把握规律中不断探求和运用科学的工作方法（具体情况略）

（四）必须在发展中解决部队建设中的矛盾和问题（具体情况略）

三、工作中存在的问题

20××来，部队建设取得了一些成绩、进步，工作积累了一些经验，但是也存在一些不容忽视的问题。

一是对领导干部的教育管理和监督不够有力。（具体情况略）

二是“备战打赢”军事训练中还存在一些问题。（具体情况略）

三是“和平积弊大扫除”工作有漏洞。（具体情况略）

四是人才队伍建设还有差距。指挥干部中军政兼通、指技合一的复合型军事人才较少，一些机关干部业务生疏、经历单一，部分基层干部任职短、成分新、经验少，约×%的士官组训能力不强。这些问题虽然出现在部队，但根子在党委机关，主要是对新形势下治军特点规律研究不够，领导作风不够扎实，工作指导不够得力，发现和解决问题不够及时。

对此，我们要引起高度重视，并在今后的工作中认真加以克服。

四、下一年度部队建设的基本任务

20××年是全面贯彻“××××”精神，深入做好军事斗争准备，大力推进部队跨越式发展的重要一年。在新的一年，我们的任务更加艰巨，责任更加重大，使命更加光荣。新的一年，各级党组织要以“×××××”为指导，认真贯彻落实×××会议精神，紧紧围绕“敢打仗、打胜仗”的目标，突出抓好战备训练、领导班子建设、基层建设和人才培养等工作，确保年度任务圆满完成，确保部队高度稳定和集中统一。

（一）深入学习贯彻党的十九大精神，大力加强部队思想政治建设（具体情况略）

（二）突出抓好以军事斗争准备为重点的战备训练，进一步提高部队的打赢能力（具体情况略）

（三）加强党委（支部）班子和党员队伍建设，努力实践先进性要求（具体情况略）

（四）继续抓好人才建设，努力提高人才培养质量（具体情况略）

（五）发挥军事斗争准备对基层建设的牵引作用，着眼“为战练兵”提高基层建设的整体质量（具体情况略）

（六）深化后勤和装备工作改革，增强综合保障效益（具体情况略）

（七）扎实抓好“两个经常”工作，确保部队安全稳定（具体情况略）

【评析】这是一份四段式全面总结，其写作的一大特点在于各部分内容环环相扣，相互照应。第一部分写主要工作成绩，从思想政治工作、战备训练、基层建设、后勤和装备工作四方面入手写起，这是按照工作的重要性依次递减进行排列。其后的主要经验、存在问题基本按照这几个方面进行总结，最后一部分“下一年度部队建设的基本任务”就是今后努力的方向。纵观全篇，内容翔实，结构完整，逻辑层次清晰，语言较为简练。不足之处是语言不够生动，模式化痕迹较为明显。

思考与练习

（1）请对下面的总结提纲进行修改。

稳定部队，严格维护党的政治纪律

着眼纯洁思想、拒腐防变，深入开展反腐倡廉教育

凝聚军心，进一步加强基层风气建设

突出抓领导干部和机关廉洁自律，着眼秉公用权，当好模范

着眼防范问题，加强对党风廉政建设的检查监督

（2）请从下面两个内容中自选一个写一份总结。

①个人上半年学习总结。

②连队年度军事训练考核总结。

（3）总结与典型材料、汇报材料有何区别？

（4）仔细阅读例文一、例文二，认真思考并回答问题：这两篇总结在结构上有什么异同？你认为写好总结要注意哪些问题？

拓展延伸

[1] 黄高才.常用应用文写作暨范例大全[M].北京：中国人民出版社，2012.
[2] 张浩.综合事务类文字材料写作范本[M].北京：北京工业大学出版社，2012.

第三节　典型材料

一、典型材料概述

典型材料是部队日常工作中使用较为广泛的一种事务性文书。其通过对个人或单位突出的先进事迹或经验的介绍和宣传，弘扬我党我军的优良传统，起到教育指导、示范激励的作用，从而推动部队各项工作的创新与发展。

（一）典型材料的种类

依据不同的分类标准，典型材料可以划分为不同类型。根据材料内容的性质不同，可以分为典型事迹材料和典型经验材料；根据写作对象的不同，可以分为单位典型材料和个人典型材料。单位典型材料主要是介绍先进单位取得的突出成绩和先进经验，侧重于经验、做法的交流和推广，也有些介绍群体事迹的，如《誓死捍卫祖国领土的喀喇昆仑铁拳——新时代卫国戍边英雄群体先进事迹》。个人典型材料主要是介绍先进人物的突出事迹，侧重于宣扬其崇高的精神境界和优秀的思想品质。

（二）典型材料的特点

1. 真实性

典型材料的内容必须真实、可靠、准确，不能虚构和夸张。坚持实事求是是确保典型材料具有生命力的原则。唯有真实，方才可信。只有真实，才能真正发挥感染、教育、鼓舞部队官兵的作用。

2. 先进性

典型材料中被树立为典型进行介绍、宣传和推广的，必须是部队建设工作中表现突出，甚至是“拔尖”的单位和个人，是走在时代前列，推动部队发展，充分体现出先进性特点的单位和个人，这样才能真正起到示范、引领、激励的作用。

3. 指导性

在典型的选择上，通常会贴近实际、贴近官兵，针对部队官兵在思想、工作中普遍存在或急需解决的问题，选取具有普遍意义的典型，从而反映出鲜明的时代精神、崇高的思想境界和宝贵的工作经验，达到指导效果。

二、典型材料的写作方法及要求

（一）典型材料的写作方法

1. 标题

典型材料的标题的拟制通常有四种形式。

（1）直接概括主题，如《构建党委中心组学习新机制 实现学习型党委建设新发展》《牢记强军报国的使命担当 锻造能打胜仗的深海铁拳》。

（2）“典型单位（个人）的名称+事迹”，如《王继才同志先进事迹》。

（3）“典型单位（个人）的名称+先进事迹或经验的主要内容”，如《××镇人民武装部抗洪抢险先进事迹》。

（4）双标题，主标题反映典型单位或个人的精神品质或核心经验，副标题用一句话概括先进典型事迹或经验的基本概况，如《点燃奋斗激情 立足战位成才——火箭军某导弹旅引导官兵干一行爱一行争做新时代雷锋传人》。

2. 导语

导语也就是典型材料的引语，主要介绍先进单位或个人典型事迹或主要成绩的基本情况，便于读者有一个总体印象。

3. 正文

正文是典型材料的核心部分，先进单位或个人的主要事迹或经验都将在这部分重点展开叙述。正文并没有统一、固定的模式，通常是根据材料主题进行结构安排。

常见的结构形式有并列式、递进式、递进与并列结合式。并列式就是将文中典型事迹或经验分别从不同角度进行归纳，分为几个方面进行阐述，各部分之间的逻辑关系为并列关系。递进式可以分为两种情形：一是按照事物的发展脉络安排结构；二是按照认识的发展过程安排结构。递进与并列结合式兼具并列式和递进式结构的特点，在典型材料的写作中往往较多采用这种结构形式。

4. 结尾

典型材料的结尾形式多样，如果是以第一人称叙述，通常可以在结尾表明自己对下一阶段或今后工作的态度和决心；如果是以第三人称叙述，通常可以在结尾对材料整体进行概括性的总结升华。当然，有时也可以自然收尾，在叙述完事迹或经验后，全文就此结束。

（二）典型材料的写作要求

1. 把准部队需要，慎重选择典型

典型材料的写作首先面临的就是对典型的选择。典型选择是否准确，是否具有先进性、指导性，关乎典型材料的价值大小和效果的好坏，是典型材料成功与否的关键。新时代部队建设中好人好事和先进事迹层出不穷，不能个个都树为典型。因此，一定要善于发现典型并谨慎选择。要站在时代的高度，结合部队整体建设，围绕时代要求、时代特色，紧扣工作和思想上迫切需要解决的问题，来选择典型单位和个人。

2.深入调查研究，充分占有材料

俗话说：“巧妇难为无米之炊。”撰写典型材料的一个重要的环节就是掌握丰富的材料。古人云：“着意源自妙选材。”材料自身的价值直接决定着典型材料最终的价值。对于如何掌握丰富的材料，其实除了开展深入细致的调查研究外，并无捷径可走。可以在明确调查目标的前提下，制订详细的调查计划，通过开座谈会、个别交谈、查阅资料、听取汇报等多种科学的调查方法，充分占有第一手材料，为典型材料的写作打下坚实的基础。

3.精心提炼主题，合理安排结构

主题也就是基本思想、中心思想。主题之于典型材料犹如灵魂之于人体。如果说材料解决的是“言之有物”的问题，那么主题解决的就是“言之有理”的问题。主题的精心提炼，将直接影响到材料的取舍繁简、结构的合理安排及语言的准确表达等。典型之所以被树立为典型，其一定有较之他单位或他人突出和闪光的一面。因此，在提炼主题时，要善于抓住典型的本质，不能仅仅停留在对表面现象的肤浅认识上，而要透过表象，揭示出其中的深刻意义。

解决了“言之有物”“言之有理”的问题后，接下来就是怎样才能“言之有序”。典型材料的结构并没有固定的形式，写作时可以借鉴一般的结构要求，根据主题的需要，选择并列式、递进式或递进与并列结合式来谋篇布局。一般典型材料篇幅较长，很少单纯采用并列式或递进式，往往是两种结构方式结合使用，力求做到重点突出、层次分明、引人入胜。

4.坚持实事求是，严格筛选事例

客观真实是典型材料的生命，也是我们写作必须遵循的根本原则。根据主题，实事求是地严选事例，是典型材料写作的基本要求。搜集材料需“以十当一”，越多越好；选用材料则需“以一当十”，越精越好。在占有了大量写作材料之后，就必须围绕主题对材料进行认真分析，去粗取精，去伪存真，由表及里，由此及彼，选择符合客观实际的、能够反映单位或个人本质的具有典型性、代表性的事例，这样才能树立起典型的信服力。

5.锤炼语言文字，增强表达效果

语言的锤炼也是典型材料写作中的重要环节，典型材料是靠事实感染官兵、教育官兵。因此，在语言的运用上须认真推敲，力求精准，但又须避免单纯说教，理论色彩不能太强。丰富感人的典型事迹或经验只有用生动的语言形式表达出来，才能使读者心悦诚服地接受。因此，可吸收一定的群众语言，运用通俗的、大众的语言，适当地运用比喻、拟人、借代、排比、对比、衬托等修辞手法，增强文章的生动性。单位典型材料由于多侧重经验的推广，较多采用客观、概括的手法叙述，但在叙述过程中，依然要注意语言的特色、手法的新颖，防止生硬和呆板。

三、例文评析

高扬强军兴军主旋律
聚焦“四有”标准育新人

我旅在主题教育活动中，深刻分析新形势下铸魂育人的特点和规律，紧贴部队建设和官兵思想实际，坚持正面灌输与解决问题相结合、思想引领与行为规范相统一，引导官兵争做“四有”新一代革命军人。

一、领悟内涵强认同，切实打牢做新一代革命军人的思想根基

坚持把理论灌注贯穿始终，帮助官兵深刻领会新一代革命军人的重大意义、基本内涵、实践要求，夯实认知认同、培育践行的思想政治基础。一是解读育人目标新定位，深刻领会党和人民的期望重托。全面回顾我们党在不同历史时期对军队提出的育人目标，引导官兵提升对培养新一代革命军人的认识起点，深化对“四有”要求的理解把握。二是讲清强军兴军新要求，深刻把握当代军人的责任担当。围绕实现强军目标与培养新一代革命军人的关系，着重讲清每名军人有素质有担当、强军兴军就有希望有力量的基本道理，引导官兵充分认清“四有”集中反映了实现强军目标对官兵的素质要求。组织“中国梦·强军梦·我的梦”体会交流，帮助官兵深刻认识到“四有”要求上承强军目标、下接广大官兵，实现了强军梦与个人理想抱负的有机统一，为官兵投身强军实践、成就个人梦想描绘了路线图。三是描摹革命军人新肖像，深刻把握励志律行的基本准则。重温习近平主席关于“军队样子”的重要论述，帮助官兵认清在军人样子中有灵魂是根本、有本事是核心、有血性是支撑、有品德是基础，从内而外构成新一代革命军人的时代肖像。开展“我心中的军人好样子”大家谈，引导官兵认清“四有”既是培养目标又是成才路径，既是思想引领又是行为规范，只有给灵魂补钙、给本事升级、给血性淬火、给品德提纯，才能成为合格的“四有”新一代革命军人。

二、解决问题出实效，进一步校正官兵思想行为上的偏差偏向

教育贯彻整风整改基调，以班排学习讨论的形式，从理想信念、能力素质、血性胆气、道德品行等方面深入对照检查，通过自己查、相互评、组织讲，引导官兵对思想行为偏差进行大扫除大清理。一是反思“政治忠诚有几分”，着力解决信仰不够坚定的问题。扭住坚定理想信念这个根本，对照“绝对”标准，深入查摆对党的理论学用不够自觉、对小道消息和灰色段子见怪不怪、对上级指示表态好落实差等“虚忠诚”“亚忠诚”现象。组织观看电影《忠诚与背叛》、乌克兰“颜色革命”时政评论短片，通过史论结合、正反对比，帮助官兵认识对党绝对忠诚是革命军人的政治灵魂。二是叩问“血性指标缺多少”，着力解决“骄”“娇”二气较重的问题。突出锤炼血性胆气这个重点，围绕“怕不怕死”“能不能吃苦”“敢不敢上战场”等进行自我剖析。安排亲历炮击金门、对越自卫还击作战的3名老兵畅谈参战经历，着重讲清血性的核心是一不怕苦、二不怕死，有血性方能打胜仗。在功勋炮位举行“弘扬战神雄风”签名宣誓，征集“训练如猛士、打仗是勇士、甘愿当烈士”等2000多条战斗格言，激励官兵破除“骄”“娇”气、涵养虎狼气。三是查找“军人品行少些啥”，着力解决道德境界不高的问题。围绕端正品行操守这个基础，组织“做人‘德’失”把脉问诊活动，突出查摆官兵在情趣爱好、生活交往、言谈举止等方面的问题，深刻剖析价值取向偏移、荣辱界限不清等问题并总结教训。从看什么书、交什么友、去什么地方、有什么爱好等具体问题入手，帮助大家明确品行操守的标尺刻度，认清品德缺失是违法乱纪的“导火索”、成长进步的“绊脚石”、腐化堕落的“催化剂”。

三、聚焦打仗明责任，着力强化矢志强军打赢的使命担当

教育官兵坚持把着力点放在履行使命任务上，引导官兵自觉围绕打赢来强素质、砺精兵。一是强化听令而行、指哪打哪的号令意识。组织学习马克思主义战争观特别是关于政治与军事关系的重要观点，认清军事服从政治的内在逻辑，强化一切行动听指挥、党指向哪里就打到哪里的政治意识和大局意识。走进旅史馆，重温战备期间上级一声令下12名病号写血书请战的生动史实，讲述连长陈新民新婚之夜告别新娘上前线、川西山区战士甲洛日谷徒步8小时赶上归队火车的感人故事，引导官兵感悟军人闻令而动、召之即来的号令意识和无私情怀。二是立起聚焦打赢、真抓实备的胜战标准。围绕“战场打胜仗、战位找差距”深化战斗力标准大讨论，结合岗位职责、打仗需求，把践行“四有”要求分解细化为4类76条具体标准，人人制定训练目标、学习目标小卡片，让官兵时时受提醒、自觉去践行。三是激发献身强军、精武强能的练兵动力。组织开展训练价值观讨论，品读抗日战争一发炮弹击毙日伪少将旅长等旅队经典战例，感悟先辈练精兵打胜仗的优良传统，破除“练兵无用、练兵无为、练兵无利”的思想。广泛开展“争当训练标兵、争做技术能手、争破训练纪录”活动，在营连设立“训练龙虎榜”、操场竖起“爱军精武墙”，激发官兵勤学苦练、勇争第一的内在动力。

【评析】从写作内容上看，这是一篇集体典型经验材料。该材料在强军兴军背景下，从领悟内涵强认同、解决问题出实效、聚焦打仗明责任三个方面，介绍了某旅聚焦“四有”标准育新人的经验做法。标题直接概括了全文的主题，结构层次合理清晰，材料实例论证充分，为其他单位在工作思路和方法上提供了借鉴和参考。

思考与练习

（1）试分析典型经验材料和典型事迹材料在写作方法上的侧重点有什么不同。

（2）试围绕“传承红色基因，担当强军重任”主题教育，结合单位实际，拟制一份单位典型材料提纲。

拓展延伸

［1］黄雪斌，李清江.典型事迹类文字材料写作［M］.北京：蓝天出版社，2016.

［2］蔡振康.党政机关公文与军队机关公文之比较［M］.南京：江苏人民出版社，2018.

［3］中央“不忘初心、牢记使命”主题教育领导小组办公室.“不忘初心、牢记使命”优秀共产党员先进事迹选编［M］.北京：党建读物出版社，2019.

第四节　调查报告

一、调查报告概述

（一）调查报告的含义

调查报告是通过对典型问题、情况、事件的深入调查分析，揭示事物客观规律的书面报告。调查报告应用范围极为广泛，凡是人类社会生活和工作中涉及的问题、事物，以及自然界的各种现象均可进行调查。所以，调查报告可以使人们全面正确和深入地认识客观事物，推动社会的发展。

（二）调查报告的分类

由于标准和侧重点不同，调查报告的分类方法也多种多样。根据内容的性质不同，调查报告可以分为经验型调查报告、事件型调查报告、问题型调查报告和对策型调查报告。

1. 经验型调查报告

用于反映先进典型或某项工作的经验，具有较强的政策性和普遍指导意义的调查报告。

2. 事件型调查报告

揭示现实生活中发生的重要事件，引起领导或社会公众的重视，并针对症结所在提出解决办法的调查报告。

3. 问题型调查报告

以确凿的证据披露事实真相，揭露那些违背党的方针政策和法律法规的倾向性问题的调查报告。它指出问题的严重性和危害性，以期引起注意，并提出解决问题的建议和办法。这类调查报告通常一针见血，有较强的战斗性。

4. 对策型调查报告

着眼于提出对策，往往是直接为领导决策服务的。对策型调查报告与经验型调查报告有所不同。对策型调查报告介绍经验是为了肯定工作，为对策建议提供依据；分析问题是为了引起人们的注意，为对策建议的实施扫清障碍。此类调查报告以叙述基本情况和主要事实为主，篇幅较短，要说明的问题比较单一。

二、调查报告的写法

（一）调查报告的行文结构

调查报告的结构不像文学作品那样灵活自由，撰写时要根据主旨的需要，精心地谋篇布局，清楚地反映客观事物。一般来说，调查报告的结构包括标题、前言、主体和结语四部分。

1.标题

标题有单标题或双标题两种类型。

单标题可采用公文式、报道式和观点式三种形式。公文式标题，如《关于××的调查报告》，最为常见；报道式标题，如《如何提高专业技术人员突发事件应急处理能力》；观点式标题，如《择友不当是青少年犯罪的重要原因》。

双标题由主标题和副标题共同组成。主标题起概括事由或揭示主题的作用，副标题是对主标题的补充，副标题需加上文种名称如“××调查”。

2.前言

前言是调查报告的开头，内容通常为对调查对象的简要说明。前言提纲挈领地点出所要反映的事物的轮廓，首先给读者一个大致而清晰的印象，便于他们接受下文所表述的事实和道理，以提高阅读效果。前言的内容包括调研选题的初衷、主题，调研的目的、时间、地点，调研的对象范围，调研所采用的方法。和一般论文开头不同的是，调查报告格式比较固定，无论何种类型的调查报告，开头都是围绕上述内容展开，只是侧重点和详略程度不同罢了。

3.主体

主体是前言的延伸和展开，是全文的重点，在写作中最重要的问题就是安排主体的结构。这部分材料丰富而且内容复杂。其主要结构形态有三种。

第一种是用观点串联材料。即将几个从不同方面表现基本观点的层次，以基本观点为中心线索，贯穿在一起。

第二种是以材料的性质归类分层。材料比较分散、课题比较单一的调查报告，可以采用这种结构形式。作者经过认真的分析、归纳之后，再根据材料的不同性质，将它们梳理成几种类型，每一种类型的材料集中在一起进行表达，形成一个层次。每个层次之前可以加上小标题或是序号，也可以不加。

第三种以调查过程的不同阶段自然形成层次。事件单一、过程性强的调查报告，可以采用这种结构形式。它实际上是以时间为线索来谋篇布局的，类似于记叙文的时间顺序法。

4.结语

结语是对前文调查研究的归纳总结，可以针对当前存在的问题提出处理意见或改进措施。反映客观事实的调查报告，也可以提出撰稿人的希望和要求。结语要简洁有力，给人留下深刻的印象。

调查报告是“用事实说话”，报告作者的所见所闻及实事求是的分析研究，因此，主观的感受、收获，不要写在其中。如果一定要写，另外再单独写一篇“后记”。

（二）调查报告的写作要求

1.要用事实说话

调查报告的内容要侧重于对事物现状的反映和探讨，进而了解事物之间的联系、区别，把握事物的客观规律。结论、观点都要建立在客观事实的基础上，切忌脱离事实、先入为主、空发议论。一切结论都要建立在调查事实的基础上，先事实，后结论；一切用事实说话，不夸大、缩小或歪曲。

2.要合理安排结构

调查报告要反映事物的全过程，还要进行全面的分析，既要提出问题，又要解决问题；既要摆事实，又要讲道理；既要用材料说明观点，又要用观点统率材料。所以，在撰写时必须精心设计好框架结构，根据内容安排结构。但不管采用什么结构方法，基本的要求是线条分明、逻辑严密、利于阅读。

3.要巧用表达手段

撰写调查报告与写一般公文不同，需要采用多种表达手段以增强文章的感染力，对于揭示事物的本质、阐明主题思想，也能起画龙点睛的作用。常用的表达手段主要有以下几种：一是综合运用记述、说明、议论等表达方式和比较、对照及比喻的手法；二是注意引用有说服力的数据、生动的事例和富于形象化的通俗语言；三是恰到好处地引用诗词、典故、名言、警句等。

三、例文评析

着眼当代青年学员特点　抓好生长干部队伍建设①

最近，我们对近三年毕业的生长干部的思想状况、能力素质和工作表现等进行了专题调研。当前，×××新生长干部中青年学员、地方大学生干部和国防生占到73%，士兵学员仅占27%。总的看，这支队伍政治素质较好，文化基础扎实，有活力、有朝气、有抱负，给部队建设注入新的生机。但也有一些明显弱点，如军事基本素质不过硬、带兵管理经验较欠缺、心理调适能力不够强等。调研感到，加强新生长干部队伍建设，必须把握好以下几点：

一、有针对性地抓好教育引导，着力夯实献身军营的思想根基。新生长干部能否在部队成长成才，有针对性地抓好思想教育至关重要。在学历教育期间，要积极协调依托培养高校把军政理论课纳入教学计划，突出抓好理想信念教育，增强对军人身份和荣誉的认同感。在军政基础集训期间，要突出抓好军人职责教育，强化他们献身使命的意识。在任职分流期间，要突出抓好随机教育和专题教育，引导他们成为听党指挥、服务人民、英勇善战的坚定继承者和积极实践者。这几年，警备区广泛开展了“身在好环境，更要干出好事

① 李湘黔，卢小高，陈解.调查报告类文字材料写作［M］.北京：蓝天出版社，2016：223.

业”“学好八连、学王庆平”等专题教育活动，组织160多名大学生干部集中开展了世界观、人生观、价值观教育，澄清了他们思想上的模糊队识，取得了明显效果。

二、下功夫抓好经常性培养帮带，着力打牢第一任职的素质基础。第一任职是新生长干部在部队成长的第一道“关口”，是实现从合格学员到称职军官转变的关键。强化第一任职能力，既有部队培养的职责，也有院校培训的责任。在部队培养上，要切实抓好岗前培训这一重要环节的落实。结合近几年的实践，警备区研究摸索了“四步法”的培养模式：第一步，结合新生长干部当兵锻炼，由旅团依托先进连队集中组织三个月的岗前适应性训练，从基本知识学起、基本技能练起，提高体能技能，增强任职的“底气”。第二步，抓好跟踪培养，着重发挥基层党组织的育人功能，制订合理的帮带计划，帮助他们尽快转变“角色”，熟悉掌握岗位任职的方法套路。第三步，结合新转改士官集训，组织进行两个月的强化补差训练，进一步提高胜任本职的本领。第四步，旅团每年、警备区每两年集中组织一次新生长干部集训和比武竞赛，以考促学、以考促训。在院校培养上，应落实和完善“三个机制”：一是准入机制。切实把学员的思想政治素质放在首位，德智体综合衡量，对入伍动机不纯、理想信念不坚定的不能录取。二是准出机制。严格落实全程淘汰制，真正把合格人才送到部队。三是教学对接机制。课程设置要与人才准备、部队训练、学员任职需要相衔接，及时更新教学内容。

三、坚持激发动力与放手锻炼相统一，着力营造良好的成长成才环境。首先要用包容的心态看待新生长干部。辩证看待他们的优势和不足，克服急于求成和求全责备思想，遵循先投入后产出的规律，思想上接受他们、感情上理解他们、工作上帮助他们，做到看长用长、容短补短。其次要搭建锻炼舞台。无论是日常工作还是执行重大任务，都要有意识地把他们推向前台、用在一线，多提供唱主角、挑大梁的机会，做到敢用善用重用。最后要树立正确导向。大力营造学本事、干事业、有作为的浓厚氛围。对素质全面、实绩突出、发展潜力大的，要优先放到重要岗位锻炼。

【评析】这篇调查报告主要就抓好新生长干部队伍建设这一问题展开调查研究，既总结了新生长干部这支队伍的优势，又分析了其不足，并主要针对其不足提出了一些相应的措施来加强新生长干部队伍的建设。文章结构采取并列式方法，从三个紧密相连的方面展开论述，小标题语言结构非常对称。在观点的展开上，提出了非常具体的办法，整篇调查报告短而精。

思考与练习

（1）调查报告与新闻调查的区别有哪些？

（2）写部队调查报告的基础工作在于积累，我们在工作中怎样做到勤于积累厚根基？

拓展延伸

何纯.大学基础写作教程［M］.北京：高等教育出版社，2014.

第五节　述职报告

述职报告就是陈述履职尽责情况的书面报告。随着军队人力资源管理制度的不断完善，“述职”已成为考察各级领导干部、机关人员或专业技术人员的重要手段，关乎选人用人，关乎人才队伍建设。作为一种自我述评性质的应用文体，述职报告在这一过程中发挥越来越重要的作用。

一、述职报告概述

（一）述职报告的含义

“述职”一事，古已有之。《孟子·梁惠王下》中，晏子在与齐景公的一段对话里就指出：“诸侯朝于天子曰述职。述职者，述所职也。无非事者。”这里的意思是说，诸侯去朝见天子叫作述职，述职就是报告职责内的工作。我们所说的述职报告，一般是指军队各级领导干部、机关人员或专业技术人员根据制度规定或工作需要，结合自身岗位职责要求，向上级机关、主管部门或本单位官兵，实事求是地汇报本人在一定时期内履职尽责情况的常用事务性文书。

述职报告是展示自我和接受评议的统一，有利于述职者总结经验、吸取教训，进一步明确职责所系，明确自身优势和不足，推动所承担工作取得更大成绩；有利于上级组织更加全面地了解评估干部，为选人用人提供较为客观真实的依据；有利于广大官兵了解述职者履行职责情况和工作思路，开展监督，增强选人用人的公信力和透明度，增进双方的理解互信，凝聚更大共识，形成更强合力。

要注意区分述职报告与个人工作总结之间的异同。两者相似之处在于：都要以工作实绩为基础，都可以谈经验和教训，都要求既有事实材料，又有观点概括。两者的区别在于：第一，围绕主题不同。述职报告需要紧紧围绕“岗位职责”展开，述及内容均与此相关，以便回应组织和群众对述职者履职尽责状况的考察；个人工作总结则是对某项工作或一段时间内的工作予以归纳概括，并无明确主题要求。第二，文种用途不同。述职报告用于对干部的考察评估，是考察评估一名干部的必备要素，紧随述职之后的往往是民主测评环节；个人工作总结则主要用于探索工作中的经验规律，借以指导今后的工作。第三，表达方式不同。述职报告最重要的是“叙”清楚自身工作实绩，而涉及对自己的评估的“议”则点到即止，无须铺衍开来；个人工作总结则要在“叙”好工作过程的基础上，“议”好经验规律，提供启发。

（二）述职报告的分类

按照不同的分类标准，述职报告通常可以划分为以下类别。

1.按述职所依据的时间段分

可分为任期述职报告、季度述职报告、年度述职报告和临时述职报告等。任期述职报告一般用于汇报整个任职期间的情况，往往在满一个任职期限或工作调动时进行；季度述职报告、年度述职报告一般用于汇报任职满一个季度或一年期间的情况；临时述职报告一般是由于特定要求而做出的汇报。

2.按述职内容分

可分为专题（单项）述职报告、综合（全面）述职报告等。一般情况下，除了特别要求，如专门述“廉”的述职报告，所提及的述职报告均为综合（全面）述职报告。

3.按述职形式分

可分为书面述职报告、口头述职报告等。不论是书面述职还是口头述职，都需要撰写述职报告。即便是口头述职，也需要在述职结束后将述职报告上报备案，二者的区别只在于是否当众宣读。

二、述职报告的写法

（一）行文结构

述职报告一般由标题、署名、呈送机关或称谓、正文、落款五部分组成。

1.标题

述职报告的标题，通常有单文种标题、公文式标题、文章式标题三种。

（1）单文种标题，即以“述职报告”四个字作为标题，这是大多数情况下述职报告的标题方式。

（2）公文式标题，由“部职别+姓名+时限+述职报告”构成。如《××××学院××教研室主任×××四年任期述职报告》《××××学院院长×××202×年度述职报告》。

（3）文章式标题，由主副标题搭配构成。主标题一般用观点概括型语句高度概括和揭示述职报告的主旨，副标题一般为完整的或省略部职别的公文式标题。如《听党话 谋打赢 促发展——×连连长×××202×年度述职报告》。

2.署名

一般由“部职别+姓名”构成，写在标题下一行。写作过程中，注意标题和署名要搭配得当，避免要素重复。如果是单文种标题，就采用“部职别+姓名”的完整式署名；如果是公文式标题或文章式标题，署名可以省略。

3.呈送机关或称谓

述职报告的“呈送机关或称谓”，类似于法定机关公文中的“主送机关”，书写格式也可参照主送机关的标注方法。其中，“呈送机关”是针对书面述职报告而言，其内容视上级机关对述职的具体程序要求而定；“称谓”是针对口头述职报告而言，其内容视述职现场的具体人员而定，如“各位领导，同志们”“各位专家评委”等。

4.正文

述职报告的正文由前言、主体、结语三部分组成。

（1）前言，又叫引语，通常交代任职的基本情况。一般包括从何时开始担任何职、岗位职责情况，并对述职的内容和范围做必要的说明。同时需要凝练地介绍任期内的工作完成情况，相当于做一个简单的自我定性，如“××较为圆满地完成了岗位的各项工作”。这部分要写得简洁明确、高度概括，给阅读报告或听报告的人留下大体印象即可。这部分的末尾一般用一句过渡语引出主体内容，如“现将任期内/本年度履职尽责情况汇报如下”。

（2）主体，这是述职报告的中心内容，要紧紧围绕岗位职责展开。这部分主要包括以下四个方面内容：

第一，履行岗位职责情况。根据当前干部考察工作实际，述职报告谈履行岗位职责情况一般应涵盖“德、能、勤、绩、体、廉”等方面。“德”包括政治表现、品德修养、遵章守纪等要素；“能”包括学识水平、业务能力、协作能力等要素；“勤”包括工作作风、工作效率等要素；“绩”包括履行职责、发展潜力、培养价值等要素；“体”就是身心素质情况；“廉”就是廉洁自律情况。

第二，工作业绩情况。述职没有不和工作相结合的，因此，对工作业绩的表述是述职报告最重要的部分。对一名干部的考察，主要就是看工作业绩情况。这部分写得怎么样，直接关系述职的最终效果，要予以高度重视。一个任期或一定时间段内的工作，涉及方方面面，工作业绩也呈现在方方面面，在写作述职报告的时候，不能“眉毛胡子一把抓”，泛泛而谈，把业绩写成流水账。同时，在写业绩的过程中，要注意定性分析和定量分析相结合，要善于运用翔实的数据和鲜活的事例，这样既能避免那种千部一腔、千人一面，没有特点没有个性的写法，又能达到增强说服力和认同感的效果。

第三，工作的经验体会情况。在述职报告中，经验体会往往和工作业绩结合起来写，以便于听者能够清晰地感受到“悟”从“绩”来。撰写经验体会，能够展示述职者的思维层次和认识水平，但并不是述职报告的重点内容。因此，要注意简明扼要、点到即止。

第四，存在的问题和今后努力方向。能否坦诚表述自身存在的问题并辅之以实实在在的改进措施，是组织考察干部的重要指标之一。因此，要本着“不虚美、不隐恶”的态度，对照岗位职责要求，认真总结梳理自身存在的问题，一是一，二是二，不要遮遮掩掩、顾左右而言他。今后的努力方向应该与存在的问题具有一定的对应关系，体现更强的实效性。

述职报告主体部分的上述四个方面是根据写作内容的类别而划分的，在实际写作过程中，并非彼此割裂。除了“存在的问题和今后努力方向”一般单列一段之外，其他三部分一般都相互融合、统一于对履行岗位任职情况的陈述。在内容的具体架构上，为了保证条理清楚、逻辑分明，常常根据不同需要采用横向结构、纵向结构或纵横交叉结构。横向结构就是按照事物的性质类别组织材料，以便多角度、全方位反映述职者的履职情况，比如院校专业技术人员从思想政治、教学科研、服务部队等方面进行述职；纵向结构就是按照时间顺序或事物发展顺序组织材料，比如将述职时间划分为几个阶段，再分别对每个阶段的情况进行陈述；纵横交叉结构就是既考虑逻辑分类，又结合时间顺序。写作过程中，可以以纵线作纲，然后再将每一阶段的工作分门别类予以陈述；也可以以横线作纲，先分门别类，然后再按照时序予以陈述。后者是撰写述职报告时最常用的结构。

（3）结语。结语另起一段，一般采用约定俗成的惯用语，表达谦虚态度的同时收束全文，如“以上就是我关于本任期的述职，不当之处，还请领导和同志们批评指正”等。

5.落款

述职报告的落款，要写上“述职人+姓名”和述职日期。如果是口头述职报告，落款需要述职者读出来以示庄重严肃。

（二）写作要求

1.坚持实事求是

实事求是是一篇述职报告的灵魂。述职者要全面看问题，既讲成绩又讲问题，成绩要讲足，问题也要讲透。要把握好分寸，处理好主要完成与协作完成之间的关系，分清楚个人成绩和集体成绩。是主管、主持、主抓的就是主管、主持、主抓，是参与、协助的就是参与、协助。重点应陈述个人作为主要完成者的工作，予以公正准确的定位。对于协作完成的工作和集体取得的成绩，要讲清楚自己的参与程度、发挥的作用、投入的精力和解决的问题，不夸大也不缩小，不揽功也不诿过。总之，就是要原原本本反映履行职责的状况。

2.注重凸显特色

述职报告应以第一人称“我”来叙述履职尽责情况。一篇成功的述职报告，一定是通过写出“我”的故事，说出“我”的想法，展现“我”的风格，打上了鲜明的“我”的印记。因此，撰写述职报告的过程中，要领悟“文似看山不喜平”的理念，不贪多求全，不面面俱到，而是牢牢立足自身岗位实际，有所侧重，有详有略，着重挖掘梳理那些具有独创性的工作亮点。换言之，就是把那些“人无我有，人有我优”的工作讲出来，充分凸显自身特色，体现自身核心竞争力。只有这样，才能够在有限的述职时间内给听者留下深刻的印象，进而让听者对述职者的工作实绩产生较强认同感。

3.注意点面结合

撰写述职报告，需要秉持述评结合的原则。其中，“述”为主，“评”为辅。这一原则落实到具体写法上，就是要注意点面结合。所谓“点”，是指概括性观点，如同述职报告的“骨架”，体现了述职者的归纳概括能力；所谓“面”，是指具体事实或典型事例，如同述职报告的“肌体”，体现了述职者的材料梳理水平。撰写述职报告既不能只有“点”，通篇理论阐述，也不能只有“面”，通篇就事论事。只有点面结合，才能将理论概括和事例材料有机结合起来，使一篇述职报告既有登高望远、出乎其外的广度，又有细致剖析、入乎其内的深度。

4.语言简练准确

一般来说，述职都要在规定的时间内完成，因此，述职报告的语言要力求精练，要尽量写得短一些、精粹一些、朴实一些，避免渲染和煽情造成的语言冗长。当然，这个问题也不能做绝对化理解，我们要求尽量写得简练一些，并非说短就一定好，具体情况要具体对待，短和长，还是要根据述职报告的内容含量来决定，但不管怎样，短有短的简练，长有长的简练，都要尽可能简练。

此外，在陈述个人工作业绩的时候，肯定会用到一些表示程度的词语，这时要注意用语的准确。首先要避免使用“大体上”“差不多”等模棱两可之语。其次要准确地陈述业绩。比如讲成绩时，能用“成绩”表达，绝不用“成就”一词；如果用“很大”就能表达，绝不用“巨大”；达到了历史最好水平，就不能说成“超过历史最好水平”；填补了国内空白，如果尚未达到世界先进水平，就只能说“填补了国内空白”。最后，一定要反复核实清楚述职报告中所涉及的数据，确保无误。

5. 态度谦虚诚恳

述职的过程也是交流沟通的过程，最终还是希望个人业绩得到组织的肯定和群众的认可。因此，撰写述职报告要注意保持谦虚诚恳的态度。个人取得的成绩离不开组织的关心培养和群众的热情支持，要体现出诚挚的谢意；个人存在的问题说明了自身的差距和不足，要体现出虚心求教、诚心改进的态度。

三、例文评析

述职报告[①]

×××学院二系参谋业务教研室副教授×××

尊敬的各位专家，各位首长，同志们：

我叫×××，现任×××学院二系参谋业务教研室副教授。××××年×月出生，××××年×月入伍，××××年×月任教，××年×月被评为副教授，本科学历，技术×级，兼任中国公文写作研究会会员、中国军事写作学会会员、学院专家库成员。任现职×年来，为×××等专业的××个班次讲授参谋业务课××学时，应邀为××××讲授过公文写作、教学法研究等课题；主编、参编教材×本，发表学术论文××篇，开发计算机软件×部，编制多媒体教材×套。由于教学科研成绩突出，组织上给予了我较多的荣誉：××××年×月，被评为“全国优秀教师”；××××年、××××年度干部考核中被评为优秀；××××年、××××年学院年度教学考评中成绩优秀；××××年×月，经国务院、中央军委批准，享受“政府专家特殊津贴”。下面将我履行岗位职责的有关情况作一汇报。

一、加强思想修养，注重立身做人

我能积极参加政治学习，具有坚定的政治立场，鲜明的政治观点，严明的政治纪律。由于各级组织的培养和同志们的帮助，使我获得了一些荣誉，但我总觉得：一次奖励，一次压力；一份荣誉，一份责任。为了无愧于这些荣誉，为了无愧于组织的关怀，我注意从思想上多反省，行动上常慎思，交往中广汲取，工作中善斟酌。为了培养坚强的心理素质，我注重身心修养，努力做到“处凡愚而不灭，在圣贤而不增，住烦恼而不乱，居禅定而不

① 王景堂. 军事应用写作［M］. 北京：北京师范大学出版社，2009：159—162.

寂”；注重境界的锻塑，强调克制、忍耐和自责，努力用党员标准要求自己，用名人名言激励自己，用英模精神勉励自己，逐渐使认识问题、解决问题的能力有所增强，党性修养水平有所提高。

二、立足三尺讲台，倾心教书育人

“三尺讲台，是教员运筹帷幄的阵地；一块黑板，是教员调兵遣将的沙盘；一堂课的50分钟，是将信息高度集中、知识高度浓缩、人生高度凝练的50分钟。”正是这种事业理念，使我任副高职的教学期间，总是处于一种忐忑不安的心境中，只恐论证不当造成谬误，推理不周形成纰漏。为此，我注重从教学内容、教学方法、教学境界三个方面予以开拓：一是教学内容力求贴近部队实际。近几年，院校培训层次变化较多，加之外出教学活动频繁，几乎每一次教学都可能面临不同阅历、不同素质的教学对象，但我始终按照“院校训练贴近部队实际”的要求，课前摸清底细，认真论证，反复修改。部队缺什么，教学补什么；机关行文存在什么问题，教学中就针对性地加以解决。例如：(略)。校内校外若干次上课，多次采取现场答疑的方式，实话实说，效果良好。二是教学方法力求灵活、艺术。每课之前都精心准备，将板书、口述、多媒体课件等一一构思成型，综合运用心理学、教育学原理，想方设法调动学员各个感觉器官，努力使其在课堂上看有形、听有声、感有趣、思有味，寓教于导，寓教于乐。在借鉴相邻学科先进经验的基础上，摸索总结出了公文教学四步法：理论讲解—例文剖析—作业练习—讲评提高。三是教学境界力求宽泛高远。言为心声，人品决定文品。公文写作教学的每一步都与作者素质、思想品位、人文理念等密不可分。为此，在长期的教学实践中，我注重引导学员扩大视野，深化认识，立体感悟。在公文写作学习中，力求处理好三个关系：做人与作文的关系，人品与文品的关系，人文与公文的关系。强调作者自觉塑造人文精神，强化人文理念，扩充人文知识，为公文写作打下坚实的基础。(略)

三、结合教学实际，精心钻研学术

思考能使人明白，写作能使人深刻。我利用教学之余，把自己公文教学的体会和为人处世的感悟写成文章，写进教材。任现职×年来，主编教材×本，参编教材×本，发表论文××篇，开发科技成果×项。分列如下：(略)。

上述成绩的取得，应当归功于各级首长的培养和同志们的帮助。从自身主观方面查找原因，还存在着一些缺点。例知：自我静心研学的同时，伴随着逆境中的烦闷暴躁；对工作认真负责的同时，伴随着有时候方法简单呆板；教学取得赞誉的同时，伴随着知识面狭窄和高科技信息不足的压力。针对以上诸多不足，我决心从以下四点做起：一是进一步坚定理想信念，加强身心修养，坚持实事求是。要有“咬定青山不放松”的意志，要有“千磨万击还坚韧”的毅力。二是进一步提高知识修养。把握知识点，扩大知识面，增加知识量。要把来来往往的许多业余、零星时间利用起来，多读一些文史哲方面的书籍，多思考一些人生哲理，多写一些有见地之作，力求使知识丰满起来。三是尽快掌握现代科技。突破计算机操作关，力争达到使用软件得心应手，设计程序初步上路。要发挥学院区域网优势，尽快熟悉网上内容、信息。四是进一步深化教学改革。在内容、方法等方面力求成龙配套，形成梯次。努力把人文教育与专业教育密切结合起来，融人文教育于专业教育之中，使教学手段更加艺术化。

报告到此，敬请各位专家、领导和同志们批评指正。

述职人：×××

××××年×月×日

【评析】这篇述职报告采用横向结构，逻辑清晰，详略得当，要素齐全，语言流畅。述职人尤其注意结合自己的教员身份开展述职，对履行教学这一主责主业情况做了重点阐述，很好地将述职一般要求和自身岗位实际结合起来，体现了自身岗位工作的特点，有助于给听众留下较为深刻的印象，取得良好的述职效果。

思考与练习

（1）以某学员队兼职指导员的身份，结合一年来的工作撰写述职报告，述职对象为某学员队干部及全体学员。

（2）以某学员俱乐部骨干的身份，结合一年来的俱乐部工作撰写述职报告，述职对象为学院俱管办领导及全体俱乐部成员。

拓展延伸

［1］王用源.述职报告：应用写作技能与规范［Z］.（2021-06-12）[2021-06-22]. https://www.icourse163.org/course/TJU-1002766008?tid=1463296542.

［2］卞宝明，张霞.述职报告：应用文写作［Z］.（2020-12-25）[2021-06-20]. https://www.icourse163.org/course/JSCFA-1458415163?from=searchPage.

［3］刘颖慧.如何让学生走出写作述职报告的误区［J］.写作，2016（12）：53-56.

［4］岳海翔.述职报告的写作要领及相关问题［J］.新闻与写作，2019（12）：99-100.

［5］张文学.军队述职报告写作中的谦敬问题［J］.应用写作，2014（12）：25-27.

第六节　思想汇报

一、思想汇报概述

（一）思想汇报的含义

思想汇报是积极申请入党的人或党员自觉向党组织汇报自己在一段时间里或在一个重大事件、活动中的行为、思想表现的一种文书。

撰写思想汇报是为了使党组织更好地了解自己的思想情况，自觉地争取党组织的教育和监督。无论是正在积极申请入党的同志还是已经入党的同志，都应该经常进行思想汇报。通过向党组织汇报，不仅使组织能够更加全面、系统地了解自己的思想动态，也可以及时得到组织的帮助和指导。经常写思想汇报也是培养组织观念、提高思想觉悟的有效途径。因此，要定期或不定期积极主动地向组织汇报自己的思想、工作和学习情况。

2021 年，中央军委印发的《中国共产党军队委员会（支部）工作规定》中明确规定："党支部应当教育和督促党员主动向党支部、党小组或者书记、副书记、党小组长汇报思想和工作情况。党员汇报每季度至少一次，遇有重要情况和问题，应当随时汇报。党员汇报可以采取口头、电话、音频视频或者书面等形式，外出时间半年以上的应当采取书面形式。"

思想汇报的长度一般不作限制。有则多写，无则少写。遇有重大事件或自己感触颇深的活动时可随时汇报。写好的思想汇报交给负责培养自己的联系人、党小组组长或党支部负责人。在向党组织汇报思想时，要注意紧密联系自己的工作和学习实际，实事求是。党员应当对党组织襟怀坦白，讲真话、讲心里话。

（二）思想汇报的种类

思想汇报有两种形式：一是口头思想汇报。口头汇报可随时进行，申请入党者应主动约请党组织负责人或党组织指定的联系人，汇报自己的有关情况。口头思想汇报可长可短，可综合汇报，也可就一事专门汇报。口头汇报因人而异，只要把基本情况说清楚即可。二是书面思想汇报，即以书面形式向党组织汇报自己的思想动态、学习和工作情况。为了便于党组织更加全面、系统地了解入党申请人或党员的思想状况，提倡进行书面思想汇报。以下的论述主要指书面思想汇报。

二、思想汇报的写法

（一）思想汇报的行文结构

思想汇报一般由标题、称谓、正文、结尾和落款五部分组成。

1. 标题

标题可以采用最简单的写法，直接写"思想汇报"四个字，也可以根据情况有所变化，比如：可以在标题中写上汇报的时间段，如《202× 年 3 月份思想汇报》《202× 年第二季度思想汇报》；也可以把汇报的内容范围加以概括写成标题，如《学习新党章的体会》《观看〈为了人民〉后的思想汇报》《基层锻炼思想汇报》；还可以在标题中生动鲜明地写出自己的感受和思想，如《一声承诺，终生追求——我的思想汇报》《深入学习"习近平新时代中国特色社会主义思想"，做一个合格党员》等。总之，思想汇报的标题可以有多种多样的写法，具体选择哪种写法可以根据个人的实际情况而定。

2. 称谓

称谓即汇报人对党组织的称呼，一般写"敬爱的党组织""尊敬的党组织"或"敬爱的党支部"等。在标题的下一行顶格书写，后面加冒号。

3. 正文

正文的内容根据每个人的具体情况而定，主要是写自己的思想情况，也涉及工作和学习情况。一般有以下几方面：

（1）认识和问题。对学习党的基本知识、新的理论方针政策、马克思主义等基本理论的新认识；对政策理论中认识不清或理解不透彻的问题，在学习新的理论方针之后自身思想的进步以及自身存在的问题等。

（2）态度和观点。可以在思想汇报中表明自己对党的路线、方针、政策或一个时期的中心任务的态度，阐明自己的观点；遇到国内外发生重大政治事件时，也要旗帜鲜明地向党组织表明自己的看法和立场。

（3）体会和感想。主要指日常工作和生活中的心得体会，可以包括很多方面，比如看过一本书、一场电影或参加一个重要任务、活动的感触，一些社会现象引发的思考，人际交往中的感悟，个人遇到的一些问题以及由此产生的想法等。

总之，思想汇报的写作范围很广，在实际的写作过程中，可以就某一个或几个方面展开论述，无须面面俱到。最关键的是通过汇报让党组织了解你的思想状况，及时接受组织的关心、帮助、教育和监督。

思想汇报的正文的结构方式通常依情况而定。如果内容比较单一或简短，可以采用层段合一的形式；如果内容相对复杂或较多，则分层分段或分作几个部分进行叙写。

4. 结尾

思想汇报的结尾可以是对上文做一个简单的总结，也可以写自己对未来的打算，表明工作和生活中要求进步的决心和信心，以及自己对党组织的请求和希望等。通常用“恳请党组织给予批评帮助”“希望党组织加强对自己的培养和教育”“请党组织看我的实际行动”等作为结束语。

5. 落款

署名和日期是思想汇报这种文体必不可少的一项内容。在思想汇报的最后，居右书写“汇报人：×××”，在署名的下一行居右写上日期，一般要写全年、月、日。

（二）思想汇报的写作要求

1. 重点突出

应根据本人当时的思想状况和工作实际，明确一个主题，突出重点，集中就深刻体会和认识的一两个方面的问题谈深谈透，不要罗列多个方面的问题，不要泛泛而谈，避免写成流水账。

2. 思想真实

思想汇报应是真实思想的流露，切忌空话、套话、假话，做表面文章；写思想汇报要密切联系自己的思想实际，如有思想变化，应写出思想变化的过程，不要长篇大段地抄录党章、报告、领导讲话和报刊文章的内容，防止形式主义。

3. 实事求是

在思想汇报中，既要讲成绩，又要讲问题；既要讲经验，又要讲教训。对自己做一分为二的评价，不但要对自己的成长进步进行肯定，而且要找准存在的不足，敢于向党组织暴露缺点和问题。讲个人打算不说过头话，要留有余地，多用“努力”“力争”“争取”之类的词语。

三、例文评析

【范例一】

思想汇报

敬爱的党支部：

我是三班战士×××。现将我在×××医院住院期间的情况向党支部作个汇报。

我是今年五月份进入×××医院的。那时正值连队分业训练阶段，训练很紧张。一天，我突然感到肚子疼得厉害，坚持没多久就晕倒在地，被首长和战友们紧急送往×××医院。住院后被诊断为急性阑尾炎，需要马上进行手术治疗。

听到这一消息，我的心像坠了铅块似的，脑子里一片空白。我是一名新战士，下连不久，在连队体能等各项训练中成绩一直不是很好。连长多次找我谈心，帮我分析原因。连长的鼓励也让我对未来充满了信心。可正当我的训练成绩有了进步的时候却又病倒了，心里真像是打翻了五味瓶。我的情绪很低落，愁眉苦脸地躺在病床上。

心细的首长似乎看出了什么，留下来坐在我的病床旁同我谈心，安慰我，鼓励我。当我说怕影响训练而不同意动手术时，首长用命令的口气说：“这是交给你的一项政治任务，你一定要好好地完成。”手术做得很顺利，我也顺利地完成了首长交给我的任务。

手术后，还需要一段时间康复。时间在吃药打针中流逝，每天躺在病床上无所事事。我多么怀念在连队的日子，虽然训练很辛苦，但是内心是充实的。刚开始，情绪很烦躁，与护士之间也发生了一些小摩擦。可后来我想清楚了，虽然现在我不能回训练场挥洒汗水，但我有了更多的时间学习军事理论和文化知识，可以提高自己的文化素质和修养。为此我制订了每天的学习计划，日子慢慢充实起来。心情好了，身体也恢复得快了。在学习之余，我还帮护士送药、打开水、打扫卫生等。虽然每天下来有些劳累，但内心觉得无比顺畅，为此受到了医护人员和医院领导的好评。

我对自己住院期间的情况作了个总结：一是能够遵守医院规定，没有擅自离开医院。二是能够一直保持在连队时的良好作风，注意维护军人形象。但也存在一些不足之处：一是在一些事情的处理上过于草率。二是对自己的情绪控制得不够好，有些盲目冲动。

敬爱的党支部，目前我的身体康复得很快，估计再有十几天就可以出院，在这段时间里，我一定不断发扬优点，改正不足，做一个让党组织放心的战士。

此致

敬礼

汇报人：×××

20××年×月×日

【评析】这篇思想汇报开头部分简要对本次住院的缘起进行交代。主题部分写明了住院期间个人的思想变化，重点描述了转变的过程。结尾部分总结了住院期间的个人表现，提出了今后努力的方向。全文中心明确，结构完整，层次分明，语言流畅。

【范例二】

像党员那样去战斗①

敬爱的党支部：

2020年2月21日，注定会让我铭记一生。这一天，我在战"疫"一线火线入党，实现了人生的一个梦想。我选择申请入党让很多战友颇为惊讶，有的说"年过半百的人，入不入党没有太大的区别"，但我想说的是："党组织深深吸引着我，像党员那样去战斗，是我一直以来的梦想。"

我的父母都是医务工作者，公婆也是军队医疗系统的离休干部，丈夫曾在某军医大学服役。受家庭环境的影响，我从小立志学医、向往军营。中学时作为优秀学生代表，我写下了人生的第一份入党申请书，但因当时年龄未满18周岁，未能如愿。

1992年，我从西安交通大学医学部毕业，留在西安交通大学第二附属医院工作。8年后，我考上空军军医大学博士并参军入伍，博士毕业后，留校分配到医院传染科工作。后来，我曾多次递交入党申请书，但因工作单位屡屡调整变动，加之中间出国留学，入党的愿望一直没有实现。渐渐地，我觉得自己只是一名普通的医务工作者，只要把技术练好，能够治病救人、服务官兵就行，入不入党没有什么差别。

今年初，新冠肺炎疫情发生以来，我看到许多同事在出征请战书中写道："我是共产党员我先上！""我是积极分子让我来！"当我随队来到武汉抗疫一线时，医院的共产党员个个不畏生死、用生命抢救患者的感人事迹，深深感动着我。我也从身边的党员身上找到了中国共产党一路走来，从无到有、从小到大，始终保持强大的凝聚力和战斗力的重要原因，这也更加坚定了我想要加入党组织的信念。

出征时，科室党支部书记、科主任连建奇语重心长地嘱咐我："你虽然不是党员，但组织信任你，作为科室副主任，你要照顾好大家……"我坚定地回答："请组织放心，我一定会竭尽全力不辱使命，以党员的标准严格要求自己，像党员一样去战斗……"那一刻，入党的愿望又一次在我心中燃起。

战"疫"开始，危急时刻，一个又一个共产党员都选择了义无反顾地冲锋。我看到他们用实际行动履行着党旗下的庄严承诺："随时准备为党和人民牺牲一切……"

老党员黄长形教授今年已经55岁，有多年的高血压病史，在医疗队中他冲锋在前，和年轻医务人员一起搬运医疗物资、布置病房、转运病人，带头进入"红区"救治病人，制订诊疗方案，疏导患者心理压力。同事李沛的父亲年前刚做完胰腺癌手术，她主动申请驰援武汉，舍小家为大家。医疗队许多同事在原单位担任科主任、护士长等职务，有的还是

① 选自《解放军报》2020年3月21日第06版。

全国全军知名专家，但到了火神山医院，却都无怨无悔地做一名普通医生、普通护士，各项工作抢着干……身边一个个感人的事迹，让我看到党员的先锋模范作用，为我树立了很好的榜样，也鞭策着我不断向党组织靠拢。

除了身边的榜样，从抗疫战场上接连传来战友们的声音更让我的内心久久不能平静。“我有抗击非典经验，我先上!”“危难时刻，我们党员不上，谁上?”“我是一名共产党员，必须冲在救治最前线!”……一句句质朴动人却铿锵有力的话语，震撼着我的内心。护士郭晨晨因长时间穿着防护服，加上高强度工作，晕倒在岗位上。吴亚玲母亲去世，因疫情防控原因无法回家，朝着家的方向三鞠躬，而后擦干眼泪继续战斗。远在西安的医院科室同事们同样奋战在抗疫前线，插管小分队个个是党员。连建奇主任吃住在科里，连续奋战，视频中数周不见的他已满头白发……这样的感动无处不在，既诠释着每一名党员的家国情怀，更鼓励着我像党员一样去战斗。

一个党员就是一面旗帜，一个党组织就是一座战斗堡垒，它带领大家英勇奋斗、集智攻关，凝聚起众志成城、全力以赴、共克时艰的强大正能量。军队支援湖北医疗队各级临时党组织，把党员紧紧团结起来，救治工作高效运转。病区的临时党委及时为医护人员及家属解难帮困。这让我看到了党组织强大的凝聚力、战斗力，并深深地感召着我，我有什么理由不加入党组织？战“疫”一线的故事，让我对中国共产党有了更加深入的了解，对中国共产党有了更加真挚的情感，对加入中国共产党有了更加强烈的愿望。我也想沐浴在党的光辉下，以一名党员的身份和战友们并肩战斗，于是我再次递交了火线入党申请书。尽管已年过半百，但我想早一天入党，就早一天拥有“危难时刻我先上”的特权。

抗疫一线是考验入党初心的试金石和磨刀石，我也以实际行动时刻接受党组织的考验。参加军队支援湖北医疗队以来，我作为火神山医院的光荣一员，虽然年龄偏大，但时刻以党员标准严格要求自己，始终和年轻同志一样冲锋，经受住了体力和意志的双重考验，尽己所能投入救治工作，挽救更多的生命。

2月21日，我和33名抗疫勇士一起面向党旗，举起右手庄严宣誓。从那一刻起，我终于可以以党员的身份和战友们并肩战斗了。

加入党组织是我人生中的一个新起点，我一定会以党员的标准严格要求自己，时刻不忘入党初心，始终以冲锋姿态接受考验，用赤诚之心和积极行动践行党旗下的铮铮誓言。

此致

敬礼

汇报人：×××

202×年×月×日

【评析】这篇思想汇报紧扣“思想认识”这一中心，重点围绕抗疫时期的所见、所闻、所感和所思展开汇报，集中而又具体地彰显了汇报人铁心向党、“疫”线冲锋的精神，情感充沛，真切感人。而且联系自身入党历程的实际，实事求是，针对性强。

思考与练习

（1）思想汇报的正文一般包括哪些内容？

（2）思想汇报的写作要求有哪些？

（3）按照思想汇报的写作格式要求，以个人名义向连党支部写一份入学以来的思想汇报，800 字左右。

拓展延伸

金钊.发展党员工作实用方法与规程一本通［M］.北京：红旗出版社，2019.

第七节 会议讲话稿

一、会议讲话稿概述

（一）会议讲话稿的含义

会议讲话稿是指发言人在会议上作讲话的书面材料。这类讲话表明了讲话人的想法和意图，因而带有指示性或指导性。会议讲话稿是一种使用频率很高的会议类文书。

（二）会议讲话稿的种类

会议讲话稿的类型很多，按不同的标准，有不同的分类。

（1）按讲话的形式，分为提纲式讲话稿、即兴式讲话稿、宣读式讲话稿、要点式讲话稿等。

（2）按讲话的性质，分为开幕词、闭幕词、会议报告、会议总结等。

（3）按讲话的内容，分为任务动员类讲话稿、思想教育类讲话稿、工作报告类讲话稿等。

二、会议讲话稿的写法

（一）会议讲话稿的行文结构

会议讲话稿的结构通常是由标题、开头、正文和结尾四大部分组成。

1.标题

标题分为单行标题和双标题。标题位置要居中。

（1）单标题。主要有三种形式：一是由讲话人的姓名、职务、会议名称、文种构成，如《××政委在基层建设会议上的讲话》。二是由发文机关名称、事由、文种构成，如《××战区202×年度军事训练会议上的讲话》。三是由会议名称、文种构成，如《在统筹推进新冠疫情防控和经济社会发展工作部署会议上的讲话》。在单标题的下方，一般还需要注明讲话的日期，年、月、日中的数字要写完整并打上括号。

（2）双标题。主标题通常具有号召性，可以从讲话稿中摘取一段核心文字作为主标题的内容，副标题则表明讲话的具体场合以及文种。如《紧贴使命任务 狠抓工作落实 努力开创部队建设新局面——在××党委×届×次全体（扩大）会议上的讲话》。

2. 开头

讲话稿的开头如同文章的开头一样，十分重要，是讲话的起点。会前需要提前了解与会人员的情况和会议性质、场合来确定适当的称谓，比如“同志们”“各位专家学者”等，称谓的表达要求庄重、得体，然后用比较简洁的文字概述要讲的内容，点明这次讲话的主旨或讲话内容的重点，进而转入正文。

3. 正文

正文是讲话稿的主体部分。讲话稿中的主要内容都可以在这部分进行集中表述，表述的时候需要分项来说，使层次分明清楚，便于与会听众领会掌握。一般地说，正文需要有充实的内容、翔实的材料、鲜明的主题、清晰的思路。如果正文篇幅较长，还需要列出具体的层级标题。

4. 结尾

结尾是讲话稿的结束语部分，是整个讲话的终结，用以总结全篇，照应开头，升华主题。结尾没有固定的模式，常见的结尾形式有以下三种。

（1）总括式。即通过总结全文，加深主旨的形式来结尾。总括式结尾通常用凝练概括的文字对讲话稿的主要观点进行归纳总结，使与会听众对讲话稿内容有一个完整、清晰、深刻的印象。工作报告类讲话稿的结尾常选用这种结尾。

（2）展望式。即在结尾的部分展示未来，展望美好前景。这种结尾形式能起到增强信心、鼓舞斗志的作用。动员报告类讲话稿常选用这种结尾。

（3）号召式。又称希望式，即向与会听众提出殷切的希望或发出号召，指明方向，能够激发听众积极向上的力量，帮助听众明确今后努力的方向。

（三）写作要求

1. 观点客观正确

讲话稿要有高度的思想性，观点要正确。分析看待问题要持客观态度，实事求是，不夸大，不歪曲。无论在什么场合讲话，讲话稿的内容都要符合党的路线方针政策，同党中央、中央军委保持高度一致。讲话稿要有鲜明的政治倾向，讲话稿中对具体问题的分析和解释都要有准确的理论和政策依据。

2. 结构严密清晰

讲话稿是通过声音将文字传达到听众耳中的，由于声音稍纵即逝，与会听众很难有特别充足的时间对讲话内容进行体会和思考。因此，在撰写讲话稿时要尽量考虑到听众的接受习惯，要方便与会听众接收和理解会议讲话内容，所以讲话稿要有清楚完整的结构脉络和严密清晰的逻辑层次，只有这样才能展现讲话者清晰的思路，才能给听众留下深刻的印象。

3.语言通俗易懂

无论是对干部讲话，还是对战士讲话，会议讲话稿主要用作口头发表，属于有声语言，其语言表达都要强调通俗化、口语化。多用通俗浅显的语言来阐述深刻的道理，多用生动的事实材料说明问题，做到深入浅出，还要注意感情色彩的把握和运用，要富有感染力，最好能引起与会听众感情的共鸣。此外，还需要注意语言的规范性，在行文过程中用语要贴切，措辞要准确，表达要合乎语法，表述要流畅通顺，要避免产生词不达意、用词不当、用语发生歧义的现象。为此，一是要避免同音词相混，比如：“事物——事务”；二是要慎用简称，比如：“纪委——计委”。

三、例文评析

深入贯彻习主席重要讲话精神
以新理念新标准谋求基层建设全面过硬

边防第××旅政治委员

（202×年××月××日）

同志们：

今天的会议，是深入学习贯彻军委基层建设会议特别是习主席重要讲话精神，落实陆军、战区陆军基层会议部署要求，系统分析基层建设现状，全面梳理基层矛盾问题，集智攻关破解发展难题的一次重要会议。刚才，×个单位从不同方面作了汇报发言，讲得比较全面具体，有情况梳理、经验总结和问题反思，值得肯定。

组建×年多来，旅队始终坚持习近平新时代中国特色社会主义思想和强军思想引领，以《军队基层建设纲要》为遵循，按照“四个坚持扭住”要求，团结带领广大官兵在看齐中追随、在筑基中蓄势、在固本中开新，基层建设呈现出稳中有进、向上向好的发展态势。一是思想政治根基更加牢固。（略）二是练兵备战能力稳步提升。（略）三是基层建设秩序更加正规。（略）四是基层发展后劲更加充足。（略）五是基层基础设施更加完备。（略）六是基层风气生态更加纯正。（略）

×年多来，经验启示我们：抓基层建设是部队发展的永恒课题，只有始终坚持强军思想铸魂育人，基层才能高擎旗帜、方向笃定；只有始终依靠练兵备战主导引领，基层建设才能方向不偏、整体跃进；只有始终着力建强组织核心，基层建设才有领导中坚；只有始终依法按纲精准抓建，基层建设才能正规有序、行稳致远；只有始终注重把握特点遵循规律，基层建设才能掌握主动、占得先机；只有始终盯住主要矛盾盘活队伍，基层建设才能建强支撑、积蓄后劲；只有始终扭住纯正风气优化生态，基层建设才能培厚土壤良性发展。在肯定成绩的同时，我们也要清醒看到，基层建设还存在许多不足，总的感到在稳心定神、育人成才、基层风气、均衡发展等方面还需要持续下功夫见成效。比方说，（略）。

下面，我重点围绕“深入贯彻习主席重要讲话精神，以新理念新标准谋求基层建设全面过硬”讲四点意见。

一、强固抓建理念，激发基层建设内在动力

实践证明，思想观念的正确与否是我们抓工作搞建设的前提基础。面对新基层、新特点、新要求，既要积极更新观念，也要固牢抓建理念，着力推动基层建设提质增效。一要树牢“全面建设、全面过硬”的理念。（略）二要树牢“前人栽树、后人乘凉”的理念。（略）三要树牢“心系基层、以连为家”的理念。（略）另外，还要树牢“婆婆嘴、常唠叨”的理念，要像婆婆一样不厌其烦、孜孜不倦地常叨唠、多提醒、勤督促，发现问题、督促落实。

二、明晰建设标准，确立新型基层发展目标

习主席在军委基层建设会议上的重要讲话，深刻阐明了基层的地位作用和重要贡献，科学回答了建设什么样的基层、怎样建设基层等一系列重大问题，确立了新时代基层建设的方针大计。当前的首要任务，就是要学深悟透习主席思想，学懂弄通《决定》《纲要》，立起抓建的方向指引和实践举措。一是用“三个过硬”时代标准立起抓建目标。（略）二是用“四个坚持扭住”具体要求把准抓建路径。（略）三是严格按照《纲要》母法拎起抓建之纲。（略）下一步，我们要从干部队伍特别是领导机关和各级主官入手，深入学习领会新《纲要》，依据上级职责清单研究拟制旅抓基层建设的措施规范，探索形成富有旅队特色的抓建新举措。

三、扭住抓建主体，找准基层建设着力切入

这段时间，通过与一些基层主官面对面交流，感到很多干部谈及抓基层建设大多是思路、方法、重心等原则性要求，对基层抓建主体是什么，要么是一知半解，要么是琐碎零散。我们要明白，基层建设是一项系统工程，搞清基层抓建的主体，是我们必须明确的重要内容。一是坚持政治引领。（略）二是突出训战主导。（略）三是注重人才支撑。（略）四是扭住厉行法治。（略）五是完善基本设施。（略）六是纯正基层风气。（略）七是抓实安全管理。（略）

四、掌握抓建方法，努力增强基层建设成效

掌握好的抓建方法，可以实现事半功倍的效果。一是区分职责按级抓。（略）二是遵循法规按纲抓。（略）三是遵循规律主动抓。（略）四是上下联动合力抓。（略）五是纵向横向对比抓。（略）

同志们，再过一天就是202×年元旦了。明年将是军委基层建设会议精神全面贯彻之年，是大抓基层之年。希望大家以更加振奋的精神、更加有力的举措、更加严实的作风，扎扎实实打基础，不断推动基层建设迈上新台阶！

【评析】这篇讲话稿是边防第××旅政治委员在基层会议上的讲话。讲话稿的标题紧扣会议主题，清晰明确。会议稿的开头开宗明义，直接点明了讲话的主旨，便于听者提前了解会议讲话所要阐明的主题，并对前期基层建设取得的成绩做了简单的总结，顺势引出后面的内容。在会议稿的正文部分，列出了具体的层级标题，便于听者了解整个会议稿的层次和结构，重点突出，层次分明。结尾部分照应了开头，增强了讲话的号召力，可以激起基层官兵产生蓬勃向上的奋斗激情。整篇讲话稿在语言的组织上还适时采用了一些口语化的表述，例如“婆婆嘴、常唠叨”，这也符合讲话稿有声的特点。

思考与练习

（1）请看一篇讲话稿的开头：“我们的会议是在春暖花开之际召开的，天公作美，风和日丽，男女代表，欢天喜地。会议开得热烈而有纪律。这一些，都象征着、预示着我们的大会一定能取得巨大的成就。”这段会议稿开头有什么问题，请进行修改。

（2）以××学院院长的身份起草一篇为××届本科毕业学员而作的会议讲话稿。

拓展延伸

王立安.浅谈如何写好会议讲话稿［J］.应用写作，2007（01）：21-22.

第八节　决心书

一、概述

（一）决心书的含义

决心书是一种常用的应用文体，是个人、单位、集体对组织、领导和上级部门，主动表达完成任务的决心所写的书面文书。其主体可以是个人，也可以是单位、集体。一般是个人对组织和领导、下级对上级主动表达完成任务的决心 。

写决心书，一方面是让上级组织和领导了解个人与下级的态度和决心，更好地鞭策后者，努力去完成任务；一方面也是为了鼓舞表决心者，让人们同心协力完成目标任务。

（二）决心书的分类

1.集体决心书

集体决心书是以集体的名义发出的决心书。每当遇到特殊的情况、重大的事项、艰巨的任务，一些当事的单位或集体就会以决心书的形式向上级表决心，同时也可达到更好地团结本单位人员，齐心协力搞好工作的作用。

2.个人决心书

这是以个人的名义向上级组织、领导表达自己完成某项工作、响应某一号召的决心的一种文书。这类决心书的受文对象一般不面向社会，而只面向领导或组织。

（三）决心书的特点

1. 单向性

决心书是个人对组织和领导、下级对上级表决心的，不要求上级给予答复。

2. 公开性

因为决心书是向上级或组织表达的一种愿望，同时也是希望组织、领导、上级、社会各界给予监督指导，所以一般情况下，决心书是公开的。

3. 条理性

决心书在形式上，与书信形式相似，而其行文又常常是分项、分条依据一定的序列写出的。这种写法便于上级组织、领导和社会各界清楚明了地给予监督和指导。

二、决心书的写法

（一）决心书的行文结构

决心书一般由标题、称呼、正文、结尾和落款五个部分构成。

1. 标题

决心书的标题一般有两种形式。一种是单独由文种名构成，即标题为“决心书”，居于首行正中。

第二种由“事由+决心书”共同构成。如“抗击新型冠状病毒肺炎决心书”“海训决心书”等。

2. 称呼

决心书的称呼一般为决心书送达的组织机关、团体单位的名称或个人的姓名，然后加冒号，如“尊敬的各位首长，战友们：”“部党委：”等。称呼应在标题下空两行顶格写。

如果决心书是面对广大官兵的，称呼也可以不写。

3. 正文

正文是决心书的主要组成部分。正文通常要由事件缘由、决心的内容两部分组成。

（1）事件缘由。正文开头一般从称呼下一行空两格处写起，要阐明为什么要写决心书，其背景如何。该段一般要求结合当前的社会大背景和发文人或单位的具体情况来写，要符合实际。

（2）决心的内容。此部分一般具体写决心要做到的事情。如在抗击新冠病毒过程中，某疾病防控党支部写下的《抗击疫情奋战一线》的决心书：

> 当前，新型冠状病毒肺炎疫情的防控形势十分严峻，我市已出现确诊病例，人民群众的身体健康和生命安全受到严重威胁。在这疫情防控的危急时刻、关键阶段，疫情就是命令，防控就是责任。作为一名党员、一名疾控人，我们必须不忘初心，牢记使命，始终把人民群众的身体健康和生命安全放在第一位；我们必须发挥先锋模范作用，勇于担当，投身抗击疫情第一线。

在此，疾病防控党支部全体党员立下决心：

我们时刻准备着，随时听候调令，不畏惧，不退缩，全力以赴，勇挑重担，冲在疫情防控第一线，以实际行动践行初心和使命，为早日打赢这场疫情防控阻击战，保护人民群众的身体健康做出应有贡献。

（资料来源："若有战，召必应"！白衣天使化身志愿者防控疫情[N/OL].（2020-01-28）[2021-03-20].http://sd.people.com.cn/GB/n2/2020/0128/c386910-33748353.html.）

这份决心书首先交代了写决心书的背景——新冠病毒疫情防控面临着严峻形势，再写党员干部应尽的职责，最后落脚在表明自己要冲锋在前的决心和态度。

4. 结尾

决心书的结尾可以再次表示决心，也可写些表示敬意的话，如"此致""敬礼"。也可根据情况不写，正文写完后自行结束。

5. 落款

如果是个人写的决心书直接在结尾处写上自己的名字即可。如果是集体或单位所写，还可以视情况加盖公章。最后还要署上成文的日期。

三、例文评析

决心书

尊敬的团党委：

野营驻训的号角已经吹响，全连上下精神抖擞，摩拳擦掌。此次野营驻训给我们提供了贴近实战化训练的平台，也是一次展示我们威武之师、文明之师良好形象的契机。为圆满完成此次野营驻训任务，我连全体官兵表决心如下：

一、严格遵守群众纪律，依据条令条例规范个人言行，营区驻地一个样，树立军人良好的形象。

二、积极为驻地做好事，赢得群众的理解和支持，打牢拥政爱民思想基础，营造良好的驻地环境。

三、开展丰富多彩的驻地文化活动，丰富官兵的野营生活，充分把官兵的训练热情激发出来。

四、切实利用好野营驻训的平台，从实战化出发抓训练，高标准完成课题训练，提升部队战斗力。

五、严格遵守驻训管理规定，把安全意识牢记于心、实践于行，确保野营全程安全稳定。

我们一定不负各级首长的重托，圆满完成此次野营驻训任务，摔打和提高部队的战斗力。

××连全体官兵

××××年××月××日

【评析】这是某连一份集体决心书，先交代野营驻训的目的意义，接着以“总—分”的结构表决心。条分缕析地写决心做到的具体目标以及实现这些目标的具体措施，既保证其自身的独立性，又与其他各项有内在的联系。

第九节　请战书

一、请战书概述

（一）请战书的含义

请战书是指战员、单位或集体向上级请领战斗任务时所使用的一种战时专用文书。

（二）请战书的分类

1. 军事请战书

这是一种真正意义的请“战”书，是要走上战场杀敌报国时使用的文书。

2. 重要任务请战书

这是一种面临重要的任务，权衡自身的能力之后，挺身而出，表达愿意接过重担的意愿时使用的文书。

3. 危险任务请战书

这是一种面临随时有可能出现事故的危险任务，凭着“将平安留给别人，将危险留给自己”的高尚情操，积极要求承担危险重任时所使用的文书。

（三）请战书的特点

1. 主动性

请战书体现的是一种无私无畏、积极进取的精神，这种精神不是别人赋予的，而是从自己内心升华出来的。所以，请战书的第一个特点就是主动性，是主动而为，而非为委派的任务而写。

2. 请求性

请战书的“请”字就说明它是个人、单位或集体以一种较为强烈的态度向上级组织、领导请求作战任务，并希望上级批准时所使用的下对上的一种文书，具有恳请特征。

3. 单向性

请战书一般是个人、单位或集体在立誓时，向上级组织提交的一种文书。它只限于在响应战斗号召、承担战斗任务时，向上级、领导表示自己的请求或提出保证。所以，从行文方式这一角度看，请战书具有单向性。

二、请战书的写法

（一）请战书的行文结构

请战书的结构比较简单，通常由标题、称呼、正文、署名和日期组成。

1. 标题

请战书的标题一般有两种形式。

第一种是单独由文种名构成，即标题为“请战书”，居于首行正中。

第二种由“事由+请战书”共同构成。如《为战胜新型冠状病毒肺炎的请战书》《申请到一线抗击疫情的请战书》等。

2. 称呼

即主送的上级组织或领导。上级组织通常为上级党委或连队（分队）的党支部。称呼前可加“敬爱的”“尊敬的”等尊称，如“尊敬的××领导”。

3. 正文

包括请战目的和缘由、请战理由和请求等内容。

（1）请战目的和缘由。一般的写法有以下几种：其一，从总体形势或战局写起；其二，从自己听取战斗动员后的心情写起；其三，从某一个触发自己心灵的具体事例写起。这部分应写得言简意赅，不可拖泥带水。

（2）请战理由和请求。这是请战书的重点部分，理由部分通常写明本单位或个人完成战斗任务的有利条件、请战的决心等。理由较多时，可以分出条目逐项列出。请求部分则写明请战者希望上级批准请战的要求。

4. 署名和日期

署名在正文的右下方书写，写明请战单位名称或请战人的姓名。日期在署名之下，要写全年月日。

（二）撰写请战书应注意的问题

请战书是一种在特殊氛围、特殊条件、特殊环境下使用的战时应用文书。因此，请战书与申请书、保证书、决心书有很大的不同，其有特殊的要求。

1. 理由要具体充分

为什么要请战，其理由是什么，这是请战书最关键的内容。写作时一定要防止把理由写得空洞无物、单薄无力，要写得具体、充分、实在，使其有很强的可信度，能使上级坚信自己具有承担某项作战任务的条件和能力。

2. 态度要诚恳迫切

请求战斗任务是一件十分严肃的事情。请战态度是决定领导能否批准请战要求的一个重要因素。写作时不可闪烁其词、模棱两可，不可使用过多的华丽辞藻，以免哗众取宠，要把请战的恳切态度和迫切愿望，用质朴无华的语言充分表达清楚。

3.行文要简洁凝练

拟写请战书，应开门见山，不要遮遮掩掩，不要过多铺垫和探讨论证，不要长篇大论，不要言不达意，表明态度要开宗明义、直截了当，表明决心要简练精短、铿锵有力。

（三）请战书与决心书的异同

两者格式基本相同，但适用的场合、写法和侧重点却有较大区别。决心书是在受领任务时，响应上级号召，表明自己完成任务的决心，重点是明志；请战书则是在受领任务前拟写上交，虽然有表明决心的成分，但重点在希望上级批准作战任务上。

三、例文评析

【范例一】

请战书①

院党委：

医院隔离病房的患者陆续出院了，这意味着遵义市新冠肺炎病例集中救治医院隔离病房的工作即将结束。但目前湖北新冠肺炎疫情防控形势依然严峻，作为医务人员，我们应该战斗在防疫第一线。

经过这段时间的战斗洗礼，我们积累了很多防治新冠肺炎疫情的经验，也具有了很高的自身防护能力，能够更好地保护自己，体力也完全能够胜任更加艰苦的工作。故我们经过慎重考虑，决定请战，申请到湖北武汉前线工作，愿为战胜新冠肺炎疫情继续贡献自己的力量，义无反顾，随时备战，不计报酬。

申请人：（略）

2020年2月28日

【评析】这是遵义市新冠肺炎病例集中救治医院80余名医护人员的请战书。先写请战的理由、已完成的工作和当前抗疫一线面临的实际问题。再写申请人具备了各方面的能力，可以胜任湖北武汉一线工作。最后表明自己的态度。

【范例二】

请战书②

尊敬的南方医院党委：

我们是2003年奉命赴北京小汤山抗击“非典”的南方医院医疗队队员，当年为全国抗

---

① 遵义新冠肺炎患者陆续出院 医护人员再度写下请战书[DB/OL].（2020-03-01）[2021-03-10]. https://www.zunyiol.cn/index.php?m=content&c=mobile&a=show&catid=10&id=79256.

② 南方医院回应《请战书》:“若有战，召必回”是南医传统 已有近千人请战候命[N/OL].（2020-01-24）[2021-03-10].https://news.ifeng.com/c/7tUcvTKJFux.

击“非典”做出了应有的贡献，同时做到了医务人员“零感染”。

17年后的今天，当全国人民正面对新型冠状病毒的肆虐，作为一支有丰富经验、战胜过“非典”的英雄集体，我们更是责无旁贷！

我们特此向院党委请战，愿为战胜新冠疫情，随时听候调令，我们小汤山全体队员都义无反顾，奔赴一线做出我们应有的贡献。

在此，我们积极请战：若有战，召必回，战必胜！

原第一军医大学赴小汤山医疗队全体队员

二〇〇三年一月二十三日（手印略）

【评析】这是原第一军医大学赴小汤山医疗队全体队员，向南方医院党委递交的抗击新型肺炎的请战书。第一段是请战人的自我介绍，向组织表达了自己承担任务的优势。第二段写请战的背景。第三段写请战的内容，这里表达了请战人不怕困难、努力工作的强烈意愿。正文的最后一句话“若有战，召必回，战必胜”再次表达了请战的决心，展现了必胜的决心，充满激情。落款日期的书写按照原《中国人民解放军机关公文处理条例》，现在新的《条例》规定用阿拉伯数字标识，为保持原样，例文中没有修改。

思考与练习

（1）比较决心书和请战书的范例一，谈谈决心书与请战书在行文上的异同。

（2）新年伊始，全军开训大幕拉开。作为刚刚参军入伍的新兵，试着写一封决心书。

拓展延伸

［1］李忠和.军队机关公文写作格式与范例［M］.北京：解放军出版社，2006.

［2］王吉尧，何静.大学语文：写作与演讲［M］.北京：外语教学与研究出版社，2018.

第五章　军队机关公文

第一节　公文概述

一、公文的定义

2017 年 10 月 1 日施行的《军队机关公文处理工作条例》指出，军队机关公文是军队机关处理公务的具有特定效力和规范体式的文书，是军队机关履行职能的重要工具。在日常工作中，这类公文又被称为红头文件。党内习惯上将公文称为“文件”，处理公文的工作通常称作“文书处理工作”。因此，“文书”“公文”“文件”这三个概念经常混为一谈，但是，它们的外延有不同，即文书的外延较宽，公文居中，文件较窄。

二、公文的分类

根据《军队机关公文处理工作条例》规定，军队机关公文可分为命令、通令、决定、指示、通知、通报、报告、请示、批复、函、通告和纪要 12 种。此外，公文还可以根据其他的划分标准，进行分类。

（一）根据行文方向不同

可分为上行文、下行文和平行文。上行文指下级向具有隶属关系的上级机关行文，如请示；下行文指上级机关向具有隶属关系的下级机关行文，如命令；平行文指不相隶属的机关之间的行文，如函。

（二）根据内容不同

可分为指挥性公文、报请性公文、商洽性公文。指挥性公文往往是下行文，报请性公文往往是上行文，商洽性公文往往是平行文。

（三）根据涉密程度不同

可分为非涉密公文和涉密公文。涉密公文根据涉密程度分为“秘密”“机密”“绝密”“绝密·核心”四种。

（四）根据办理的紧急程度不同

可以分为平件、急件；急件根据紧急程度分为“加急”“特急”。

（五）根据收发文方向

可以分为收文和发文。

三、公文的特点

军队机关公文与一般应用文不同，具有很强的政策性、权威性、规范性和时效性。

（一）政策性

政策性指公文是宣传、贯彻和落实党中央、中央军委的决策指示精神的主渠道。党中央、中央军委的一系列政策方针、决策、指示，主要是通过机关公文向各单位传达贯彻。如果机关公文出现问题，就会造成上传下达的失误，对单位的建设和发展产生重大影响。因此，机关公文体现出很强的政策性。这一特点要求在起草公文时，一定要有政策观念和政治头脑，不能与党中央、中央军委的决策指示精神相偏离。

（二）权威性

权威性是公文区别于一般应用文的一个重要标志。任何一份公文都是法定的一级机关根据其职权范围和职能而制发的，无论是要求传达、要求执行还是要求处理，都体现了发文机关的意志，任何单位、任何个人都不可以随意制发。这一特点要求各级机关部门不能滥发公文，做到“慎乃出令”，令行禁止，确保公文的权威性。公文的起草者必须有强烈的责任感和约束意识，始终明白自己是在为机关立言，而非表达自己的主观意愿。有些公文一旦签发就具有法定效力，比如命令。

（三）规范性

规范性是指公文写作中在行文规则和格式要求上有非常严格的规范，不能随意添加或更改。这也是公文区别于一般日常应用文的一个重要特征。公文的规范性从某种程度上增强了公文的权威性和仪式感。公文起草者在制发公文时，必须按照公文文种和格式处理，不能把体式问题看作无足轻重的小事，更不能独出心裁，搞“创新”。比如，不同文种对于文头、文尾、页边距、字体大小、落款、盖章等都有严格规范，对于行文表达、语体色彩也都有不同要求。以“请示”为例，文头必须写签发人，结尾要写“以上请示妥否，请批示”等。公文中涉及的装备、别名、数字和符号等的使用也有特殊规定。比如“25.67亿元”不能写成“256700万元”等。

（四）时效性

制发公文是为了指导工作，解决问题。任何工作都有阶段性、时效性，任何问题的解决必须在一定的时空中进行，错过了特定的时空，公文也就失去了意义。因此，时效性要求无论在平时还是战时，制发公文都必须迅速及时，不失时机。

此外，不同于媒体渠道，公文的渠道是受到时空限制的。有些公文，如通告，知道的人越多越好。但有些公文，却对知情范围有严格限制，比如发到哪一级、需要哪些人了解都有特殊的规定，有些甚至还有机密性要求。

四、公文的写作要求

（一）表达方式上的叙、议、说三结合

在表达方式上，除法规性文件外，公文写作一般都采用三种形式，即以说明为主，兼以议论与叙述，这也是公文写作与文学写作在表达方式上的一个明显不同。说明、议论与叙述在公文中并非各自割据，而是不可分割地融为一体。这三者的融合，首先表现在整个篇章上，其次表现在段、句上。

（二）结构布局上常用“三”字结构

公文的结构布局往往采用三种形式：纵式、横式与纵横混合式。无论是哪种形式，写作中又往往体现出三段式。从整体上看，一篇完整的公文的结构通常由“开头—主体—结尾”三部分组成，其内在逻辑形式也是三点，即“总—分—总”，文字详略程度可以描述为“凤头—猪肚—豹尾”。外形结构在“开头—主体—结尾”的基础上，可以是变化多端的，如采取篇段合一、撮要分条、章条款分列、全面分块、分列小标题、条项贯通、正反列句等方法，但内在结构存在一条基本规律，那就是“提出问题—分析问题—解决问题”。公文内在结构体现为这样“三个问题”的串联，这是由我党、我军的公务活动的客观实际所决定的。我们党和军队的公务活动的客观运动规律基本上表现为提出问题、分析问题与解决问题，而作为完成公务活动的重要工具之一的公文，必然与公务活动的客观运动规律保持一致。

公文在段落设置上也体现出三个特点。一是构段方法的专一性和完整性。即在一个段落里，集中表达一个主旨；每个段落的内容是完整的，不管段落长短，都应把段的意思表达完整。二是在段落的表现形式上，往往是段、章、句合一。如有些发布法规的命令、通知，全文只有一句话，也可以看作一个独立的段；一些规章制度性的公文段落，常以条款形式出现，一条就是一段，这些是在别的文体中比较罕见的组段情形。三是在段旨的表达上，多采用鲜明、突出的方式，即在段落之首有一个概括全段意思的句子，总领全段。

（三）用语要体现浓缩精粹之美

所谓浓缩精粹之美就是通过省略、浓缩等办法，做到言简意赅，文约事丰，简明扼要，精练概括。如何使公文用语做到浓缩精粹？主要有以下途径：

首先，以数量词为首进行“浓缩”修辞。即把名称中几个并列成分归纳在一起，前面冠以数量词。例如，把“丝绸之路经济带”和“21世纪海上丝绸之路”概括为“一带一

路”；把“学党章党规，学系列讲话，做合格党员”概括为“两学一做”；把“严以修身、严以用权、严以律己、谋事要实、创业要实、做人要实”概括为“三严三实”；把“道路自信、理论自信、制度自信、文化自信”概括为“四个自信”等。这种被高度浓缩概括起来的句子，不论是读起来还是写出来，会使人感受到用语上的精炼。但是也要避免为文造句，避免“坚守政治安全‘高线’，聚焦备战打仗‘主线’，兜住安全稳定的‘底线’，夯实履职尽责‘基线’，抓紧服务部队‘实线’”这种“四六句”痕迹和文风不实的问题。另外，上级下发给部队的公文中第一次用浓缩语时要把内容写全。

其次，从原句中摘取一些成分，省略一些成分，把用语缩写到不能再精练的地步，这显然是公文用语的一种美。例如，把人民解放军“拥护政府，爱护人民”的口号浓缩为“拥政爱民”；把党政机关、群众团体的工作人员和人民群众“拥护军队，优待军人家属”的口号精简为“拥军优属”，最后再把上述两个压缩句的八个字高度浓缩为“双拥”二字。

再次，穿插使用一些语简、言奇、情切、意深的成语和格言警句等，使语言言简意赅、精粹有力。例如，《中国共产党中央军事委员会令》（一九四一年一月二十日）一文，由于巧妙地穿插使用了一些文言词语、成语和四字的词组，显得相当精粹：“国民革命军新编第四军抗战有功，驰名中外。军长叶挺，领导抗敌，卓著勋劳；此次奉命北移，突被亲日派阴谋袭击，力竭负伤，陷身囹圄。迭据该军第一支队长陈毅、参谋长张云逸电陈皖南事变经过，愤慨之余，殊深轸念……”①这份命令全文不超过300字，在惜字如金、言简意赅方面堪称典范。

思考与练习

（1）上、下行文的划分依据是什么？部队向地方政府行文属于哪种行文？

（2）公文与一般应用文有何异同？

拓展延伸

《军队机关公文处理工作条例》

第二节　公文的拟制规则

一、公文的格式要素

军队机关公文的版式有四大类，即通用下行文格式、通用上行文格式、命令和纪要格

① 毛泽东.毛泽东选集（第二卷）[M].北京：人民出版社，1991：771.

式，以及信函格式。格式要素由份号、密级、紧急程度、发文机关标志、发文字号、签发人、标题、主送机关、正文、无正文说明、署名、成文日期、印章、附注、附件、抄送机关、印制份数、承办说明、印发机关、印发日期、页码等构成。

（一）份号、密级和紧急程度

份号指公文印制份数的顺序号，一般标虚号，如012。涉密公文需要标注份号于公文左上角。

密级，即公文的秘密等级，涉密公文应该根据《军队保密工作条例》要求，于公文左上角分别标注“绝密·核心”“绝密”“机密”“秘密”。不涉密公文无须标注。

急件应当根据紧急程度于公文左上角标注“特急”“加急”。

（二）发文机关标志、发文字号和签发人

发文机关标志有两种形式，一是由发文机关全称或规范化简称加“文件”二字组成，二是使用发文机关全称或规范化简称。比如“国防科技大学文件”或“中国人民解放军国防科技大学”。重要公文通常用“文件”下发。新修订的《军队机关公文处理工作条例》与旧版相比，在发文机关标志的相关规定中，省略了文种名称（命令和纪要除外）。联合行文时，各联署机关名称按照编制序列由上而下排列。如：

国务院办公厅 中央军委办公厅	文件

政治工作部 中央军委 纪律检查委员会

发文字号由发文机关代字、年份、顺序号组成。如，校科〔2020〕40号、军发〔2021〕10号、政干令〔2020〕10号、军后需能〔2021〕4号等。联合发文时，使用主办机关发文字号。如，2020年中央军委政治工作部和纪律检查委员会联合下发一个留党察看教育的通知，由纪委主办，发文字号为：军纪发〔2020〕×号。顺序号为本单位本年度发文的序号。

上行文应当标注签发人姓名，签发人为行文单位请示或报告事项主管人。

（三）标题、主送机关和正文

标题通常由“关于”+事由+文种组成。如《关于开展“传承红色基因，担当强军重任”主题教育的通知》《关于邀请吴××帮训工作的函》。

主送机关，即公文的受理机关，应当使用机关全称、规范化简称或同型机关统称。公文如有多个主送机关，按照编制序列排列。如，中央军委向全军行文，主送机关为“各战区、各军兵种、军事科学院、国防大学、国防科技大学、武警部队”。

正文，即公文的主体，用来表述公文的主要内容。如有附件，则标注附件说明；附件说明，包括附件顺序号（阿拉伯数字）、名称。

（四）无正文说明、署名、成文日期和印章

公文署名页没有正文时，为避免人为添加内容，标注“（此页无正文）”于页面左上部。

署名即发文机关署名，署全称或规范化简称。联合行文由各联署机关按照发文机关标志中的顺序由左至右排列。首长署名署职务和姓名。署名距离正文三行。

成文日期即公文审批签发完毕的日期或会议通过的日期，而不是写稿的日期。

加盖与公文署名相符的机关印章或首长名章（签名章）。

（五）附注、附件、抄送机关

附注即公文印发传达范围等需要说明的事项，比如“发至团级，传达到营级”。

附件即公文正文的说明、补充或参考资料。

抄送机关即需要知晓公文内容的其他机关，使用机关全称、规范化简称或同类型机关统称。

（六）印制份数、承办说明、印发机关和印发日期

印制份数不同于公文份号，是公文印制的数量，标注于版尾部分。

承办说明即公文的承办单位、联系人和电话。公文需要联系办理的时候，通常应当标注承办说明。

印发机关和印发日期即公文的送印机关和送印日期，不同于发文机关和日期。

以上格式要素中，有些是每一种公文都必须有的，比如发文机关标志、发文字号、标题、主送机关、正文、署名、成文日期、印章、印制份数、承办说明、印发机关、印发日期和页码。有些要素要根据需要标明，比如只有上行文才需要签发人；只有保密公文才需要密级和份号；只有急件才须标注紧急程度等。

军队机关公文用纸幅面采用国际标准A4型，特殊形式的公文用纸幅面，根据实际需要确定。公文版式按照国家军用标准《军队机关公文格式》执行，其他如数字、外文字符、计量单位和标点符号等，按照国家有关标准和规定执行。

二、公文的行文规则

应该根据隶属关系和各自的职权范围行文，一般不得越级行文，因特殊原因需要越级行文时，要抄送被越过的机关。

（一）下级向上级机关行文

上行文应该遵循5个原则：一是通常主送一个上级机关，根据需要同时抄送相关的上级或者同级机关，但是不得抄送下级机关。二是各级机关部门对属于本部门职权范围内的事项可以直接报送上级机关部门，但是重要事项应当经本级机关同意或者授权。三是向上级请示汇报工作，应当正确使用“请示”“报告”文种，不得在非请示、报告中夹带请示事项；不得以本机关名义向上级机关领导行文，也不得以本机关领导名义直接向上级机关行

文；需要以本级机关名义向上级机关请示的事项，应提出倾向性意见后上报，不得原文转报上级机关。四是行文内容涉及其他机关或者部门职权范围内事项的，应当与有关机关或者部门协商一致后行文；经协商未取得一致的，应当列明各方意见和理由并提出倾向性意见。五是受双重领导的机关向一个上级机关行文，通常应当抄送另一个上级机关。

（二）上级向下级机关行文

下行文应当遵循 4 条原则：一是主送受理机关，根据需要抄送相关机关，重要的行文应当抄送发文机关的直接上级机关。二是各级机关部门在各自的职权范围内可以向下级机关相关部门行文的，不得向下级机关行文。三是行文内容涉及其他机关或者部门职权范围事项的，应与有关机关或者部门协商一致后行文；经协商未取得一致时，不得向下级机关行文，擅自行文的，上级机关应责令其纠正或者撤销。四是上级机关向受双重领导的下级机关行文，必要时抄送该下级机关的另一个领导机关。

（三）平行机关行文

平行文应当遵循 2 条原则：一是军队同级机关、军队机关的同级部门、军队机关及其部门与相应党政机关及其部门，依据职权可以相互行文，必要时可以联合行文；二是军队机关部门经本级机关批准后，可以与相应党政机关部门联合向军队和党政机关的下级机关同时行文。

三、公文的拟制流程

公文拟制包括公文的起草、审核、审批签发等程序。

（一）公文的起草

起草公文前应当深入调查研究，充分进行论证，广泛听取意见，机关领导应当主持并指导重要公文起草工作，并遵循以下四点要求：一是内容符合党的路线方针政策、国家法律法规以及军队有关规定，完整准确体现发文机关意图；二是一切从实际出发，分析问题实事求是，所提措施和办法切实可行；三是内容简洁，主题突出，观点鲜明，结构严谨，表述准确，文字精练；四是文种正确，格式规范。

（二）公文的审核

公文在签发前应当由发文机关主管公文处理的部门进行审核，主要审核行文是否必要，依据是否准确，程序是否规范；内容是否符合上级有关规定，是否完整准确体现发文机关意图，是否同现行有关公文相衔接；涉及其他机关或部门职权范围内的事项是否经过协商并达成一致意见，是否充分反映各方意见；书写是否准确规范，定密是否准确，属于军事法规之类的特殊公文是否经过相关工作部门审核等。

（三）公文的审批签发

公文一般由发文机关主要领导审批签发。领导审批签发公文，应当签署意见、姓名和日期；圈阅或签名的，视为同意。公文在复核过程中需要做实质性修改的，应当报签批人复审。

思考与练习

（1）何为编制序列？哪些情况下要注意编制序列？

（2）下面是一份公文的主送单位样式，为什么多个单位名称排列时，有的单位之间要用逗号，有的要用顿号？

各战区联合参谋部，各军兵种参谋部（战勤部），军委机关各部门办公厅（综合局、综合保障局、直属工作局），军事科学院、国防大学管理保障部，国防科技大学安全管理处，武警部队参谋部：

（3）公文如何进行定密？在拟制涉密公文的过程中要注意什么？

（4）主送与抄送的区别在哪里？受双重领导的机关行文时，如何选定主送和抄送？

（5）公文署名可以署发文机关名称，也可以由首长署名，什么情况下应由首长署名？机关公章和首长签名章、印章有何不同？

（6）2017 年新版《军队机关公文处理工作条例》与 2005 年颁发的《中国人民解放军机关公文处理条例》在格式和写法上有何不同的规定？

拓展延伸

《军队机关公文格式》

第三节　公文的分类写作

一、命令

（一）命令的含义

命令适用于发布军事法规、军事规章，确定和调整体制编制，部署部队和军事行动，调动兵力，授予、变更和撤销部队番号，调配武器装备，任免干部，授予和晋升军（警）衔，选取士官，军（警）官和士兵退役，授予荣誉称号等，是上级对所属机关和部（分）队或人员发布的一种具有强制执行性质的指挥性、领导性公文。命令是所有行政公文中权威性最高、约束力最强的。

（二）命令的种类

命令根据内容性质不同可以分为四种。

1.发布令（又名公布令）

用于发布重要法规和规章，如颁发条令条例等。

2.指挥令

用于发布重大的强制性的行政措施，如下达作战、抢险救灾任务和调动部队等。

3.任免令

用于发布任免干部、晋升军官军衔、选取士官、改变军衔类别、退休等。

4.授予令（又名最高嘉奖令）

用于授予单位或个人荣誉称号。

（三）命令的结构

命令一般由标题、主送机关、正文、署名、印章和成文日期六部分构成。

1.标题

命令的标题有四种常用的写法：

（1）由“发文机关+文种”构成，如《中华人民共和国军委主席令》。

（2）由“发文机关+事由+文种”构成，如《某旅调防命令》。

（3）由“事由+文种”构成，如《××等同志任免命令》；有时在事由前加“关于”一词，如《关于颁发〈中国人民解放军机关公文处理条例〉的命令》。

（4）只写事由，如《授予63798部队地面设备站“航天报国模范地面站”荣誉称号》。

2.主送机关

主送机关应顶格写在标题下一行。如果是多头主送，按编制序列排列；如果是发布性命令，往往不写主送机关。

3.正文

命令的种类不同，其正文写作的具体要求也不同，但是通常包含开头、主体和结尾三部分。不同命令的写法具体如下：

（1）发布令。正文要指明待公布的法规规章的标题及制定机关，通过或批准的机关、组织或会议名称，通过或批准、正式实施的时间等。

（2）指挥令。正文要写明制发命令的缘由，分条列项指明行政措施的具体内容与施行范围、时间和其他要求。

（3）任免令。正文写宣布任免的依据，指明担任何职、免除何职，必要时要写明级别。

（4）授予令。正文写明有功单位或人员的主要先进、模范事迹，对先进、模范事迹的评价，授奖者被授予何种荣誉称号或给予哪些物质、精神方面的奖励等。

4.署名、印章与成文日期

命令通常以领导机关的名义发布，由军、政正职首长签署。署名前冠以职务，职务后不加标点，空一格加盖首长签名章或首长名章，署名下方写签发命令的日期。如果是首长个人签署的命令需编列专门的令号。令号采用跨年度的大流水号，一般从签署人担任职务之日起编列，标示于标题下方。

（四）命令的写作要求

1.按权限行文，由首长署名

命令要按照规定的权限下达，不能越权行令。根据《中国人民解放军内务条令》规定，首长都可以给有隶属关系的部属下达命令，但使用书面命令的权限仅限于正职军、政首长。

2.语言精准、简洁庄重

命令要求结构严谨、层次清楚，语言简洁准确，语气庄重坚定，充分体现权威性和严肃性。命令是指挥性公文，无需过多说理，有时甚至无需说理，只需准确、简练、明白地说明内容即可。

（五）例文评析

【范例一】指挥令

××营参加抗洪抢险命令

××营：

近期，×地区降雨量明显增加，×河大堤××段遭受巨大冲击，出现重大险情。地方政府防汛指挥部要求我旅派出200人参加抗洪抢险，经旅党委研究决定，由你营抽调人员执行该任务。

×河大堤×段的存亡，关系到整个××地区人民群众生命财产安全，也威胁着交通大动脉京广铁路的正常运行。你营对完成该任务要高度重视。

参加抗洪抢险人员要从全营抽调思想作风优良、军事素质过硬的官兵，按照抗洪抢险第1套方案实施行动，由营教导员总体负责，并接受地方政府防汛指挥部的协调和领导。

准备工作务必于×日×时×分前完毕，×时×分在旅中心操场编队登车，奔赴抗洪第一线。

旅　长×××
政治委员×××
20××年×月×日

【评析】此篇命令属于指挥令，省略了文头和版尾，只摘录主体。该命令从原因讲起，对下级单位提出明确要求，包括时间、地点、任务、人员和要求。这类命令的写作重点在于任务要具体明确，可操作性强，语言严肃、坚决。

【范例二】任免令

××等晋衔、改变军衔类别

××，各直属单位：

批准下列军官由专业技术上校军衔晋升为专业技术大校军衔。

××××副教授××××

……

上述任免从20××年×月×日起生效。

校　　长×××

政治委员×××

20××年×月×日

【评析】此篇命令属于任免令。任免令主体部分直接写清任免人员、事项和任免时间，无须写任免理由。起草这类命令的关键点在于人员职别要写清，涉及军官职务等级的表述应当根据《现役军官管理暂行条例》的要求，与新的军官制度对表衔接。同时，语言简洁、平实，不带感情色彩。

思考与练习

（1）命令的权限范围与通令有什么不同？授予荣誉称号为什么要用命令？

（2）命令的署名权限有什么要求？

二、通令

（一）通令的含义

通令是依据《中国人民解放军纪律条令》（以下简称《纪律条令》）的规定，对所属机关、部队或个人宣布奖惩事项（不含授予荣誉称号）的一种公文。

（二）通令的种类

通令一般分为两种。

1. 嘉奖令

用于向所属机关、部队宣布奖励立功受奖的单位或个人。

2. 惩戒令

用于向所属机关、部队宣布惩处有过的单位或个人。

（三）通令的结构

通令的结构和命令一样，由标题、主送机关、正文、署名、印章和成文日期六部分构成。

1.标题

通令的标题有五种常用的写法：

（1）由"'通令嘉奖'+事由+受奖单位或个人"构成，如《通令嘉奖落实〈新时期部队思想政治工作指示〉先进单位、先进个人》。

（2）由"'给予'+受奖惩者+奖惩等级+文种"构成，如《给予××行政记大过处分的通令》。

（3）由"'给'+事由+受奖惩单位或个人+奖惩等级"构成，如《给英勇救人的××同志记三等功》。

（4）由"'给'+受奖惩单位或个人+'追记'+奖惩等级"构成，如《给陈祥榕、肖思远、王焯冉3名烈士追记一等功》。

（5）由"'关于'+奖惩+受奖惩单位或个人+文种"构成，如《关于嘉奖××同志的通令》。

2.主送机关

通令的主送机关与其他公文写法一样。

3.正文

通令的正文部分通常分为三部分：

（1）奖惩的依据和缘由。一般先概述事实，让受文者了解发布通令的客观依据。奖励方面的要先把受奖者在什么条件下、通过怎样的努力、取得了什么样的成绩或作出了什么样的贡献及其效果等事实写清楚；惩戒方面的要把受惩者的错误事实、造成的后果及其犯错的原因写清楚。

（2）写明奖惩决定。奖惩决定应写明经哪一级决定，或报请哪一级批准，给予何种奖励或处分。撰写中注意奖惩的种类和权限一定要符合《纪律条令》的规定。

（3）提出希望和要求。奖励方面的要对受奖者提出希望，向所属人员发出学习的号召；惩戒方面的不仅要对受惩者提出希望和要求，也要对所属人员提出要求，简明扼要地点明引以为戒的要点。文尾可以用"特此通令"等习惯用语来结束。

4.署名、印章与成文日期

通令的签署与命令一样，要签署发文机关军、政首长的姓名。对所属机关、部队、人员的奖惩通令，在按照《纪律条令》规定权限审查批准后，由该级正职军、政首长署名签发。印章加盖和成文日期的要求与命令相同。

（四）写作要求

1.奖惩内容要有普遍性和典型性

不是所有奖惩都用通令公布，只有具有普遍教育意义的典型奖惩事例才用通令来公布。写作时要注意基本事实的分析和观点的提炼，使其具有教育性。

2.奖惩决定具有准确性和针对性

奖惩决定要符合《纪律条令》规定，要依据奖惩种类，报经相应首长、组织批准才能公布。因此，奖惩内容要事实确凿，不任意夸大或缩小；要定性准确，不任意拔高或贬低。

3.集体决定，首长署名

通令一般由党委或领导集体研究，按《纪律条令》规定权限批准决定后，由该级军、政正职首长联合署名下达。

（五）例文评析

【范例一】嘉奖令

关于给×××等35名同志奖励的通令

××、××、××、××：

20××年，我院官兵以习近平新时代中国特色社会主义思想为指导，全面贯彻习近平强军思想，坚持习主席训词引领，持续用力固根本、抓改革、务中心、正风气，涌现出一批先进个人。为表彰先进、宣扬典型，经各单位党组织推荐，政治机关审查，院党委研究决定：

一、给下列5名同志记三等功：（名单略）

二、给下列30名同志记嘉奖：（名单略）

希望以上受奖励的同志珍惜荣誉，戒骄戒躁，再立新功。全院官兵要以他们为榜样，坚定维护核心，坚决听从党中央、中央军委和习主席指挥，心系强军使命，矢志强军伟业，争当“四有”新时代革命军人，为实现强军梦强国梦做出新的更大的贡献！

院　　长　××
政治委员　××
20××年×月×日

【评析】此篇集体嘉奖令用于三等功和嘉奖事项的宣布，先写明原因，再宣布奖励名单，最后提出希望和要求。无论是做出何种奖励，都要明确奖励的合规性，强调是“经各单位党组织推荐，政治机关审查，院党委研究决定”的集体意见。奖励的级别要符合《纪律条令》的相关规定。

【范例二】惩戒令

给王×行政记大过处分的通令

×××：

王×，男，汉族，19××年×月出生，××省××县人，大专文化程度，20××年×月入伍，20××年×月任汽车连排长，少尉军衔。

20××年××月××日上午，王×带领3名士兵学员，驾驶一辆车牌号为×××××的××牌汽车进行载重训练，途中擅自让×市××科技大学2名男生搭车。当车辆行驶至×路南114公里处时，由于汽车方向失控，驾驶员张××（学员）惊慌失措，处置不当，尤其是王×此刻只顾玩手机游戏而未及时采取应急措施，造成车翻人伤的严重事故。此次事故，导致车上2名学员重伤，1人轻伤，汽车严重损坏。事发后，旅有关部门会同地方交通管理站进行了调查处理。根据肇事现场分析，王×应负事故的主要责任。

王×身为排长兼教练员，本应模范遵守有关规定，认真履行自己的职责，而王×却对有关规定置若罔闻，擅自搭乘学生，特别是在汽车方向失控时，身在其位而不负其责，以致车翻人伤，损失严重，影响恶劣。本应从严处理，但念其事后认错态度端正且有悔改的决心，本着思想教育从严、组织处理从宽的原则，为达到教育本人和警醒大家的目的，经旅党委研究决定，给王×行政记大过处分。

希望王×能认真总结、吸取教训、振作精神，以实际行动改正错误。各单位特别是汽车分队要引以为戒，确保行车安全工作落到实处。

旅　　长 ×××

政治委员 ×××

20××年××月××日

【评析】此篇惩戒令用于处理重大错误问题。首先写清惩戒对象基本情况，其次写清惩戒缘由、造成的恶果，再次写清惩戒目的和组织的处理结果，最后提出希望和要求。这类通令重在写清事实经过和结果，表述客观，多用陈述句，忌用修辞手法、夸张描写。

思考与练习

（1）通令在写法上与通报有什么区别？

（2）通令在陈述事件时是否要详细叙述细节？

三、决定

（一）决定的含义

决定是用于对重要事项做出决策或安排，变更或撤销下级不适当的决定事项的公文。

（二）决定的种类

决定根据内容性质的不同可以分为两种。

1. 对重要事项进行决策的决定

对重要事项做出安排的决定，如《国务院关于修改〈烈士褒扬条例〉的决定》。

2. 对某一问题进行处理的决定

变更或撤销下级不适当的决定，号召向先进人物或先进单位学习，追认某同志为烈士，对党员给予党内处分，撤销某同志职务的决定等，如《中央军委政治工作部关于开展向××同志学习的决定》《向新时代卫国戍边英雄学习的决定》等。

（三）决定的结构

决定一般由标题、主送机关、正文、署名、印章与成文日期六部分构成。

1. 标题

决定的标题有三种常用写法：

（1）由"'关于'+事由+文种"构成，如《关于追认××同志为烈士的决定》。

（2）由"'给予'+当事人+奖惩决定"构成，如《给予××党内严重警告处分》。

（3）由"发文机关+事由+文种"，如《海军党委关于向优秀共产党员、模范干部××学习的决定》。

2. 主送机关

决定的主送机关的写法同其他公文相同。

3. 正文

决定的正文通常包括三部分：

（1）决定的原因、目的和依据。包括理论依据和事实依据两部分，既可以是有关政策、法规、议案，又可以是来自有关方面的情况概述，也可以开门见山地写明发文的意义和目的。

（2）决定的事项。这是全文的主体，主要写明决定的具体内容。如果决定内容单一，可以与第一部分依据、目的合并，篇段合一；如果决定内容繁复，可以用分条列项的方法，按照轻重缓急或内在逻辑关系排列。

（3）结尾。可以提出希望、发出号召，也可以写决定的执行要求。

4. 署名、印章与成文日期

决定通常以机关单位或部队的名义签发。署名有部队署名和机关署名两种情况。如"陆军航空兵第××旅""摩托化步兵第×旅政治工作部"。成文日期在署名的下方，印章要与署名一致，居中压在署名上。

（四）写作要求

1. 根据正文写缘由

决定是机关发出的带有决策性、指导性的重要公文，起草时要以中央军委的方针政策和有关法律法规为依据，结合部队实际情况说明缘由。

2. 切合实际写作要求

决定的写作目的是指导面上的工作，要求下级贯彻执行。因此，拟定时一定要结合部队当前的实际情况，从实际出发，有针对性地提出要求。

3. 严肃庄重，结构严谨

决定是一种权威性很强的公文，决定的事项往往事关重大，撰写时必须严肃慎重、字斟句酌，行文要条理清楚、结构严谨、用词准确，确保文件的准确性和权威性。

（五）例文评析

【范例一】对重要事项进行决策的决定

关于加强部队安全管理教育工作的决定

各营、直属分队，机关各部：

为加强部队管理，确保安全稳定，保证以军事训练为中心的各项任务的圆满完成，依据条令条例和上级有关教育管理工作的有关规定，结合我旅管理工作的实际，对部队经常性管理工作规定如下。

一、加强组织领导，健全组织结构

旅决定成立以×副旅长任组长，×××任副组长，×××、×××……为组员的领导小组，具体领导组织安全管理工作的实施。各营、连成立××人的安全管理工作领导小组，主官亲自挂帅，确保组织健全，领导有力。

二、加强安全教育，严格落实制度

（一）加强安全教育的正面引导

要注重加强对官兵读书、上网和参加娱乐活动的正面引导，培养官兵良好的思想品德和健康向上的审美情趣，积极开展涉赌、涉贷、涉债、涉黄问题（以下简称“四涉”问题）警示教育。教育内容要系统，重点抓条令条例教育、法纪教育、安全常识教育等专题教育。

（二）严格教育制度的落实

一是制定教育检查制度。综合运用个人自查、官兵互查、家庭联查、走访调查等方法，不漏一人、不落一环、不留死角，清仓起底、边查边改、挂账销号，切实消除隐患。对有现实危险的，严格防范管控，对排查出的“四涉”重点线索，及时上报保卫科。二是严格教育时间的落实。营连两级要按照政治工作部规定的教育时间，抓好教育落实。各级要利用党委年安全会议、季安全讲评会、月办公会等时机，总结讲评阶段工作，盯着问题深入推进，引导官兵认清意义、积极参与、主动交底。三是严格教育人员的落实。教育中要严格控制值班值勤和公差派遣的人数，对没有按时参加教育的人员，营连要及时组织补课，确保教育不遗漏一人。

三、实行区域管理，加大督查力度

（一）实行区域管理责任制（略）

（二）加大纠察督查力度（略）

四、增强责任意识，严格请示报告

全旅要架起从严执纪“高压线”，织密“不敢”违规的天罗地网。各级对安全防范事故工作要保持高度的敏感性，增强责任感，做到未雨绸缪、防患于未然。对有严重违纪情况的人和事，要果断采取措施，制止事态发展，及时按规定上报。凡隐情不报、上报不及时造成严重后果者，将追查单位领导责任。

陆军合成第×旅

20××年××月××日

【评析】这份决定主要写清做出决定的原因和决定的具体事项。原因部分既写了发文目的，又写了政策依据；从班子搭建、安全管理教育内容到措施落实，具体事项部分权责分明，一目了然。语言严厉，态度坚决。

【范例二】对某一事项进行决策的决定

关于授予××等××人博士学位的决定

各学院、培训班，机关各部门：

学校第八届学位评定委员会第七次会议审核通过了××名本校博士研究生和1名以同等学历申请博士学位人员的学位申请。经校学位委员会批准，决定授予××等××人博士学位。具体名单如下：（略）

以上人员的学位授予时间为20××年12月31日。

国防科学技术大学

20××年××月××日

【评析】这份决定内容单一，用陈述的语气写清决定事项和决定生效时间，既不写缘由，也不提希望。这类决定类似任免令，但是没有命令级别高。

思考与练习

（1）决定与指示的区别在哪里？

（2）奖惩决定下达之后，要用哪种公文传达决定内容？

四、指示

（一）指示的含义

指示是用于对下级机关布置工作，明确工作原则和要求的公文。

（二）指示的种类

1. 布置工作的指示

通常用于在某项工作开始之前对下级机关交代工作任务，它要求阐明工作的目的、意义，说明具体执行的办法。

2. 指导工作的指示

通常是针对工作进程中出现的情况，为纠正工作中的偏差、错误或根据上级新的指示精神，提出新的原则和执行要求。

（三）指示的结构

指示一般由标题、主送机关、正文、署名、印章和成文日期六部分构成。

1. 标题

指示的标题有三种常用的写法：

（1）只写事由，如《认真做好基层安全稳定工作》。

（2）“‘关于’+事由+文种”，如《关于抓好部队政治教育工作的指示》。

（3）“事由+文种”，如《加强办公区安全保卫工作的指示》。

2. 主送机关

指示的主送机关的写法与其他公文相同。

3. 正文

指示的正文通常由引言、主体和结语三部分组成。

（1）引言部分写明发布指示的原因、根据或目的，也可先扼要介绍某些事实情况（即工作的主要成绩和问题），尔后说明发布该指示的目的或意义、依据。引言之后紧接“现指示如下”“特作如下指示”“特提出如下意见”“现对……工作做出如下指示”等承上启下的语句，以领起下文。

（2）主体部分写明工作任务、活动的指导原则和方法、完成任务的要求或注意事项。篇幅长、内容比较复杂的指示，可以分条逐项去写；篇幅短、内容比较简单的指示，可以一段到底。

（3）结语部分可提出希望、发出号召或写明执行要求。最后写上“此指示，望切实遵照执行”“以上各点，可根据单位实际情况参照执行”等特定用语结束全文。

4. 署名、印章与成文日期

指示通常由机关单位或党委名义签发。成文日期在署名的下方；印章要与署名一致，居中压在署名上，要求上不压正文，下不超越日期。日期要按签发时间或下发指示的时间，标示年、月、日。

（四）写作要求

1. 明而不僵，略有弹性

一方面要写清为什么发这个指示、目的是什么；另一方面，要正确领会领导意图，弄清所写指示要达到的目的和要求，使下级知道应该做什么、不该做什么。在该做什么的问题上，为便于下级把握，应写清途径、方法、措施及相关政策。同时，充分考虑到下级实际情况，保持适度的弹性，给下级留有余地，允许他们从实际出发，灵活实施。

2. 针对性强，意见可行

指示要有明确的针对性，考虑到实际，对一般性问题，避免因硬性要求过高，下级虽经付出极大努力仍无法达到而丧失积极性。同时，提出的意见和思路还要有预见性。这点与计划写作相似。

（五）例文评析

×旅党委关于传达贯彻
旅第×次党代表大会精神的指示

××党委（支部）、××党委（支部）、××：

××月××日至××日，我旅召开了第×次党代表大会。这次大会，是我旅进入新的发展阶段以来的一次重要会议，是实现我旅长远建设和发展目标的一次重要会议，对于我旅今后建设和发展必将产生重要的影响。各单位要认真传达，广泛宣传大会的精神，抓好大会提出的各项任务的落实。

一、迅速组织学习传达，深入领会大会精神

本周内，各单位安排专门时间，将会议文件原原本本地向所属人员传达。使全旅官兵看到过去五年我旅建设已经取得的成绩，看到今后建设和发展的美好前景，认识到我旅建设已经进入新的发展阶段，认识到新的发展阶段面临的新形势、新思路、新目标，进一步坚持“×××××××”的工作指导思想和“××××××”的总要求，把全体共产党员、全体官兵的思想统一到大会的精神上来，进一步激发工作热情，以新的精神面貌和工作姿态投入各项建设。

二、紧密联系本单位实际，进一步抓好各项任务的落实

第×次党代表大会所形成的文件是今后我旅建设的纲领性文件，大会提出的各项任务、措施和要求，是从全局上谋划我旅的建设与发展。各单位在贯彻落实时，要紧密结合本单位的实际，把会议提出的各项任务具体化，进一步厘清今后的工作思路，安排好各项具体工作。尤其是对大会提出的×××××等方面的各项任务，有关单位要早谋划、早动手、早安排，及早拿出具体实施方案和措施。

三、按照党代表大会要求，进一步加强各级党组织自身建设

贯彻落实好第×次党代表大会提出的各项任务，归根结底，要依靠各级党组织的坚强领导。因此，各级党组织要以大会提出的工作指导思想和总要求，进一步增强创新精神和创新能力，不断提高各级领导班子的决策和管理能力；要进一步巩固和发展团结统一的良好局面，加强班子内外的团结，积极维护我旅的团结统一；要贯彻落实好各项党内生活制度，进一步加强党风廉政建设，不断提高各级领导班子勤政廉政的自觉性。

中共×旅委员会

20××年×月×日

【评析】此篇指示的导语写清了下发指示的目的，明确了要贯彻落实旅党委第×次党代会的最新会议精神。正文部分要求各下属单位从三个方面落实：首先是将全文传达到每一个党员，明确时间和人员要求；其次要求各单位根据实际情况抓落实、做计划，体现了对工作的弹性处理；最后提出各级党组织的建设问题，提出几条纲领性要求，突出了党建工作的重点地位。这份指示写得简约，在实际工作中还可以就党代会中提到的主要问题，分条列项地做出更具体的指导。

思考与练习

（1）指示和命令在写作上有什么区别？

（2）指示与计划的写法有何不同？

五、通报

（一）通报的含义

通报是用于表彰先进、批评错误、传达重要精神或者重要情况的公文。

（二）通报的种类

根据内容的性质不同通报可以分为三种。

1.情况通报

用于传达重要事项的情况或报告某项工作进展情况的通报，其目的是交流情况、了解全局、正视问题、改进工作，如某战区陆军政治工作部《关于改革期间档案移交管理工作检查情况的通报》，某联保中心《三个仓库“六个专项清理整治”的情况通报》。

2.表彰性通报

用于表扬先进集体或先进个人的通报，其目的是交流工作中的成功经验，宣扬先进典型事迹，调动积极因素，如某旅《表彰抗震救灾先进集体和个人的通报》。

3. 批评性通报

用于批评某单位或个人的错误行为或工作中发生的错误倾向的通报，如《关于张×违纪情况的通报》《军纪委关于违反规定和政治纪律的情况通报》。

（三）通报的结构

通报一般由标题、主送机关、正文、署名、印章和成文日期六部分构成。

1.标题

通报的标题有三种常用的写法：

（1）“发文机关+事由+文种”，如《××基地2019年安全保密情况通报》。

（2）“‘关于’+事由+文种”，如《关于表彰先进纪检组织和优秀纪检干部的通报》。

（3）只写事由，如《表彰争先创优先进单位和先进个人》《表彰“四铁”单位和“四有”个人》。

2.主送机关

通报的主送机关的写法与其他公文相同。

3.正文

通常由通报事项、原因分析、希望或要求三部分组成。首先，实事求是地写清楚通报事项的基本情况，如情况发生的单位、时间、地点、结果等。然后，紧紧围绕所通报的内容，抓住问题的实质，分析取得成绩或发生问题的主观原因。情况通报要侧重分析工作情况的特点，以引起人们的关注；表彰性通报要对事实情况进行分析，客观公允地揭示出先进单位或人物的可贵精神的实质和先进事迹的意义；批评性通报要针对问题或错误事实，分析问题或错误的主要原因并指出应从中吸取哪些教训。最后，提出希望，发出号召，勉励、告诫部属，或针对存在的问题及工作实际情况，提出切实可行的措施、要求和今后打算。这部分要重叙述、少议论，观点鲜明，简洁明了。

4.署名、印章与成文日期

暑名有部队署名和机关署名两种情况。成文日期在署名的下方，印章要与署名一致，居中压在署名上，要求上不压正文，下不超越日期。日期一般为成文日期。

（四）写作要求

1.具体真实，针对性强

通报内容要以客观事实为依据，实事求是地反映情况。对于通报中所涉及的具体事例、单位和人员，都要认真核实。注意问题不要写得太抽象，要写具体表现，必要时要分析问题产生的原因。在表彰性通报中，有一类是属于介绍经验的，写法类似典型经验总结，内容不涉及存在的问题或不足。

2.客观公正，及时制发

通报中对事件的性质、影响、经验、教训等的评价要有理有据、客观公正、合情合理，要注意用词的分寸，要避免提炼的观点与内容产生矛盾。此外，要根据需要及时制发，避免时过境迁，失去通报的针对性和指导意义。

3.表述规范，符合规定

通报中，受表彰或批评的人员，比如军士或义务兵不能统称为“士官”或“战士”，应当根据在编岗位、军衔等对其部、职、别做规范性表述。如“海军航空兵第×旅机务大队×中队×分队机械师”“战略支援部队×××基地信息通信×旅×营×连×队三级军士长”等。

（五）例文评析

【范例一】表彰性通报

关于表彰2019年军事训练先进单位和个人的通报

各学院、研究生院、机关各处（室），各直属单位：

2019年，各单位坚持以习近平新时代中国特色社会主义思想为指导，认真贯彻校党委决策意图，严格落实实战化训练要求，持续深化军事教学改革，圆满完成教育训练各项任务，取得较好成绩，涌现出一批组训能力突出、工作成绩优异的单位和个人。为树立榜样、鼓励先进，进一步调动和激发广大官兵投身军事训练改革的积极性和创造性，经各单位推荐、校机关审核，决定对以下单位和个人予以通报表彰：

一、军事训练先进单位（共27个）（名单略）

二、军事训练先进个人（共64人）（名单略）

望以上受到表彰的单位和个人戒骄戒躁，珍惜荣誉，再立新功。望全校各单位和广大师生高标准完成各项教育训练任务，为学校人才培养工作做出更大贡献。

×××大学

20××年×月×日

【评析】这是一篇表彰性通报，表彰性通报与表彰性通令的写法相似，不同之处在于被表彰人员的荣誉等级不同。一般性奖励的表扬事项，如评选先进个人或集体等用通报。通报由机关发文，通令由军、政首长签发。

【范例二】情况通报

关于安全工作综合检查问题整改情况的通报

×××、×××，×××：

根据年度工作计划和首长有关指示，集团军成立以××组长，××、××、×××参加的安全检查工作组，采取××、××的方式，于××月××日至××月××日对各单位安全隐患问题整改落实情况进行了综合检查。总的来看，各单位深入学习贯彻集团军综合形势会议精神，认真组织安全形势分析，扎实开展安全隐患问题排查整治，以高度的政治自觉和行动自觉积极推动安全隐患问题的整改落实。截至××月××日，安全工作综合检查组检查和各单位自查，共发现××个安全隐患问题，已完成整改××个，正在整改××个，尚未整改××个，整改率××%。

从检查情况来看，仍有少数单位对一些安全隐患没有及时整改，具体情况（略）。

各单位对安全隐患问题务必要高度重视，抬高政治站位，强化责任担当，增强行动自觉，明确整改思路，制定整改措施，认真排查整改。对已完成整改的问题，要举一反三，防止反复；对正在整改的问题，要严格按时间节点紧前推进；对需要上级和其他部门协助解决的问题，要抓紧沟通协调；对尚未整改到位的问题，要明确责任人和完成时间，尽快落实整改；对整改不到位引发安全事故的，要严肃追责问责。各单位要加强检查抽查力度，督促问题整改落地落实，确保安全稳定。

附件：各单位安全问题隐患整改情况统计表

××××××

20××年×月×日

【评析】这是一份情况通报，首先介绍安全检查的组织方式和检查时间，然后通报检查结果，最后提出要求。情况通报与总结、报告在写法上有共通之处，但是侧重点有不同。情况通报是下行文，重点在于通报结果，提出要求；总结是事务文书，没有行文关系，重点在于总结经验和教训；报告是上行文，重点在于汇报情况，让上级知道，特殊情况要上级批示。

思考与练习

（1）通知、通报有何不同？

（2）命令、通令、决定和通报都可以用于表彰、奖励事件，自选4篇例文，分析它们之间的权限有何不同。

（3）举例分析情况通报与总结、调查报告在写法上有何不同。

（4）分析表彰性通报与嘉奖令、表彰性决定之间的差异。

六、通知

（一）通知的含义

通知是军队机关公文中使用频率最高的一种公文，用于传达需要下级执行和有关单位周知或办理的事项，转发上级和不相隶属机关的公文，批转下级机关的公文。

通知的显著特点是应用广泛。一是不受发文机关级别高低的限制，一切机关、部门、团体都可以使用。二是不受内容多寡和重要性大小的限制，无论是领导机关的重要决策，还是日常行政工作，或是开会的具体安排等，都可用通知来布置。三是对行文方向的限制不严，通知主要用于上级机关对下级机关、组织对所属成员行下行文。但平行机关之间，不相隶属的机关之间，有时也可以使用通知知照有关事项，但是需换成信函的公文格式。

（二）通知的种类

通知种类繁多，根据内容性质可以分为以下 5 种。

1. 指示性通知

用于传达上级机关或本级机关对下级机关做出的某项指示、布置的某项工作或对某项工作提出的具体要求，要求受文机关按照通知要求执行或办理。

2. 批转性通知

用于上级机关批转下级机关上报的通知。下级机关就某项具体工作、活动的开展，提出了较为全面系统的安排或意见，报请上级机关批准并请求批准在一定范围内执行。上级机关经研究同意后，用通知的形式下发，一是回复请示机关，二是要求在一定范围内执行。需要特别注意的是，下级机关的请示内容一经批转就变成了批准机关的意见，原公文升格成上级机关公文。如《中央军委批转政治工作部〈关于进一步加强军队政治理论研究的意见〉》。

3. 转发性通知

用于转发上级机关、同级机关和不相隶属机关公文的通知。如《转发〈关于做好抗疫一线人员和家庭生活困难人员慰问救济工作的通知〉》。

4. 发布性通知

用于上级机关向下级机关及其所属单位发布法规、制度、条例、章程等规章性文件。发布性通知具有较强的权威性，要求受文者必须严格执行。如《关于颁发〈中国人民解放军机关公文处理条例〉的通知》。

5. 告知性通知

用于向下级或其他有关单位传达上级指示，告知有关事项，传达或交流某种信息。一般不要求受文机关办理或执行。如《关于××学校更名的通知》。

（三）通知的结构

通知一般由标题、主送机关、正文、署名、印章和成文日期六部分构成。

1. 标题

通知标题有三种常用的写法：

（1）“发文机关+事由+文种”，如《××基地关于做好元旦春节期间保卫工作的通知》。

（2）“事由+文种”，如《贯彻学习〈推动学习党的十九大精神走深走实的措施〉的通知》。

（3）“关于+事由+文种”，如《关于印发〈××××大学科研学术奖励办法（试行）〉的通知》。

2. 主送机关

通知的主送机关的写法与其他公文相同。

3. 正文

通知的种类不同，写法也有差异。一般而言，通知由缘由、事项和执行要求三部分内容组成。

（1）指示性通知的正文要写明以下三部分。

①指示性通知的行文依据。首先写明下发通知的目的、意义或背景，然后通过“特作如下通知”“现通知如下”等承启用语，引出通知事项。

②上级指示精神及具体内容。写明通知的内容，如政策规定、工作任务安排等。内容繁杂、事项繁多的通知，可按照性质、特点等进行综合归纳，采用分条列项的方法，具体地提出要求、措施和办法。

③执行要求及有关注意事项。这一部分写政策界限、报告执行情况的方式与期限等，结尾处可写“以上通知，望各单位及时传达到所属人员”等习惯用语。

这种通知将上级的指示内容具体化，对于要求下级做什么、为何做、怎样做，要写得具体明确，提出的要求要切合实际。

（2）批转性通知的正文要写明以下三部分。

①批转公文的缘由。主要写明被批转对象的制作者或批准者、被批转公文的名称、批转的目的、要求下级机关执行的根据和理由。

②批转公文的具体形式。这部分可以写“现将××批转给你们”等惯用语，引出通知事项。

③批转公文的意义要求。这部分要对被批转公文进行评价分析，结合受文单位实际情况，补充说明被批转公文中未涉及或阐述不够充分的地方，针对贯彻执行的时间、方法、目标等提出具体的执行要求。结尾要根据实际情况，正确使用“认真遵照”“切实遵照”“参照”“参考”“研究”“参酌”“酌情”等含义有别的词语。

（3）转发性通知的结构与批转性通知相似，其正文要写明以下三部分。

①转发行文。通常由转发决定、发文机关名称与贯彻要求构成。

②转发对象。转发对象在转发行文之后，不加附件标注。

③转发公文的要求。这部分要结合受文单位实际情况，提出具体的执行要求。如“请按要求执行”“请参照执行”等。

（4）发布性通知的正文要写明以下三部分。

①发布目的和依据。发布性通知一般要写发文目的和依据，特殊情况除外。

②发布决定。这部分往往放在通知行文中，不加附件标注，是通知正文的有机组成部分。

③执行要求。这部分要结合受文单位实际情况，提出具体的执行要求。

（5）告知性通知的正文要写明以下两部分。

①原因或依据。写明通知下发的主要原因或所依循的上级文件精神。这类通知重在告知，有时可以不写原因，直接交代通知的事项。

②事项的具体内容。写明通知要交代的具体事项，有时也可以用附件形式交代其内容。告知性通知一般不提执行要求，这是与其他通知的不同之处。

5.署名、印章与成文日期

通知署名有部队署名和机关署名两种情况。成文日期在署名的下方，印章要与署名一致，居中压在署名上，要求上不压正文，下不超越日期。

（四）写作要求

1.厘清权限，辨别文种

通知在机关办公中使用广泛，不同场合适用的通知不同，不同通知的写作要求也不同。在实际工作中要准确把握通知的定义，明确使用通知的权限和要求，避免与其他公文文种混用。比如通知与命令、决定、指示都是下行文，但是分属不同文种，什么时候用命令，什么时候用决定，要根据不同公文文种的定义、权限和行文内容的重要性来考量。

2.条理清楚，层次分明

通知的目的是让所属机关、部队和相关单位执行或周知，这就要求通知要条理清楚、层次分明、一目了然，便于受文单位准确领会。写作中要避免逻辑混乱、表述不准等问题。

3.事项明确，重点突出

通知要重点突出，如对于基本事项、基本要求以及迫切需要下级单位知晓或办理的事项必须写得具体、明确，便于受文单位抓住要害，分清轻重缓急。

（五）例文评析

【范例一】指示性通知

××学院关于举办第×届田径运动会的通知

各系（所）、学员大队，机关各处：

为大力营造校园文化浓厚氛围，增强我院教职员工身体素质，为校田径运动会做好选拔工作，学院根据20××年度工作安排，定于4月21日（星期六）举办第×届田径运动会。现将相关事项通知如下。

一、比赛时间、地点

时间：20××年4月21日上午8：00—下午5：30（如有变动，另行通知）

地点：××田径场

二、参赛单位

×××、×××、×××以院（所）为单位组织参加，学员大队和机关各处联合组队参加。学员×队、学员×队以队为单位参加单项选拔比赛。

三、重点准备工作

（一）赛前部署会。3月26日（星期一）14：30，在学院党委会议室召开赛前部署会，机关各部门副职领导，各系（所）、学员大队、机关各处派1名队干部参加。

（二）运动会报名。4月9日（星期一）12：00前，提交运动会报名名单及电子文档。同时，提供学员裁判员名单（学员大队报80人及骨干联系电话），学员大队报3名播音员。报名后不允许更改，缺席单位作弃权处理。竞赛规程、报名表及运动员资格审查表均可从学院政工网下载。

（三）撰写解说词。各参赛队提交入场式广播词（300字左右，运动员入场时介绍情况），4月10日（周二）17：00前将电子版和打印文稿报宣传办。

（四）赛前彩排。4月12日（星期四）16：00，在××田径场举行开、闭幕式彩排。各代表队领队（一名）、旗手（一名）、举牌员（一名），播音员，仪仗队参加。

（五）工作协调会。4月19日（星期四）9：00，在401教学楼103教室召开各单位领队、所有工作人员协调会。

四、几点要求

（一）学院田径运动会是全院师生的体育盛事，人员覆盖广，车辆调动多，筹备时间长，各单位要高度重视，认真部署，严密组织，精心做好赛前准备和赛事各项工作。

（二）各单位要把参加“体育道德风尚奖”评选，作为展示本单位精神文明建设的重要窗口，按评选的各项要求认真落实，积极争取。

（三）各单位要遵守运动会各项规章制度，按指定区域就座，搞好环境布置，营造热烈喜庆的氛围。

附件：1.××学院第×届田径运动会竞赛规程

2.××学院第×届田径运动会运动员报名表

××院政治工作处

20××年×月××日

【评析】这是一篇指示性通知，要求下级各单位共同参与运动会。这类通知的写法与日常应用文中的计划基本相同，不同之处在于通知要按照下行文格式发文（此处格式省略），增加了主送机关和公章等公文要素。在行文中，为避免正文内容繁杂，用附件的方式下发竞赛规程和报名表。写这类通知时，注意细节和衔接，时间、地点、参加人员必须准确无误，赛事流程合理合规，要求明确具体。

【范例二】转发性通知

转发《关于做好新冠病毒肺炎预防工作的通知》

各旅保障部、集团军机关各部综合处：

近期集团军部分单位所在地区新冠病毒肺炎疫情暴发，传播快、病情重，为确保集团军全体官兵身体健康，现将战区陆军保障部《关于做好新冠病毒肺炎预防工作的通知》转发你们，望各单位迅速组织全体人员传达学习，并认真做好新冠病毒肺炎预防工作，防止病情发生。各单位主管领导要高度重视，认清传染病的危害，切实加强对卫生防病工作的组织领导，要抓好饮食卫生制度，坚持良好卫生习惯，佩戴口罩，消毒通风，严格采购、分餐制度，教育所属人员及其家属不到地方餐饮点就餐。特别要对可疑病人早发现、早报告、早隔离、早确诊、早治疗。一旦出现疫情能够将其迅速消灭在萌芽状态，确保官兵身体健康和教育训练的正常进行。

附件：关于做好新冠病毒肺炎预防工作的通知

陆军第×集团军保障部

20××年×月×日

【评析】这是一篇转发性通知，正文开头说明转发的原因和目的，然后阐明通知下发后各单位要做的具体工作、要落实的具体要求和需要注意的重点事项，最后提及发现问题的处置措施。附件即为转发的通知正文。

【范例三】告知性通知

××等调整待遇级别的通知

各×，×××：

根据××政干〔20××〕×号文件规定，经××党委研究决定，批准下列5名同志调整待遇级别：

由×级调整为×级的2名：陈××，曾××。

由×级调整为×级的3名：谢×，何××，龚×。

××海军××学院

20××年×月×日

【评析】这是一份告知性通知，通常情况下，部队军官任命、军衔晋升等要用命令下发，但是某些岗位的变动或职务等级的调整要用通知下发，比如待遇级别的调整、文职人员的任命等。这类通知的写法与任免命令相似，不写理由，直接写结果，此篇写了调整的依据。

思考与练习

（1）指示性通知和计划在写法上有什么区别？

（2）请以学院的名义拟制一份“强军杯”篮球比赛通知。

（3）仔细辨析下面两例材料，指出它们分别要用哪种公文行文。探讨同是为了指挥下级工作，为什么有的时候用“通知”，有的时候又用“通报”？如何把握“通知”与“通报”在具体使用上的区别？

①入冬以来，火灾不断发生，为扼制火灾上升的趋势，某旅向下级行文，综合分析近一个时期以来发生火灾的原因，提出要求，特别强调在“两节”期间要坚决防止重大火灾的发生。

②某集团军就近期发生的一起群死群伤特大交通事故情况向下级行文，为引起重视，严防此类事故的再次发生，提出一系列防范要求。

七、报告

（一）报告的含义

报告是向上级汇报工作，反映情况和意见、建议，回复询问时使用的公文。报告侧重于汇报工作、反映情况，多数情况下不涉及今后的具体工作意见，也不要求上级做出批示。当所反映的情况涉及工作中一些带有普遍性的问题时，针对问题提出今后的解决办法，要求上级加以批转，就成为“呈转性报告”。

（二）报告的种类

报告的形式多种多样，分类的方法也不止一种。可以按报告的性质分为情况报告、经验报告、事故报告、总结报告等；也可以按报告的时间分为年度报告、季度报告、月份报告等；最常用的是按照内容涉及的范围，分为专题报告和综合报告两种。下面介绍专题报告和综合报告。

1. 专题报告

向上级机关报告某一方面的问题或情况，并加以详细地叙述和说明的书面报告。它的内容较为单一，只反映某一个或某一方面问题，事例详尽具体。它可以根据工作的进展或工作中出现的新问题拟写，不受时间限制。

2. 综合报告

就某一时期全面工作情况，向上级机关所作的报告。它所反映的内容必须是全面性的，而且只能是工作进行到一个阶段或全部完成之后使用。因此，它与总结比较相似，往往是在总结的基础上修改而成。

（三）报告的行文结构

报告一般由标题、主送机关、正文、署名、印章和成文日期六部分构成。

1.标题

报告的标题有三种常用的写法：

（1）"'关于' +发文机关+事由+文种"，如《关于×院学科建设的报告》。

（2）"发文机关+事由+文种"，如《×旅上半年军事训练情况报告》。

（3）"'关于' +事由+文种"，如《关于综合治理整顿工作情况报告》。

2.主送机关

报告的主送机关的写法与其他公文相同。

3.正文

报告的正文通常由开头、主体、结尾三部分组成。

（1）开头主要阐明报告的原因、目的和依据，或简单概括一下报告的主要内容。其后通常用"现将……情况报告如下"等惯用语引出下文。

（2）主体是报告的核心部分，主要叙述工作的具体情况、主要成绩或主要做法，存在的主要问题及今后打算或意见、建议。由于报告的种类不同，主体的写法也有所不同。如经验性报告通常把重点放在主要做法和体会上，一般不写存在问题。而事故报告往往要叙述事故发生的经过、事故发生的原因、应承担的责任和应吸取的经验教训，以及事故发生后所采取的措施。

（3）结尾一般用"特此报告""以上报告当否，请批示""以上报告如无不妥，请批转有关单位执行"等习惯用语。

4.署名、印章与成文日期

报告有部队署名、党委署名、机关署名等多种情况。成文日期在署名的下方，印章要与署名一致，居中压在署名上，要求上不压正文，下不超越日期。

（四）写作要求

1.明确指导思想，全面了解情况

报告的目的是使上级了解和掌握情况，对下级机关实施正确的指导和帮助。因此，拟制报告必须明确指导思想，实事求是地向上级汇报。此外，在拟制报告时要对情况有一个全面的了解。具体而言，不仅要了解一项工作（活动）的现在，还要了解它的过去；不仅要了解个别人的工作情况，也要了解多数人的工作情况；不仅要了解正面的意见，也要了解反面的批评。总之，要充分占有材料，全面介绍情况。

2.搞好综合分析，注重点面结合

由于报告所写的事例、问题通常较多，内容涉及面广，如果只是客观地把诸多方面的情况、问题简单地罗列起来，势必造成报告的冗长、庞杂。只有对要写的问题进行综合分析，突出重点，注重点面结合才能使报告条理清晰、详略得当、内容充实，全面真实地反映情况。

3.语言准确鲜明，简洁生动

报告的遣词用语要准确、简洁。不能用夸张的手法，也不能堆砌华丽的辞藻，不做渲染性的描写与抒情，语言要朴实无华，注意引用群众的语言。总之，要做到"文约而事丰"。

在实际工作中，不少人认为总结和报告差不多，没有必要写成两种。这种把总结与报告等同的观点是错误的。报告不能取代总结，二者之间具有明显的差异。从文种上看，总结则是事务文书，而报告是法定公文文种之一；从时态上讲，总结是完成时，而报告则是进行时或完成时；从写作重点看，总结不是一般的情况综合，而是在情况综合的基础上，通过分析、概括、提炼，归纳出几个专门问题，也就是通常所说的经验和体会，其对事实、情况的直接叙述是概括性的而且只占少部分，较多使用的是概括性的议论性和说明性文字。而一般的报告大量使用叙述的表达方式，情况、实例的表述占绝大部分，只在篇章、部分、段落的开头处提纲挈领地使用一些议论性、概括性文字。因此，总结与报告相比，理性的成分浓些，规律性的东西多些，对问题的认识更趋向立体化。

（五）例文评析

【范例一】事故处理报告

关于×连实弹射击中跳弹伤人处理经过的报告

××：

20××年×月×日上午×时×分，×营×连在×山靶场进行实弹射击训练时，由于弹头着落于石头上，产生跳弹，弹头飞出警戒线外80多米处，将过路的农民王××射中，致使其左小腿受伤。警戒人员发现情况后，立即报告负责射击训练的营长×××，连长×××、指导员×××立即赶赴王××受伤地点，并马上与旅卫生队取得联系，迅速用救护车把王××送往就近医院救治。同时，旅长、副旅长、参谋长也赶到医院看望伤员。经医生积极救治，流血已止住，伤情已无大碍。

跳弹伤人事件对我们来说是一个深刻的教训。它说明，我们在训练中安全第一的观念树得不牢，事故防范措施做得不够。我旅已责成这个连队总结教训，并向全旅各分队发出了通报。旅里决定，王××的医药费用，全部由旅里负责，并派专人去医院慰问伤者并征求其意见，在不违反原则的情况下，尽量满足其要求。具体情况待全部解决后，再作汇报。

以上报告，如有不妥，请批示。

××××
20××年×月×日

【评析】事故处理报告的写作重心在于事故，往往用叙述的表达方式把事故发生的来龙去脉讲清楚，真实地还原事故经过，客观地陈述事故结果，同时也要写明本单位在事故发生过程中的主要作为和对事故发生的处理意见。事故报告和惩戒性通报容易混淆，两者的相同之处在于都要还原事件经过和结果，不同在于通报是下行文，下发的目的是教育，处理结果往往是已经定性的；而报告是上行文，重在汇报，处理意见有可能根据上级指示变更。

【范例二】专题情况报告

××保障中心假前安全检查情况报告

供保处：

根据《××保障中心假前安全检查方案》，中心各单位积极组织了自查自纠，经过13日至14日实地检查发现仍然存在较多问题和安全隐患。现将此次检查具体情况报告如下：

一、总体情况

中心各单位高度重视安全稳定工作，把迎大庆、保稳定作为当前政治建设的重中之重，把安全检查监督与隐患治理作为严肃政治任务来对待，作为保障力生成的大事来落实。人员管理、车辆安全、饮食卫生安全和疫情防控落实等方面管理得力，未发现大的明显的问题隐患。

二、存在的主要问题

（一）安全教育落实不到位

1.×××××、××××、××××，安全、保密、预防犯罪形势分析教育制度落实不到位，存在按季度开展，教育时间打折扣的现象。

2.××××组织了思想、安全、保密、预防犯罪形势分析并形成了报告，但未记录在支委会记录本上，有些支委会记录登记不健全、不规范，安全教育不扎实，没有入脑入心。

（二）保密安全制度执行不规范

1.××××两台互联网笔记本电脑和××计算机处于同一办公场所未进行物理隔离。

2.××××一份纸质××文件未按要求入柜保管，置于办公桌面。

（三）消防安全设施不完备

1.××办公楼××、××、××室应增设灭火设备。

2.××食堂一楼操作间1个灭火器欠压，消防水管已损坏。

3.×××消防报警未开启。

（四）军事设施有缺陷（略）

三、下一步整改要求

（一）抓好问题清查整改（略）

（二）抓好制度落实（略）

（三）抓好日常管理（略）

特此报告！

××保障中心

20××年×月×日

【评析】这份专题报告写了某保障中心假前安全检查的总体情况、主要存在的问题和下一步整改要求，写法类似于专题总结。行文中有概括归纳，有列举事例和数字的说明，体现出工作的实效。报告最后结语写上“特此报告”，这是与总结的不同之处。总结是事务文书，没有行文关系，无须征求上级意见，结尾有时写今后改进和努力的方向；而报告是上行文，有行文关系，重点在于汇报情况，因而有时还要询问上级意见和看法，请上级做批示。

思考与练习

（1）报告与请示有何区别？

（2）情况通报与专题情况报告有何区别？在选择时要注意什么？

八、请示

（一）请示的含义

请示是用于向上级机关请求解决问题或批准事项的一种请求性公文。

“报告”与“请示”虽同属上行文，但两者之间却有着严格的区别。比如，“报告”对上级没有肯定性的批复要求，而“请示”则相反；在行文时间上，“报告”是事中或事后行文，而“请示”是事前行文。此外，上级对下级报送的“报告”，可做批示也可以不做批示，一切全由上级酌情处理，如确需批示时，只能使用“批示”方示；而“请示”则不然，不论所请示的事项上级同意与否，按理都应及时做出批示，但批示时所使用的文种是“批复”而不是“批示”。

（二）请示的种类

根据内容不同，请示一般可以分为以下三种。

1.请求解决问题的请示

这类请示在本单位无力办理或完成某一事项，需要上级机关给予帮助解决时使用。如部队远离驻地执行任务需要转接供应关系，请求上级拨发某项经费、物资等。

2.请求批准事项的请示

这类请示在本级机关无权决定的重要事项，需要上级机关批准时使用。如对于主管上级单位明确规定必须请示批准才能办理的事项；有章可循，有法可依，可以开展工作，但因事关重大，为防止工作中失误，需请示上级核准的事项等。

3.请求明确问题的指示

这类请示在对某一问题的处理没有把握或对某一重要问题不明确，需要上级机关进一步指示时使用。如对现行方针政策、条令条例等规定不甚了解，有待上级单位明确答复才能办理的事项；工作中发生了新情况而无章可循，有待上级明确指示才能办理的事项；因意见分歧，无法统一，难以工作，有待上级裁决才能办理的事项等。

（三）行文结构

请示一般由标题、主送、正文、署名、印章和成文日期六部分构成。

1.标题

请示的标题有三种常用的写法：

（1）“发文机关+‘关于’+事由+文种”，如《某旅关于召开后勤训练现场会的请示》。

（2）“‘关于’+事由+文种”，如《关于修建军干公寓房的请示》。

（3）只写事由，如《呈请张×调来我部工作》。

2.主送

请示的主送可以是机关，也可以是上级首长，写法与其他公文相同。

3.正文

请示的正文通常由请示的缘由、事项和结尾三部分构成。

（1）请示的缘由是正文的开头。这部分要准确、客观地向上级陈述请示问题的背景和实际情况，充分说明请示的依据、原因和目的。这部分特别强调言之有理、言之有据，力求把请示的理由说得充分、有说服力。

（2）请示的事项是正文的重心。主要写明请示的具体内容，即要求批准什么、帮助解决什么困难等，并提出本单位的建议、打算、措施或解决办法，以供上级审批答复时参考。这部分要写得具体明确，简洁明了。内容比较复杂的请示，可以分条列项叙述，有些具体内容可以作为请示的附件，以减少正文的篇幅。

（3）请示的结尾一般写请求批示。如“以上意见当否，请指示”“当否，请批复”“以上请示，请予审批”“特提出此方案，请批复”“以上意见妥否，请批复”等惯用语，语气要缓和，态度要诚恳。

请示的三部分中，第二部分最重要，但是第一部分最难写。对上级而言，是否同意下级的请示事项，关键在于考察是否事出有因或有无必要。

4.署名、印章与成文日期

请示有部队署名、机关署名、党委组织署名等情况。成文日期在署名的下方，印章要与署名一致，居中压在署名上，要求上不压正文，下不超越日期。

（四）写作要求

1.实事求是，理由充分

写请示必须实事求是反映情况，不能弄虚作假，夸大其词，特别是一些需要上级解决问题的请示，如涉及编制、经费、设备等内容，不能夸大实际困难和需要，多报多要。请示理由一定要写充分，理由越充足越容易得到上级的同意，促成问题的解决，但也要言简意赅。

2.坚持“一事一文”的原则

请示要与报告区别开来，坚持“一事一文”，内容集中单一，不能在一份请示中汇集多个不相关的事项，但可以是同一事项相关联的几个请求。

3.不能多头主送

一份请示一般只有一个主送机关或首长，不能同时主送几个机关或首长（特殊情况除外）。受双重领导的单位，应明确“谁主管，主送谁”，根据需要抄送另一领导机关。这样要求是为了避免造成几个收文机关互相等待或批复的意见不一致，影响及时回复和问题的解决。

4.一般不越级行文

请示一般要按照隶属关系逐级请示，不能越级行文。如果因特殊情况需要越级请示，也要同时抄报所越过的上级机关。

（五）例文评析

【范例一】请求解决问题的请示

关于牵引车更换螺栓器材的请示

装备维修科：

今年3月15日，我连牵引车，车号×××，车辆型号××××，在行驶中，转向助力处发生异常，经修理保障分队检测，固定螺栓损坏，器材型号为××××，需要进行更换，特申请固定螺栓请领。

可否，请批复。

××××连

20××年×月×日

【评析】这份请示是要求解决问题的请示，先写请示缘由，后写请示具体内容；为避免请示正文表述过多，在附件中把其他具体内容附上。

【范例二】请求批准的请示

呈请张××调来我系工作的请示

政治工作处：

我系讲师李××的妻子张××，系×××学院思想政治专业讲师。该同志多次要求调来我系工作，×××学院政治工作处也来函表示同意。经党委研究，鉴于我系思想政治专业教员紧缺，又为照顾其夫妻生活，我们拟同意张××调来我系工作。

妥否，请批复。

附：×××学院公函

×××系

20××年×月×日

【评析】这份请示按照请示常用结构来写，先写提请缘由，然后写请求上级批准的具体事项，最后用惯用语“妥否，请批复”做结。由于这份请示是由《×××学院公函》引发，因此商调函要作为附件随请示呈上。

思考与练习

（1）请分析下面案例，找出问题并进行修改。

关于组织开展“四会”优秀政治教员授课竞赛的请示

旅首长：

为进一步增强部队思想政治教育时代性和感召力，调动政治教员热爱和钻研思想政治教育的积极性，提高政治教员“四会”能力，为集团军下半年开展“四会”政治教员授课竞赛遴选人才，政治工作部拟在8月中旬组织开展“四会”优秀政治教员授课竞赛活动。现就有关事项请示如下：

一、参赛对象及时间

1.参赛对象，主要是营连级单位的政治干部，其他具有相应能力素质的军事、后勤、装备干部和士兵骨干也可参加。各营推选2名、机关和直属队各推选1名选手参赛。

2.竞赛时间。8月15日至16日，共2天；地点：旅党团活动中心。

二、授课内容及步骤

结合部队实际，围绕党的创新理论宣讲，“牢记强军目标，献身强军实践”主题教育、经常性思想教育，也可讲授我军历史使命教育、理想信念教育、战斗精神教育和社会主义荣辱观教育等内容，自行确定题目。授课教案和多媒体课件必须由授课人自己撰写和制作。授课时间不超过30分钟。

各单位接到通知后，推荐参赛对象，选择课题，备课试讲，组织打磨。7月30日前，将推荐人员登记表及教案和多媒体课件（单屏，分辨率1024×768）上传旅政治工作部宣传科。

三、奖项设置

竞赛设一等奖1名，二等奖2名，三等奖3名，优秀奖4名，优秀组织奖2个。竞赛活动结束后，政治工作部通报表彰获奖单位和个人，对优秀教案进行集中展示并汇编印发。

四、经费预算

经初步预算，授课竞赛需经费3千元，建议从政工费中支出。

妥否，请批示。

×××旅政治工作部
二〇一八年七月四日

附件：1.关于组织开展“四会”优秀政治教员授课竞赛的通知
2.“四会”优秀政治教员授课竞赛评分细则（略）
3.“四会”优秀政治教员授课竞赛经费预算一览表（略）

（2）根据单位实际情况，自选材料写一份请求上级明确问题的请示。

（3）请示可以上呈机关，也可以呈首长。请回答写请示时应如何选择。

九、批复

（一）批复的含义

批复是用于审批、答复下级机关请示事项的公文。

（二）批复的种类

批复是对下级机关请示的答复。因此，可以根据请示的种类，分为对下级机关要求解决问题的批复、对下级机关要求批准事项的批复和对下级机关明确答复问题的批复三种。除此之外，从批复的态度和内容来分，还可以分为同意性批复、否定性批复和部分同意性批复三种。

（三）批复的行文结构

批复一般由标题、主送机关、正文、署名、印章与成文日期六部分构成。

1. 标题

批复的标题有四种常用的写法：

（1）"发文机关+事由+文种"，如《中共××空军××学院委员会对〈关于增补党委成员请示〉的批复》。

（2）"'关于'+事由+文种"，如《关于××同志退交现购经适房有关事项的批复》。

（3）"'复'+事由"，如《复××部队修建仓库的问题》。

（4）"批复意见+事由+'事'"，如《同意×××修理洗车场事》。

2. 主送机关

批复的主送机关写法与其他公文相同。

3. 正文

批复的正文一般很短，其结构形式也比较固定，通常包括批复的依据、批复的具体意见、提出的希望或要求三部分。

（1）批复的依据。这是批复正文的开头，通常引述下级机关的来文（下级机关的"请示"文件）日期、发文字号、标题，即写明"收悉何部何时何件"，必要时还要引述"请示"的题目或要点，然后简要交代形成答复意见的过程。如"你部〔2020〕30号《关于新冠肺炎疫情防控经费的请示》收悉，经研究，现批复如下"。

批复的开头写法多样，开头内容的多少、详略程度，要视批复标题的情况来定。如果批复标题写得具体，开头就可以简单一些，可以写成"你部×月×日请示收悉"；如果批复标题写得简单，批复的开头就要写明来文的时间、发文字号和标题全称。

（2）批复的具体意见。这部分要针对下级请示的问题逐一做出具体的答复，必须明确同意或不同意、完全同意或部分同意。如果不同意，还要简明扼要地说明原因和理由。

（3）提出的希望或要求。这部分是对下级机关提出落实批复精神的希望或要求，指出落实批复精神的办法。一般批复写到这里就可以自然结尾，但有的批复另起一行，写上"此复”“特此批复”等惯用语作为结尾。

4.署名、印章与成文日期

批复署名有机关署名和党委署名两种情况。成文日期在署名的下方，印章要与署名一致，居中压在署名上，要求上不压正文，下不超越日期。

（四）写作要求

1.批复要迅速及时

收到下级请示后，要注意请示的时间节点，及时提出处理和答复意见呈首长批办，呈首长审批“批复”时，应将下级的请示一并送上，以便首长根据请示内容及时批复。

2.准确把握原则

批复的内容不能与条令条例或有关方针、政策、法规相抵触。拟稿前，要对请示内容进行充分的调查研究，更要主动了解首长意图，做到心中有数，便于把握批复的度；拟稿后要呈首长审阅把关，准确体现首长意图。

3.表述要准确完整

批复内容要明确、具体、可行，对下级请示的答复要直截了当，不能含糊其词、模棱两可。尤其是在请示涉及同一事项的两三个相关请求时，要逐一答复，不能笼统概括。此外，在批复的最后，通常要对下级提出具体的希望和要求，以便指导下级工作。

（五）例文评析

【范例一】同意性批复

关于周××等4名同志党内任职的批复

中共××直属委员会：

直党〔20××〕××号请示悉。同意增补周××同志为中共××直属委员会会员、常务委员会委员，增补林××、章××和曾××为中共××直属委员会委员。

此复。

中共××委员会

20××年×月×日

【评析】这份批复是对具体事项的批复。在写作中，先要引用请示的发文字号；然后要写清楚批复的具体内容，同意什么，要写清楚，不能只写“同意”两字；最后可以写上“此复”作结。

【范例二】否定性批复

关于《申请××靶场训练场地扩建》的批复

×旅：

你部××〔20××〕×号《关于申请××靶场训练场地扩建的请示》已收悉。根据你部原有××靶场训练场地的容量和质量情况，仍可保证训练的基本需要，加之营房基本建设经费受限，经研究，不同意你部扩建靶场的申请。望加强对现有靶场的维护，以延长其使用年限，保障训练任务的完成。

特此批复。

×××××
20××年×月×日

【评析】这份批复是对具体事项请示的回复。在写法上与同意下级请示的批复不同，不仅要写清楚不同意的事项，还要写清不同意的原因，结尾提出对下级的希望和要求。

【范例三】解决问题型批复

复《关于增拨营区住房维修经费的请示》

×旅：

你部〔20××〕×号《关于增拨营区住房维修经费的请示》请示收悉。经研究，现决定如下：同意你部对×××平方米营区住房进行维修，增拨经费××万元，材料自筹。望你部合理利用资金，抓紧组织施工，彻底改善你部营区住房条件。

特此批复。

××××××
20××年×月×日

【评析】这份批复是针对下级要求解决实际问题而作，在写作中按照批复的写作要求首先引用下级请示的发文字号，其次写同意的具体内容，最后写对下级的要求。写作中要注意的是，批复和批示不同。批复是下行文，其内容是经机关或部门集体研究后做出的决定，不是领导的个人意志，因此，批复不能以首长个人名义下发。但批示可以由首长签发，在请示上报的呈批件中体现。

思考与练习

（1）批复与指示的主要区别是什么？

（2）批复与请示、函的语体色彩有何不同？

十、函

（一）函的含义

函，即函件，用于无隶属关系的机关、单位之间商洽工作、询问和答复问题、通报情况。

（二）函的种类

函的分类方法通常有以下两种。

1.按行文方向分

可以分为去函和复函两种。去函指发函，具有主动性；复函即回函，具有被动性。

2.按内容及作用分

可分为商洽函、询问函、答复函、委托函和告知函五种。

（三）函的行文结构

函一般由标题、主送机关、正文、署名、印章与成文日期六部分构成。

1.标题

函的标题有三种常用的写法：

（1）“发文机关名称+事由+‘致（复）’受文单位+文种”，如《×××部队医院为商调××同志致××医院政治科的函》。

（2）“‘复’+事由+‘事’”，如《复征购土地事》。

（3）“‘关于’+事由+文种”，如《关于商调×××同志的复函》。

2.主送机关

函的主送机关的写法与其他公文相同。

3.正文

函的正文一般包括发函的原因和目的，需要商洽、联系的事项以及对对方的要求三部分。

（1）原因和目的。去函主要写明发函的缘由，可以某一具体事实为理由，也可以贯彻上级文件或指示精神为理由。复函主要引述去函机关的来文日期、发文字号、标题，即写明“收悉何部何时何件”，然后简要交代形成答复意见的过程。

（2）函的事项。这部分是函的主体。去函提出商洽内容或陈述需要对方同意解决的实际问题；复函表明态度、立场，答复询问。

（3）函的结尾。去函提出希望、要求，如“以上事项请给予协助”“请尽快复函”；复函用“特此函复”或致谢结尾。

4.署名、印章和成文日期

函的署名要求一般同其他公文，但是军队内部使用的函与军地往来使用的有所不同。军队内使用的，署名要用部队番号，如“陆军第×集团军装甲旅××部”；向地方发函一律用部队代号。成文日期在署名的下方，印章要与署名一致，居中压在署名上，要求上不压正文，下不超越日期。

（四）写作要求

1. 体现平等，相互尊重

函是一种商洽性公文，也是一种平行文，行文单位之间没有隶属关系。因此，在写作时要注意礼貌礼节，把握好尺度，行文要以商洽的语气，体现平等，不能勉为其难。函的公文格式与其他公文不同，要采用信函的格式。

2. 分清类别，避免歧义

写函时，要根据函的不同类型选择恰当的写作结构，如果是去函要把事项写得明确、具体、简要而有条理，便于对方答复；如果是复函要写得具体而简练，态度明朗，避免产生歧义，让对方一看就明了。

3. 弄清批复与复函的区别

一是行文方向不同。两者都属法定公文，但批复是下行文，函是平行文。收到下级机关的请示，应该回之以批复；收到不相隶属机关的请批函以及领导机关转来的下级机关请示，只能回之以复函。各级行政机关及其办公部门都必须针对来自不同方向、不同文种的请批件，正确选用不同的回复文种，不能混淆。

二是语体色彩不同。不同行文方向和行文关系的公文，使用的行文语气也是截然不同的。批复是下行文，语气可坚定严肃；复函属平行文，态度要鲜明，但语气应相对委婉，不应给人以“一朝权在手，便把令来行”的高高在上、盛气凌人的感觉。

三是结语有别。不同公文有不同的结尾用语，写给下级机关的批复，尾语可使用严肃的要求式尾语或专用尾语，如“特此批复”；写给不相隶属机关的复函，就不可使用这样的尾语，只能使用适合行文关系和文种的尾语，如“特此函复”“特此复函”。不过，“此复”这个尾语，两者都可以使用。

综上所述，下级机关向上级机关呈送请示，若上级机关以本机关名义亲自回复须用“批复”；若上级机关拿出态度责成下面某部门以部门名义回复应该用“复函”。

（五）例文评析

【范例一】委托函

关于组织赴华中师范大学开展教学信息化观摩的函

教务处：

为落实学校本科教育质量年工作任务，进一步拓展教员信息化教学视野和能力，拟于12月24日组织教员赴华中师范大学开展教学信息化观摩。我们草拟了《关于组织赴华中师范大学开展教学信息化观摩的电话通知》（代拟稿），现函报贵处，建议批准后下发。

附件：关于组织赴华中师范大学开展教学信息化观摩的电话通知（代拟稿）

×学校教学考评中心

2019年12月6日

【评析】这是一份委托函，由于这份函的发文机关与主送机关之间没有隶属关系，需要借助主送机关下发通知，因此在函中附带了通知的代拟稿。

【范例二】答复函

关于陈××同志在部队期间立功受奖情况的复函

中共××市委组织部：

你部×月×日《关于陈××同志在部队期间立功受奖情况的函》已收悉。关于贵部调查了解我部转业干部陈××同志立功受奖情况一事，经查阅档案，现答复如下：

陈××同志在我部服役期间，先后荣立二等功一次、三等功一次。20××年5月，在海外处理突发事件中表现突出，荣立二等功一次；20××年10月，因年度工作成绩显著，荣立三等功一次。有立功受奖存根及立功通令为据。

特此函复。

附：上述立功复印件

×××部队

20××年×月×日

【评析】这是一份答复函，是部队与地方机关之间回复询问、核实情况常用的一种文体。复函的开头与批复一样要点明对方的来函，可以写来函的发文字号，也可以写来函的标题。回复内容要紧扣来函的询问，一一写清楚时间、事项等内容，避免歧义和误解。结尾加上“特此函复”的固定语。

【范例三】商洽函

关于邀请朱×担任专家评委的函

教研保障中心：

因工作需要，拟邀请贵中心人力资源室工程师朱×同志担任我处文职招考面试官，并于20××年×月×日参加招考面试工作。

妥否，请函复。

教务处

2021年2月3日

【评析】这份商洽函是为了协商大单位内部跨部门之间的人力资源工作，由于教务处与教研保障中心两个单位之间没有隶属关系，因此协调相关工作不能用下行文，需用函这样的平行文来商洽。

思考与练习

（1）上级向下级询问相关事宜，可否用“通知”？下级向上级询问相关事宜，能否用“请示”？如果都不妥，那么用什么文种？

（2）某旅拟与驻地复兴小学举办一次军民迎新春庆佳节联欢晚会，特派宣传科廖科长去该校联系有关事宜，请你代写一份公函。

（3）批复和复函都能用来答复下级机关的请示吗？什么是“函代请示”“函代批复”？

十一、通告

（一）通告的含义

通告用于团以上军队机关向社会公布应当遵守或周知的事项。《条例》指出军队机关使用的通告融合了布告的功能，只要是军队机关需要向社会公布的事项，不管范围大小；只要是需要让社会周知或遵守的事项，不管程度轻重，都可以使用。

（二）通告的种类

一般按照作用分为两类：一是法规性通告，即向一定范围的人员或单位公布应当遵守的法规；二是周知性通告，即向一定范围的人员或单位公布需要知晓的事项。

（三）通告的行文结构

通告一般由标题、正文、署名、印章和成文日期五部分构成。

1.标题

通告的标题通常有三种写法：

（1）“发文机关名称+事由+文种”，这种标题适用于内容较为重要的通告，如《国务院关于保障民用航空安全的通告》等。

（2）“发文机关名称+文种”，如《××集团军通告》，这类标题适用于重在约束的法规性通告。

（3）直接写文种字样，即“通告”，这类标题适用于内容简短并且重在告知的一般性通告。

2.正文

通告的正文一般由缘由、事项和结语三部分组成。

（1）通告的缘由主要阐明发布通告的目的、意义或依据，常用表述有“为了××××”“经××××批准”“奉×××指示”或“根据×××”等。然后，用“特作如下通告”“现通告如下”等习惯语引起下文。

（2）通告的事项主要写清一定范围内人员或单位应当遵守或周知的事项。事项较多时，可以分条列项写出，便于遵照执行。

（3）通告的结语部分一般以“特此通告”作结。

3.署名、印章与成文日期

通告的署名、成文日期，写在正文的右下方，如果通告标题中已有发文机关名称，标题下有题注（日期），则可不写成文日期。印章要与署名一致，居中压在署名上，要求上不压正文，下不超越日期。

（四）写作要求

1.条理要清楚，内容要严谨

通告具有极强的政治性和政策性，具有行政的、法定的约束力，一经发布就要遵照执行。因此，通告写作十分严谨。通告的内容必须符合国家、党、中央军委的有关方针、政策，也不能与地方法规相违背。

2.语言要准确，语气要庄重

通告是直接面向部队或社会各界发文，因此，语言要准确，没有歧义，便于领会，可遵照执行。语气要严肃，让受文者引起高度重视。

（五）例文评析

【范例一】周知性通告

关于反恐演练场地管控的通告

为保护人民群众生命财产安全，维护国家安全和社会大局持续稳定，打击恐怖犯罪活动，经报请上级批准，我部队在×月×日北京时间 05:00 至 11:00 在砀山口（北至××，南至××，西至××，东至××）地区进行反恐演练。在此时间内，该地区严禁往来通行、生产作业。

特此通告。

××部队

20××年×月×日

【评析】这类周知性通告与通知不同的地方在于没有主送机关，正文部分要写清原因、时间、地点、对广大群众的具体要求。由于事关人民群众生命财产安全，通告用了“禁止”这样严厉的词语，突出事件的严肃性以引起广大群众重视。最后写上“特此通告”的惯用语。

【范例二】法规性通告

最高人民法院 最高人民检察院 公安部
关于依法收缴非法枪支弹药爆炸物品 严厉打击枪爆违法犯罪的
通 告

为保护人民群众生命财产安全，维护国家安全和社会大局持续稳定，全面动员社会各界和广大人民群众积极参与打击整治枪爆违法犯罪专项行动，彻底收缴流散社会的各类非法枪支、弹药、爆炸物品，依法严厉打击违反枪支、弹药、爆炸物品管理的违法犯罪活动，根据《刑法》《枪支管理法》《治安管理处罚法》和《民用爆炸物品安全管理条例》等有关规定，特通告如下。

一、严禁非法制造、买卖、运输、邮寄、储存枪支、弹药、爆炸物品；严禁非法持有、私藏枪支弹药；严禁非法使用、私藏爆炸物品；严禁盗窃、抢劫、抢夺、走私枪支、弹药、爆炸物品；严禁非法携带枪支、弹药、爆炸物品进入公共场所或乘坐公共交通工具；严禁通过互联网等渠道违法违规制作、复制、发布、传播含有枪支、弹药、爆炸物品的信息；严禁制造、销售仿真枪。

二、凡违反上述规定的，必须立即停止违法犯罪行为并投案自首，将非法枪支、弹药、爆炸物品上交当地公安机关。

三、凡在本通告公布之日起至2018年6月30日前投案自首或者主动交出上述非法物品的，可依法从轻、减轻或者免除处罚；逾期不投案自首、不交出非法物品的，依法从严惩处。

四、违法犯罪人员有检举、揭发他人涉枪涉爆违法犯罪行为，经查证属实的或者提供重要线索，从而得以侦破其他涉枪涉爆案件等立功表现的，可以依法从轻或者减轻处罚；有重大立功表现的，可以依法减轻或者免除处罚。

五、凡枪支、弹药、爆炸物品被盗、被抢或丢失的，应当及时报告当地公安机关。不及时报告的，依法处罚有关责任单位和人员；公民发现遗弃的枪支、弹药、爆炸物品或者疑似爆炸物品的，应当立即报告当地公安机关。

六、鼓励、保护广大人民群众积极举报涉枪支、弹药、爆炸物品、仿真枪等违法犯罪活动，提供违法犯罪活动线索，动员、规劝在逃涉枪涉爆案件犯罪人员投案自首。凡举报有功的，按有关规定给予奖励，公安机关将依法保护举报人的个人信息及安全。对窝藏、包庇涉枪涉爆违法犯罪分子，帮助违法犯罪分子毁灭、伪造证据的，依法追究法律责任。对威胁、报复举报人、控告人的，依法从严惩处。

七、广大人民群众在购买玩具枪时要选择正规厂家生产的产品，不要购买无生产厂家、无许可证号、无产品标志、来源不明的玩具枪，不要购买仿真枪、火柴枪等易于造成危害的物品。

八、本通告所称枪支包括：军用枪、猎枪、射击运动枪、麻醉注射枪、气枪、彩弹枪、火药枪等各类制式枪支、能发射制式弹药或枪口比动能大于等于1.8焦耳/平方厘米的非制式枪支以及枪支零部件；弹药包括：以上各类枪支使用的制式、非制式弹丸；爆炸物品包括：炸药、雷管、导火索、导爆索、震源弹、黑火药、烟火药、手榴弹、地雷等各类爆炸物品以及列入易制爆危险化学品名录，可用于制造爆炸物品的危险化学品。

本通告自发布之日起实施。

2018年5月7日

【评析】这是篇法规性通告，正文的开头针对现实情况，简要地阐明发布通告的原因、目的以及法律依据，用规范性的习惯用语引出下文，使前后连贯，衔接自然，结构严谨。

主体部分采用分条列项的方式依次写出通告事项，行文有条不紊、严密准确，语言通俗易懂、明白晓畅，便于理解和执行。做出的规定、要遵守的事项切合实际，言之可行，具有很强的针对性、法规性和强制性。结尾按惯例写上执行的起始时间。

思考与练习

（1）通告与通知有何不同?

（2）某学院教学楼要进行电路改造和外墙维护，为避免意外事故，请你写一份通告，具体内容酌情自拟。

十二、纪要

（一）纪要的含义

纪要是用于记载和传达会议的情况与议定事项的会议文件，也是军队机关常用的一种公文。

（二）纪要的种类

下面主要介绍三种不同的纪要。

1.专题型纪要

这种纪要主要用于为专门研究解决某一重要问题而召开的会议，它不仅要记载会议的结论，而且要记载结论得出的理由和依据，有一定权威性和说理性。

2.例会型纪要

这类纪要主要用于记录处理日常行政事务的会议。会议有固定的时间，每周一次或每月一次；有固定的出席人员，如首长办公会，一般是首长出席，与会议有关的部门负责人列席。这类纪要侧重记载会议研究决定的事项，诸如思想、训练、教育、学习、生产、财务等。

3.综合型纪要

这种纪要主要用于全面概括会议的精神，全方位地反映会议概况，记载会议议定和协商的事项。所记载的内容是重要的、结论性的问题，其政策性、规范性、原则性比较强，需要有关单位共同遵守、执行，具有明确的指导作用。这类纪要通常带有“指示”“决定”的特点。

（三）纪要的行文结构

纪要一般由标题、题注和正文三部分组成。

1.标题

纪要的标题有单标题与双标题两种。

（1）单标题通常由“会议名称+文种”构成，如《全军军事训练工作座谈会纪要》；有的也由会议名称、会议事由和文种三要素构成，如《全军进一步加强军队政治教育问题的纪要》。

（2）双标题通常由正标题和副标题组成，如《2019年军转安置工作成效显著——民政部关于军转安置工作座谈会纪要》。这类标题的正标题说明会议的主要内容或精神，后面的副标题补充说明开会的单位、性质和文种，置于正标题下一行，用小字体，前面加破折号。

2.题注

纪要的题注包括年、月、日，一律采用公历纪年，通常居中列于标题下，并用圆括号括起。纪要的题注可以是纪要被通过的时间，可以是会议结束的时间，也可以是与会单位开始遵照执行的时间。

3.正文

纪要的正文由开头、主体、结尾三部分组成。

（1）开头简要介绍会况（会议精神）。会况包含九个要素：召开会议的根据、会议的指导思想和目的、召集单位、起止时间、会议地点、会议名称、与会人员（包括人数、主持人、出席会议的领导）、主要议程、收获评价。实际写作中，这九个要素根据需要来写，不一定写全。

（2）主体写明会议研究的问题、讨论的意见、做出的决定和提出的措施等。主要写作方式有以下几种：

一是归纳式，即分析整理会议内容，而后分条列项，这是一种横向结构。归纳式的写法又可分为结论式和条款式两种。结论式只要求把会议讨论的问题和决定的事项加以归纳，扼要地写出来，其特点是简短明了；条款式适用于会议内容较多、篇幅较长的大型纪要，撰写时归纳成若干问题，加上小标题，每一个问题又分成若干条目来写，其特点是眉目清楚，条理分明。

二是“三步曲”式，即将会议主要内容分成三个步骤来写。第一步提出问题，第二步分析原因，第三步提出措施。这种纵式结构，逻辑严密，主题集中，适用于专题型纪要。

三是贯通式，即只将会议的主要内容分成几个自然段，按其逻辑顺序依次排列，不分部分，也不加小标题。这也是一种纵式结构，适用于不太复杂的中、小型专题纪要。

四是摘录式，即围绕一个中心议题，摘录每一个人的发言要点，并署上发言人的姓名、职务，有时也加上小标题。这种写法类似会议记录，但不是照搬会议记录，而是摘要记之，对与会者的发言进行必要的剪裁和加工，使主题更加集中，文字更加精练。这类纪要语言生动活泼，感染力强，座谈会纪要常用这种方式。

（3）结尾。纪要一般有结尾，特殊情况下也可以不写结尾。常见的结尾方式有：号召希望式，即号召或希望有关单位和人员为实现会议目标或完成会议提出的任务而奋斗；建议要求式，即向上级有关部门提出建议，向下级有关单位提出要求，表明态度；收获评价式，即对会议的收获做出评价，适应于作公开报道的纪要；概括补充式，即把会议部分内容概况写在纪要的末尾，作为对会议的补充和完善等。

（四）纪要的写作要求

1.必须如实反映会议宗旨

纪要必须忠实于会议内容，实事求是地反映会议的精神，不能有任何虚假成分。撰写者必须做到三点：一是全面掌握会议情况。撰写者要认真做好记录，了解会议的全过程。二是充分研究会议材料。对于重要的纪要，应在会议闭幕前拟好草稿，提交与会人员讨论。三是要善于集中会议讨论的意见。作者可以发挥主观能动性对材料进行分析归纳，但不能与会议精神有不协调的地方，归纳时尽可能忠实地反映会议宗旨、会议精神。

2. 突出会议中心和要点

纪要，顾名思义是摘其要而记之，所以撰写纪要必须记“要点”。这就要求抓住会议的中心议题，把各种问题分类归纳，分清主次，围绕中心议题进行概括和叙述。凡是与中心有关、联系密切的意见，尽可能写充分；反之要少写或不写。因此，撰写纪要必须正确取舍材料。一般来说，选取符合会议宗旨和领导意图的材料，舍弃陈旧的、一般化的材料；选取有代表性的观点和说理性的语言，舍弃阐述这些观点的具体事例；选取会议反映出的普遍性的观点和问题，舍弃个别性的、重复性的观点材料；选取反映成绩、问题、原因、措施、要求的材料，舍弃说明这些观点的具体事例。

3. 条理清楚简明扼要

纪要概括要清楚，让人一目了然，便于领会和传达。因此，撰写者要对议题进行归纳概括，对会议内容进行分类别、分层次、分顺序的归纳。必要时加上小标题或者序号，使全文结构清晰。

4. 准确使用特殊用语

纪要有自身的语言特点，特别是正文部分常在每个自然段之前，使用“会议认为”“会议提出”“会议考虑”“会议强调”“会议决定”“会议要求”“会议号召”“会议讨论”“与会人员一致表示”等词语作为段落的提示。要根据会议的类别选择性地使用这些特殊用语。如果是上报的纪要，一般使用“会议提出”“会议考虑”等；如果是下发的纪要，则可用“会议决定”“会议要求”“会议强调”等特殊用语。

（五）例文评析

【范例一】例会型会议纪要

军队院校政治理论教育
协作中心领导小组第×次会议纪要

〔20××〕××号

为推动军队院校政治理论教育教学改革和协作活动的不断深入，军队院校政治理论教育协作中心于20××年×月×日至×月×日在××地区××学院召开领导小组第×次会议。来自全军十个协作区的主任和陆、海、空、武警20所院校的领导和政治理论教研室主任共57人出席了会议。会议根据党的十八大会议精神和中央军委新时期军事战略方针，分析了院校编制体制调整以来面临的新情况、新问题，健全了协作区中心领导小组，交流了政治理论课的教改经验。与会代表一致认为，这次会议主题鲜明，安排紧凑，是一次继往开来的会议、团结协作的会议。

会议认为，协作中心成立以来，在××的领导下，在各协助单位的积极参与和大力支持下，各协作活动一直比较活跃，尤其在探讨改革思路，交流教学经验，开展理论研究，组织学术交流，进行教学观摩以及组织教材编写等方面做了大量工作，取得了可喜的成绩。

会议期间，各院校代表交流了政治理论课教学改革的经验。其中××学院着重介绍了“紧跟形势，更新知识，为提高教学质量奠基”的经验，××学院介绍了“用改革开放的丰硕成果教育学员坚定建设中国特色社会主义信念”的经验；×××大学介绍了“以‘特色’理论为指导，加强政治理论课教学研究”的经验；×××学院介绍了“在十八大精神引领下加强政治理论学科建设和教员队伍建设”的经验；×××学院介绍了“从学员思想状况出发搞好政治理论教育”的经验；××××大学、××学院、×××武警指挥学校等单位也从不同侧面、不同角度介绍了自己的经验。

会议认为，各单位的教改经验各有特色，实用性强，突出了“特色理论”这一主线，坚持了理论联系实际的原则，加强了实践性教学和能力训练，发挥了教员的主导作用，把握了培养新世纪新型军事人才这一目标。同时，大家感到政治理论教育改革还有许多问题值得深入探讨，各协作区要发挥整体优势，组织协作攻关，把教学改革不断引向深入。

会议认为，今后协作区的活动要紧紧围绕培养新时期军事人才的目标，积极推进教学改革，广泛开展学术交流，促进政治理论教育改革迈向一个新台阶。

会议相信，在×××、×××的领导下，在协作区中心领导小组和各协作单位的共同努力下，通过开展形式多样的交流协作，拓宽视野、互相促进，一定能在推进政治理论教育改革方面有所作为。

出席：×××、×××、×××、×××、×××、×××、×××、×××

列席：×××、×××、×××、×××

缺席：×××

【评析】这份会议纪要属于例会型会议纪要。会议纪要的公文格式比较特殊，在公文标志上与命令一样要写上会议纪要的字样，发文字号直接写年度和序号，不需写发文机关部门代字，没有主送单位，也不需要盖章和署名，但要写上出席、列席和缺席人员姓名。这份会议纪要正文部分不仅写会议召开的依据、会议交流的概况，还写了会议讨论的结果和对未来工作的期望等。

【范例二】专题型纪要

关于“潜艇对抗效能评估系统”鉴定会纪要

〔20××〕××号

20××年×月×日，在海军××中心召开了“潜艇对抗效能评估系统”鉴定会，与会单位有海司××部、海军××技术部、海司××所、中船××工程部，以及海军××中心，会议代表共计××人，鉴定会由海司××部主持。

会议听取了“系统”研究单位——海军××中心的研究报告，经鉴定委员会充分讨论后一致认为其先进性和创新性主要体现在以下三点：

1.作战想定合理，规则设置详尽，计算结果可信度高。除一般潜潜对抗规则外，该模型还对潜艇的三维运动进行了必要的描述，并在水声对抗模型中考虑了潜艇深度和速度变化对声呐作用距离的影响，更接近实际，从而使计算结果可信度增高。

2.物理模型和数学模型结合较好，考虑到了潜艇敏感参数变化对模拟计算结果的影响。同时，针对模拟模型计算耗时长的弱点对数学模型和编程实现进行了优化处理，从而使计算时间缩短，有利于提高工作效率。

3.在软件程序实现上采用了面向对象的设计方法，人机界面友好，操作简便，形象直观。

鉴定委员会一致认为：该模型结构合理，采用了模块化结构，层次清晰，便于扩展；作战过程完整，涉及面广，技术难度大，达到了国内先进水平。该模拟模型有较高的推广和应用前景，可为海军装备的作战需求论证工作和海军机关与部队的日常作战训练提供直接服务。

会议主持：×××

出席人员：×××、×××、×××、×××、×××

【评析】这份公文是专题性纪要，内容单一、集中。这类纪要重点不在于会议召开的过程，而在于会议讨论的结果。写作中，作者没有展开陈述会议的经过，也没有罗列专家的发言，而是对专家的意见进行归纳概括，从三方面肯定了“潜艇对抗效能评估系统”的先进性和创新性，得出该模型达到国内先进水平，具有较高的推广和应用价值的结论。相对于例会纪要，这类纪要的专业性和概括性更强。

思考与练习

（1）会议纪要有哪些特殊用语，如何使用这些特殊用语？

（2）会议纪要有哪些特点？

拓展延伸

［1］陈学来.部队机关会议实务与实例［M］.北京：蓝天出版社，2008.

［2］中共中央印发《中国共产党重大事项请示报告条例》［EB/OL］.（2019-02-28）［2021-03-10］.http://www.gov.cn/zhengce/2019-02/28/content_5369363.htm.

［3］李和忠.军队机关公文写作最新格式与范例［M］.北京：解放军出版社，2006.

第六章　新　闻

第一节　新闻概述

一、新闻的定义

新闻有广义和狭义之分，广义的新闻是消息、通讯、特写、新闻评论等新闻文体的总称，而狭义的新闻则专指消息。

关于新闻，国内外至今并无一个统一的定义，把形形色色的定义归纳起来，大致有两大类。

一类是不成文的定义，也被人称为操作性定义。在西方有一些经典而幽默的表述，如“狗咬人不是新闻，人咬狗是新闻”“新闻是三个W，Women（女人）、Wampum（金钱）、Wrongdoing（坏事）”“凡是能让女人喊一声‘啊呀，我的妈呀！’的东西就是新闻”“凶杀、灾难、桃色事件就是新闻”“银行家加美人就是新闻”。这些表述虽然生动，注意到了新闻应该是不平常的新鲜事，但都不是符合逻辑的概括说明，因此称为不成文的定义。

另一类是合乎逻辑要求的定义，也被称为学术定义。对新闻的学术定义可归纳为四种类型：

（1）新闻就是新的事实或事物。如“新闻是新近发生的、能引人兴味的事实”（美国布莱尔）；“新闻是刚发生和刚发现的事物”（法国贝尔纳・瓦耶纳）；“新闻是一种新的、重要的事实”（胡乔木）。

（2）新闻是对事实或信息的报道、传播、记录、介绍。如“新闻是已经发生或正在发生的事情的报道”（美国卡斯柏・约斯特）；“新闻就是把最新的事实现象在最短的时间间距内连续介绍给最广泛的公众”（德国道比法特）。

（3）新闻是一种具有社会影响的工具。如“新闻就是能够唤起读者、唤起人们的关心，进而教诲他们，鼓舞他们并使他们能够得到乐趣的一种对于人们活动的最适时的记录”（美国华连）；“新闻是根据自己的使命，对具有现实性的事实的报道和批判，是用最短时间的有规律的连续出现来广泛传播的经济范畴内的东西”（日本小野秀雄）。

（4）新闻是信息。如“新闻是及时公开传播的非指令性信息”（项德生）；“新闻是为广大受众所关心的新近发生的事实的信息传递”（梁衡）。

从这些林林总总对新闻的定义可以看出，新闻具有的一些共性特点。那如何定义新闻呢？

延安时期，陆定一关于“新闻是新近发生的事实的报道”的提法，现今仍为多数人接受。1981 年 8 月，中宣部在京召开全国 18 大城市的报纸工作座谈会，对“什么是新闻”做了进一步的诠释：“新闻反映新发生的、重要的、有意义的、能引起广泛兴趣的事实，具有迅速、明了、简短的特点，是一种最有效的宣传形式。”这一定义补充了关于受众兴趣和社会影响的阐述，是国内至今接受度比较高的关于新闻的定义。

综上所述，编者认为新闻可定义为：新闻是对新近发生或发现的有社会意义的能引起广泛关注的事实的及时报道。

二、新闻的特点

新闻之所以成为新闻，最主要的特点有两个，一是真实，二是新鲜。可以说，是否真实和新鲜是新闻与非新闻的根本区别。

（一）真实

徐宝璜在《新闻学》中强调新闻的首要特点是真实：“新闻第一须确实。此理极明，无待解释，故凡凭空杜撰闭门造车之消息，均非新闻。”①

新闻必须真实，这在国际社会早已达成共识。比如美国职业新闻工作者协会章程中规定：“（1）真实是我们的最终目标；（2）另一目标是报道的客观性，这是有经验记者的特色。”《联合国国际新闻信条》第一条规定：“报业及所有其他新闻媒介的工作人员，应尽一切努力，确保公众所接受的消息绝对正确，他们应该尽可能查证所有消息的内容，不能任意歪曲事实，也不可故意删除任何重要事宜。”世界各国的新闻机构，都通过新闻法、记者公约、道德准则等形式，规定了新闻必须完全真实。

具体来说，新闻的真实包含三个层次。

1. 新闻要素真实

新闻要素主要是指时间、地点、人物、事件、原因和结果这六个要素，也就是人们常说的 5W1H（When、Where、Who、What、Why、How）。这六个新闻要素是采访时首先要调查清楚的问题。每一个要素都必须真实无误，经得起核对。否则，就会造成新闻失真。

2. 事件的情节与细节准确无误

新闻中的情节和细节首先必须是实有的，而不是虚构的；其次，这些情节和细节是没被夸大也没被缩小的。新闻作品与文学作品的一个重要区别，就在于是否虚构，即是否运用想象来写作。文学不仅可以有想象，而且鼓励大胆地想象，提倡“源于生活而高于生活”，但是对于新闻哪怕是合理的想象也是不允许的，因为合理想象会导致新闻失实。不经采访，凭二手资料联想、拼凑，是新闻写作的大忌。

如：2013 年北京某报以“越洋电话采访郎平”的对话形式，报道郎平应邀执教美国排球队一事。实际上，这位记者从未与郎平取得联系，这篇报道仅靠搜集的资料和过时的报道重新加以拼装而成。如果不是后来郎平本人一再提出抗议和质疑，人们会一直被这篇失

---

① 徐宝璜. 新闻学［M］. 北京：中国传媒大学出版社，2018：6.

真的报道蒙在鼓里。

3.全面反映新闻中事实的变化状况

记者只能写自己看到、听到的事实，这是一条新闻写作原则。但有时看到的“事实”可能只是“事实”的局部或进展中的“事实”，如果不对新闻当事人进行采访、核对，不向相关部门调查求证，也有可能造成新闻失真。

《北京青年报》在2018年11月18日发布了一条报道，称一段快递小哥在雨中痛哭的视频近日引发不少关注。据网友爆料，上海一快递员冒雨送快递，一车快递被偷得没剩几件，在雨中痛哭20多分钟。目击者小晴（化名）对北青报记者称，视频拍摄于11月15日下午，地点在上海华东师大三村，当时她听到有人在楼下大喊，所以打开了窗帘看到了事发经过。11月18日下午，北青报记者从事发地附近的上海公安局普陀分局长风新村派出所了解到，15日下午确实接到一位快递员报警称其派送的快递丢失，快递员报警时说公司可能将损失算在他身上，截至目前快递仍未找回。

消息见报的当天晚上，视频拍摄者在微博上澄清，称她只看到快递员雨中哭泣，所谓快递被盗是个人推断。11月19日，多家上海本地媒体发布了进一步的调查情况。原来，快递小哥当日的快递并没有被偷，他站在雨中哭泣，是因刚与女友吵完架。这就是典型用主观臆断、联想代替事实，导致新闻失真。

（二）新鲜

新鲜是新闻的第二生命，是新闻的存在价值。人们所说的新闻是时间的“易碎品”，就是指“新”对新闻的意义。徐宝璜认为:“盖新闻有如鲜鱼，鱼过时稍久，则失其味，新闻逾时愈久，其价值不失亦损矣。”新闻界有句俗语，叫“今天的消息是金子，昨天的消息是银子，前天的消息是垃圾”。新闻的新鲜性包含两层含义。

1.新闻的内容要新

新闻必须给读者最新的事实。这个最新的事实又包含以下四种情况：一是新闻内容是新近发生的事实；二是新闻内容是新近消失的事实；三是新闻内容是新近发现的事实；四是新闻内容是新近变动的事实。

无论哪一种情况，新闻都应是受众未闻未知的事实。如果把旧闻当新闻发，那么不仅丧失新闻价值，还会误导受众，传播谣言。

2019年5月20日，包括今日头条、UC浏览器、搜狐新闻、凤凰新闻、网易新闻在内的多家新闻门户网站和新闻聚合平台都以“新华社最新消息”的名义，向用户推送了《中美贸易战停火！止战！》的消息。当天上午9点49分，新华社通过其微博“新华视点”发布声明，称《中美贸易战停火！止战！》一文系2018年旧闻，对盗用新华社名义发布虚假新闻予以谴责，并保留依法追究其责任的权利。

2.新闻的传播要快

媒体认为，越快的报道越有价值。尤其是对于突发性的事件新闻，首发媒体会获得更多的关注和更大的传播效力。但不同的媒体对“快”的理解是不同的。报纸、电视的“快”体现在“当天新闻当天报”，广播的“快”体现在“当时新闻当时报”，而新媒体的“快”

体现在“现在新闻现在报”。数字传播让新闻对“快”的追求变成了真正的“争分夺秒”。尤其是直播盛行的今天，新闻现场和受众之间几乎零距离。如在新冠肺炎疫情期间，中央广播电视总台新媒体中心，73 天全天候不间断推出直播《共同战“疫”》，全程直播国家级和地方重点新闻发布会，营造在场感与陪伴感来吸引受众，增强传播效力。

新闻在追求快的同时，永远不能背离新闻的第一原则——真实，否则就会变成笑柄。2018 年 11 月 24 日 22：53，环球网报道《国民党候选人丁守中击败柯文哲，当选台北市长》称，在 11 月 24 日进行的台湾“九合一”选举中，历经长达数小时的计票过程，国民党候选人丁守中最终击败了现任台北市长柯文哲，当选台北市长。

事实是 11 月 25 日凌晨 2 时 58 分，台北市 1563 个投开票所才全数完成计票作业，结果显示，柯文哲得票数为 58.082 万张，与丁守中的 57.7566 万张拉开到 3254 张票的差距。台北市长柯文哲在“九合一”选举中险胜国民党候选人丁守中，连任台北市长职务。

这一新闻界的“笑话”就是罔顾事实、盲目追求“传播要快”而导致的。

三、新闻的分类

新闻有各种分类方法，最常见的有以下几种。

（一）根据新闻报道的对象划分

可分为事件性新闻和非事件性新闻。事件新闻是以一个独立的新闻事件为核心而展开的报道，它十分强调新闻的时效性。大量的动态消息和现场特写均是事件新闻。如《“我不能呼吸了！别杀我！”——美国非裔男子被白人警察锁喉致死，引发大规模抗议》（《北京青年报》2020 年 5 月 30 日）就是事件性新闻；而《士官培养，从自然生长到按战育人——第 81 集团军为千余专业岗位制订成长路线图》（《解放军报》2020 年 3 月 2 日）就是非事件新闻。

（二）根据新闻的时效性划分

可分为突发性新闻和延缓性新闻。突发性新闻是对突然爆发的事件的报道。例如，突然发生的灾难（如空难、火灾、车祸）、突然爆发的战争、突然生变的政局、不期而至的天灾（如地震、海啸、暴风）等。这类新闻有明确的发生时间，常常是新闻报道的主角。延缓性新闻是对逐步发生变化的事件的报道。例如，物价在慢慢降低、全球气温正逐步上升、青少年的平均体重逐步增加等。延缓性新闻时效性不太强，没有明确的发生时间，往往以“近来”“最近”“近日”之类的模糊词汇表述时间。

（三）根据新闻报道篇幅的长短划分

可分为长消息（1000 字左右）、短消息（500 字左右）、简讯（200 字左右）、一句话新闻、标题新闻等。

（四）根据新闻的传播介质划分

可以分为报刊新闻、广播新闻、电视新闻、网络和移动端新闻。

（五）根据新闻的内容性质划分

可以分为硬新闻和软新闻。所谓硬新闻，是指那些题材比较严肃，思想性、知识性、指导性比较强的时政、经济、科技等新闻。一般来说，事件新闻、要闻都是硬新闻，它们对时效性要求强。而软新闻则是指那些人情味较浓、趣味性较强、生动活泼、容易引起受众兴趣的延缓性新闻。反映人民群众日常生活社会事件的社会新闻、风貌通讯等一般为软新闻。

四、新闻的价值

什么是新闻价值？美国学者凯利·莱特尔等人认为，新闻价值就是被编辑记者们普遍认同的新闻的特性和特征。

传统的新闻价值要素包括：时新性、重要性、接近性、显著性和趣味性。

（一）时新性

报道及时，内容新鲜。事件发生和公开报道之间的时间差越短，新闻价值越大；内容越新鲜，新闻价值越大。内容新鲜包括最新的情况、最新的问题、最新的成就等。如果内容不新鲜，无论时间多么及时，新闻都没有任何价值。

（二）重要性

新闻报道的内容对国计民生的影响越大，就越重要，新闻价值也越大。如政局的变动、政治决策、战争、重大经济信息、重大的灾害、疾病以及当前国际政治经济的新动向等。

（三）显著性

新闻报道的对象（包括人物、团体、地点等）的知名度越高，新闻价值越大；同时，显著性也指某些事实极不同寻常，极好或极坏，也会特别地吸引人们的注意力。西方的新闻学教科书中有两个著名公式：名人+普通的事=新闻，普通人+不寻常的事=新闻。

（四）接近性

包括地理上的接近、心理上的接近、利益上的接近、思想上的接近。凡是具有接近性的事实，能够引起受众关心，新闻价值就大。如：发生在官兵身边的部队新闻事件和新闻人物，就更能引起官兵的关注。

（五）趣味性

具有趣味性的事实，往往有新闻价值。如奇闻趣事因为新奇为人们所未料及；或者事实富有戏剧性，情节曲折跌宕；或事件极具人情味，能在一般人日常生活所形成的情感中引起共鸣，这都对受众具有特别的吸引力，有新闻价值。

一条新闻可以同时具备上述5个要素，也可以只具备其中的一个，但时新性是必备的。一条新闻具备的要素越多，要素的程度越高，就越是一件特别为人们所关注的新闻，其新闻价值就越大。

思考与练习

（1）你认为按不同的新闻分类方法，下面这则消息可以归为哪些类型？

没有留下豪言壮语，只有拼尽全力的执着，海军某舰载航空兵部队一级飞行员张超折翼海天，用生命为航母事业铺路

本报讯 记者徐双喜、陈国全报道：4.4秒，生死一瞬，他毅然选择“推杆”挽救飞机，放弃了第一时间跳伞。2016年4月27日，海军歼–15舰载机飞行员张超因飞机机械故障，在陆基模拟着舰训练中壮烈牺牲。没有留下豪言壮语，只有拼尽全力的执着，他最终倒在离梦想咫尺之遥的地方——只剩下最后7个飞行架次，他就能飞“上”航母辽宁舰。这一天，年仅29岁的他，来不及给年迈的父母、亲爱的妻子、2岁的女儿留下一句话，便匆匆走了。

“他是我选来的，也是我送走的，他是个天生的优秀飞行员。”海军某舰载航空兵部队部队长戴明盟动情地说。张超，海军少校，一级飞行员，飞过8个机型。他驾驶歼–8巡逻西沙，驾驶歼–11B在南海战备值班。从陆基转为舰基，他的飞行技能有口皆碑。着舰指挥官王亮说：“他最后一个飞行架次表现依旧出色，面对特情，他的处置冷静而准确。”

国之利器，以命铸之。舰载机上舰飞行，被喻为“刀尖上的舞蹈”，是航母形成战斗力的关键。为国担当，他到舰载航空兵部队报到时与妻子张亚约定：“未来一年别来探亲，等我驾战机从航母上凯旋，再与你相聚！”凭着拼命三郎的劲头，张超和战友克服前所未有的风险和挑战，在一年之内完成歼教–9、歼–15两型战机改装。“他用自身的实践，为海军舰载战斗机飞行员快速成长探索出了一条路。”海军某舰载航空兵部队参谋长张叶说。

“无论何时，他的脸上都挂着灿烂的微笑。”这是张超留给战友最深刻的记忆。篮球场上，满场飞奔、笑声爽朗的是他；饭桌上，讲笑话逗大家乐的是他；训练中，面对风险笑容依旧的是他。最后一次飞行，他还是微笑着登上战机……张超走了，战友们才意识到：这微笑的背后，是如山的坚强。海军某舰载航空兵部队政委赵云峰说：“他用自己的牺牲换来战友们的飞行安全，用年轻的生命为航母事业铺路。”

暴雨如泣，英雄回家。他的老师不愿相信“那个品质淳朴、学习认真的阳光男孩”就这样走了；他的同学不愿相信“那个英俊帅气、有情有义的哥们”就这样走了。妻子张亚喃喃道：“超，醒一醒，你给我买的新裙子，我还没穿给你看呢。”女儿的哭声，让送行的人们泪流满面，却没能唤醒“睡着了的爸爸”。看完飞行事故视频，老父亲抹干眼泪：“崽，你尽力了，跟爸回家吧。”

（《解放军报》2016年8月1日头版）

（2）从新闻价值的角度分析，为什么老百姓喜欢看反腐反贪的报道？

拓展延伸

[1] 刘海龙.新闻的十大基本原则[M].北京：北京大学出版社，2011.

[2] 比尔·科瓦奇，汤姆·罗森斯蒂尔.真相：信息超载时代如何知道该相信什么[M].陈传怡，孙志刚，刘海，译.北京：中国人民大学出版社，2014.

第二节　消　息

一、消息的含义及特点

（一）消息的含义

消息是新闻报道中最常用的文体。据统计，美联社、合众社每天发稿300多万字，其中2/3是消息。而在新闻学概念上，狭义的新闻就是消息。因此，我们可以把消息理解为：对新近发生的有新闻价值的事实迅速及时、简明扼要的报道。

消息可以从不同角度进行分类。如按文字的长短可分为长消息、短消息、简明消息；按消息的内容可分为时政消息、财经消息、科技消息、军事消息、社会消息、体育消息等。目前，我国通常根据写作特点把消息分为动态消息、综合消息、经验消息和述评消息。

（二）消息的特点

1.带有消息头

消息头用以表明稿件发出的单位、地点和时间，通常置于稿件开头，加括号或用显著字体标出，是消息这一体裁独有的外在标志。消息头表明新闻的来源，是版权所有的标志，也是新闻发布单位的“信誉卡”，通常有“电头”“本报讯”“本台消息”等三种形式。

2.强调用事实说话

消息的主要的表达方式是叙述，它强调用事实说话，不用或少用直接的议论和抒情。注重从事实中来，到事实中去，一切以事件、问题、概貌或现象为出发和归宿，主要记述事实。

3.内容真实客观

真实是新闻的生命线，这主要指构成新闻的要素，如时间、地点、人物、事件、原因必须是真实的材料。通常情况下，不使用第一人称来叙述，也不在文中夹杂自己的观点等主观内容。

4.报道迅速及时

在所有的新闻文体中，消息的时效性是最强的。所谓的“抢新闻”在很大程度上讲的就是“抢消息”。

5.表达简明扼要

简短是消息区别于其他新闻文体的主要标志。消息的字数一般集中在几百字，内容集中紧凑，用笔简洁，干净利落。

二、消息的写作

消息一般由标题、消息头、导语、主体、背景材料、结尾六部分组成，本书重点介绍以下五部分内容。

（一）标题

1. 标题的类型

标题可分为引题、正题和副题。

正题，也叫主题、主标题、母题，是标题的核心部分，用以说明新闻中最重要或最引人注意的事实和思想。正题是标题的主体，在整个标题中字号最大，位置最显著。一条消息可以没有引题和副题，但一定要有正题。只有正题的标题被称作单行标题。例如：

（正题）**深化国防和军队改革网开通上线**

（2020年3月2日《解放军报》）

引题，也叫肩题、眉题，位于正题之上，字号比正题小。主要为正题服务，或介绍背景，引出正题，或揭示新闻事实的意义，烘托气氛。例如：

（引题）**火箭军某旅提升基层党组织书记党务工作能力**

（正题）**培养“明白人”　练强“领头雁”**

（2020年3月2日《解放军报》）

（引题）**武警兵团总队从细节入手倾情服务基层**

（正题）**暖心！误餐补助当天报销到账**

（2020年3月3日《解放军报》）

副题，又称子题、辅题。它位于正题之后，字号小于正题和引题，主要是对正题起补充、说明、印证、注释的作用。例如：

（正题）**我军第一代女导弹操作号手高原亮剑**

（副题）35名平均年龄不足23岁的军中女“剑客”首次实弹发射圆满成功

（2011年7月15日《解放军报》）

2.标题的形式

（1）单行标题。单行标题只有正题，往往直截了当叙述新闻事件的核心信息。例如：

屠呦呦获2015年诺贝尔生理学或医学奖

（2015年10月6日《人民日报》）

（2）双行标题。双行标题有两种形式。一种由“引题+正题”构成，另一种由“正题+副题”构成。双标题可以都是实题，也可以虚实相间，互相补充。例如：

（引题）**净水机新国标划定35%的用水效率红线，高耗水产品面临淘汰——**

（正题）**废水少，才能少费水**

（2019年4月17日《人民日报》）

（正题）**2019年全军院校招生工作全面展开**

（副题）招生专业向新质战斗力发展倾斜，武警部队士兵招生首次纳入全军招生体系

（2019年6月18日《解放军报》）

（3）多行标题。多行标题有双正一副、一引双正、一正双副等情形。多行标题有时有四行、五行以至更多行，即在一行引题、正题和副题之外，根据需要增加一两行副题、引题或正题。多行标题一般是在报道全国性重要会议和重大节日活动时采用。例如：

（引题）**压缩军队规模　优化编成结构　精干领导机关　推进制度改革**

（正题）**我军如期完成裁减员额20万任务**

（副题）全军精简干部17万，总员额下降为230万，陆军部队占总员额比例降至历史最低

（2006年1月9日《解放军报》）

3. 标题的写作

常言道：“题好一半文。”一条好的标题就像新闻的“眼睛”，不仅浓缩全文主旨，还能给人以审美体验，增强文章的可读性和宣传效果。如何拟制一条好标题呢？

（1）寻找关键词，凸显最有新闻价值的事实或材料。例如：

（引题）**在可可西里腹地，唯一的“路”是巡山队的车辙**

（正题）**无人区 有人护**

（2018年7月11日《人民日报》）

（2）表述准确简洁。表述准确意味着标题要忠于新闻，绝不能文不对题，歪曲事实，更不能虚构。表述简洁意味着标题不可有多余的字。在多行标题中，不能有意思上的重复。例如：

（引题）**从沙赶人到人赶沙**

（正题）**六老汉　三代人　一片绿**

（2019年3月29日《人民日报》）

有些媒体为博眼球，获得点击量与关注，不顾新闻事实，甘当“标题党”，导致新闻文不对题。这种做法极大地损害了媒体的公信力，并最终导致受众的流失。如《九岁的打工者》《朱婷越强势，河南队越尴尬》《剑桥毕业生生财有道　为赚钱“不要脸”》等新闻，就是标题表述不准导致新闻失真的反面案例。

（3）双行及多行标题要注重虚实结合。一般来说，单行标题多为实题，双行标题可以都是实题，也可以是一实一虚；而多行标题往往采取虚题与实题相结合的方式，互为补充和印证。例如：

（引题）**郭罗恩，十四年撑船接送村里孩子**

（正题）**摆渡，摆渡，伴你求学路**

（2018年5月15日《人民日报》）

（引题） 贵州铜仁加强监管 淬炼执纪铁军

（正题）让“打铁的人”变成“铁打的人”

（2018年9月18日《人民日报》）

（4）巧用修辞，妙用成语、俗语和口语，增强标题的生动性。

巧用比喻：

（引题） 港珠澳大桥建设者朱永灵

（正题）伶仃洋上“作画” 大海深处“穿针”

（2019年4月9日《人民日报》）

巧用谐音、回环和口语：

（引题）香港圆了高铁梦

（正题）动感号，好感动

（2018年9月24日《人民日报》）

巧用谐音：

（引题）项目审批“长征”698天

（正题） 泰豪动漫变“动慢”

（2014年3月19日《江西日报》）

妙用俗语：

一百一十五名军嫂撑起另一座营盘

（2017年1月1日《解放军报》

化用名句：

（引题）西海固地区率先脱贫的盐池县这样诠释“绿水青山就是金山银山”

（正题） 白了滩羊 绿了草原 红了日子

（二）导语

1.导语的含义及特点

导语是以凝练的形式、简明的语言，表述新闻的核心、精华，揭示新闻要旨，吸引读者阅读全文的新闻开头部分，也是消息独有的部分。有效的导语应该具备以下两个特点：一是找到精彩的新闻事实或核心事实，并呈现这些事实；二是文字凝练，能够抓住读者的眼球，吸引读者继续阅读。要做到这两点，要求作者必须具有训练有素的分析能力和写作技巧，而能够做到两者兼备并非易事。

2.导语的分类

（1）从导语的写作手法来看，可分为直接式导语和延迟式导语。直接式导语就是开篇就单刀直入地告诉读者新闻的核心内容。直接式导语多用于硬新闻的报道中，特别适合对突发新闻、重大新闻和时间性强的新闻的报道。如：

英勇的人民解放军21日已有大约30万人渡过长江。

下面这则突发新闻用的也是直接导语：

据菲律宾媒体消息，5 月 2 日下午 1 点左右，菲律宾首都大马尼拉区塔吉格市的一个居民区发生火灾，20 栋房屋被点燃，大火造成 1 人死亡，30 户家庭无家可归。

延迟式导语，又称为软导语、间接式导语、特写导语。延迟式导语并不直接讲述新闻的核心事实，而是用情节、逸事、细节、引语等精彩片段来设置某种情景，激发受众的兴趣、疑问、情绪或好奇心，并把受众带进新闻的主体之中。

下面这则导语，就是一条延迟式导语：

本报讯　王轶、特约通讯员李国臣报道：夜色深沉，灯笼高挂。10 月 1 日凌晨 4 时，一阵急促的警报声在陆军某合成旅营区响起。担负战备任务的某营官兵闻令而动，迅速装载物资、启动车辆……全过程行动迅速、有条不紊。很快，部队齐装满员，向目标地域进发。(《解放军报》，2021 年 10 月 3 日 1 版）

（2）从导语的长短来看，可分为一句话导语、首段导语和复合式导语。不分段的短新闻的导语，往往是头一句话。如：

肯尼迪总统今天遭到刺客枪击身亡。

大部分新闻的导语是开头的第一段。如：

洞庭湖变大了！经过三年规模空前的综合治理，洞庭湖扩大五分之一。这个自明清以来不断萎缩的湖泊，终于出现了历史性大转折。

还有的新闻导语，由开头的几个自然段组成，这类导语称为“复合式导语”，也叫“复式导语”。它的第一段称为导语，第二段或第二段以后的导语段落，称为“次导语”或“准导语”。如：

爱德华兹大笑，爱德华兹大叫，爱德华兹兴奋得乱喊乱跳。

这位大器晚成的英国选手今天在第五届世界田径锦标赛男子三级跳远比赛中，以 18 米 29 的辉煌腾跃创造了一项属于 21 世纪的纪录。

这种导语常见于国外的报纸和国内的都市类、晚报类报纸。

3. 导语撰写常用的方法

（1）直接叙述，即把消息中最主要、最新鲜的事实简要地叙述出来。这种导语多用于事件性新闻。1945 年 8 月 14 日，美国杜鲁门总统宣布日本无条件投降，美联社在抢发这条消息时，导语只有五个字："日本投降了！"（美联社 8 月 14 日电）正是这 5 个字的导语，一语破的，被当时的新闻界公认为"最佳导语"。

（2）描绘速写。在导语中，对新闻的某个人物、情节或场景进行描绘，可以产生强烈的画面感和现场感，使读者如临其境，从而吸引他们继续读下去。有时场景的对比会产生出人意料的讽刺效果。如 1982 年 10 月 14 日，美联社发了一条讽刺美国经济的稿件，导语这样写道：

> 就是在罗纳德·里根总统对全国说"美国正在走向经济复苏"之前几个小时，他的儿子普雷斯科特·里根却在这里同失业者一道领救济金。

（3）提问设疑。将新闻的核心内容或受众关注的内容以问题的方式提出，引起读者的兴趣。然后再用事实加以回答，使之更加引人注目，发人深思。如 1997 年 7 月 25 日，《光明日报》刊发的这条消息，其导语就采用了设问法：

> 谁是高考"状元"？这个一年一度的热门话题，今年却在浙江省消失了。浙江省教委、省招办日前明文规定：今年将不对各学校的高考成绩进行排队，也不公布全省高考文理科成绩前三名的名单。

（4）归纳概括。把消息中最值得关注的要素进行归纳概括，便于读者理解新闻的意义。如 1987 年 7 月 21 日，新华社在报道拳王泰森击败挑战者、卫冕成功的消息时，就在导语中将最值得关注的一些因素进行了归纳概括。

> 85 秒！拳王泰森击败挑战者。85 秒！历史上最短的拳王卫冕战。85 秒！ 1300 万美元尽入腰包。

古人云"文无定法"，导语的写作也可以不拘一格。除了以上几种常用的导语写作手法外，大家还可根据消息的内容和亮点把导语写得生动形象、富有吸引力。

比如，1993 年 11 月 1 日，《杭州日报》创办了我国历史上第一张下午版报纸。当天，《新民晚报》发了一则消息，导语是这样写的：

> 中国新闻史上第一次响起了一个与众不同的声音："嗨，下午好！"我国第一张下午版报纸今日由《杭州日报》正式创刊。

这条导语首句并没有直陈核心事实，而是俏皮地采用了拟人化的描述，让报纸开口说话："嗨，下午好！"不仅形象生动，也写出了《杭州日报》创办下午版在中国新闻史上的意义。

下面是法新社 1982 年在联合国发的一条电讯稿导语：

如果把联合国去年在纽约和日内瓦印刷的全部文件首尾相连排列起来，总长度将达 27 万千米。已卸任的一位联合国高级官员说，照此计算，联合国文件逐页铺起来两年内即可到达月球。

这条导语采用了比喻的手法，形象地反映了联合国印刷的文件之多。

（三）主体

1. 主体的含义及作用

主体是消息的主干部分，也是消息的展开部分。在一条消息中，导语虽然已经包含并突出了最重要的新闻事实，但还没有充分表现整个新闻事实的全部内容，尤其是还没有用具体的材料来阐明和表述新闻主题。所以，在主体部分，必须用充分具体和典型的事实，进一步表现新闻主题。

概括地说，主体在一条新闻中的作用表现为两方面：

（1）对导语的内容加以补充。补充导语中未涉及的部分，并提供与新闻事实有关的背景材料，使新闻内容充实饱满、枝繁叶茂。

（2）解释和深化导语。补充具体材料，解释导语中新闻事实产生的来龙去脉，反映新闻事实自身的意义或在某个范围中的意义，使读者对新闻事实有更清楚全面的了解。

2. 常见的主体展开类型

（1）按内容重要性递减的顺序展开。按重要程度或读者关心程度依次递减的顺序，先主后次地安排新闻中各项事实内容。最重要的内容放在最前端，较重要的往前放，较次要的往后，不大重要的放在最后面。这种展开方式是倒金字塔结构的常用方式。例如：

退役军人事务部与全国工商联合作

推进退役军人实现更高质量就业

本报北京 3 月 17 日电 记者杨明月报道：退役军人事务部与全国工商联 16 日举行部际合作协议签署仪式。双方将在工作沟通协调机制、信息数据对接共享、联合推动就业工作、完善政策制度保障等方面加强合作，推进退役军人实现更高质量就业。

根据协议，双方将建立信息对接机制，推动实现民营企业招聘信息与退役军人求职信息精准匹配，依托全国工商联官方网站“民营企业调查系统”，统计退役军人就业创业信息，合作开展民营企业吸纳退役军人就业情况统计调查及分析研究。同时，持续引导大型民营企业和行业商会参与退役军人就业工作，科学扩大退役军人就业岗位供给，促进退役军人到相关行业领域就业创业，共同组织开展民营企业“金秋招聘月”活动，开设退役军人招聘专区。

退役军人事务部负责人表示，就业是最大的民生，是退役军人工作的重中之重。双方签署协议后，将在谋划协作路径、加强信息数据对接共享等方面开展合作，推进退役军人实现更加稳定更高质量就业。（《解放军报》，2021 年 3 月 18 日 1 版）

这条消息采用的是典型的倒金字塔结构。导语包含了最重要的新闻事实，紧接下来的主体内容是对导语内容的补充与丰富，为次重要事实，而结尾为不太重要的新闻事实。

（2）按事件发生、发展的时间顺序展开。报道单一而又具体完整的新闻事件的消息常采用这种结构形式。

事件的开始就是新闻的开头，事件的结束就是新闻的结尾，读者对新闻事件发展的过程一目了然。例如：

陆军立起“练兵先练将”鲜明导向

13 名军长首次接受战役指挥能力大考

解放军报讯 记者钱晓虎、特约记者李大勇报道：近日，在陆军主会场和 24 个分会场 3600 余名官兵的注视下，第 75 集团军军长公茂栋作为第一个受考军长，走上答题席位，通过远程视频系统接受考核，陆军“五会”集训“考军长”由此拉开帷幕。在 3 天半的考核中，陆军所属 13 个集团军军长按抽签顺序逐个上场，围绕军委、战区赋予部队的职能使命和作战任务，依次接受陆军首长、院校专家的考核、质询和评判。

军队能打仗、打胜仗，指挥是关键。陆军领导告诉记者，此次考军长，是陆军体制编制调整后，各集团军军长接受的首次战役指挥能力大考，也是陆军聚焦备战打仗，狠抓以考促训、以战领训的重要举措，立起了“练兵先练将”的鲜明导向。

记者全程目击了这场精彩的考核。首日上午，主会场大屏幕上，位于千里之外分会场的公茂栋有条不紊地口述战役决心要点。之后，他又随机抽取两个问题：阐释此役作战力量编成布势的主要考虑，以及确定此役作战目的的主要考虑。两问紧贴作战任务，切中难点要害。公茂栋略加思考，从容作答。随即，由 12 名院校专家教授组成的评委组根据口述内容和答题情况现场打分，所得分数实时显示在大屏幕上，全程公开透明。

第 74 集团军、第 73 集团军、第 71 集团军军长随后上场，接受考核。记者通过屏幕看到，受考军长个个神情严峻、思维敏捷，仿佛直面硝烟弥漫的战场。

没有了照本宣科、不见了繁文缛节，谋略的比拼、实力的较量在这里一一呈现。“考核严格按照下发考核想定、拟制战役命令、口述决心要点、接受质询提问、现场评判打分、评定综合成绩的‘六步法’进行，力求做到公平公正。”陆军参谋部作战局领导告诉记者，评定成绩既看作战筹划的要素、内容是否符合规范要求，更看定下的决心是否切实可行、理由充分，还看战役设计是否符合信息化作战、联合作战的新特点，是否体现对新战法、新力量的创新运用。“就是要通过这种方式，倒逼军长们紧扣作战任务、强化联合意识、摆进实战环境、深研战役战法，全面提高筹划组织打仗的谋划指挥水平和综合能力素养。”

“考出了真成绩，练出了真水平。”对于这种新的考核模式，参训人员纷纷给予积极评价。记者了解到，此次考核在监督监察方面下足了功夫，考核前封闭编写想定，临机抽签确定考核顺序，严明考核纪律，在主考场和 13 个分考场均设纪检监察人员执纪监督。军长接受考核的同时，陆军各级领导机关同步进入情况、跟进研究思考，实现了“一人受考、全员参训、多方受益”，在陆军部队掀起了以上率下研战谋战、领导带头练兵备战的热潮。（《解放军报》，2018 年 7 月 10 日 1 版头条）

这条消息采用的是时间顺序结构。导语描述了新闻的核心内容，主体按时间顺序，反映了新闻事件大致过程，使读者对13名军长首次参加的战役指挥能力考核有更为直观和清晰的了解与认识。

（3）按事物内在的逻辑顺序展开。主体展开的依据可以是因果关系、递进关系、并列关系，也可以是主从关系、点面关系、对比关系等。综合新闻、述评消息常采用这种结构形式。例如：

中国政府将向联合国维和人员捐赠新冠疫苗

新华社联合国3月15日电 中国常驻联合国代表张军15日致信联合国秘书长古特雷斯，正式通报中国将向联合国维和人员捐赠新冠疫苗，优先用于非洲任务区。

中国常驻联合国代表团表示，这是中国落实将新冠疫苗转化为全球公共产品的具体举措，也体现了中国对联合国以及多边主义的切实支持。作为联合国秘书长“为维和而行动”倡议下维和人员安全议题牵头国之一，中国高度重视维和人员安全，支持尽快为维和人员接种新冠疫苗，保障维和人员生命健康，帮助他们更好履职。中国政府将同联合国秘书处密切配合，早日让维和人员用上中国疫苗。

中国常驻联合国代表团表示，抗击新冠疫情是当今世界面临的最紧迫任务，疫苗是战胜疫情的有力武器。中国高度重视新冠疫苗的公平分配问题，特别是在发展中国家的可及性和可负担性。目前，中国已向数十个国家和两个国际组织提供新冠疫苗援助，并向一些国家出口新冠疫苗。越来越多的国家和人民已经用上中国疫苗。

2月17日，国务委员兼外交部部长王毅在安理会新冠疫苗问题部长级公开会上宣布，中方决定向联合国维和人员捐赠新冠疫苗。（《人民日报》，2021年3月17日16版）

这条消息主体所在的第二和第三自然段，就是并列关系。

（四）背景材料

1. 背景材料的含义

背景材料又叫新闻背景，是指事件的历史背景、周围环境以及与其相关的其他方面的材料。它是消息的补充部分，而不是消息非有不可的部分。

背景材料的位置安放非常灵活，它可以作为独立的句子或段落出现，也可以以句子的某个成分出现。它既可以出现在导语、主体、结尾中，也可出现在标题里。以2009年12月27日《人民铁道报》上刊登的《全球最快列车驰骋南中国》这一消息为例，其背景材料出现在文中，既有独立的句子和段落，如“17天前，这里在试运行时曾创下重联列车394.2公里的世界高铁最高时速”；也有以句子成分出现的，如标题里的“全球最快列车”，导语中的“毛泽东故乡”“开国领袖诞辰116年的纪念日”等。

2. 背景材料的分类

背景材料的分类也有不同的标准。按时间来分，可以分为历史背景、现实背景；按材料内容来分，可分为人文背景、地理背景等。在这里，我们以功能为划分标准，将其分为以下三种。

（1）对比性材料。对比性材料是通过对事物不同侧面的比较，来突出消息主题的材料。对比的形式有很多种，或从时间上进行纵向对比，或从空间上将彼地和此地进行对比，或将正确的和错误进行对比，或将计划和实际进行对比。通常一段背景材料可以兼有两种或多种对比形式。通过对比，可以使消息的观点更鲜明、生动。

（2）说明性材料。说明性材料主要介绍与消息内容有关的政治背景、地理环境、历史因素等与事物发展形成有关的原因、条件和环境。它的作用在于帮助读者理解消息来源和突出消息的事实意义。

（3）注释性材料。它是在消息中，对有关专业知识或不常用知识进行注释的材料，对产品性能、专业术语、不常用的缩语等进行注释是帮助读者全面、清楚地把握信息内容的重要工具。

3. 背景材料的意义

（1）帮助读者读懂新闻。一是读懂新闻的事实，二是读懂新闻的价值。美国新闻学者杰克·海敦认为，"记者的职责是告诉读者情况，而不是让读者感到迷茫""他要解释技术名词等不常见的术语，并事先考虑到读者可能提出的问题"。

（2）作者借此传达自己的倾向性。用来传达作者思想倾向的背景材料有对比性材料和提示性材料两种。一般来说，采用对比性材料比采用提示性材料，更能反映作者的观点和倾向。比如《全球最快列车驰骋南中国》一文中的"这条时速350公里的高速铁路，全长1069公里，比世界上一次建成里程最长的西班牙马德里至巴塞罗那高铁长出400多公里"，就是通过对比性材料，来凸显我国新建的高铁之长。

4. 背景材料常见写法

（1）运用历史、典故、轶事。如：

> 唐代著名文学家柳宗元在被贬至湖南永州任司马时，曾写下千古名篇《捕蛇者说》，使"永州之野产异蛇"闻名遐迩。一千多年过去了，历代冒死捕蛇为抵租税的永州捕蛇者的新一代又悄然兴起了一股养蛇热，各乡各户竞办蛇场已成为永州农村的一大新鲜事。

（2）说明解释。说明解释的内容将构成背景知识，帮助读者理解新闻、扩展视野，增强阅读情趣。如：

> 摆出不少问题、总结多条教训，是演练进行得不好吗？不是！数据显示，此次演练填补了我陆军部队冬训的多项空白：规模大、要素全，3个不同兵种的建制旅，22种武器、21种弹药，全部在最低气温–32℃的严寒环境下实现了精确打击，某新型自行火炮、某型新特弹药更是首次在冰天雪地实射检验中打出了好成绩。

（3）衬托对比。把对比性材料穿插在新闻事实前后，加以对照，以此来揭示报道的主旨。如：

武广高铁沿线重峦叠嶂，高速列车风驰电掣，穿越226座隧道，跨过684座桥梁。与去年8月在华北平原通车的京津城际铁路相比，武广高铁在速度、技术、难度上都堪称“升级版”。

（五）结尾

1. 结尾的含义

消息结尾是消息的收束部分，它可以是消息的最后一句话，也可以是消息的最后一段或最后一个层次。对于消息来说，结尾并不是必不可少的构成部分。

2. 常见的结尾方式

（1）自然收束。如果没有更好的结尾，就让新闻自然收束。这种自然收束的结尾方式干脆利落，不落俗套。

（2）呼应开头。结尾时再现开头提到的某个或某些新闻要素，让结尾与开头设置的焦点相互照应，形成一个循环。

（3）采用引语。以某个新闻人物的引语来结束报道，这个引语或增加情趣，或亮明观点，或补充新的事实信息。

（4）概述事实。概述一个能让人回味、强有力的新闻事实，让报道产生一个转折，令读者产生联想。

（5）亮明观点。用权威观点和意见来收束报道，点明新闻的主旨或指出新闻的意义，给读者一个更为清晰的认识。

三、例文评析

准备打仗，先向“和平积习”开刀

——北京军区三九演兵重在端正训练作风一针见血查问题

本报朱日和1月17日电（魏兵　覃照平）21分钟的演练复盘视频，6次被导调组叫停，不符合实战要求的细节被一一“拎出来”现场解剖……1月16日上午，北京军区某炮兵旅召开的冬训总结会，检讨的“火药味”越来越浓。连续10天，记者在朱日和训练基地现场观摩3场严寒条件下的实战化演练，一个突出的感受就是：演兵场上的“看点”越来越少，“和平积习”正在被一一破除。

摆出不少问题、总结多条教训，是演练进行得不好吗？不是！数据显示，此次演练填补了我陆军部队冬训的多项空白：规模大、要素全，3个不同兵种的建制旅，22种武器、21种弹药，全部在最低气温–32℃的严寒环境下实现了精确打击，某新型自行火炮、某型新特弹药更是首次在冰天雪地实射检验中打出了好成绩。

打得不错，讲评为何频频“向我开炮”？北京军区军训部部长魏文豪指出，长期不打仗，让一些官兵慢慢滋生了许多“和平积习”。复盘视频中暴露出的“演练地域，排长还像操场上一样集合队伍下达课目”“对抗演练中，战车‘头顶’彩旗冲锋”等“和平积习”，藏在部队训练的各个角落，打起仗来要吃大亏！

某装甲旅不预演、不摆练，首轮射击14个目标13中，导调组却一针见血地指出：全旅给养只按人头、演练天数携带，如果遇上大雪天补给跟不上，多待一天也会饿肚子。某炮兵旅4种火炮对同一目标集火打击，反应时间缩短了一半以上，导调组照样“挑刺”：演练结束，剩余弹药就地打光，倘若返程还有“敌情”，再先进的火炮也是废铁。某炮兵旅摩托化机动刚出营门不久，一位带车的排长就打起瞌睡，当场受到警告处分……

“习主席要求全军‘能打仗、打胜仗’，就是要我们把一切不适应战场的习气消灭在平时。”该旅所在集团军副军长张晓明的一番话掷地有声：冬练三九，训得不错也要四处“找茬儿”，旨在让部队真正树立打仗意识、打赢标准，这比打出“满堂彩”更可贵。

（《解放军报》，2013年1月20日第1版）

【评析】这条消息不到800字，但立意高，谋篇布局巧。稿件紧扣“准备打仗”这一要求，精确锁定训风这一问题的靶子，站位高，格局大。导语采用场景开头，将问题直接端了上来。“21分钟的演练复盘视频，6次被导调组叫停，不符合实战要求的细节被一一‘拎出来’现场解剖……”，开篇即充满了火药味，营造了悬念。主体部分先通过一个设问，巧妙引出演习的背景信息：“此次演练填补了我陆军部队冬训的多项空白：规模大、要素全，3个不同兵种的建制旅，22种武器、21种弹药，全部在最低气温−32℃的严寒环境下实现了精确打击，某新型自行火炮、某型新特弹药更是首次在冰天雪地实射检验中打出了好成绩。”这个背景信息既勾勒出了这次演练的价值轮廓，也为后两段的“批判”储备了势能。就在读者认同演练效果的同时，作者却笔锋一转，写出了读者心中的疑惑：打得不错，讲评为何频频“向我开炮”？随后，作者引用北京军区军训部部长的观点，说明端正训风的重要性和必要性：长期不打仗，让一些官兵慢慢滋生了许多“和平积习”。接下来，作者重点描述了这次演习中，导调组如何对“藏在部队训练的各个角落”里的“和平积习”开刀的。在铺陈这些反面例子时，亮点和缺点、批评和肯定交替推进，错落有致，消息主体“丰满”而不臃肿。结尾采用两段直接引语，点明主旨，振聋发聩，堪称豹尾。

思考与练习

（1）1889年3月30日，美联社记者约翰·唐宁发布了一条消息，该条消息的导语被誉为“新闻六要素式”导语的经典之作。美联社总编辑维尔·E.斯通将这条新闻导语视为写作典范，并且要求美联社记者使用这种导语结构。请你结合当今的传播特点，谈谈这条导语有何优点，有何不足？

萨莫亚·阿庇3月30日电　南太平洋沿岸有史以来最猛烈、破坏性最大的风暴，于3月16日、17日横扫萨摩莫亚群岛。结果有6条战舰和10条其他船只要么被掀到港口附近的珊瑚礁上摔得粉身碎骨，要么被掀到阿庇亚小城的海滩上搁了浅。与此同时，美国和德国的143名海军军官有的葬身珊瑚礁上，有的则在远离家乡万里之外的无名墓地上，为自己找到了永远安息的场所。

（2）用倒金字塔结构，采写一篇关于军事教育或训练的消息。

拓展延伸

[1]（加）布兰登·罗伊尔. 一本小小的红色写作书［M］. 周丽萍，译. 北京：九州出版社，2017.

[2]卞丽敏，李炜. 一本书学会新闻写作［M］. 北京：人民日报出版社，2011.

第三节　通　讯

一、通讯的含义及特点

（一）通讯的含义

通讯是指对国内外近期出现的具有新闻意义的典型人物、典型事件和典型情况的具体、深入而形象的报道。

在新闻文体中，通讯是作为消息的延伸体而存在并发挥作用的，被称作“比消息更详尽的新闻”。如果把消息比作电报，那么，通讯就好比书信。由于受时效和形式上的限制，消息大都叙事简明扼要，不会展开事件的情节或描述和刻画人物形象，因此，还不能满足人们更具体、更详细、更形象地了解近期发生的国内外大事的来龙去脉，以及更富有情节性的人物言行的要求，这一任务正好可以由通讯来胜任和完成。从这个意义上讲，通讯就是对消息的丰富化、深入化和生动化报道。

（二）通讯的特点

通讯的基本特点是新闻性、生动性、评论性。

1. 新闻性

通讯是新闻的一种主要体裁，因此，新闻性是通讯的本质属性。通讯和消息一样，必须遵循材料真实、新颖，报道及时，态度客观的新闻原则，反映的一定是生活中的新人、新事、新风尚、新经验等。

2. 生动性

通讯不仅用事实说话，也可用形象说话，可较多借用文学手段，可以运用叙述、描写、议论、抒情等多种表达手法，可以运用比喻、象征、拟人等修辞，可以有具体的环境、场景描写，有特写画面。在叙述事件的过程中，有情节，有波澜，讲究曲折生动的故事性、趣味性，以充分展示丰富而复杂的新闻事实，给读者鲜明生动的现场感和立体感。如：

几秒钟后，丁晓兵睁开眼。突然他发现，右手使不上力气，侧头一看才发现，右胳膊已经被炸断了动脉，鲜红的血液，一股股地往外喷！

战友给丁晓兵简单包扎了伤口后撤，只连着一点点皮的右臂一次次挂在树枝灌木上。他又一次拔出了匕首，把右臂与身体之间仅仅连着的一点皮割断，割下来的右臂，被他插在自己的腰带上！

整整在山里跑了近4个小时，一看到迎面跑来的接应人员，丁晓兵一头栽倒在地上！

呼吸没有，脉搏没有，血压没有，心跳没有……有人开始为“烈士”丁晓兵换衣服。

战友们把着担架，不许将“牺牲”的丁晓兵抬到烈士陵园：“他没有死，刚才还和我们一起跑回来……”

野战医疗队恰好路过此地，一位老医生切开了丁晓兵小腿上的静脉，强行压进去了2600毫升血浆。

两天三夜后，丁晓兵睁开眼睛，看到了医院的白色天花板。

（《英雄赞歌——记独臂英雄丁晓兵》，《人民日报》，2006年1月3日）

例文中注重描写事实细节和场景，将新闻再现于读者面前。

3.评论性

评论是通讯中必不可少的表现手法。通讯不仅会对新闻事实的意义及其产生的根源进行深入分析，挖掘其内在含义，提炼出来鲜明的主题思想，而且为了表达主题思想，会在叙述事实的过程中，紧扣事件或人物的特点，通过画龙点睛的议论，揭示客观事物的意义，表明作者的感情和倾向，给读者以思想上的启迪。如上文《英雄赞歌——记独臂英雄丁晓兵》中：

如果说，20多年前的丁晓兵成为英雄还有偶然因素，那么，今天的丁晓兵，是把自己的英雄业绩归零后，再一步步地在和平环境中，把自己又一次塑造成为英雄！

1987年，南京航空学院大学生王明给丁晓兵来信：我认为你成为英雄，只是过了第一关；假如10年、20年后，仍有事迹从你身上出现，英雄的称呼你才当之无愧！

当年的大学生，你在哪里？你是否听到了这首一直奏响的英雄赞歌？

“今天的丁晓兵，是把自己的英雄业绩归零后，再一步步地在和平环境中，把自己又一次塑造成为英雄！”“这首一直奏响的英雄赞歌”就是一种评论，它画龙点睛地表达了作者对丁晓兵这位英雄的赞赏。

消息和通讯两者的区别主要体现以下五个方面：

（1）外表形式：消息有明显的消息头，而通讯没有。

（2）时效性：消息的实效性更强。

（3）详尽程度：通讯报道的事实比消息更完整。

（4）主题与结构：通讯的主题鲜明结构完整。

（5）表现手法：消息多用概括性手法；通讯的文体自由，多用详述和描写手法。

二、通讯的写作

从报道对象和报道内容的角度，可将通讯分为人物通讯、事件通讯、工作通讯和概貌通讯。

（一）人物通讯

1.人物通讯概说

人物通讯是以人物的思想、言论、事迹和命运为报道内容的通讯。常见的人物通讯样式有传记体式、特写体式和群像体式三种。

人物通讯报道对象的选择取决于对象所蕴含的新闻价值。一般来说，人物通讯选择的人物必须具有先进性或典型性。如《谁是最可爱的人》中的集体群像，《英雄赞歌——记独臂英雄丁晓兵》中的丁晓兵。

人物通讯在取材上可以写全人全貌，即传记式写出人物一生的生活及其精神面貌，如《钱学森的百年人生》等。也可以是片段式的，即不对人物作全面的报道，而是抓住某个特定的情景，把人物的精神、特点写出来。这一类通讯通常又被称为“速写”或“侧记”，如《英雄屹立喀喇昆仑》《英雄无言——95 岁老党员张富清的本色人生》《老山有个孙干事》等。

2.人物通讯采写要领

（1）人物通讯要反映人物的时代特征，表现时代精神。一篇好的人物通讯，往往会起到人物的某一段传记、时代的某种记录的作用。能否高瞻远瞩地提炼出能够反映时代特征的主题，并且从这个高度来表现英雄人物的革命精神和思想风貌，就成为决定人物通讯成败、优劣的关键。人物通讯不能简单地写成一部“好人好事录”，而要站在时代的高度，从事实材料中挖掘出人物、事件的“亮点”，提炼出反映时代特征的报道主题。

（2）人物通讯要抓住人物的性格特点，写出人物的精神境界。人物通讯不宜面面俱到，而是要抓住人物的特点来写，让人物有“辨识度”。不光写事迹，更要写思想。只有写了思想，人物才有了灵魂、生命，才有感染他人的力量。

（3）人物通讯要讲好故事，以事显人。一篇优秀的人物通讯之所以具有强烈的教育作用和感染力，就是因为它所写的是真人真事，是人们看得见、摸得着、学得到的榜样。因此人物通讯所报道的内容，首先必须完全真实，绝不可有任何虚构。其次要写好人物的小故事，通过故事来反映人物的精神面貌，绝不可只罗列事实，见事不见人。

（4）人物通讯要选好角度，在冲突中深化主题。人物通讯反映出来的矛盾冲突有很多种，既有特定的人物之间的矛盾，也有人物自身思想上的矛盾，还有人与自然间的矛盾。通过矛盾冲突写人物，可以将人物的思想境界、个性特征更充分地表现出来，让文章表达得更深刻。

（二）事件通讯

1. 事件通讯概说

事件通讯是典型的、有普遍教育作用的新闻事件的报道。它重在记事，既可是生活中重大的典型事件和突出事件的描述，也可是若干事件的综述。

事件通讯按新闻事件的性质，大致可分为政治性事件通讯、社会性事件通讯、灾难性事件通讯和文化性事件通讯。

在各类新闻体裁中，事件通讯报道的题材是最广泛的，就其题材性质和作用来说，通常可分为三类：第一类是以歌颂表扬为主的，通过典型的新闻事实的报道，体现时代主旋律，表现社会新风尚；第二类是以批评、揭露为目的的，通过揭露生活和工作中的问题，以祛邪扶正；第三类是介于表扬与批评、歌颂与揭露之间的，通过报道某些内涵丰富的事件，表现生活中存在的矛盾、热点，评说事件的意义。

2. 事件通讯采写要领

（1）事件通讯要找准“聚焦点”。事件通讯是否有新闻价值，关键在于事件本身是否有新闻价值。事件通讯所报道的事件一般来说具有三个特点：一是新近发生的，二是广大群众关注的，三是对社会进程或现实生活有一定影响的。因此，写好事件通讯必须提炼出一个明确的主题。这就要求作者要从多侧面、多角度、多含义来寻找最本质、最富有个性特征、最富有现实意义的那个“聚焦点”，并以此来确定通讯的主题，让通讯有灵魂，有启发人、打动人的深刻意义，而不是流水账式地堆积材料。

（2）事件通讯以写事为主，但也要写好关键性人物。事件通讯是报道新闻事件发展过程的通讯，它要求比较详细、全面、客观地介绍事件的始末，让读者完整清晰地了解事件的来龙去脉。事件通讯虽然是写事的，但“事因人生，人以事显”，事件是由人来完成的，写事自然离不开写人。一起重大事件中，涉及的人物可能很多，不可能人人皆写，写人就要写那些能够推动事件发展的关键人物。人物通讯中写事是为了写人，事件通讯中写人是为了写事。因此，事件通讯中写人物的行动、语言、内心和外貌，多是简笔勾勒，极少铺陈。

（3）事件通讯要写出事件的故事性，写出矛盾冲突的高潮。事件通讯一般有一个中心事件，其他事件都围绕这一中心事件展开，写作时，切忌把事件的过程写得平铺直叙、毫无悬念。一定要根据矛盾冲突的形成这一线索，写出矛盾冲突的高潮，从而生动形象地展现出事件的本质和人物的内心世界。把新闻事件编织成详细的故事是事件通讯写作的基本要求。

（三）工作通讯

1. 工作通讯概说

工作通讯是我国新闻报道的特有体裁。所谓工作通讯，是指通过报道分析当前实际工作中的经验、问题、教训以指导、推进工作进展的一种通讯形式。

一般认为，工作通讯有三种功能：一是介绍推广先进经验；二是发现工作中的问题，提出批评和建议；三是探讨新动向、新课题。

工作通讯分为报道型工作通讯和研究型工作通讯两种。前者主要是向受众报道工作中的新鲜经验，或涉及政治、经济、党风、官风、民风的重要问题。后者则重点在于探讨问题的成因，研究解决问题的办法。一般是针对涉及全局性、有普遍意义的问题提出解决的办法。如对现实社会面临的一些新情况、新问题进行研究和分析，寻找理解这些新情况、新问题的思路。

2. 工作通讯采写要领

（1）要立足全局抓问题。要注意选择那些全局性的问题和大家普遍关心的问题，把着眼点放在推动工作的开展上。可以介绍某单位在某项工作中的一些先进经验和做法，以推动和指导其他地区、其他单位的工作。可以批评和揭露实际工作中存在的一些带普遍性的、需要解决的问题，分析这些问题的严重性及原因所在，思索解决问题的方式方法。

（2）要找出解决问题的出路和办法。暴露问题的工作通讯要提出解决问题的方法，报道成功经验的工作通讯同样如此。事实上，对成功经验的肯定，本身就是为同类的单位指出可以借鉴的方法。

（3）要将指导性和新闻性结合在一起。工作通讯是为了解决某个现实问题而写的新闻报道。它不仅对工作具有指导性，还具有新闻性，写作内容以“新”取胜，依托新近发生的事实发表意见。

（四）概貌通讯

1. 概貌通讯概说

概貌通讯也称风貌通讯，是勾勒某一地区、某条战线或某个单位面貌变化的一种通讯。报刊上标以“见闻”“侧记”“巡礼”“纪行”之类的通讯文章，大体上属概貌通讯。

概貌通讯涉及面非常广，自然风光、文化教育、社会生活、历史遗迹、园林建筑等都可以成为概貌通讯的报道对象。从写法和体式上看，概貌通讯也是多种多样的，可以写景、状物、记人、述事；可以是散文体、日记体；也可以是见闻、侧记、巡礼、印象记和速写。如果说人物通讯的核心是人物，事件通讯的核心是事件的话，那么风貌通讯的核心就是环境——社会环境或自然环境。

2. 概貌通讯采写要领

（1）抓住特点写出特色。任何一个地方的面貌都是丰富多彩的，又都是富有自身特色的。概貌通讯要抓住报道对象最有特色的地方落笔，这样才能写出它的个性，给读者以深刻的印象。

（2）运用对比、烘托手法。概貌通讯重在反映报道对象的新面貌、新变化。新的只有在同旧的对比中才能显现出来，因而对比、烘托是风貌通讯最常用的手法之一。

（3）传播科学文化知识。概貌通讯往往会涉及许多天文地理、历史典故、文化教育、科学技术等方面的知识。可以说概貌通讯的一个重大功能就是传播科学文化知识，它同时也是吸引读者的魅力来源之一。

（4）描写抒情讲究文采。概貌通讯是通讯中散文色彩最突出的一种。概貌通讯的文学性主要通过描写、抒情的方法来实现。描写主要是写景状物，要把景色、事物写活。抒情则是缘景生情、借景抒情，努力做到情景交融。

三、例文评析

今天，我们豪迈受阅

本报记者　李选清　武天敏　胡君华

公元2009年，10月1日。中国，北京，长安街。

清晨，东方，从古观象台一路向西，8000多名官兵和500多辆战车绵延2公里多，像一条凝固的铁流，等待着国庆60周年阅兵的庄严时刻。

上午10时，天安门广场，56门礼炮齐鸣60响。人民英雄纪念碑下，200名国旗护卫队员拱卫着五星红旗，迈着169个正步走向国旗杆基座。

169步，寓意从1840年鸦片战争至今169年的不平凡历程。

169年，为了祖国的独立、民族的解放，多少英雄儿女血沃中华！

"敬礼！"五星红旗冉冉升起。"起来，不愿做奴隶的人们……"长安街上，受阅官兵引吭高歌，声震长空。

10时9分，中共中央总书记、中华人民共和国主席、中央军委主席胡锦涛，乘红旗牌检阅车驶出天安门，沿长安街缓缓东行。

这是胡锦涛主席第一次在天安门广场检阅三军部队。

这是中国在21世纪首次举行国庆大阅兵。

铁阵，如山如岳。口号，如海如潮。受阅三军身上，流淌着红军、八路军和新四军的血脉。他们来自沃野平畴、深山密林、滔滔海洋、万里蓝天，汇集中国陆海空三军和人民武装警察部队、民兵预备役部队等全部武装力量的精华。

这是人民军队走过从机械化向信息化建设转型的10年风雨征程，第一次向祖国、向世界全面展示新面貌、新阵容。

10时37分，胡锦涛主席在天安门城楼发表讲话后，千人联合军乐团奏响《检阅进行曲》，万众瞩目的阅兵分列式开始了。

三军仪仗队第一军旗手朱振华，高擎八一军旗，走在最前列。随后，14个徒步方队排山倒海，陆续走来。

他们中，有风华正茂的三军院校学员方队，有从井冈山走出的"红一师"方队，有镇守岛礁扬威碧海的海军陆战队方队，有远翔千里突袭作战的空降兵方队，有荟萃"国字号"反恐部队精兵的武警方队，有来自汉族、满族、藏族、回族、蒙古族、苗族、壮族、黎族、瑶族和羌族10个民族的三军女兵方队。

沙漠型、山地型、丛林型、两栖型、海洋型、空降型……受阅官兵色彩斑斓的新型数码迷彩戎装，仿佛祖国广袤多姿的壮丽国土。与10年前相比，这支队伍中增添了国防生、直招士官等"国防新军"的身影，具有侦察监视、引导打击、潜水登陆和空中渗透能力的特种兵方队，更是首次成建制亮相。

长安街上，足音铿锵，犹如山呼海啸。

“我流血的地方，或者我瘗骨的地方，或许会长出一朵可爱的花来……”此时此刻，方志敏烈士《可爱的中国》中的深情告白，仿佛回荡在广场上空。

今天，天安门广场鲜花如海，红黄两色的花束簇成中国军人的钢铁誓言：“听党指挥、服务人民、英勇善战”。八一军旗，引领中国人民解放军，沿着先烈足迹，脚踏祖国大地，背负民族希望，履行新世纪新阶段历史使命！

徒步方队背影远去，长安街上，传来30个装备方队隆隆开进的巨大声浪。

金戈铁马，气吞万里如虎。锡伯族战士丁辉，驾驶99式新型主战坦克，引领首次排成箭头状的铁甲方阵隆隆驶来。随后，96A型坦克、两栖突击车、履带式大口径自行加榴炮、自行榴弹炮、远程火箭炮等新型数字化装备，像钢铁长城，绵延横亘，展示中国陆战力量一往无前、所向披靡的雄姿。

临沧海，引长弓。新型舰空导弹、反舰导弹、岸舰导弹战车隆隆驶来。此时，在祖国万里海疆，人民海军舰队巍然列阵，悬挂满旗，向天安门致敬。在遥远的亚丁湾，海军护航编队新型战舰眺望东方，鸣响舰笛，向祖国致敬！

西北望，射天狼。两支新型地空导弹方队和空军新型机动雷达方队驶过天安门。他们是新一代国家防空“天网”的中坚力量，是我军未来国土防空作战的剑锋刀刃。

车辚辚，阵容新。通信兵方队、无人机方队、后勤装备方队首次出现在国庆大典。他们是我军信息化建设的排头兵、电子信息作战新锐、全面建设现代后勤的先锋，像电子丛林，像轻盈银燕，像移动城堡，亮相长街。

“爸爸要是活到今天，该有多高兴啊！”观礼台上，著名爱国将领吉鸿昌烈士的女儿吉瑞芝对记者说：“当年中国积贫积弱，父亲为抵抗日寇侵略，只能变卖家产购买枪械，组织武装。看到今天盛世中国的现代化国防装备，真让人忍不住像爸爸当年那样大喊一声：我是中国人！”

听到这里，胸前挂满奖章、两次负伤、两次截肢的新四军老战士吴成，想起解放战争中一次战斗，记忆犹新：“我们20人的突击队，用步枪、手榴弹攻堡垒，打了两天三夜。仗打赢了，突击队只剩下两个人，那时，我们多盼望有一门炮啊……”说到这里，老人眼里涌起泪花。

大国长剑，威风凛凛，中国战略导弹战车驶来了！

顿时，广场沸腾了。巍巍铁阵中，首次出现了第二炮兵“世纪新军”——长剑10型巡航导弹和新型中远程导弹的身影。最后通过天安门的东31甲核导弹方队，蕴含着雷霆万钧的力量，为滔滔铁流掀起一个震撼人心的巨浪。

壮哉！国庆大阅兵。滔滔铁流，如春天大河开融，如熔炉钢水倾泻，如黄河壶口瀑布夺路而下，如钱塘大潮滚滚而来……

观礼台上，来自各部门的负责同志，忘情地伸出手来，向身边的军人们祝贺致意。眼前这支全部是“中国制造”、近90%装备为第一次公开亮相的钢铁方阵，让他们激动不已……

世事沧桑。整整一百年前，1909年，两位法国摄影家拍下了天安门广场的第一张彩色照片：残破的城楼下，一辆人力车冒着寒风，匆匆而过。

那一年，正是清宣统元年。古都北京，笼罩在丧权辱国的《辛丑条约》阴影下。正阳门上，外国士兵架起大炮，炮口指向紫禁城。直到40年后的开国大典，天安门的木梁上，还嵌着八国联军炮击城楼没有爆炸的3发炮弹……

天翻地覆慨而慷。今天，天安门广场铁流浩荡，宣告当代中国军人捍卫祖国主权、维护祖国统一的坚强意志，展示震撼世界、蓬勃向上的“中国力量”！

“1954年，我作为南京工程兵学校的学员，参加了国庆5周年阅兵。1999年，我作为阅兵总指挥，组织了国庆50周年阅兵……”北京军区原司令员李新良对记者说：“从阅兵场上，我亲眼看到我军的小米加步枪，变成了飞机加大炮，变成了导弹加卫星、钢铁加芯片，受阅的先进装备由单台单车抽组，到成建制、成系统亮相，这是多么大的变化！”

旌旗奋，风雷动。人潮惊叹未息，151架飞机组成的12个空中梯队展翅飞来。恢宏壮丽的阅兵乐章，进入了高潮。

“空警2000”预警机，像背负青天的鲲鹏，率领8架歼击机，准时飞过人民英雄纪念碑上空，喷射五颜六色的彩烟，在蓝天铺展一条绚烂航路。

鹰击长空，威猛犀利。随后，国产新型轰炸机、加受油机、“飞豹”歼击轰炸机和歼8F、歼10、歼11歼击机编队飞来，宣告中国空军进入以国产第三代战机为主力的新时代。

铁翼飞旋，惊雷滚滚。一支世界阅兵史上最大规模的直升机编队低空飞来。它们从北国边陲、南海天涯、茫茫戈壁、巍巍高原，从大江南北、长城内外、四面八方，云聚国庆大典。

巾帼英豪，叱咤风云。15名中国首批女歼击机飞行员驾驭新型教练机飞来。

中国的空中花木兰、云天娘子军，第一次飞过天安门广场，以浪漫激情写意蓝天。

空中受阅梯队，横跨长空75公里，雄风万丈，气势磅礴。

60年风雨，一甲子辉煌。56个方阵，象征56个民族。人民军队与共和国一起进步，一起成长，一起走向中华民族的伟大复兴。

此时此刻，追思与缅怀，光荣与梦想，决心与信念，在同一时空汇聚，都凝结在这情感的峰巅，抒写在这壮美的画卷！

（原载中国军网，发布时间：2015年8月19日；有改动。）

【评析】这篇通讯全景式记录了2009年首都国庆大阅兵的盛况。在写作技巧上，一是善于突破时空局限，采用纪实叙事相结合、抒情写意相结合的方式，使宏观气势与微观细节、强烈的现场感和历史的纵深感达到了完美的统一。如在精心描写现场的同时，插叙两位法国摄影家拍摄天安门第一张彩色照片等历史事件，并在现场采访新四军老战士吴成、吉鸿昌女儿吉瑞芝、1999年大阅兵总指挥李新良等历史见证人，以鲜为人知的史实和震撼人心的对比，体现出中国国防力量建设的沧桑巨变。二是善于抓取共有特征进行概括性表述，让材料“以一当十”，以少胜多。如：“清晨，东方，从古观象台一路向西，8000多名官兵和500多辆战车绵延2公里多，像一条凝固的铁流，等待着国庆60周年阅兵的庄严时刻。”“上午10时，天安门广场，56门礼炮齐鸣60响。人民英雄纪念碑下，200名国旗护卫队员拱卫着五星红旗，迈着169个正步走向国旗杆基座。”“人潮惊叹未息，151架飞机组成的12个空中梯队展翅飞来。恢宏壮丽的阅兵乐章，进入了高潮。”可以说，这些数字凝结着受阅部队所有官兵的汗水、泪水和精神，反映出人民解放军的整体训练素质和训练水平。三是大量用短句，让语言既铿锵有力，又生动鲜活，富于变化。如很多自然段的开头采用句式整齐的短句来衔接过渡，如“鹰击长空，威猛犀利。”“铁翼飞旋，惊雷滚滚。”“巾帼英豪，叱咤风云。”也有很多自然段的开头采用对仗工整的短句，来提领下文，如“临沧海，引长弓。”“西北望，射天狼。”“旌旗奋，风雷动。”这些短句的大量采用，让文章朗朗上口，富有节奏。

思考与练习

（1）采访一位优秀的军校老师或军校学子，写一篇人物通讯并投稿。

（2）阅读下面这篇通讯，说说通讯写作的特点。

“我们为什么申请去西藏”

本报通讯员 赵晓宇

近日，走进被誉为“革命人生观教育一面旗帜”的长沙工程兵学院，我们强烈地感受到应届毕业学员立志去基层、去边疆、去祖国最需要的地方建功立业的壮志豪情。在这所英雄校园艰苦的地方去奉献青春和热血。在流行双向选择的今天，在崇尚舒适与自在的现代，请听他们的回答：“我们为什么申请去西藏？”

余洪斌：1975年出生，四川人，共产党员。曾两次受嘉奖，4次向组织递交去西藏工作的书面申请——

我现在的想法与中学时相比，已有很大改变。由于家境不太好，小时候我羡慕别人有好父母，羡慕繁华、富裕的大都市生活，希望有朝一日能改变自己的境遇。入军校前，母亲就为我毕业后的工作安排找过熟人，我现在作出这样的选择，申请去西藏工作，有违自己和母亲的初衷，但我的心态是非常平和的：别人能去西藏，我为什么不能去？当然，我的这种选择与学院、中队的教育，四年来接触过的一些书籍，比如《南京大屠杀》有关，我和军人的职责有关。好地方得有人去，差的地方也得有人去，军人就应多一份责任感。为了不让南京大屠杀那样的历史悲剧重演，我们需要承担起保家卫国的职责。对于一个军人，这不是大话，当过兵的父亲也很支持我的选择。我们吃国家的，拿国家的，国家培养了我们，我们有义务报答国家。西藏与内地相比，是苦一点，但我是农民的孩子，能吃这个苦。去艰苦的地方锻炼，对一辈子都有好处。以前羡慕过地方大学的舒适自在，现在我感激军校培养了我勤劳的品质和强健的体魄。人，不能只满足于物质追求，还得有点精神。

孔繁铭：1975年出生，河北邢台人，共产党员，2次申请入西藏——

为什么去西藏？我其实不只是对西藏感兴趣，祖国的大西南、大西北同样吸引我。从小我爱看自然方面的书，觉得那片土地充满了神秘。加上我与在西藏工作多年的孔繁森名字重了两个字，感觉特亲切，从他的事迹中，对西藏也多了不少了解。我的姨和姨父都是南下干部，亲戚中当兵的不少，在毕业选择上，他们给了我不少影响。我对西藏的认识是那边的人性格开朗，情操也高尚，那是一个能锻炼人、陶冶人的地方。在长沙工程兵学院这四年，我懂事了不少。在毕业上我的想法是，尽量找个能回报国家多一点的地方，我认为那边比内地对国家的回报更多一些。我父亲早逝，母亲身体不太好，现已双目失明，因为我很早就跟她提这个事，她比较理解，也比较支持，我很感激母亲，自古道：忠孝不能两全，尽忠是我的首选，对母亲尽孝，我希望能兼顾，今后尽量多弥补。

高洪武：1976 年出生，四川人，共产党员，两次受嘉奖，三次申请去西藏——

我选择去西藏工作。首先得益于学院革命人生观的教育。与刚入学时比，我现在能很好处理各种利益之间的关系。个人利益应该服从集体和国家的利益。以美国为首的北约悍然袭击我驻南联盟大使馆，在愤恨之余，我们强烈意识到必须科技强国，科技强军。我们的周边环境还不是太稳定，西藏就是一个敏感区，作为一名军人，就该保家卫国，就该去艰苦的地方和危险的地方。从成长和成才的角度看，我相信“苦地方、险地方是建功立业的好地方”，虽然我们都有一定的免疫力，但身在繁华都市，难免不受灯红酒绿的影响。而去艰苦的地方，比如西藏，我可以埋头干事业，把四年所学运用到部队建设中去。同时感觉凭自己的军政素质和文化素质去西藏工作应该能有所建树。我的身体素质很好，应该能够适应西藏的艰苦。家里的支持，也是一个强有力的保障。

吴红波：1975 年出生，湖北人，共产党员，受嘉奖一次，三次申请去西藏——

我来自红安，就是全国有名的将军县，县里出过 223 个将军，这一点我很自豪，而咱院又是有名的“中国英雄训练营”，我知道自己很平凡，但能像英雄一样去西藏奉献，我觉得骄傲。作为中专队学员，我文凭不高，但我是村上 200 多家中第一个考上军校的，家乡父老寄予的期望很高。艰苦的地方人才不像大城市那样集中，我认为对自己的发展有好处。我从初中时就开始接触部队，一直很崇拜军人。我觉得作为一名军人，没有经过战争洗礼是苍白的，在和平时期，能去艰苦地方锻炼，比呆在舒适的内地，更像一名军人。不断地磨炼自己，对人生也有益处。我当兵不后悔，去西藏也不后悔，有这个觉悟，是学院革命人生观教育的结果。

（《光明日报》，1999 年 6 月 5 日，1 版）

拓展延伸

［1］人民日报社新闻协调部.人民日报 70 年通讯选［M］.北京：人民日报出版社，2018.

［2］刘保全.新闻精品是这样采写成的［M］.北京：新华出版社，2017.

第四节　新闻评论

一、新闻评论的含义及特点

（一）新闻评论的含义

新闻评论是媒体编辑部或作者对最新发生的有价值的新闻事件和有普遍意义的紧迫问题发表意见、阐述观点、表明态度的一种时事论说性新闻文体。它是现代新闻传播经常采用的社论、评论、评论员文章、短评、编者按、专栏评论和述评等的总称。

胡乔木曾指出："没有评论就不算是报纸。"相对于消息和通讯等体裁，新闻评论是更直接代表编辑部或署名作者观点的一种新闻体裁。虽然新闻评论刊播量在媒体所占比重较小，但对发挥新闻媒体的舆论引导功能，彰显新闻媒体的社会责任和社会地位，具有非常重要的作用，被誉为新闻媒体的旗帜和灵魂。

新闻评论与新闻报道是新闻传播媒介不可或缺的两种基本手段，二者通过共同配合发挥作用。评论因为有新闻提供的事实，可把道理阐述得更具体、更实在。因为有评论的配合，新闻报道的主题可以被揭示得更充分、更深刻。

（二）新闻评论的特点

关于新闻评论的特点，国内比较有代表性的看法有以下几种：范荣康认为"新闻评论是一种具有新闻性、政治性和群众性等显著特征的评论文章……离开了新闻性、政治性和群众性，都不成其为新闻评论。"①秦圭、胡文龙认为"新闻评论的主要特点为：鲜明的政治性、强烈的新闻性、广泛的群众性和严格的科学性"。②于宁、李德民认为"新闻评论应该有这样四个特点，即鲜明的党性、较强的时间性、明显的指导性、广泛的群众性"。③丁法章则认为评论应具有"论题的新闻性，论理的思想性和论说的公众性"。④

上述看法从不同角度揭示了新闻评论的特点。如果仅从评论写作的角度来看，编者认为，评论的特点可概括为以下三点。

1.针对性

新闻评论通常是"一事一议""一理一评"，针对一件事、一种情况、一个问题或一种

---

① 范荣康.新闻评论学［M］.北京：人民日报出版社，1988：5，96.

② 秦圭，胡文龙.新闻评论学［M］.北京：中国人民大学出版社，1987：8-115.

③ 于宁，李德民.怎样写新闻评论［M］.北京：中国新闻出版社，1988：10-20.

④ 丁法章.新闻评论教程［M］.上海：复旦大学出版社，2002：28.

倾向，讲清一个道理。

2.思想性

新闻评论是一种有形意见的表达：赞成什么，反对什么；表扬什么，批评什么，旗帜鲜明，是一种直接的思想表白。

3.公众性

新闻评论的公众性，既表现在论题来自公众，与公众切身利益相关；也表现在评论的思想内容与读者接近，是大家当前关心的问题，论述方式和语言表达符合大众的口味，为他们所喜闻乐见。

二、新闻评论的写作

新闻评论一般采用夹叙夹议、以实论虚、虚实结合的写法。但不同的新闻评论又有不同的写作特点和要求。

根据表达形式的不同，新闻评论可分为社论、评论员文章、短评和专栏评论等。

（一）社论

1.社论概说

社论，又称大型评论，是代表媒体编辑部就当前重大事件或问题发表的权威性评论，也是新闻评论中规格最高的评论文体。党的报刊社论，不仅代表编辑部发言，而且直接表达同级党委和政府的思想观点和政治立场，在报纸上起挂帅作用。

社论常见的类型有：政治型社论（也称阐述型社论）、务虚型社论、务实型社论（也称工作型社论或业务型社论）、时事型社论（也称礼仪、纪念型社论）、论辩型社论五种。

2.社论写作宜注意的问题

（1）选择一个恰当的论题。社论不是代表某个人的意见，而是代表编辑部的发言，传达党和政府的声音，因此，要严格把握围绕什么样的事件和问题，选定什么样的论题范围，以及表达什么样的中心论点，从而确保文章坚定正确的政治性、思想性和政策性。

对同一事件、同一问题，不同媒体表达的关注是不一样的，立场也不一样。即便是纪念型社论，也会有所区别。比如：2017 年是中国人民解放军建军 90 周年，《人民日报》社论标题是《铸就新的钢铁长城——庆祝中国人民解放军建军 90 周年》，展望中带希冀;《光明日报》社论标题是《谋民族复兴伟业 布富国强军大局——热烈庆祝中国人民解放军建军 90 周年》，赞美中含祝福;《解放军报》社论标题则是《铭记光辉历史 推进强军伟业——热烈庆祝中国人民解放军建军 90 周年》，表态中展决心。

（2）要深刻透彻地分析论证。社论论证的权威性决定了它必须把道理讲清楚、讲深刻、讲透彻，不能让读者有一丝一毫的费解、疑惑。

要做到论理充分透彻，一是要着力抓住问题的症结和关键所在，深挖细掘，切实把主要矛盾和问题的核心找准说透。如 2017 年山西省前三季度 GDP 增速达 7.2%，经济发展质量明显改观。在如此耀眼的成绩面前，山西日报社率先理性发声，以《不要让耀眼数字迷了眼睛》为题，明确指出“越是乐观欣喜之声迭起，越要保持冷静”。这个选题可以说一下就抓住了问题的核心。

二是要善于把一些抽象的道理、概念具体化、形象化，把大道理化成小道理来讲清说透。譬如，通过典型材料的分析解剖来说理。

三是要让论证材料与观点相互统一，互相作用。材料说明观点，观点统率材料。论点是评论的灵魂，论点要立得住，必须有充分、典型的论据，即论证材料。论据是论点的根据，也是评论的基础、支柱。只有两者相统一，论证科学、严密，分析透彻，写出的评论才有说服力。

（3）使用通俗生动的语言。社论一般要求严肃庄重，但严肃并不排斥优美，庄重也并不拒绝活泼。要增强社论的可读性，语言要准确、鲜明、生动并力求通俗化。

（二）评论员文章

1.评论员文章概说

评论员文章属于中型的重头评论，是仅次于社论的重要评论。评论员文章不像社论那样全面地论述重大问题或者决策，而是就某个问题选择重要的方面进行深入分析。相对于社论而言，评论员文章的选题更加广泛，论述更加集中和深入。

2.评论员文章分类

评论员文章按评论的作用和功能，可分为纪念类、工作类、思想类和配写类四种类型。

评论员文章按是否署名又可分为署名和不署名两类。

评论员文章按发表的形式可分为本报评论员文章、本报特约评论员文章和观察家评论。

本报评论员文章是由本报评论员撰写或以本报评论员名义发表的评论员文章。它作为结合新闻事件或新闻报道配写的重头评论，旨在体现编辑部的立场、观点和态度。

本报特约评论员文章为评论员文章的一种特殊形式，“特约”既标明是社外人士所写，也用以加重评论作者的身份，一般不署名，必要时也署名。由于它来头大，块头也大，有人称它为“超重型评论员文章”。

观察家评论是评论员文章的另一种形式，通常用于重要的时事评论。评论员以观察家的身份出现，使得评论显得客观和具有权威性。

值得注意的是，社论和评论员文章并没有特别的区分界限。有时，为了需要，见报时，会把评论员文章升格为社论来发，也有可能把准备好的社论降为评论员文章刊登。

3.评论员文章写作注意的问题

（1）注重观点的权威性。通过工作类评论指导工作是党报评论的一大任务。这些以评论员文章形式发表的工作性评论，表达的观点带有很强的指导性，是不宜商榷和讨论的，因此应该简洁明确，不可模棱两可，以免生出歧义。

（2）注重选题的贴近性。要写出贴近大众的评论员文章，选题取材可不拘一格。既可以来自于新闻报道，也可以取材于生活现象，还可以来自于网上热议。比如，《比起诺奖，我们更需要诺奖级的创新》《贫穷不可怕，就怕“不怕穷”》《民生实事莫沉迷于“数字突破”》《不因唱衰而忧　不因看涨而乐》《“八千湘女”的尊严不容亵渎》等。

（三）短评

1. 短评概说

短评是代表编辑部观点和主张的一种简短评论，又称小型评论。

短评一般与典型报道和通讯等配合发表，主要是对新闻中需要引起读者特别注意的问题，从道理上加以阐述，就实论虚，画龙点睛，起到深化、升华报道主题的作用。也有的短评独立成篇。

短评分署名和不署名两种：署名的短评代表个人，一般是针对某一问题、某一事物、某一观点发表简短的评论；不署名的短评代表编辑部集体意见，大多就某件事、某个经验教训阐发一个观点，有较强的针对性和时效性，一般为配合新闻报道发表。

与评论员文章相比，短评的论题更单一，分析更扼要，篇幅更简短，在题目、内容、角度等方面更加自由灵巧，是评论中的“轻骑兵”。如:《战时威力靠平时积累》《善讲有战斗力的短话》《紧跟任务搞教育　依托阵地设课堂》《所有美好，都值得用心等待》《一句“咱不讹人”融化多少市井冷漠》《花钱买服务就该看你脸色?》《娱乐不能变“愚乐”》。

2. 短评的特点

（1）简短精练。简短精练是短评首要的特点。短评不全面、详细论述某个问题，而是抓住问题的某个侧面或某一点进行剖析、议论，借以扩大宣传的影响，或比较具体地指导实际部门的工作。短评多是配合新闻报道发表，字数一般在三五百字左右。

（2）独特新颖。短评的见解角度，应该独特新颖。短评因为字数少，篇幅短，因此要尽量做到不讲无用废话，不讲陈词滥调，要根据典型报道的本质精神，选取新颖的写作角度，深入拓展选题和开掘立论，来表达独特的见解。

（3）虚实结合。由于短评大多是配合新闻报道而发表的，因此，短评不仅要依托报道的事实，更要善于务虚，从理论和政策的高度来分析问题、剖析事实，从本质上揭示事物的本质及其意义，揭示事物的内在联系，以深化报道主题。

3. 短评写作宜注意的问题

（1）要主旨明确、旗帜鲜明。短评必须有明确的观点。赞成什么，反对什么，要旗帜鲜明。通常一篇短评只说一个观点、一个问题，是典型的“评其一点，不及其余”。如《解放军报》上的短评《讲评贵在短而精》《教育贵在走心》《应有“事不避难”的担当》等就是只说一个观点。

（2）要依据事实、深化思想。配写短评既要以报道所提供的事实为依托，又要在深化报道思想上下工夫。既配合报道，又深化报道；既依托报道，又超越报道，以达到依托个别指导一般的目的。切忌就事论事或空发议论。如本章例文评析中选用的短评《“和平积习”是当前最大的敌人》就是一个很好的示例。

（3）要紧扣论点、不落俗套。同一文章配的短评可选取的角度常常有好几种，不论选哪一种角度，一定要紧扣论点来论述，不要有赘述。同时写作时可依据主题创新，避免落入俗套。如《战场无“配角”》《“微教育”更要下大功夫》这些短论的角度就比较新颖。

（四）专栏评论

1. 专栏评论概说

专栏评论是指在报纸固定的版面、特定的专栏中发表的评论。如《解放军报》的《长征论坛》、《人民日报》的《人民论坛》、《文汇报》的《文汇论坛》、《羊城晚报》的《街谈巷议》等。

从内容看，专栏评论主要包括思想评论和小型言论。思想评论着重从思想或理论问题入手，更像政论文体，而小型言论往往以新闻事实为由头，因事抒情，有感而发。我国著名的报纸思想评论专栏有《人民论坛》《光明论坛》《长征论坛》《新华视点》《文汇论坛》等。小型言论专栏有《长话短说》《集思广益》《虚实谈》《街头巷尾》等。

2. 专栏评论特点

（1）稳定性。专栏评论的栏目具有相对稳定性，一旦确定，一般都会延续很长时间。其在位置、篇幅、风格乃至读者群上，都有相对的稳定性。如《人民日报》的《今日谈》专栏，自 1980 年 1 月创办至今已 40 多年。

（2）开放性。专栏评论不是代表编辑部发言的，其文章来自自由撰稿，由编辑部择优选用，因而作者众多，论题广泛，风格多样。从一些专栏名称，如《大家谈》《群言堂》等也可看出，评论专栏是一种群言堂式的言论阵地。

（3）时代性。专栏评论大多是作者将当下的一些新闻事实或新闻信息，作为话题或理论的由头，发表议论或阐述观点看法。这些话题或由头本身就具有强烈的时代性。

3. 专栏评论写作宜注意的问题

（1）选题要小。专栏评论属于轻型言论、微型言论，讲究大处着眼，小处落笔，以小见大。即评论的选题角度要小，要从很小的事情着笔，来反映大局中的某个问题。

（2）立论要深。角度的挖掘要深，在分析某一个事实或表达某种见解或看法时，要深挖深掘问题的核心，力求找到问题的本质。

（3）篇幅要短。专栏评论的篇幅一般都不长，多在 500 字以内。篇幅虽短，但内容不能空。也就是说，专栏评论一定要见事实，因事说理，阐述观点，发表意见。

三、例文评析

“和平积习”是当前最大的敌人

三九演兵，拿“和平积习”开刀，这一“刀”开得好！

这是令人警醒的一“刀”。长期不打仗，使一些部队滋生了“和平积习”，战备意识淡漠，打仗思想弱化，训练脱离实战，演习成了“演戏”。“和平积习”是战斗力最致命的腐蚀剂，是当前军事斗争准备的头号大敌，必须坚决予以清除。一支军队的衰败，往往是从滋生“和平积习”开始的，清朝“八旗铁骑”的蜕变过程就是一本极好的反面教材。

这是令人振奋的一“刀”。军队只有“打仗”和“准备打仗”两种状态，而“准备打仗”是一种常态，只有平时的准备充分了、实战化训练扎实了，关键时刻才能做到“召之即来、来之能战、战之必胜”。纵观国际风云变幻，我们须臾不可放松懈怠；着眼履行使命任务，我们更须扬鞭策马，因为有一根弦我们紧绷着，有一种责任我们肩扛着，有一声号令我们等待着——时刻准备着！（《解放军报》，2013 年 1 月 20 日 1 版）

【评析】一篇好的新闻配写短评，常常是既配合报道，又深化报道；既依托报道，又超越报道，从而达到依托个别指导一般的目的。上面这篇为消息《准备打仗，先向“和平积习”开刀——北京军区三九演兵重在端正训练作风一针见血查问题》（见第 161 页）配写的短评正是如此。

短评的标题《“和平积习”是当前最大的敌人》和消息的标题《准备打仗，先向“和平积习”开刀——北京军区三九演兵重在端正训练作风一针见血查问题》互相呼应。短评的标题不仅亮明了观点——“和平积习”是当前最大的敌人，而且有力地回答了“准备打仗，先向‘和平积习’开刀”的缘由。一语中的，鲜明有力。短评的论述由头来自消息提供的新闻事实：“长期不打仗，使一些部队滋生了‘和平积习’，战备意识淡漠，打仗思想弱化，训练脱离实战，演习成了‘演戏’。”但短评的站位又是高于这些新闻事实的，不仅提炼出了“‘和平积习’是当前最大的敌人”这一观点，而且还从现实与历史两个维度进行了论述：“‘和平积习’是战斗力最致命的腐蚀剂，是当前军事斗争准备的头号大敌，必须坚决予以清除。一支军队的衰败，往往是从滋生‘和平积习’开始的，清朝‘八旗铁骑’的蜕变过程就是一本极好的反面教材。”

对于消息中列举的北京军区三九演兵，种种端正训练作风、一针见血查问题的做法：

> “某装甲旅不预演、不摆练，首轮射击 14 个目标 13 中，导调组却一针见血地指出：全旅给养只按人头、演练天数携带，如果遇上大雪天补给跟不上，多待一天也会饿肚子。”
>
> “某炮兵旅 4 种火炮对同一目标集火打击，反应时间缩短了一半以上，导调组照样‘挑刺’：演练结束，剩余弹药就地打光，倘若返程还有‘敌情’，再先进的火炮也是废铁。”
>
> “某炮兵旅摩托化机动刚出营门不久，一位带车的排长就打起瞌睡，当场受到警告处分……”

短评开篇即亮明观点，态度鲜明，“三九演兵，拿‘和平积习’开刀，这一‘刀’开得好！”

随后，短评用两个自然段分别论述了自己的两个观点：“这是令人警醒的一‘刀’”和“这是令人振奋的一‘刀’”。这两“刀”，不仅有力解答了第一自然段提出的“这一“刀”开得好！”的缘由，而且让文章气韵贯通，结构紧凑。

尤为可贵的是短评体现出的平实态度，给人一种亲切感。比如文中写的：

> “长期不打仗，使一些部队滋生了‘和平积习’，战备意识淡漠，打仗思想弱化，训练脱离实战，演习成了‘演戏’。”

“军队只有‘打仗’和‘准备打仗’两种状态，而‘准备打仗’是一种常态，只有平时的准备充分了、实战化训练扎实了，关键时刻才能做到‘召之即来、来之能战、战之必胜’。”

这些论述没有给人高高在上、端着架子、板着面孔的说教感觉，而是实实在在，自然形象，说服力强。对“和平积习”和“演习成了‘演戏’”等概括，既精练准确，又生动形象，令人印象深刻。

思考与练习

（1）阅读这篇评论，说说看，它应归于哪类评论？并分析其写作特色。

从孙权劝学看领导干部学习问题

近来参加一些单位的民主生活会，注意到一个不容忽视的问题：各级领导干部普遍反映工作太忙，难以挤出时间读书学习。这不禁令人想起“孙权劝学”的故事。故事不长，照录于下：“初，权谓吕蒙曰：‘卿今当涂掌事，不可不学！’蒙辞以军中多务。权曰：‘孤岂欲卿治经为博士邪！但当涉猎，见往事耳。卿言多务，孰若孤？孤常读书，自以为大有所益。’蒙乃始就学。及鲁肃过寻阳，与蒙议论，大惊曰：‘卿今者才略，非复吴下阿蒙！’蒙曰：‘士别三日，及更刮目相待，大兄何见事之晚乎！’肃遂拜蒙母，结友而别。”笔者以为，这则故事能很好地回答领导干部关于读书的困惑。

首先，为什么要劝吕蒙读书？孙权说得很明白：“卿今当涂掌事，不可不学！”意思就是说，你现在当了领导，手中有了权力，掌管一些事情，所以不学习不行了。史书记载，吕蒙是一位“以胆气称”的名将，他16岁私自随军上阵杀敌，不到30岁就“拜偏将军，领寻阳令”。正当吕蒙春风得意之时，孙权对他发出了“不可不学”的劝告。如果吕蒙乃一介平民，不喜欢读书学习，无非是见识浅陋、谈吐粗俗，不至于有多大危害；但是作为一名领导，如果不读书学习，小则无法担起“当涂掌事”的责任，重则祸国殃民。所以，在读书学习方面，领导干部恐怕要有点危机意识，有点“本领恐慌”才行。

其次，领导干部学习的目的是什么？人们读书的目的林林总总，不一而足。有人为求学，有人为考证，有人为卖弄，有人为附庸风雅、装点门面，有人则为享受读书的乐趣……那么，领导干部读书的目的何在呢？孙权对吕蒙说：“孤岂欲卿治经为博士邪！但当涉猎，见往事耳。”意思是说，我劝你读书并不是要你吕蒙焚膏继晷、皓首穷经以成为专业学者，而是要广泛涉猎，从中吸取经验教训，以担负起“偏将军”“寻阳令”的使命。孙权还根据吕蒙的岗位需要，让他“宜急读孙子、六韬、左传、国语及三史”，并以孔子的话，光武帝、曹孟德的例子相劝。吕蒙“乃始就学”，并“笃志不倦”，终于才略大长，以至于让鲁肃发出了“非复吴下阿蒙”的惊叹。

最后，领导干部学习的时间在哪里？估计吕蒙这位“偏将军”“寻阳令”也和我们今天多数领导干部一样，整天忙于公务，难以抽出时间读书学习。所以，当孙权劝他读书的时候，吕蒙非常自然地“辞以军中多务”。孙权立即现身说法对他进行批评教育：“卿言多务，孰若孤？孤常读书，自以为大有所益。”意思是说，你吕蒙难道比我还忙吗？我都经常读书，你还说什么“军中多务”！我们相信吕蒙所言“军中多务”确是实情，但这“务”是否多到让他完全没有时间读书恐怕就不好说了。正如鲁迅先生所言：“时间就像海绵里的水，只要愿挤，总还是有的。”今年2月7日，习近平主席在索契接受俄罗斯电视台采访时说：“现在，我经常能做到的是读书，读书已成了我的一种生活方式。”各位请扪心自问：自己是否比习主席更忙！如果不是，那么就赶紧让读书成为我们的一种生活方式吧！

（编者，2014年6月17日）

（2）根据部队生活、学习、训练、管理的某一现象，写一篇短评，题目自拟。

拓展延伸

［1］人民日报社评论部.人民日报评论年编　人民论坛2019［M］.北京：人民日报出版社出版，2020.

［2］人民日报社评论部.人民日报评论年编　人民时评2019［M］.北京：人民日报出版社出版，2020.

第五节　新闻调查

一、新闻调查的含义及特点

（一）新闻调查的含义

新闻调查，也称调查性报道，最早产生于美国。19世纪下半叶，美国报业大王普利策主张通过报纸来揭露社会黑暗。他在《世界报》创刊号发表的《告读者书》上指出，报纸要“揭露丑恶的欺诈现象，鞭挞一切社会罪恶和弊端；真挚地、诚心诚意地为人民服务和战斗”。20世纪初，美国报界形成了一场揭露运动，当时的美国总统罗斯福指责这种揭露性报道是专揭丑闻，是“掏粪”，人们干脆称之为“掏粪运动”。美国著名的“水门事件”的报道即属此例。

与西方不同，我国的调查性报道虽然也对事件进行探究和披露，但并不以“揭丑”为目的。自本世纪以来，中国的新闻调查经过不断摸索，表现出如下中国特色：一是多为批评，而不是一味地揭丑。二是不仅进行批评，而且致力于解决问题。三是多在新闻事件被有关部门处理和定性之后才开展。四是有些新闻调查表现的并非揭露性题材，而是中性、正面的题材，探究、揭示的是不为人知的真相和事实。

（二）新闻调查的特点

1. 采写目的的明确性

新闻调查一般根据“问题”来策划调查。新闻调查关注的“问题”，多是已引起了人们关注并进入舆论视野的“问题”。因而，带着明确的问题去采写是新闻调查的一个重要的特点。

2. 调查题材的广泛性

新闻调查所涉及的题材比较广泛，既可是反面题材，如贪腐问题、安全问题等；也可是中性、正面题材，如有曲折过程和复杂背景的重大事件，被道德观念和认识水平遮蔽真相的题材，被我们狭窄的生活圈子和集体无意识遮蔽真相的题材。无论是内幕调查还是对复杂问题的深层探究，都可进入调查性报道的选题范围。比如，“中国新闻奖”作品中的《香蕉有毒谣言重创海南香蕉业》（第 18 届三等奖）、《问诊“阳宗海污染事件”》（第 19 届三等奖）、《紫金矿业污染事件》（第 21 届三等奖）等，选取的就是探寻事件真相的题材。

3. 报道细节的实证性

与一般的报道相比，新闻调查用事实叙述事件，往往强调可以证实的事，强调“现场”，强调新闻来源。新闻调查对材料往往不做过多的加工整理，尽量保持原生态，对事件也不过多地发表评论，而是以调查过程的展示来完成对调查结论的表述。

4. 获取材料的艰难性

新闻调查注重揭开那些被有意隐蔽、不欲为人所知的内幕，其调查难度比一般报道大得多。不少新闻调查所涉及的事件，一开始甚至没有任何线索，全靠记者独立调查来完成。调查过程也常会遭到各种干扰。如因为利害关系，调查对象不愿主动配合，不肯提供真实情况，甚至还要竭力隐瞒、掩盖真相等。

二、新闻调查的写作

（一）新闻调查的分类

1. 调研式

这类报道意在调查清楚事实真相，既不刻意批评，也不着意表扬，好处说好，坏处说坏。报道的目的是通过对社会问题或社会现象的深入调查、剖析，使问题得到关注，用建设性的主张求得社会共识，推动社会良性发展。如曾获中国新闻奖的《三十年回望塔元庄》《儒学下乡，唤醒乡村文化基因》等。

2. 追踪式

这类报道不以全面、系统取胜，重在深入追踪调查新闻事实，通过隐性采访、体验，还原事件真相。如曾获中国新闻奖的《政府软件采购问题追踪》《化肥价格千里追踪》和《菜价追踪》等。

3. 揭露式

在西方，这类报道重在揭露社会阴暗面、政府里的黑幕、大企业的罪恶勾当、黑社会的内幕等问题。在我国，这类报道多是揭露和批评各种违法违纪、有悖社会道德等的活动与丑闻。如获2020年普利策调查性报道奖的《他们被骗了：不计后果的贷款如何摧毁了一代出租车司机》，就是一篇对纽约出租行业的缜密调查，该调查揭露贷款机构巧立名目，巧取豪夺，导致近千名出租车司机破产，9人不堪重负自杀身亡的真相。最终，该报道引起了轩然大波，迫使纽约市政府不得不就此事展开全面调查和整治。曾获中国新闻奖的两篇调查性报道《高校科研经费管理乱象调查》和《一纸推广证，几多“生意经”》也是揭露式报道。前者揭露高校科研经费管理乱象问题，后者揭露江苏省住建厅科技发展中心违规收费敛财问题。

（二）新闻调查的结构

1. 问题牵引式

将一个事件中各个阶段最异乎寻常的现象挑出来，按“提出问题—解决问题—又发现问题—再解释—再发现”的方式进行叙事。

如中国新闻奖获奖作品《五问县级公立医院改革》《橘子洲凭啥要收百元门票》都是通过提出问题，再从不同的方面来进行调查叙事。

2. 顺藤摸瓜式

以记者的调查过程为线索，纵向地推近事实真相。这种结构的好处在于可以反映新闻事件的大致过程，让受众了解前因后果。记者也可以借“过程”说话，表达某种观点和意见。

新华社记者采写的“追踪”类调查性报道较多采用这种结构方法。如《化肥价格千里追踪》和《菜价追踪》两篇报道，结构模式完全一样：先提出问题，然后从“源头”着手，开始调查采访。

3. 扇面铺开式

“扇面铺开式”适合于横向展示一定空间的情况。它以数量的聚集来表明问题的普遍性和严重性，以引起人们的关注。如《夜探“虎”穴》就是对6个电子游戏机娱乐场所赌博情况的一次聚集性的扫描。每个点的情况虽各有异，但其性质是一样的，它们构成了事实的一种规模，一种由量的聚积到质的变化。正如该报道结尾所言：“两个多小时的暗访，记者虽不能走完榕城所有有赌博行为的电子游戏机场所，但可以看出，福州的‘赌’风已盛，到坚决查禁的时候了！”

（三）新闻调查的采写要求

1. 坚持独立

无论是内幕调查，还是对复杂问题的深层探究，记者都要保持独立的采访立场，要站在各种利益团体之外对自己的报道负责。如果记者丧失了独立性，就很容易被某个人或团体提出的不全面、不具有代表性的证据牵着鼻子走，而无法确保报道的科学性，最终误导公众。调查报告中要展现详细的调查过程，并提供丰富细致的调查材料。

2. 确保准确

报道内容来源一定要权威可靠，不使用来源不明的信源和没有经过核实的信息。所有的报道事实都要经过严谨的核实查证。除了那些需要记者保护信源身份如未成年人等群体外，其他所有信源都要在报道中指出其准确的身份。当记者对事实没有把握时，一是要核实，二是要请教专业人员。

3. 保持客观

不偏不倚、公正地再现事实，给读者提供独立判断的材料。在新闻调查写作中，要多用事实和当事人的直接言辞，尽量不带记者的主观色彩，不在字里行间渗透记者的感情，不代替读者评价事件。

4. 平衡报道

客观平衡报道事件各方，对事实或信息做全面、客观、公正的报道，不遗漏任何重要的信息。要尽可能给每一方，尤其是受到指证的一方说话的机会。如对于冲突事件，不仅可以报道双方的陈述和意见，还可提供事件相关各方声音，包括当事人、学者专家以及政府部门等。

思考与练习

（1）查找并阅读一篇报刊上的新闻调查，说说它的写作特点。

（2）你认为撰写新闻调查报道，比撰写其他报道更要注意的事项有哪些？

拓展延伸

[1]（美）梅尔文·孟彻. 新闻报道与写作［M］. 北京：清华大学出版社，2012.

[2] 被收容者孙志刚之死[N/OL].（2006-08-31）[2021-05-02].http://news.sohu.com/20060831/n245101127.shtml.

第七章　学术论文

第一节　学术论文概述

一、学术论文的含义和特点

（一）学术论文的含义

学术论文是学术研究观点的表达形式，也是学术研究成果的载体。人们在从事学术研究的过程中，有了新的认识、新的发现，特别是在理论上有了新的建树，在科学技术上有了新发现、新发明、新见解、新推进时，就要运用学术论文这一形式来表述观点、发表成果和交流信息，使人们了解学术研究的新进展，并对其进行评价、研究、采纳和使用。

从文体上来说，学术论文属于议论文的一种，但又与其他议论文有显著不同。根据国家标准《科学技术报告.学位论文和学术论文的编写格式》（GB7713−87）的定义：

“学术论文是某一学术课题在实验性、理论性或观测性上具有新的科学研究成果或创新见解的知识和科学记录；或是某种已知原理应用于实际中取得新进展的科学总结，用以提供学术会议上宣读、交流或讨论；或在学术刊物上发表；或作其他用途的书面文件。”

也就是说，学术论文应以报道新的学术研究成果为主要内容，要反映该学科领域最新的、最前沿的科学技术水平和发展动向，具有新的观点、新的分析方法和新的数据或结论。

（二）学术论文的特点

学术论文应具备以下四个特点。

第一，专业性。学术是指专门的、系统的学问，根据学术论文的产生条件和国家标准对学术论文的定义，学术论文首要的特点就是专业性，也就是说其研究对象应该是某一学科领域中某一专业性的问题。

第二，科学性。开展学术研究、撰写学术论文的目的在于揭示事物发展的客观规律，促进科学的发展和社会的进步，这就决定了学术论文研究、探讨的内容必须准确、逻辑推理必须严密、结论必须可靠。学术论文的科学性包括研究基础的科学性、研究方法的科学性、研究内容的科学性和研究结论（结果）的科学性。科学性是学术论文的价值所在。

第三，创新性。学术研究是对未知领域的探求，创新是学术研究的生命。学术研究的创新性要求学术论文要有独到的见解，能在研究的过程中使用新的方法，提出新的观点，或是得出新的理论，在人们现有的基础上将人对自然、对社会、对思想的认知向前推进。

第四，理论性。学术论文与科普读物、实践报告、科技情报之间最大的区别在于具有理论研究和实证分析的特征。学术论文的理论性决定了论文的选题、逻辑、结构、论证、结论等必须遵循科学的路径。

二、学术论文的基本结构

论文的结构指的是论文的谋篇布局，即观点和材料的组织形式。谋划学术论文结构的过程，也就是作者根据自己表达学术思想的需要，论述观点、组织材料的过程。按照国家标准规定，学术论文的编写格式一般应由以下三个部分构成：

（1）前置部分：题名、署名、摘要、关键词。

（2）主体部分：引言、正文、结论。

（3）附录部分：注释、参考文献、附件、致谢（学位论文）。

学位论文也是学术论文的一种，因此也应遵循这一结构形式。

（一）前置部分

1. 题名

题名是文章的“眼睛”。学术论文的题名应反映出文章的研究对象、主要内容或主要思想观点。题名要做到准确、简洁、明了。

准确指题名应当恰如其分地揭示论文研究的内容和主题，既不能过大过宽，也不能过小过窄，更要避免模糊笼统、模棱两可。如《浅谈一体化联合作战》这样的标题，就过大过宽，读者无法抓住重点，而《一体化联合作战中防空作战问题浅探》《联合战役信息作战指挥在组织实施中应把握的问题》这样的题名就对研究的对象有较好地体现。

简洁指题名文字不宜过长，一般不宜超过 20 字，能简明扼要地概括出论文的思想内容，避免使用重复性的词语。

明了指题名用语既要考虑专业性但又不能过于生僻。一般说来，学术论文的题名都比较庄重，不刻意追求文采，少用或不用修辞手法，要避免使用不常见的缩略词、首字母缩写词、字符、代号和公式等。在拟定论文的题名时，既要考虑到它庄重、带有理论色彩的特点，又要注意风格的多样化，不可陷于固定模式的泥淖。

2. 署名

除署上作者姓名外，根据不同的应用场景，还可能需要注明作者的单位或职务、职称、学位等信息。有多位作者时，应按其贡献大小排列名次。只参加部分工作或没有直接参与研究和撰写的人可列入致谢部分。

3. 摘要

摘要以简短精练的语言概括介绍学术论文的主要内容，是论文基本内容的缩影。摘要的作用是便于读者尽快了解论文的内容，为查找资料和做卡片摘录者提供方便。摘要内容包括：论文研究的对象和主要内容、主要的研究论证方法、主要的研究成果或最终结论等。

摘要的文字宜简短，一般在300字左右，以满足读者迅速了解论文内容的需求。

4.关键词

关键词是为了进行文献标引，从论文中选取出来用以表示全文主题内容信息的单词或术语，标在摘要的左下方。每篇论文需选取3～8个词作为关键词，必要时还应标注与中文对应的英文关键词。其作用一是可以使论文内容一目了然地显示出来，二是便于检索。

下面我们一起看一下一篇名为《外军研究型大学的办学特色与改革动向》的学术论文的前置部分：

外军研究型大学的办学特色与改革动向①

范玉芳

摘要：外军研究型大学具有一定规模的研究生教育，重视科学研究。这些学校地位特殊，任务综合，学科方向集中，科技与特色突出，教学科研强调国防相关性，重视人才培养质量，师资队伍结构多元。外军研究型大学同时也面临生源不足、办学经费受限、难以吸引和保留高水平师资等问题，正采取多种措施探索创新发展之路，包括：壮大生源和研究力量，拓展培训能力，扩大开放办学，加强教员队伍建设等。外军研究型大学的发展路径为我军建设世界一流高等教育院校提供了一种参考视角。

关键词：军队院校；研究型大学；外军

这篇论文的正文分为四个部分：一、外军研究型大学的基本情况；二、外军研究型大学的办学特色；三、外军研究型大学面临的主要问题；四、外军研究型大学的发展趋势。

文章的重点在二、四两部分。对比摘要可以看出，第一句即是对基本情况的高度提炼；第二句是对办学特色的概括，因为这部分是一个重点，所以罗列出这几点特色的小标题做详细说明；第三句作者巧妙地将第三、四部分合为一个长句进行概述，其中第三部分的问题作为引子引出第四部分的四个发展趋势，简明清晰地展现了出这两部分之间紧密的承接关系，令读者一望而知其重心所在。最后一句是一个小结，既起到收束前文、使整段摘要语义连贯完整的作用，也点明了本文的意义，增强了文章的说服力。

（二）主体部分

1.引言

引言又称“前言”“绪论”“导言”，是论文的开头部分，是对论文的研究目的、价值、根据、方法、结论等的简介。引言部分文字较少，篇幅较短，应精心构思，开门见山，以使人迅速抓住论文要旨。

引言不同于摘要，摘要是论文主要内容的客观陈述，应该尽量全面。而引言主要起到引出主体内容的作用，因此在写作时，应有取舍，不必一一述及。也有的学术论文没有引言而直接提出问题、进入正文。例如：一篇题为《基层云计算的作战数据服务研究》的学

① 范玉芳.外军研究型大学的办学特色与改革动向［J］.高等教育研究学报，2018（03）：5.

术论文的引言部分：

> 作战数据是信息化条件下作战指挥的基础支撑，是确保指挥信息系统有效运行的基本资源，作战数据建设与指挥信息系统建设是同步发展、密不可分的。随着基于信息系统的体系作战能力的发展，作战数据服务也将发挥越来越重要的作用。构建一个功能完整、灵活实用、安全可靠、使用方便的作战数据服务平台是云计算时代对作战指挥的迫切要求，也是今后研究的重点。
>
> 随着信息技术的进步，作战数据建设经历了从无到有、从无序到有序、从分散到集中的过程。当前，作战数据建设正朝着标准化、一体化、网络化、平台化方向发展，而云计算技术的出现为实现该目标提供了有效的技术支撑。在作战数据建设方面，云计算技术的出现也必将对其建设模式和运用方式等产生重要的影响。①

该论文正文部分首先介绍了云计算的定义、特点和基本层次，然后指出了作战数据服务在当前面临的短板，并结合云计算作出了功能设计和结构设计。在引文中，作者介绍了作战数据的重要作用和当前发展趋势，并简要说明了云计算技术对于作战数据的影响，阐明了本文所研究的内容的重要性、必要性和紧迫性，从而引出正文。

2. 正文

正文是展开论题研究过程、表述作者研究成果的部分，是论文的主体，占主要篇幅，作者应围绕中心论点组织材料，进行理论阐述和严密论证，形成内容充实、论据充分可靠、论证有力、主题明确的研究成果。正文部分的结构没有固定模式，通常包括以下内容：研究的对象、研究的方法、支撑材料以及结论观点。

学术论文正文部分内容较复杂，篇幅较长，论证的方法必须根据论文不同类型、不同内容加以灵活选用，切忌照搬硬套。为求层次清楚，常常要加上序码表示并列分项的关系；如有必要，还应提炼出主要观点作为小标题，阐明思路与问题的同时便于读者阅读。正文部分在下文“写作流程”中有详细地说明，此处不赘言。

3. 结论

结论是学术论文的结束部分，是指全文最终的、总体的结论，而不是正文中各段小结的简单重复。一般包括下列内容：

一是说明论证得到的结果，对正文分析、论证的问题加以综合、概括。要与引言前后呼应、首尾一贯，使文章成为一个严谨、完美的整体。例如，《新时代中国军事外交战略研究》一文，在正文中分析了国家安全战略、军事战略与军事外交战略几个核心概念，回顾了新中国军事外交发展演变的基本历程，并对新时代中国的军事外交战略及其与国家外交战略和军事战略之间的关系进行梳理之后，提出了中国军事外交战略面临的几个主要挑战，最终得出如下例中的结论：

---

① 高峰.基于云计算的作战数据服务研究［J］.计算机与网络，2019（12）：66.

> 中国正处于和平崛起的关键阶段，机遇和挑战并存，而且机遇大于挑战。一是中国国力和军事实力不断增大，为我国实施大国军事外交战略、推行中国特色军事外交、开创军事外交新局面提供了强大战略支撑。二是“一带一路”建设呈现全球性布局，为我国军事外交在全球范围内的横向拓展和纵深发展提供了重要平台。三是中美战略博弈因结构性矛盾加剧而进入新阶段，中国的地缘政治环境发生重大变化，但为军事外交发挥更大作用提供了历史机遇。在新的历史条件下，中国的军事外交工作应在国家战略、外交战略和军事战略的指导下，在准确判断国际战略形势和战略力量对比的前提下，做好顶层设计，突出重点，以点带面；强化军事外交队伍建设，苦练内功，增强民族凝聚力和国家内聚力，坚守“你打你的，我打我的”军事外交战略指导方针和灵活多变的战术战法；将原则性和灵活性有机结合起来，时刻保持清醒头脑和战略定力，坚决防止出现任何战略性失误，尤其是不被对手的战略欺骗所迷惑，积极稳妥地构建对我国相对有利的地区和全球军事外交格局。①

二是对课题研究提出展望。个人精力是有限的，对某项课题进行研究所能取得的成果也只能到一定程度。所以，在结论部分可以提出本课题研究的遗留问题或尚未解决的问题，指出可能的解决途径。例如，《水下无人预置平台的发展现状和启示》一文指出，当前我国水下无人预置平台技术已开展一些研究工作，部分科研单位和高校已取得某些方面的科研成果，但是缺乏大思路和顶层统筹规划牵引，因此针对我国海军未来体系化作战的需要提出以下建议：

> 鉴如此，在借鉴国外先进经验的同时，不能亦步亦趋，需要从自身战略需求出发：开展顶层设计工作，将水下无人预置平台纳入水下攻防作战体系中来统筹考虑；把握国内战略需求和武器装备建设需求，整合国内优势研发力量，形成合力；加强关键技术重点攻关，开展前沿技术应用转化，牵引、推动我国海军水下无人作战系统的发展，最终实现水下无人预置平台类装备的实战化部署。②

（三）附录部分

1. 注释和参考文献

论文中如有需要进一步阐释但又不便放置于正文中的内容，以及引用他人的研究成果、言论观点、数据和其他参考资料，需要加以注释。注释的标注方式可以分为以下三种：

（1）尾注：在论文结尾处注明，一般全篇通排编号。

（2）脚注：在论文每页的下方注明，一般每页重新编号。

（3）夹注：在论文中需要解释的词句后以圆括号括注，一般不编号。

---

① 孙建中. 新时代中国军事外交战略研究［J］. 理论与评论，2019（02）：36-46.

② 张弛，蔡帆. 水下无人预置平台的发展现状和启示［J］. 现代防御技术，2019（05）：20.

脚注和尾注用于标明参考文献、说明需要解释的内容，所以通常要求信息准确全面，而夹注是随文注，为了不影响行文，通常只标出最关键的信息，详细的信息仍需要在尾注或者脚注中进行说明。脚注和尾注较为常用，夹注只用于某些特定情况下，比如社会科学类学术论文中，参考、引用他人观点时，常在作者姓名后括注成果的年份，人文类学术论文中，引用的一些常见的古籍篇目也可以括注在对应的语句后。

注明出处既尊重了他人的劳动成果，也说明了自己的研究依据。注释中最常见的是参考文献标注，标注时需要遵循相关格式。不同期刊、机构对于学术、学位论文的参考文献标注方式可能会有不同，但通常来讲，参考文献的标注应该由以下几个要素构成："序号+主要责任者+文献题名+文献类型标识+出版/发表时间+出版社/期刊名+页码。"

文献类型标识和具体格式参见本章末所附的《参考文献标准格式》。

2. 附件

附件是论文主体的补充。通常不便在主体部分展示但又很重要的内容，可以放在附件中作为依据，比如，一些图表、程序、对了解论文内容有帮助的说明、补充材料或可资借鉴、比照的重要书目。

拓展延伸

全国信息与文献标准化技术委员会.科学技术报告、学位论文和学术论文的编写格式:GB 7713-87[S/OL].http://c.gb688.cn/bzgk/gb/showGb?type=online&hcno=823B8654959A5225AAEC439933BC2D20

第二节　学术论文的写作

一、学术论文的写作流程

学术论文的写作过程大体可分为确定选题、阅读文献、拟定提纲、撰写初稿、修改论文与论文定稿五个环节。按照学术论文的研究方法不同，学术论文写作形式和格式也有所不同，但其写作规律或写作过程基本相同。

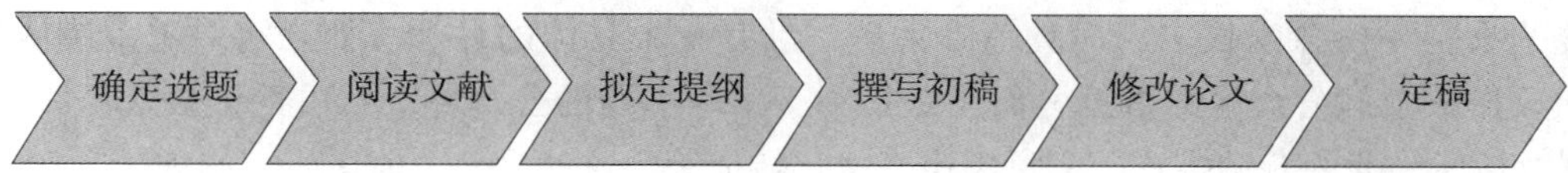

（一）确定选题

选题是撰写学术论文的第一步，是作者根据写作目的、客观需要和主观条件，对所要研究的对象进行选择和确定的过程。一般是作者在选择确定的研究方向基础上，经过调查、研究、分析后确定研究课题。选题是否恰当，直接关系到学术研究的成败，选题选得恰当，文章就成功了一半。

1.选题的原则

学术论文的选题应把握和遵循下列原则。

（1）选择有价值的课题

要选择有学术价值的课题。对于军事领域的研究来说，选题要以战斗力为标准，着眼于建设和发展的全局，服从部队的实际需要。选题可以优先从以下几个方面进行考虑：①军事科学领域里出现的新问题；②军事科学领域里需要进一步解决的问题；③对军事学科现有的观点和结论的综合；④对某些错误或有争议的观点、学说、做法的纠正或质疑；⑤对现有的一些学说、观点、做法的补充。

（2）选择具有创新性的课题

独创性是科学工作的灵魂，也是我们选择研究课题或论题的重要原则之一，怎样才能选择容易创新的论题呢？一是要敢于站在学科前沿进行探索。二是要敢于涉足边缘学科和交叉学科，这样往往会开拓新的研究领域，获得新的研究成果。如国防、军事领域的学科，与人才学结合，就有了军事人才学；与心理学结合，就有了军事心理学；与运筹学结合，就有了军事运筹学；与经济学结合，就有了国防经济学。

（3）选择力所能及的课题

选择力所能及的课题，就是作者要依据自己的实际学术水平和科研能力水平，从现实情况出发，量力而行，恰如其分地选择论题。如果好高骛远、贪大求全，把论题定得过大，结果会力不从心。当然，这也不是说作者选题时可以贪图省事，无所作为，把论题定得简单肤浅，而是要从客观实际出发，去选择最适合自己的课题进行研究。

2.选题的注意事项

选题是学术研究的开端。在选定题目之前，每个研究者都应该问自己这几个问题：我研究的是什么问题？我为什么要研究这个问题？我怎么研究这个问题？实际上也就是问题的内容、研究的价值和研究的方法。

（1）研究的是什么问题

所谓学术研究，必须将实际问题上升到理论层面。例如，我们现在每天在用社交软件，如果要大家以社交软件为研究对象作一篇学术论文，大家会如何寻找切入点？

以微信为例，人们每天使用微信，会产生海量的数据，如果将这些数据进行采集或再做些分类介绍之类的工作，这是否可以称之为学术研究呢？答案是否定的，因为这些工作呈现的只是一份数据报告，而且范围太广，没有一个具体的目标。如果将对象范围收缩，例如只提取微信公众号的数据，而且是集中于某一主题的公众号，然后挖掘公众号阅读量数据背后所隐藏的营销模式、文章风格、文化特征等，这就是一个值得研究的理论问题了。

（2）为什么要研究这个问题

学术研究的问题必须是一个真问题。所谓真问题，首要原则就是有用性。有用性不等于实用性，不是一定要转化为市场价值、转化为经济利益才是有用，只要是对人类知识的更新和突破能起到些许助力，这就可以称之为一个真问题。汉代的经生皓首穷经，据东汉桓潭的《新论》记载，有一个叫作秦近君的人解读《尚书·尧典》，仅诠释篇目二字就花了十万言，解释开篇“曰若稽古”四字又花了三万言。研究古籍，考据固然重要，但像这样陷入琐碎而无意义的训诂之中，就不是研究真问题的态度，这样的问题，也不具备有用性。所以，选题时首先应当想清楚，这是不是一个真正值得去研究的问题，这个问题研究出来以后，对于学界、对于社会的价值和意义在哪里。

（3）如何研究这个问题

因为学科和专业的不同，学术研究所采取的具体方法也有很大差别。自然科学领域的学术研究成果往往要通过实验来完成，在实验过程中会用到观察、测量、模拟等方法；社会科学关注的是现实社会的实际问题，常常会运用调查、统计、访谈等方法；人文学科较之前二者而言，总体上偏抽象，因而更注重逻辑思考、经验总结、哲学思辨等方法。但要注意，在实际应用中，这些方法并不局限于各自的领域，而是可以融会贯通的。

另外，无论是哪个学科，开展学术研究的思路是有相通之处的。首先，一个学术研究的问题的焦点必须集中在某一个地方，向某一个方向深入，而不是追求面面俱到，后者是教科书、说明书，不是学术论文。其次，在研究的前期，都必须通过大量的文献阅读了解选题的研究现状，从而寻找研究方向和突破口。再次，论文撰写的工作启动之后，基本上都要遵循大致相同的流程。

（二）阅读文献

选题确定之后，就应着手阅读相关领域的文献，为下一步的写作做准备。阅读文献的工作十分重要，通过文献的阅读和回顾，我们应了解与自己选题相关的研究目前进展到了什么程度、应用了哪些方法、有什么主要观点、存在哪些问题等研究现状。

阅读文献时应注意以下几点。

1.尽量阅读一手资料

文献几经转引，经过其他人的压缩、选编，可能会被断章取义，作者的原意可能会被曲解。因此，阅读文献时，应尽量选择原文、原典。例如，人们通常认为《论语·子张》中的“学而优则仕”这句话是宣扬读书做官论，学习优秀了就可以去做官。但这句话原文是有上下文语境的，全句是“仕而优则学，学而优则仕”，“优”在这里不是优秀之意，而是“行有余力”的意思，要了解这句话的本意，就需要读《论语》原书。

2.带着问题阅读

“学而不思则罔，思而不学则殆。”（《论语·学而》）在阅读文献的过程中，应该从自身选题的角度出发，考量所阅读的文献是否有效回答了研究的问题、选用了什么方法来研究这个问题、有什么突破、有什么不足。带着这几个问题读完一篇文献，就可以对这篇文献形成一个基本的评价。

3.梳理文献综述

当文献阅读积累到一定量时，除了对单篇文献进行思考和评价之外，还要找出这些文献之间的联系，以及这些文献所反映的成果与以前的知识之间的联系，建立对相关问题的系统认识，并据此判断自己所研究问题的发展趋势，最终形成文献综述。

（三）拟定提纲

《文心雕龙·附会》云：“晓其大纲，则众理可贯。”提纲的拟定是对论文正文的总体设计，是论文写作的蓝图，是全篇论文的框架结构。拟定提纲的过程，同时也是理清思路、谋划全局的过程。在撰写初稿之前精心编写论文提纲，看似会占用不少时间和精力，但实际上能够为后续正文的撰写指明方向，也便于安排整个研究过程的进度。好的提纲是论文质量的有效保障，如果在准备工作做得很不充分的情况下贸然动笔，最终形成的论文往往没有章法、逻辑混乱、论证不严密，甚至有可能推到重来，反而耽误了时间。因此，在进入正文的写作之前，必须结合文献阅读的结果，认真构思文章的提纲。

1.提纲的要素

论文所研究的问题和相关的论证材料是文章的血肉，行文语言则是外在表现形式，提纲就像骨骼支撑起它们。因此，一个完整的提纲应该至少包含这几个要素：

（1）论文题目。

（2）论文的研究背景、目的和意义。

（3）中心论点、各个分论点、各个分论点下的小论点。

（4）各论点论证的论据材料。

（5）不同论点的论证方法、论证结果等。

（6）论文的结论和课题的展望。

以上几点既是论文提纲的要素，也是拟定提纲的大致顺序。对学位论文、研究课题而言，开题报告通常就是整个项目的大提纲，而研究框架（成文后可能转换为目录）则是正文部分的小提纲。

在拟定提纲时，要考虑各章节之间是怎样的联系，是否平衡，各章节在整个论文中分别起什么作用，给不同的章节分配多大篇幅等问题。有些作者对思考比较成熟的部分在提纲中写得详细，对尚未成熟的问题则写得很简略，这样就发现了薄弱环节，进而可对提纲进行补充和修改。因此，提纲一般来说是由略到详，经过反复思考、逐步修改完成的。

2.编写提纲的思路

常见的提纲编写思路有三种：顺序式、并列式、递进式。

（1）顺序式提纲。顺序式提纲是以研究内容的先后顺序，或以事物发展变化的前后时间为依据来罗列各个部分的。自然科学学术论文的提纲一般采取这种形式。

（2）并列式提纲。并列式提纲是围绕中心论点，从不同角度、不同层面进行分析，列出分论点，同一个标题层次的论点之间是平等的关系，也就是说各分论点应该是上一级论点的不同方面。例如下面一篇论文的提纲：

一、作为联合作战的领导决策者，指挥员要打牢坚实的政治素质

（一）联合作战作战目的的战略性，要求指挥员具有坚定的政治信念

（二）联合作战行动的整体性，要求指挥员具有良好的大局观念

（三）联合作战指挥控制的高效性，要求指挥员具有坚决的执行态度
二、作为联合作战的全盘指挥者，指挥员要强化全面的素质
（一）联合作战手段的多样性，要求指挥员掌握娴熟的作战技巧
（二）联合作战战场态势的多变性，要求指挥员具有快速的应变能力
（三）联合作战信息资源的共享性，要求指挥员具有良好的信息素养
三、作为联合作战的直接参与者，指挥员要夯实过硬的业务素质
（一）联合作战全程的复杂性，要求指挥员具备有效教育技能
（二）联合作战参战力量的多元性，要求指挥员具有渊博综合知识
（三）联合作战理论的革新性，要求指挥员及时更新作战理念①

在上面这个例子中，论文要论述的核心是联合作战视阈下指挥员的政治能力素质，三个一级标题分别指向指挥员在联合作战中所担任的三种不同角色，这三种角色对应的作战任务对于指挥员来说是并行存在的。每个一级标题下的二级标题所对应的要求，在各自层级下也是并列的关系，例如作为联合作战的领导决策者，指挥员应该同时具备坚定的政治信念、良好的大局观念和坚决的执行态度，这三者是政治素质的三个不同方面。

（3）递进式提纲。递进式提纲是围绕中心论点，依据阐明事理必须遵循的逻辑推理关系，逐层深入地列出各部分内容。例如下面一个提纲：

一、中俄关系的历史回顾
二、中俄关系发展的历史启迪
三、进一步深化中俄关系的着力方向②

上面这个例子通过回顾20世纪50年代以来中俄（中苏）关系的发展历程，引出历史经验和教训，并就历史对现实的启迪进行了分析，最后落脚于中俄关系的发展方向，这种“过去—现在—未来”的论证路径，就是层层深入的递进式研究提纲。

总的来说，提纲的写法可以参考一定的模式，但绝不可墨守成规，不加判断地套用前人的模板，而是应该根据不同学科、专业的特点和要求，论文的研究范围和个人的写作习惯来确定。拟定提纲主要是理顺作者的思路，启发作者一步步接近所要研究的核心。对初涉学术研究领域的人来说，提纲应尽量拟得详细一些，考虑得成熟一些，写作时不宜跳出提纲随意发挥。但提纲拟好之后也并非完全不能改动，写作过程中可能遇到各种问题，也可能不断发现新的材料，在自己能驾驭这些新发现的前提下，可以灵活地调整提纲，开拓思路。

① 丁洋洋，周启淮.联合作战视阈下指挥员政治能力素质初探［J］.政工学刊，2019（7）：42-43.
② 王海运.中俄军事关系七十年：回顾与思考［J］.俄罗斯东欧中亚研究，2019（04）：37-48，155-156.

（四）撰写作初稿

1.撰写初稿的作用

提纲拟定之后，就可以进入论文正文的写作了。初稿是根据前期准备的结果，按照提纲拟定的框架，将相关材料、形成的结论，以规范的学术语言表述成文。拟定提纲时，更多思考的是如何构建论文的全副骨架，以及将各项材料、数据等安插到相应环节。而写作初稿更多考虑的是如何按照学术论文的格式，恰当地使用材料，如何运用多种论证方法严谨而又充分地表述自己的观点。

初稿的写作可能是整个论文撰写过程中耗时最长的阶段。写作初稿，一方面是在提纲框架基础上充实内容，另一方面是逐渐深化对相关问题的认识。初稿要把所有关于这个问题的观点、分析、论证等内容尽量详细地表达出来，同时在初稿的写作过程中还可及时发观前期的研究工作的不足或错误。因此，初稿的写作也可能经历反复，而不是一帆风顺的。

2.初稿撰写的要点

（1）整体谋划。实事求是地讲，无论是数千字的本科论文，还是几十甚至上百万字的博士论文，都不可能解决某个领域里的所有问题。学术研究不是求大求全，而是在于能够在一定范围内将问题解决。学术论文必须立足于一个点深挖下去，所以一篇论文，无论篇幅长短，都应该有一个核心论点。围绕这个核心论点，全文应有一条一以贯之的线索，所有的材料应该围绕这个核心论点有序铺开，以论证论点。

以《文明的冲突与世界秩序的重建》①这部著作为例：

该书的核心论点是：在未来的岁月里，世界上将不会出现一个单一的普世文化，而是将有许多不同的文化和文明相互并存。

作者在书中以时间和空间为线索，串起各个论点，其中空间线索的体现就是世界的多文明分布状态，时间线索的体现就是文明的冲突构成各时期不同的世界秩序。

围绕这样的线索，全书形成了如下提纲：“一个多文明的世界—变动中各文明力量的对比—正在形成的文明秩序—文明的冲突—文明的未来。”

（2）术语准确。在论文中，准确的表达是最基本的要求。研究者必须明白自己在写什么，写出来的文字与自己脑海中的想法是否一致，以及自己的表述与读者所理解的意思能否保持一致。要达到这三者的统一，最起码的要求就是要让论文关键的字词句有准确的表述。论文中的核心术语必须有明确的定义和概念，前后一致，避免歧义。当我们撰写论文时，首先应该了解专业领域是否存在特定术语或一些约定俗成的说法。

例如，我们平时在日常的对话中提及“初唐”和“唐代初期”这两个词时，所指的时间范围可能都是模糊的，一般人会认为这二者是可以等同或相互替代的，但是在学术化的语境里，这两个词却不能划等号。在文学史的语境里，“初唐”是一个相对固定的概念。明人高棅在《唐诗品汇》一书中将唐代诗人及诗歌分为四期：初唐、盛唐、中唐和晚唐，其中初唐特指唐代开国至唐玄宗先天元年（618—712）。这种分期方式虽然也有争议，却是唐

① （美）亨廷顿.文明的冲突与世界秩序的重建［M］.北京：新华出版社，2010.

诗研究中最常用的一种说法。而“唐代初期”则是一个泛指，没有约定俗成或是常用的时间断线。

又比如近现代史中，19 世纪末 20 世纪初，有时是一个较长时间的模糊概念，但有时候专指 1890—1910 年这 20 年的时间。如果在论文中用到的是后一种，那么就需要进行术语的定义和说明了。

（3）行文规范。学术论文不同于现在流行的自媒体文章，不需要“爆款标题”，也不需要哗众取宠的叙说方式，学术论文的语言应该简明、精准、朴实，有条理有逻辑，应该采用书面化的语言，避免在行文中出现口语、俚语、俗语等（特定研究对象除外）。学术论文中可以适当使用排比、比喻等修辞，但切忌夸大其词，更要避免主观的修饰语和夸张的文学描写。

另外在论文的行文中，还应严格遵守各类规范。比如参考文献的标注，应该要按照相关的格式全面、准确地列出。又比如在学术论文中的纪年方式，现当代纪年一般用公元纪年，采用阿拉伯数字而不用汉字，如“2019 年”，不能写成“二零一九”年或者“19 年”；中国古代纪年，一般用汉字标出朝代年号，并用阿拉伯数字括注公元纪年，如“唐太宗贞观十年（636）”。

（五）修改论文

1.修改的作用

在写作初稿的过程中，由于写作者对材料的认识和掌握不断加深，常常会有新的想法、新的观点甚至新的结论，同时初稿也会有很多不足之处。因此初稿完成之后，还要进行认真修改。论文的修改不仅是研究逐渐深入的过程，也体现了从事研究的人员对学术、对读者、对社会高度负责的态度。学术论文是个人研究的成果，也是人类智慧的结晶，对待论文应该慎之又慎，反复进行推敲、修改，才能保证论文具备它应有的理论价值和学术价值。

2.修改的范围

论文的修改是建立在对论据和观点的深刻理解和深入思考的基础上的，在修改阶段，要重点审查论点、论据是否可以相互印证，论证过程是否符合学术研究的要求，行文是否符合逻辑，同时也不可以忽视语言文字规范、符合语法等写作的最基本要求。总地来说，只要发现有问题，就要修改。具体地说，包括从内容上修改论点、论据，从形式上修改文字语法、层次结构。

（1）修改观点。论点是论文的核心，体现着论文的价值，因此在修改阶段，首先应该检验核心观点的立论是否成立。立论的检验可以从三个方面考虑：一是全文的论点及各论点证明的结论之间的逻辑是否顺畅；二是用以论证的论据是否足以支撑各论点及最终结论；三是各论点及最终结论是否与人雷同、有无创新。如果费尽周折到最后并未取得预期中的新进展或是形成自己的新见解，那么这项研究可能就是失败的，最终的成果也只是拾人牙慧，不能成为有价值的论文。

（2）修改论据。初稿中的论据可能出现两种情况：一是材料堆砌过多。初次写作时，一般会把掌握到的所有材料都罗列在正文中，这是为了防止遗漏而采取的做法，但材料并不是越多越好，在最终的定稿中，一个论点能否成立不是看论据的多少，而是看论据是否能有效地支撑论点，所以在修改的阶段，应该保留最具说服力的论据，删去较为次要、边缘化的论据，保证文章整体的论述力度是集中的、不枝不蔓的，而不是漫无边际的。

初稿中的论据还可能出现另一种情况，那就是相关材料不足。有时候论文的论点可能是一个预估、推测出来的观点，作者在写作初期未必掌握足够的材料，而是在写作过程中需要不断验证，或是搜寻新的材料来证实观点。例如，对于有些实验项目，一次或几次数据或许不足以说明问题，需要重复多次或新增实验的内容才能充分证明论点，而这个过程可能会对原有观点产生影响，这就需要及时进行修改了。

另外，在修改论据时，还应注意核实论据材料文字的准确性、数据的真实性、实验结果的可靠性等方面。

（3）修改文字语法。论文的语言不必文采飞扬、辞藻华丽，而应力求准确、明了。事实上，要写出一篇规范、明晰的论文，把自己的研究成果用最恰当的文字描述出来，也并非易事，这对作者的语言文字基本功是一个很大的考验。另外在初稿写作阶段注意力多集中在论文的论证和思路的谋划上，在文字语法方面着力不多，所以在修改阶段，就必须分出一部分精力做好这方面的工作。

论文的语言应该符合规范的白话文标准，不写错别字，语句通顺，标点符号使用正确，段落划分符合逻辑。这些要求看起来非常简单，但实际上有很多细节容易为人忽视。例如，“的”“得”“地”的用法就常常被混淆。又如目前施行的国家标准《标点符号用法》（GB/T15834-2011）规定，标有引号、书名号的两个并列成分之间，不需要再使用顿号[①]。诸如此类问题看起来对论文的文意没有根本性的影响，但作为严谨的文体，论文不应在这些细节上掉以轻心、敷衍了事，这也不符合科学研究的精神。

论文的语言应该实事求是，比如对于自己的成果，一般不做过多评价，尤其注意不宜用“国内领先”“首创”“填补空白”等夸张而绝对的词汇来描述。论文要客观地呈现学术研究的过程和结论，所以一般不要运用第一人称和第二人称的叙述视角。

论文要客观、规范不代表论文就不具备可读性。优秀的学术论文应该是文字流畅的。为避免逻辑的混乱和语意的重复，论文的句子不宜过长，尤其是可以尝试将内含多个层次、多重含义的语句，分为多个语义明晰的短句。

（4）修改层次结构。论文的层次结构是论证的逻辑展开形式，也是论文内容的组织安排形式，它反映了作者对论文的思考步骤和逻辑推理过程。提纲的拟定是对全文大体框架的搭建，每一个论点的论证还应有其具体的思路。因此，修正层次结构，就是要理顺全文各部分之间的脉络，使得整个文章前后贯通一气。

在调整层次结构的阶段，还要看各层次之间的上下级关系是否成立。一般来说，上一级的内容应该能够涵括下一级的内容，下一级的内容不能超出上一级内容的标题范围。

另外，在正文之外还有一些附加的部分，需要在修改完正文之后再做调整。如果是准

① 标点符号用法（GB/T 15834-2011）[EB/OL].（2020-05-22）[2021-03-06].http://www.gb688.cn/bzgk/gb/newGbInfo?hcno=22EA6D162E4110E752259661E1A0D0A8.

备投往期刊发表的论文，应按照所投刊物的要求，完善署名、单位、中英文摘要、中英文关键词、参考文献等内容；如果是毕业论文（设计），则应该按照学校的要求完善封面、学术诚信承诺书、致谢等部分，并且依据相关模板放置在合适的位置。

（六）定稿

一篇学术论文通常要经过反复修改才能定稿，形成定稿之后才能提交或发表。学术论文代表着作者学术观点、研究成果，因此定稿时一定要慎重。如果修改稿达到了观点正确、论据充分、方法恰当、逻辑性强等几点要求时，那么就可以定稿了。在定稿时，应该注意以下几个方面：

1. 核对文字、标点等错误

现在绝大多数人都是用电脑进行写作，在输入时非常容易出现错误，特别是在文章篇幅较长的情况下，出错的几率更大，因此在定稿前，应反复仔细确认没有文字和标点符号的错误，有必要时可以打印出来，逐字逐句检查。

2. 检查文章逻辑层次的一致性

初稿有过较大改动的文章，在修改过程中，可能会调整逻辑层次，甚至推翻原有的架构，这时要特别注意各层次的序号是否与文章最终整体框架中的逻辑层次一致，避免出现逻辑混乱、层次不清的错误。

3. 根据要求压缩或增加字数

无论是期刊文章还是学位论文，都有相应的字数规定。期刊文章通常有较为明确的字数上限与下限规定，学位论文一般有最低字数规定。在投稿或提交前，应该按照要求，将字数保持在规定的范围内。

4. 按照规范调整文章格式

对于期刊论文来说，不同的刊物往往有不同的格式要求，投稿前，应仔细阅读该刊物的投稿指南或相应说明，了解其对文章各要素的要求，将论文修改成规范的格式再投出。对于学位论文来说，同样也应在付印前按照学校规定的版式进行修改，以便于印刷，尤其是图表、图片等较多的文章，建议在调整完成后，保存成PDF格式，以免在印刷过程中出现问题。

二、本科毕业论文（设计）的写作

本节主要向大家介绍本科毕业论文（设计）的通用基本要求。

（一）基本结构

学位论文与普通的期刊学术论文结构上的区别在于，学位论文要有正式的封面。由于学位论文篇幅较长，要求在正文之前有目录、摘要和关键词，以及摘要和关键词的英文翻译，另外在正文结束之后，还有附录和致谢。

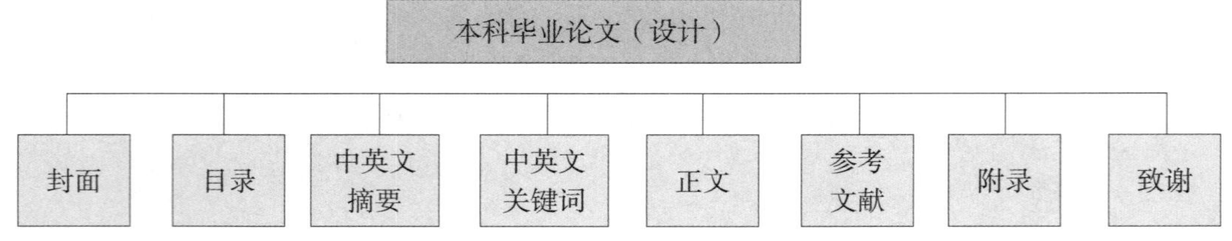

（二）封面和目录

因为评审、装订、存档等需要，毕业论文（设计）必须有封面。封面一般依据各学校发布的模板填写，不能自行设计或更改。封面上的内容要求真实、准确。比如专业、院系、导师姓名等，应该填写完整的名称，而不是代号或者简称。

一般用办公软件中自带的功能，提取论文中的各级标题，生成目录，这样能直接获取各章节的页码，但要注意，当文章内容有修改并因此引起了页码的变动时，一定要及时更新目录的页码。

本科毕业论文中，目录一般只呈现第一、第二级标题，硕士、博士学位论文篇幅较长，通常呈现三级标题但一般不超过三级。对应到正文中，一般层次也不宜超过三级，否则文章会显得支离破碎。

论文章节的标识应该保持全文前后一致。通常来讲，论文章节有以下三种标识方式：第一种，全部采用阿拉伯数字标明。第二种，全部采用汉字标明。第三种，数字与汉字结合，其中汉字的级别比数字要高。

阿拉伯数字	汉字	数字＋汉字
1. 1.1 1.1.1	第一章 第一节／一、 一、／（一）	一、 （一） 1.

（三）正文

毕业论文的正文一般分为绪论、主体和结论三个部分，跟我们前面所说的学术论文的引言、主体和结尾是相对应的。但在具体的写法上，又有一些区别。

首先，前言或绪论比学术论文的引言要更详细一些，可以独立成章节。在前言或绪论中，应该陈述论文所研究的问题是什么，目前相关研究的基础到了何种程度——这主要通过文献回顾来呈现。另外，研究的方法手段、实验的设计思路等也应该在前言或绪论中说明。

其次，在正文的主体部分中，应该完整地将整个研究课题的理论分析和论证过程陈述清楚，行文要遵循前面所说的学术论文撰写的要求和规范。如果是科研型的论文，数据、样本等也应该在这里如实呈现。

最后，结论是集中反映全篇论文精华的部分，整个研究工作取得了什么样的成果、有什么价值、是否有推广意义等，都在这里展示。研究中存在的问题、有待解决的困难和进一步深入的趋向，也应在结论中有所展现。结论措辞要严谨，不宜长篇大论，而应简单明了。

（四）其他

毕业论文和普通学术论文一样，也应有完善、规范的注释和参考文献，以及必要的附件，要求如前所述，此处不赘述。

另外，在各阶段学位论文的最后，还会有致谢部分。这部分主要是对在学习、研究和论文撰写过程中，对自己有过启发、指导、帮助作用的人表示感谢。致谢没有固定的模板和程式化的要求，一般来说，会依照对论文的撰写起到的影响的大小依次列出感谢的对象，具体人物包括但不限于导师（以及有过帮助的其他老师）、父母亲人、同窗朋友等。致谢应该情感真挚，可以适当地运用文学修辞手法。致谢作为学位论文必不可少的一部分，既是自己撰写论文的心路历程的展示，也会随着论文一起保存，因此，应以严肃的态度对待，不要敷衍了事。

思考与练习

（1）阅读一两篇本专业领域的论文，注意阅读时先读正文，读完后尝试为论文提炼摘要和关键词。

（2）围绕自身专业或感兴趣的主题，选择与之有关的理论研究题目，阅读相关文献，拟定一个提纲。

拓展延伸

［1］何伟.学术思维与论文写作[DB/OL].（2021-07-05）[2021-07-10].https://www.icourse163. org/course/CUC-1206066806?from=searchPage.

［2］林幼菁.大学生学术论文写作入门［M］.北京：商务印书馆，2020.

［3］周新年.科学研究方法与学术论文写作（第 2 版）［M］.北京：科学出版社，2019.

附：参考文献标准格式

一、文献类型和标识代码

1.参考文献类型

普通图书［M］，会议录［C］，汇编［G］，报纸［N］，期刊文章［J］，学位论文［D］，报告［R］，标准［S］，专利［P］，数据库［DB］，电子公告［EB］，论文集中的析出文献［A］，档案［A］，舆图［CM］，数据集［DS］，其他［Z］。

2.电子资源载体和标识代码

电子资源的载体类型：联机网络［OL］，光盘［CD］，磁带［MT］，磁盘［DK］。

电子资源标注时，应同时标注文献类型和载体类型，采用［文献/载体］的形式，例如互联网电子公告应标注为［EB/OL］。

二、格式范例

此处仅就常用的几种文献类型举例，详细标准请参考《GB/T 7714–2015 信息与文献–参考文献著录规则》。

1. 专著、论文集、报告等

［序号］主要责任者.文献题名：其他题名信息［文献类型标识/文献载体标识］.其他责任者.版本项.出版地：出版者，出版年：引文页码［引用日期］.获取访问路径.数字对象唯一标识符.

例如：

［1］刘国钧，陈绍业.图书馆目录［M］.北京:高等教育出版社，1957：15–18.

［2］严羽.沧浪诗话［M/OL］.文渊阁四库全书本.上海：上海古籍出版社，2014［2021–08–06］.https://sou–yun.cn/eBookIndex.aspx?kanripoId=KR4i0035_001&id=8529#page_1–1a.

2. 期刊文章

［序号］主要责任者.题名［文献类型标识/文献载体标识］.刊名，年，卷（期）：起止页码.

例如：

［1］何龄修.读南明史［J］.中国史研究，1998,（3）：167–173.

3. 专著、会议录中的析出文献

［序号］析出文献主要责任者.析出文献题名［文献类型标识/文献载体标识］.析出文献其他责任者//专著主要责任者.专著题名：其他题名信息.版本项.出版地：出版者，出版年:析出文献的页码［引用日期］.获取和访问路径.数字对象唯一标识符.

例如：

［1］钟文发.非线性规划在可燃毒物配置中的应用［C］//赵炜.运筹学的理论与应用——中国运筹学会第五届大会论文集.西安：西安电子科技大学出版社，1996：468.

4. 电子资源

［序号］主要责任者.题名［文献类型标识/文献载体标识］.出版地：出版者，出版年：引文页码（更新或修改日期）［引用日期］.获取和访问路径.数字对象唯一标识符.

例如：

［12］张淑媛.苦难孕育伟大——《苦难辉煌》读后感［EB/OL］.[2020–05–29].http://www.81.cn/zggfs/2014–08/29/content_6117231.htm.

第八章　军地通用商务文书

第一节　商务文书概述

一、商务文书的含义

商务文书是经济部门、企事业单位在日常工作中为处理经济事务、传播经济信息、协调经济关系而制作的，有明确的应用目的和较为固定的书写格式的文书。

商务文书是应用文的一个重要分支。随着经济社会的不断发展，商务活动越来越多，商务文书的使用也越来越广泛。商务组织能否快速处理各种商务信息，是商务活动成败的关键因素之一，能否具有商务文书写作能力，规范处理商务文书程序，已成为现代商务活动管理者的基本素质要求。当前，部队服务保障社会化已成为发展趋势，部队与地方之间的商业往来日盛，商务文书也就成为部队工作者需要掌握的一种不可或缺的文体。

二、商务文书的种类

商务文书种类繁多，可从不同角度、按照不同的标准进行分类。

（一）商务文书的划分标准

1.按照文书产生的效力划分

一是具有法律效力或法律意义的商务文书，如商务合同文书、审计文书、税务文书、股份制文书、仲裁文书、诉讼文书等。

二是不具有法律效力或意义的业务文书，如市场预测报告、营销决策方案、招商说明书、经济研究文章等。

2.按照文书的制作形式划分

一是表格式商务文书，按规定的表格样式进行填写的文书，如企业登记文书、商务保险文书等。

二是表述式商务文书，以文字表述为主的文书，如事务文书、商务论文、商务调研文书等。

3.按文书的形成方式划分

一是规定性商务文书，即国家机关或部门规定了样式的，如行政公文、合同等。

二是习惯性商务文书，即人们在长期生产、生活实践中形成的样式相对稳定的文书，如招标投标书、商务谈判方案等。

三是随意性商务文书，即根据需要可不断创新、形式灵活的文书，如商务传真文书等。

4. 按照商务工作的一般程序和涉及面划分

可分为调研决策文书、广告招商文书、谈判协议文书、经营管理文书、涉外业务文书、财税审计文书、上市公司公告文书等。本书按照商务工作的一般程序和涉及面划分商务文书的种类。

（二）商务文书的主要种类

1. 商务调研决策文书

主要包括市场调查报告、市场预测报告、可行性研究报告、经济活动分析、营销决策方案、企业经营方案、商品价格方案等。

2. 商务谈判协议文书

主要包括商务谈判方案、商务谈判纪要、商务谈判备忘录、商务合作意向书、商务合作协议书、商务通用合同等。

3. 商务广告招商文书

主要包括招商说明书、商品说明书、企业说明书、商务广告文案、公关策划方案、招标投标书等。

4. 商务经营管理文书

主要包括工商登记文书、企业规章制度、企业章程、授权委托书、聘请书与解聘书、商务请示与批复、商务会议纪要、商务工作总结、商标注册申请书、专利请求书等。

三、商务文书的特点

商务文书的特点是由其性质、作用、运用范围等因素决定的，主要特点如下。

（一）商务性

作为商务活动的工具，商务文书在商业信息交换过程中起关键作用。商务文书的商业性体现在几个方面：一是不论是商务组织内部管理，还是商务组织之间的业务来往，都需要商务文书为这些商务活动服务；二是商务文书以传递商务信息为写作目的，记录了商务信息的内容；三是商务文书的表现形式就是适应商务活动的需要而形成的。

（二）时效性

在商务活动中，“时间就是金钱”，商机转瞬即逝，商务文书的写作也要求迅速、及时、准确，一旦时过境迁，商务文书的实用价值也会随之丧失。所以，商务文书的写作、传递和办理都要迅速及时。

（三）规定性

商务文书大都具有固定统一的行文格式或约定俗成的写作惯例，无论谁从事这种文体的写作，均须遵循这种格式，不能凭个人喜好随意进行更改变动，更不能无故删减。通用的文书格式，有利于信息交流互动，也有利于规范商务活动。

（四）实用性

文章的写作都具有目的性，商务文书属于应用文范畴，实用是写作的根本目的。商务文书用于处理商务事件，解决商务活动中的各种问题，说明处理事务的意见、办法、措施，与对方磋商问题，提出请求，双方协商达成协议、签订合同等。总之，商务文书没有实用性就失去了存在的必要。

（五）精确性

商务文书往往涉及商业利益的内容，经济活动往来情况，贸易物资的数量、种类，资金款项的数额等都需要绝对精确。这就需要写作者具有良好的语言修养以及对专业领域问题的分析与把握能力，要有良好的专业基础。比如经济合同的语言如果模糊，将会带来经济纠纷，因此需要写作者对相关法律法规有准确理解，对合同的标的物界定清楚，对涉及的数字、金额等核实准确。

四、商务文书的写作原则

商务文书不是文学作品，不是有感而发，而是为了解决实际问题。商务文书写作的基本原则有以下几点。

（一）信息材料要广收博取、精选妙用

俗话说“巧妇难为无米之炊”，商务文书的写作也是如此。没有写作材料，写作活动就无从进行。比起文学创作，商务文书写作对各种事例、各种数据等事实与文献材料的倚重更突出，取材方式更直接。写作者不可能用想象去补充事实材料的不足，也难以长期地、随意性地去积累材料，而是要根据现实需要，采用定向调查、查阅等方式，在一定时间内，尽量广泛、快捷地采集真实可靠的事实材料和文献资料作为写作的基础。缺少材料，写作者想要表达的观点、看法就失去了依托。比如，市场调查与预测报告若缺少了及时、准确的统计资料和调查资料，对未来一定时期内市场变化趋势的预测就无处立足。对于类似的经济活动分析报告而言，材料越充分，分析的可靠程度就越高。

1.收集材料要全面准确

对商务文书的写作者来说，平时的文化储备、素养培育固然必不可少，但针对特定写作目的材料采集尤为重要。要尽可能迅速地采集信息，以保证对信息及时有效的利用。搜集和摄取写作材料的原则是尽可能的广博。掌握的材料多了，认识才可能趋于全面，避免偏颇，提炼出的主旨才可能趋于正确、深刻。同时，丰富的材料为写作者精挑细选、合理用材提供了余地。

材料的真实性、可靠性是商务文书具备现实效用的保证。如果收集的商务信息材料不准确，可能导致形成的观点不准确，甚至得出错误的结论，轻微的会影响商务活动的效果，

严重的可能造成决策的失误，危及整个商务活动，甚至商务组织的生存。如果商务信息材料不全面则可能导致以偏概全，使商务活动达不到预期效果。

信息材料可按照来源分为两种：一是内部商务信息，商务组织内部每天都在产生信息，信息每天都在变化，日积月累就会形成庞大的信息库，这就需要随时整理，便于写作时利用。二是外部商务信息，其收集和整理的过程更为复杂，很多时候需要特殊手段。比如进行市场调查就是一个巨大而复杂的工作，写作者应该从实际出发，展开周密的调查研究，尽可能多地掌握直接的第一手材料。若力有不逮，有时需要委托专门的调查分析机构，才能得到准确、全面的商务信息。不管用什么方法收集商务信息，都要注意所收集的信息材料要准确全面，以便分析整理，得出正确结论。

2.使用材料要精妙得当

使用材料时，首先要注意只选择对特定写作目的，即商务文书主旨最有表现力的材料，做到观点与材料有机统一，避免出现材料与观点相脱离甚至相矛盾的情况出现。与主旨无关或关系不密切的材料，不管得来如何费工夫，都应毫不吝惜地舍去。

在材料的安排上，注意根据主旨需要处理好材料详略、主次、显隐、疏密的关系。将事实材料与观念材料、直接材料与间接材料、个别材料与综合材料、历史材料与现实材料等不同种类材料适当地配合使用，这对于表现主旨、实现写作意图具有重要的作用。

例如，中国信息产业网于2004年发布的《中小城市移动通信新用户研究报告》采用拦访方式对中小城市移动通信用户进行抽样调查，与运营商和中间厂商进行深度访谈，获取了第一手材料；又获得了行业公开信息、行业资深专家公开发表的观点、政府数据与信息、企业年报以及网络信息等第二手的信息，综合分析后得出相关结论。其调查方式方法得当，多种材料配合使用，材料翔实，表达效果较好。

（二）主旨表达要准确凝练、求实重用

商务文书的主旨有自己的特点，写作者应该有针对性地处理主旨问题。文学创作具有审美特性，反对“主题先行”，而商务文书这类实用文体则是“为用而作”的，写作者往往在动笔前已形成明确的主旨，再据此去搜集、组织材料，在行文过程中围绕主旨层层展开。撰写者还要明确受众对象，了解他们的需求，以确定主旨。

商务文书的主旨表达方式是显露、明确、直接的。撰文者可以采用标题揭示、开宗明义、设置小标题和主旨句等关键文句以及篇末点题等手段，直截了当、明白无误地揭示、显露主旨，告诉读者全文的基本观点和中心意思，让读者一看即知、一读即懂。为便于读者理解，提高办事效率，商务文书一般一文一事、一文一意，或是传播某个信息，或是表达某种意愿。着眼于应用是写作者表现主旨时要充分考虑的。

对于篇幅较长、内容复杂、分析议论性的文书，要重视对主旨的提炼。对庞杂的材料进行分析整理，开掘事物的本质，形成准确的主旨，是写作过程中极见功力的重要环节。比如，在市场预测报告中研究旅游业的发展规模、预期效益，就要分析旅游资源、旅游者的支付能力和兴趣、旅游市场、旅游价格、旅游产品和供给、旅游诸要素的比例关系，以及影响这些要素的政治、经济、文化和社会环境，旅游活动产生的正负效应等相关因素。

抓住了主要矛盾，揭示出事物的本质和个性特征，也就确立了主旨。

（三）结构布局需要“循规蹈矩”、完整协调

万般思量形成的立意能否得到充分的表现，千挑万选筛出的材料能否得到适当的组织安排，取决于结构安排是否合理。有了观点和材料之后，如若不进行合理统摄，无异于狗尾续貂，因为把观点和材料任意堆放在一起，并不能产生固定的意义，也不会自动去证明观点。材料还必须按照一个内在的脉络，井然有序地组织在一起，构成一个有生命的整体。每种商务文书都有自己的构成形态，有自身的规律和表现技巧，我们要“循规蹈矩”地有针对性地谋篇布局。

商务文书具有相对定型的惯用格式。比如商函一般包括信头、标题、行文对象、正文、附件、生效标志等几个组成部分，而正文部分一般可以分为发函缘由、发函事项、对收文对象的希望或要求三个层次。国家工商行政管理局发布的合同示范文本规范了合同条款内容，对于强化合同管理、保护当事人的合法权益，具有积极的作用。中国证监会所颁布的《公开发行证券的公司信息披露内容与格式准则》，对招股说明书、股票上市公告书、年度报告等文书的编制做出了规定。

商务文书结构模式程式化、类型化的特点，使得写作者掌握起来相对容易，差不多可以“依式填写”。撰写者在构思商务文书时，虽不必为结构问题殚精竭虑，但也不能随心所欲。在注意这种程式化结构的有序性同时，还要注意完整性，避免由于某一构成部分的缺漏而造成表意不全。

写作时，还要注意层次与层次、段落与段落之间的过渡照应，必要时采用过渡词、序码词、小标题等过渡手段，以保证结构严谨，文意连贯；文章开头部分，或概括，或简介，“开门见山”，直接入题；结尾部分以较为规范的方式收束，或提出要求，或概括结论；前后关照，首尾呼应，结构严谨，文意周全。

（四）语言运用要准确规范、平实得体

商务文书作为实用性的文体，要求语言简洁清晰、平实得体，不像文学作品那样追求语言的形象感、生动性、音韵美及个性化色彩，不必进行过多的修饰，避免运用夸张虚构的手法。否则会降低文书的实用价值，达不到写作的目的。

准确规范是商务文书语言的第一要务。准确指的是语言形式能正确恰当地表达出思想内容，严格遵守语法规则，符合逻辑规律。要选词准确，概念清楚，造句符合语法，推理合乎逻辑；要尊重和遵守约定俗成的语言习惯，不随意打破语言常规。语言是发展的，社会变化剧烈、发展迅猛的时期更是新词语产生的高峰时期。大量的新造词（包括网络语言）、外来语层出不穷，写作者既要理解语言发展的这一自然现象，也要尊重规范性原则，尤其在写作具有突出的实用性和理性功能的专用文书时，更要谨慎从事，不随便自造新词，不任意更换词素，不随意使用不符合现代汉语语法规范的词句。

言简意赅是对商务文书语言的第二个要求。为提高办事效率，商务文书要控制文字篇幅，须删除繁言浮词，要紧扣文书主旨，去除离题万里的泛论、不必要的情况说明、不着

边际的空话和令人生厌的套话等，实实在在地传递最有用的信息。要坚决将重复赘余的、可有可无的字句段删去。表述层次不要太多，叠床架屋、繁冗拖沓，容易把要表达的意思弄得模糊不清。除了用一般语言进行表述之外，商务文书还经常会使用图、表和公式，它们可以化繁为简，化抽象为直观，起到普通文字难以达到的作用。要根据表达目的和对象选用图或表，遵守绘图或制表的规范。

不可忽略的是，为更好地实现实用功能，商务文书的语言风格要特别平易淳朴、明白晓畅。这种平实风格首先体现在表达方式的运用上。虽然诉求于消费者的文艺性的商品广告、导游词、旅游指南等会使用强调形象性、情感性的文辞，但商务文书中的绝大多数文种要少用、慎用甚至忌用生动的描绘、热烈的抒情。使用叙述、说明和议论时，要注意叙述概括、平直，说明精确、客观，议论切实、冷静。在文风辞藻上，严格把握修辞手法的运用。根据不同表达目的，要谨慎使用或者不用比喻、排比、夸张、反语、双关等修辞格。还须注意的是，语言要通俗易懂，遣词造句要浅显明了。要力戒“有话不好好说”，故弄玄虚、行文晦涩的不良文风。

思考与练习

（1）商务文书有哪些类型？哪些商务文书可以使用文学性语言？

（2）简述商务文书的特点，谈谈它和军事应用文的特点有何异同。

拓展延伸

［1］罗昌宏，吴彬彬.商务文书写作［M］.武汉：武汉大学出版社，2016.

［2］程大荣，潘水根.商务文书写作理论与实务［M］.杭州：浙江大学出版社，2004.

第二节　可行性研究报告

一、可行性研究报告的概念

可行性研究报告，又称可行性论证报告，是项目单位为基本建设、技术开发、技术引进、技术改造、设备进口、合资经营等，对项目进行情况调查、方案规划、技术论证和经济核算，并提出项目可行性的依据的书面报告。

根据国家有关规定，凡是重大经济技术决策、行业规划、生产经营管理、新产品开发、技术开发及科学实验，以至自然和社会的改造，为了求得良好的投资效果、最佳的实施方案，都需进行可行性研究，写出可行性研究报告。可行性研究报告是建设项目立项和申请建设资金的必需文书，是对准备实施的项目进行科学决策的可靠依据。

二、可行性研究报告的特点

可行性研究报告是国家规定的专用文书。凡属国家计委文件《关于建设项目进行可行性研究的试行管理办法》、国家发展和改革委员会文件《建设项目的经济评价方法和参数》《关于建设项目经济评价工作的若干规定》规定的项目，都必须制作可行性研究报告。

可行性研究报告的任务在于研究准备实施项目的必要性、可行性，为科学决策提供可靠依据，其重心是在“必要”与“可行”上。从主客观方面看其必要性，从经济有效性、技术合理性、项目的最优性、实施的保证性、项目的风险性等方面论证其可行性。

可行性研究报告要按项目任务同时设计多个方案，逐个进行论证分析，表现各自优势，并提出最优方案，供决策者选择。

三、可行性研究报告的分类

编写可行性研究报告，首先应明确项目的分类，因为不同的项目通常具有不同的性质特点，国家在项目管理及某些具体规定上也有不同的措施及要求，这往往决定着可行性研究的范围和程度，自然也会影响可行性研究报告的写法。根据项目的不同分类方法，可行性研究报告主要有以下种类。

（一）按固定资产的再生产划分

按固定资产的再生产，可将可行性研究报告分为基本建设项目可行性研究报告和更新改造措施项目可行性研究报告。

基本建设项目是指在一个总体方案下形成的、经济上实行独立核算、管理上具有独立组织形式的全部工程之总和，其主要目标是扩大生产能力或增加工程效益。凡属于一个总体方案中的主体工程和相应的附属配套工程、综合利用工程、环境保护工程、供水供电工程等，只作为一个建设项目。此类项目的可行性研究报告更为全面，其重点在于突出整体效益。

更新改造措施项目是指经国家或主管部门批准的具有独立设计文件的更新改造措施工程，或企业、事业单位及其主管部门制订的独立发挥效益的更新改造措施计划内所包括的全部工程。其目的是在技术进步的前提下，通过采用新技术、新工艺、新设备、新材料，努力提高产品质量，增加花色品种，促进产品升级换代，降低能源和原材料消耗，加强资源综合利用和治理污染等，提高综合经济效益，实现以内涵为主的扩大再生产。此类项目的可行性研究报告的重点应放在市场需求和技术的先进性、适用性上。

（二）按项目建设的性质划分

按项目建设的性质可将可行性研究报告分为新建项目可行性研究报告、扩建项目可行性研究报告、改建项目可行性研究报告和恢复建设项目可行性研究报告。

新建项目包括从无到有、“平地起家”的一般新建项目和在原来很小基础上扩大建设规模后其新增加的固定资产价值超过原有固定资产价值 3 倍以上的建设项目。新建项目可行性研究报告的重点一般应放在合理经济规模的确认及投资建设方案的比选工作上。

扩建项目包括现有生产企业在厂区内或其他地点，为扩大原有产品的生产能力，或者为增加新的产品生产能力，增建分厂、主要生产车间等，事业和行政单位在原单位增建业务用房。其可行性研究报告的重点为项目市场的需求分析。

改建项目包括现有企业为提高生产效率、改进产品质量或为改变产品方向，对现有设施或工艺流程进行技术改造或更新的项目，以及有的企业为改变生产力布局而进行的全厂性迁建的项目。改建合理能使现有企业以新的更为先进的产品工艺、设备、环境、劳动条件和经营管理方法来替代原有的生产过程，并且能使企业本身和社会赢得效益。其可行性研究报告往往侧重在合理利用资源及增量数据的财务分析上。

恢复建设项目是指原有企业由于遭受各种灾害毁坏严重，而对全厂进行重建的项目。不论是按原规模恢复，还是在恢复的同时进行扩建的，都属于恢复建设项目。其可行性研究报告应立足于项目重建可行性的分析及论证上。

（三）按项目的产业性质划分

按项目的产业性质可将可行性研究报告分为工业项目可行性研究报告和非工业项目可行性研究报告。

工业项目又可分为冶金、化工、煤炭、石油、电力、机械、建材、轻工、食品、纺织等。其可行性研究报告应根据各行业特点，注意相关问题的分析及论证。如冶金行业项目要更多地关注原材料、运输、能源等方面的条件，化工行业项目要更多地关注其污染问题的解决等。

非工业项目包括交通运输、邮电通信、水利、农林，以及城市给排水、房屋建筑、文教、科研、卫生、体育、旅游、环境保护等项目。其可行性研究报告应侧重于社会总效益的分析，除应计算项目的直接效益外，还应计算其间接效益，必要时还要考虑不可计量的无形效益。

（四）按项目的技术来源划分

按项目的技术来源可将可行性研究报告分为选用国内领先技术项目可行性研究报告和引进国外先进技术项目可行性研究报告。

选用国内领先技术项目是指企业为了扩大产品品种、提高产品质量、增加产量、降低成本，结合具体条件，立足于国内，选用在国内已经成熟的先进技术或购置处于领先水平的设备等项目。其可行性研究报告的侧重点主要在投资效益与投资费用的比较。

引进国外先进技术项目包括引进先进设备、引进先进技术以及同外商在销售、生产和经营方面相互合作等。引进先进设备，实际上是引进先进生产能力，不过该项目也往往包括了由外商承担的工程设计以及对施工、安装、试运转、投产的指导和职工技术培训等内容；引进先进技术包括引进工业产权、专用技术、技术服务等；同外商在销售、生产和经营方面相互合作则包括合资经营、合作经营、补偿贸易、合作生产以及来料加工、来样加工、来件装配等多种形式，同样也可以达到引进先进技术的目的。引进项目的研究要充分考虑中国国情、资源条件以及企业在技术、生产和经济上的接受能力，有些项目必要时要经过试验后再确定，在经济分析中必须对项目的投资收益、创汇能力和贷款偿还能力进行测算，予以评价，这是研究引进项目的最重要指标之一。

（五）按资金来源渠道划分

按资金来源渠道可将可行性研究报告分为国内资金项目可行性研究报告和利用外资项目可行性研究报告。

国内资金项目包括以国家基本建设基金贷款、国内银行贷款、国内证券市场筹资、国内外汇资金、自筹资金及国内补偿贸易等方式来筹措资金用于投资建设的各类项目。

利用外资项目包括以国外直接投资、外国政府贷款、国际金融组织贷款、外国商业银行贷款、出口信贷以及融资性贸易等方式来筹措资金用于投资建设的各类项目。由于项目的资金来源渠道各不相同，在项目研究时应各有所侧重，如由国外贷款的项目，应重点对国外贷款利率和汇率变化可能引起的项目投资效益下降的风险进行分析。

四、可行性研究报告的结构与写法

可行性研究报告是单独成册上报的，一般包括封面（报告名称、承办单位、报告时间等）、摘要、目录、图表目录、术语表、正文、参考文献、附件等。其中，摘要、目录、图表目录、术语表、参考文献、附件可根据具体情况进行选择。

一般而言，可行性研究报告的内容应涵盖可行性研究项目的提出（项目名称、提出背景、缘由或机遇等）、具体构成、必要性、可行性、实施方案、实施方案择优论证、投资分析、效益分析、风险分析 9 个方面。

下面介绍报告名称、正文的写法及附件的标注方式。可行性研究报告的名称即标题。

1.标题（报告名称）

（1）公文式。标题由单位、项目名称和文种三要素组成，如《××厂关于投产速效无污染农药可行性研究报告》。编写单位如在落款处标明，标题中则可省略。

（2）文章式。直接点名主题，例如《股份制是深化改革的产物》。

2.正文

一般包括总论（前言）、论证、结论三部分。

（1）总论（前言）相当于一般文书的开头，主要介绍、说明提出项目的原因、依据、目的、范围，实施单位的简要情况，以及可行性的总论断。大中型项目的可行性报告，往往在“总说明”之下，再分为“项目提出的依据”“实施项目的重要意义”“可行性研究的范围”（概括说明论证和结论的主要内容）等项。

（2）论证相当于一般文书的主体部分，项目是否必要、是否可行，就看这部分写得是否有力、充分，是否明确回答了有关项目成立和实施的各种问题（如为什么要实施、实施的主客观条件有哪些、什么时候实施、实施中遇到难题如何解决、实施后会获得什么样的经济效益和社会效益等）。当然，项目不同，要研究论证的内容也随之而异。不过，一般大中型建设项目大都需要从技术上、经济上分析论证以下几个方面：

一是市场需求的建设规模方面，要有对未来产品的销售预测，包括国内外市场的需求量、生产同类产品厂家的生产能力、产品在市场的竞争力等；要对拟建项目的建设规模和产品生产方案从技术上和经济上加以论证。

二是资源、原材料、能源、厂址、交通运输条件及外部协作条件方面，也就是对各种客观条件从技术方面和经济方面加以论证。

三是项目设计方面，主要是对建设项目自身的各个方面，如项目的设备选型、全厂总图布置、工艺流程、生产方法、公用辅助设备等，加以技术和经济论证。

四是企业组织与建设计划方面，首先是对主办项目单位的管理体制、机构设置、管理人员与生产人员的配备和培训计划等做一般性的分析论证；其次对项目的总体计划和日程安排（包括工程设计、工程施工、设备购置和安装、试产和投产等）加以技术和经济论证。

五是资金筹集方面，要对资金的来源、筹集的方式、资金的数额及使用时间的安排等的合理性、可靠性，进行论证。

六是财务和经济评价方面，主要是对项目的经济效益做出评价。财务评价主要是对项目生产成本、销售收益估算等做出评价；经济评价主要是对项目在整个国民经济中的综合经济利益进行分析。

七是环境保护方面，要对投产后在生态、环境方面的影响进行预测和评价，对治理“三废”、保护环境的方案加以技术、经济论证。

对于以上七个方面，不同的可行性报告可以选择不同的重点，不一定都要面面俱到地加以论证；也可以根据项目的需要，增加新的内容。

（3）结论相当于一般文书的结语，但内容却复杂一些。主要是根据之前的论证，对项目建设的整体性、必要性和可行性做出明确判断，也可以指出存在的问题或提出有关建议。如果在概述和论证中，问题已经讲得十分清楚、明确，则不写结论也行。

3. 附件

可行性研究报告的一些资料，如厂区平面规划图、设备清单、各种技术测试数据等，往往是分析论证的必要依据，但又不宜于放在正文中，故作附件处理，要逐一列出。

五、例文评析

【范例】

××县柳蜡工艺品出口基地建设项目可行性研究报告[①]

（××县工艺美术公司）

××××年×月

项目名称：柳蜡工艺品出口基地建设

项目主办单位：××县工艺美术公司

① 程大荣，潘水根. 商务文书写作理论与实务［M］. 杭州：浙江大学出版社，2004：112.

项目负责人：×××
技术负责人：×××
经济负责人：×××
承担可行性研究单位：×××工艺品进出口公司编制品分公司
××县二轻工业局
××县工艺美术公司
参加编写人员：×××，××省工艺品进出口公司副经理、编制品分公司经理
×××（以下略）

目　录

××县柳蜡工艺品出口基地建设项目可行性研究报告

一、总论

（一）项目提出的背景、必要性及目的、意义

柳蜡工艺品生产，是××县的传统项目。目前，全县年生产能力达××××多万元，花色品种达5000多个，远销欧、美、东南亚、日本、中国香港等30多个国家和地区。

××县工艺美术公司是一个以出口柳蜡工艺品为主的外向型企业，现有职工××××人，专业技术人员占职工总人数的29.3%，其中，具有高级职称的有××人，中级职称的有××人，初级职称的有××人。厂区面积××××平方米，建筑面积××××平方米，固定资产原值××××万元。该公司有6个独立核算分厂，年出口柳蜡制品××××万元，年创汇×××多万美元，出口创汇能力占全县的40%以上，是知名外贸工艺重点联营企业。该企业的柳制品在全省质量评比中获第一名；蜡杆家具在全国独树一帜，××××年获首届中国国际博览会银奖。

××县柳蜡工艺品虽已占领了较大的国际市场，但是当前还存在一些问题：

1.生产工艺落后

车杆、弯曲定型、磨光等关键工艺均用手工操作，生产效率低，劳动强度大，也影响质量的提高。

2.厂房狭窄

目前柳蜡制品生产已形成年产××××万元的生产能力，而成品仓库却仅有百余平方米，有时大批产品露天存放。

3.原料缺口较大

目前虽有××××公顷柳蜡原料基地，但仍不能满足生产需要，原料缺口较大。

这些问题严重阻碍了我县工艺品生产的发展。为此，特提出拟建柳蜡工艺品出口基地项目，在××县工艺美术公司现有基础上，扩大厂房，增添部分先进专用设备，以提高生产效率和产品质量，扩大生产和出口创汇能力。

（二）研究依据及范围

本项目可行性研究报告主要是依据调查、咨询、收集的与项目有关的基本资料，从市场需求、生户能力、基本条件、经济效益和社会效益等方面进行分析论证。

二、柳蜡工艺品市场预测

××县柳蜡工艺品集艺术性、实用性于一体，国内外市场十分广阔。据《工艺品信息》透露，仅美国、加拿大、日本、中国香港等几个国家和地区，每年就需要进××亿元的柳蜡工艺品，而我国每年的出口能力只有0.6亿元，远远不能满足国际市场的需要。××柳蜡工艺品从产品质量、花色品种到生产出口能力均占全国首位。（略）

国际市场对××县柳蜡工艺品的市场容量表（略）

三、建设规模

（1）引进设备15台（套）（日本、意大利），国内配套设备21台（套）。

（2）扩建厂房5200平方米，其中生产车间3000平方米，产品仓库2200平方米，柳制品自然干燥货场3200平方米。

（3）扩建柳条原料基地×××××公顷，年产柳条×××万千克；扩建蜡杆原料基地×××公顷，年产蜡杆××××万余，以满足柳蜡制品年产值××××万元的需要。

四、建设条件

在××县建设工艺品生产出口基地，具有以下几大优势。

（一）充足的劳力资源

××县总人口43万，其中农业人口40万，拥有劳动力18万，农林牧副渔业劳动力仅为13.2万，生产柳蜡工艺品，男女老少甚至残疾人员都能干。

（二）雄厚的技术资源

目前，全县掌握各种工艺品生产技术的达8万余人。近几年来，我们又举办各类培训班2000多期，大大提高了生产人员的技术水平。

（三）理想的编制材料

柳条的质量受气候等影响较大。东北地区气温低，柳条生产期长，条质硬度大，易折断；南方气温高，柳条生长期短，条质粗糙，芯大易劈裂；××一带，由于气温适宜，生产的柳条表面光滑，质地柔软，是编制工艺品最理想的材料。

（四）成熟的种植经验

在长期的种植实践中，××一带的农民积累了成熟的种植柳树的经验，许多地区每公顷年产柳条达××××吨。

（五）丰富的管理经验

近10年来，我们坚持龙头在县厂，龙尾在乡村，形成了一套完整的工艺品生产管理体系。××××年，省委已在全省推广了我们的“一条龙”经验。

（六）燃料、电力、水等情况

项目所需的燃料、电和水，均保证供应（见××县燃料公司、电业局、水资源管理委员会的证明）。

（七）交通运输便利

××县工艺美术公司，位于县城东郊，厂区紧靠××公路和××铁路，原料、燃料的输入及产品的输出非常便利。

五、设计方案

（一）项目构成范围

本项目是在××县工艺美术公司现有基础上进行扩建和改造，主要是引进、配备部分先进设备，改进蜡杆家具生产工艺，彻底改变过去那种手工生产的落后状态，从原材料处理到成品组装，实现机械化或半机械化。

（二）引进设备及国别

我们计划增添36台（套）专用设备，其中从日本、意大利等国家引进专用设备15台（套），从国内购置生产设备21台（套）。

国内配套设备情况一览表（略）

引进设备一览表（略）

（三）设备用途及重点解决的工艺技术问题（略）

（四）主要生产工艺流程（略）

六、环境保护

在蒸汽锅炉房安装消烟除尘器，做到达标排放，不会造成污染。在生产车间安装吸尘器，扬尘点达到卫生要求。本项目的建设不会造成环境污染。（见××县环境保护局证明）

七、生产组织（略）

八、项目进度（略）

九、投资概算及资金筹措（略）

十、效益分析（略）

十一、结论

通过多方面的分析论证，我们认为，××县工艺美术公司建设柳蜡工艺品生产出口基地项目，建设条件与生产条件均已具备，技术上先进，经济效益和社会效益显著，是切实可行的。

【评析】这是一份利用××县柳蜡等资源，发挥地方优势，设定现代化的生产模式，建设柳蜡工艺品出口基地项目的可行性研究报告。

报告针对建设柳蜡工艺品出口基地项目的一些重大问题，如项目建设规模、建设条件、投资概算及资金来源等，从技术和经济两方面进行了调查、研究、分析、预测，并在此基础上，对该项目建成后可取得的经济效益进行了推测，得出了该项目“建设条件与生产条件均已具备，技术上先进，经济效益和社会效益显著，是切实可行的”结论，从而为投资决策提供了可靠的依据。

全篇结构完整、格式规范、附件齐全、语言简练、数据准确、分析得当、预测科学、建议可行。

思考与练习

（1）请分析可行性研究报告和报告有什么区别。

（2）写可行性研究报告要注意什么问题？

拓展延伸

[1] 邓云晖，于万里.财经应用文［M］.北京：对外经济贸易大学出版社，2005.

[2] 张保忠，丁志恒.最新公文写作完全手册［M］.北京：中国言实出版社，2005.

第三节　创意文案

创意文案本质上属于生产类创意文本范畴，但是综合了欣赏类阅读文本、生产类创意文本和工具类功能文本的特质，它包括形象生产文本、活动生产文本、销售生产文本和意义生产文本等几种形式。文案的形式种类不同，要素不一，具体写作时要区别对待。在工作实务中，使用频率最高，同时又对创意有积极追求的当属销售生产文本，又称广告文案。广告文案是一种借助媒介技术为市场营销服务，又具有文学艺术属性的文种，具有一定的传播功能，在这个资讯时代有重要的地位与作用。

今天的广告文案已经发生了重大变化：一是更多样化与多元化；二是更文学化，更注重广告本身所具有的独立审美价值，以艺术审美性软化广告的功利实用性；三是生活化，更注重从生活的视角去诠释产品的特质；四是价值观化，更注重情怀的诠释与理念的表达。因此，出于软文化营销目的、降低排斥度的需要，传统广告文案催生了软文广告，用讲故事的方式将营销的意图包裹在易于接受的背景材料中。这就是我们要着重讲的——创意文案如何讲故事。

一、创意文案的概念

一般把有意识的活动规划称为“策划”，策划具有生产性。策划是指人们为了达成某种特定的目标，借助一定的科学方法和艺术，为决策、计划而构思、设计、制作方案的过程。

从策划的对象上看，它一般分为商业策划、创业计划、广告策划、活动策划、会展策划、营销策划、网站策划、项目策划、公关策划、婚礼策划、医疗策划等各种具体形式，记录策划活动全过程的文字形式叫策划文书。

文案是指策划文书中集中体现活动中心主题、理念、定位、期许、承诺，展示形象、传达信息、表现价值等的语言和文字部分，是创意活动的继续、深化与提升。一般来说，它是策划文书的组成部分，但是在显现位置上，它处于策划活动的金字塔尖部分，具有同样重要的创造性。

什么是创意？赖声川认为，创意是生产作品的能力，这些作品既新颖（具有原创性、不可预期），又适当（符合用途，适合目标所给予的限制）。①简单地说，创意就是出一个题目，然后解这个题目。从这个意义上说，创意是一场发现之旅，是发现题目并且发现如何解答的神秘过程。创意就是一个人的活法，以及他独有的思维方式。

什么是创意文案？顾名思义，创意文案就是文案的创意表达。创意是内隐的核，文案是外显的表达；创意是内容，文案是形式。

二、创意文案的分类

（一）形象生产文本

所谓形象生产文本，就是通过发现、反思、总结和超越的创意写作过程，生产出的能够取得接受者认同并符合自我预期形象的创造性成果。小至一个产品品牌的树立、一个单位标志的制作，大至一个城市名片的构思、一个国家形象的宣传、一种文化的定位，都需要创意写作活动来促进完成。

（二）活动生产文本

所谓活动生产文本，即通过创意思维策划活动的理性化整理和视觉化显现，以取得活动主管、主办、协办及参与者和接受者各利益单位的认同，成功生产出物质性活动的创造性成果。活动生产文本的写作是一个系统化、综合化过程，它包括活动开展的各个环节与要素的整理、规划，包括活动意义的陈述、活动过程的详细规划、活动成本的预算、活动结束后的后期工作安排等。作为有创意的活动，它要考虑到活动实施的前提条件，活动的宗旨、意义与预期目标，活动的周密规划，活动的个性，活动的成本，活动的可行性与操作路线，活动的替代性方案及后续工作等。这方方面面的考量，既体现出活动的思维创意，又体现在有创意的视觉化写作。

（三）销售生产文本

所谓销售生产文本，即通过有针对性的产品信息介绍、产品推介时间与方式选择、产品形象的塑造，以获取消费者的认同，产生消费欲望和销售活动的创造性成果。

---

① 葛红兵，许道军.大学创意写作［M］.北京：中国人民大学出版社，2017：3.

销售生产文本一般称为广告文案或广告销售文案。实际上同其他创意生产文本一样，它包括两个部分的写作，一是广告文案，即广告内容本身的文本，这类文本面向终端接受者即消费者，它的成功与否取决于销售（消费）的生产；二是包括广告文本在内的提案，即广告的制作、广告的投放、广告的成本、广告的预期等因素，它决定广告文本是否得以产生。广告文本处于销售生产的末端环节、显在层面，强调可阅读性、说服性，在很大程度上类似于欣赏类阅读文本的写作，虽然它更多地采用数字技术。而广告制作提案直接面向广告文本面世的相关者，它类似于活动生产文本的写作。

（四）意义生产文本

所谓意义生产文本，即通过包括语言在内的视觉符号，赋予人的行为（包括对物的使用）以正面价值的创造性成果。与形象生产文本不同的是，它主要是通过语言来揭示人物行为活动（包括对物的使用）所具有的审美性、道德性、真理性，从而在普适意义上求取更高层次、更广范围的认同，并在审美意义上确证自己的个性价值。

三、创意文案写作的特征

（一）结论先行

对于受众来说，读文案不是学知识，没有人是抱着思考的态度来读的，也没有人关心逻辑和原理，人们的眼睛和耳朵只会对“结论”敏感：逻辑越简单越容易传播，越耸人听闻越容易获得关注。所以，文案一开始应该就抛出斩钉截铁的结论，先把受众的目光吸引过来。

受众的目光扫到信息，停留的时间平均只有 0.1 秒，因此，出招必须快，第一招就要出“杀招”，一剑封喉。比如：

（1）快餐店的冰块比马桶水还要脏！

（2）可乐会腐蚀你的骨头！

（二）言简义丰

优秀的文案言简义丰，多一个字都嫌多。但不浪费一个字，并非意味着写更短的文案，而是说文案的每一个字都必须指向消费者，用词要简洁。比如：

（1）RedBull give you wings.（红牛给你翅膀！）（红牛的文案）

（2）Don’t dream it. Drive it.（告别梦想，尽情驰骋！）（捷豹的广告）

（3）人类失去联想，世界将会怎样？（联想的文案）

（4）一切皆有可能！（李宁的文案）

（三）文学手法

文案的表现手段是丰富多样的，无论是叙事、论述、说明、抒情，撰写文案要“诚实”，即用真诚的心对客户说“实在的话”、无论是用开门见山、篇末点题、欲扬先抑等写作手法，抑或是用比喻、拟人、排比等修辞手法，只要能达到效果，皆可灵活应用，不拘形式。

（四）说服性

生产类创意文本是劝说性文字，通过有创意的写作，打动、说服不同层面的接受者，让活动得以产生。文本背后的写作者身份不应该是理论家、哲学家、心理学家、文学家、艺术家或娱乐家，而应该是创意写作者。生产类创意文本的读者不是专业学者、批评家，而是能够决定“生产”能否产生的相关人员。让人喜欢的不应该是生产类创意写作文本，而是创意本身。

（五）愉悦性

文案必须能让受众从中得到美的享受，在愉悦中形成对相关商品、品牌、公司、理念的认知，生成用户黏性。随着国人生活水平和欣赏水平的提高，人们用越来越高的审美眼光去看待广告作品，广告文案的审美效应将会起到越来越重要的作用。

（六）真实性

真实性是创意文案“第一法则”。文案内容的表达可以强调亮点，但必须遵循真实性原则，不可做虚假宣传，否则就是欺骗受众，这是不可触碰的红线。

四、如何让创意文案充满吸引力

我们以广告文案（特别是其中的软文广告）为例，对创意文案写作技巧，特别是对创意文案如何讲故事进行探索，展开说明。

传统的广告文案的语言文字部分（即广告词），主要由标题/副标题（吸引受众）、正文（支持标题，说服受众）、口号（阐释品牌理念）、附文（补充正文，实现交易）四大要素构成，是广告内容的文字化表现。现在的广告文案，在形式上更自由。

例如奔驰汽车的广告文案，一反男性视角，以不同女性之口说出了属于自己的独立宣言：

标题：握好手中的方向盘，无论去往哪里

正文：（1）她有三千烦恼，更有万千解药。

（2）做好大孩子，才能养好小孩子。

（3）饿出来的好身材，总是少了些味道。

（4）别人说的，听听就行了。

（5）睡一觉，说不定灵感就醒了。

（6）买包解决不了的问题，背包试试。

口号：遇见知己，更看见自己

例如宜家投放在法国的广告：

标题：要是有些东西永远不变该有多好

正文：一对母子在宜家添置新家具，小男孩像个小大人一样在选购，一边关心家具的材质，是不是实用，还一边测量尺寸。遇到好看的小姐姐，小男孩甚至还要撩一撩。妈妈则只是面带慈母微笑，放心地在旁边看着。

撩妹就从夸她的名字开始！

刷卡？交给他！

体力活？交给他！

甚至，小男孩坐上了驾驶座！

最后解密，看起来稚嫩的小男孩，其实已经是一个大男孩了，只是因为在妈妈眼里，孩子永远是孩子。妈妈既期待着孩子长大，又希望他们可以一直停留在那个最可爱的年龄。宜家的这则广告为我们呈现了一个母亲的愿望——“有些东西能永远不变该有多好”。在母亲的眼里“孩子永远是孩子”，可这终归有一天他们会长大远去。当所有的事物变化时，宜家却拥有“不变”的可贵：“一整年都不会变的家居价格。”

口号：宜家的价格一整年都不会变

传统广告文案强调全面、信息准确、价值实用、来源可靠，而在今天这个信息过剩的资讯时代，信息泛滥，供大于求，日常生活审美化、个性化，权威不再，人们可能会对信息来源非常警惕，审美疲劳的受众对广告的敏感度越来越低，对商品非常麻木，甚至反感。出于软化营销目的、降低排斥度的需要，传统广告文案中的这四要素逐渐以变形的方式，甚至以删减的方式呈现，这种转变进而催生了软文广告。软文广告更注重广告本身所具有的独立审美价值，以艺术审美性软化广告的功利实用性。

爱听故事是人的天性。从文案传播角度来讲，最好传播的内容毫无疑问是故事。因此，优秀文案都是在讲一个故事。那么，新时代的软文广告如何讲好一个充满吸引力的故事呢？

（一）熟知品牌理念，寻找创意点

广告文案有非常明确的目的性——营销，因此，广告文案都是“命题作文”，不会是自由创作。在文案创作之前，我们要弄清楚想告知（宣传）的是什么，即创意点（idea）。找到它的切入点之后，要解决的问题是我们的创意点借助怎样的手段才能得到最好的文字呈现，取得最好的告知（宣传）效果。我们必须谙熟各种广告文案，这样才能游刃有余地利用形式，又突破形式，将创意点完美呈现。因此，用以下问题来自我拷问，能更为快捷地引领我们少走弯路，顺利完成文案策划。

1.为什么而写

广告主通过广告要达到什么样的目的，广告活动要达到哪些目标，广告作品要产生什么样的效果？

2. 广告文案的主角是什么

是企业，是商品，还是服务？它们具有什么优势？它们有哪些特点？

3. 广告文案写给什么人看

广告的诉求对象是谁？他们通常从事什么职业？他们的受教育程度如何？他们的收入如何？他们的消费方式具有什么样的特点？他们有什么样的心理需求？

4. 广告文案要写什么

将要完成的广告作品要传达哪些信息？哪些信息是最重要的？哪些信息是次要的？哪些信息是消费者最感兴趣的？哪些信息是广告主最想传达的？

5. 广告文案怎么写

广告的诉求策略是什么？广告文案应该采用什么样的主题？应该采用什么样的风格？应该使用什么样的语言？

6. 广告文案是写来听的，还是写来读的

将要完成的广告作品要经过印刷媒介发布，还是要通过广播或电视媒介发布？

7. 广告文案要写多长

广告活动的媒体计划中规定的广告发布的版面、时间能够允许多大篇幅的广告文案？用多长的文案才能收到最好的诉求效果？

在对上述问题的答案整合过程中，广告文案的意义随之生成，创意点也就找到了，接下来，就进入文案创作环节了。

（二）满足“好奇心缺口”——标题的写法

奥美广告公司创始人大卫·奥格威说：“阅读标题的人数是阅读正文人数的 5 倍。除非你的标题能帮助你出售自己的产品，否则你就浪费了 90% 的金钱。”[①] 在这个信息泛滥的时代，一则文案吸引读者眼球的时间不到 2 秒，而在这不到 2 秒的时间里，标题决定了文案的存亡。因此，要把文案最吸引人的地方放在标题中，因为你必须在 2 秒钟之内成功吸引他们，让他们愿意打开看一眼。

你必须引发他们的好奇心。每个人的知识与见闻都有缺口，当读者看到标题而发现自己知识的缺口时，好奇心由此产生，随之就会不由自主地被吸引住，填满自己的好奇心缺口。那么，如何通过标题引发读者的好奇心，满足读者的好奇心缺口？广告人马楠为我们归纳了 10 种标题的写法。

（1）疑问体——打开潜藏的好奇（要多少钱才能打造一艘驱逐舰？）。

（2）合集型——要细节，要具体（30 页干货 PPT，电商行业分析报告）。

（3）急迫型 ——限定元素（必须看！保养不得不知的 5 个误区）。

（4）“负面”型——逆向思维（如果你的简历石沉大海，看看这 8 个秘籍）。

（5）独家型——八卦心理（程序员薪资探秘）。

（6）专业型——目标读者（2018 年互联网职场薪酬报告）。

① 许道军.创意写作十五堂课［M］.上海：上海大学出版社，2019：10.

（7）趣味型——自带矛盾（Instagram上50位KOL晒同款女裙照片，裙子迅速售罄，但FTC说违规了）。

（8）简单速成型——干货（一篇文章读懂武器装备变迁）。

（9）福利型——有奖回馈（2018年度礼物榜单：献给不会送礼物星人的福利帖！）

（10）“暴力”型——一篇微型悬疑小说（电冰箱再袭击）。①

选择什么类型的标题，取决于产品的品牌特性和目标消费群体的特点。比如卖乡土食品，就不适合使用“暴力”型的标题。

（三）讲一个人们爱听的故事——正文的写法

1. 人物有代入感

人在读故事时，都会把自己代入某个角色，产生身临其境的感受。因此，文案要有意识地塑造角色，运用对话、行动与细节描写去塑造使人产生移情的角色。

比如，一个乞丐行乞，牌子上写着：

（1）我是盲人，请帮助我。
（2）多么美好的一天啊，可是我看不见……

如果你是路人，哪一句更能打动你呢？恐怕第二句更能让你感同身受。

2. 充满情感力量

诉诸感情也是产生代入感的重要方法之一。如某公益广告描述了非洲草原上一头大象和一头小象的对话：

“妈妈，我长牙了。”
“……”
“妈妈，我长牙了耶！”
“……”
“妈妈，我长牙了！”
“……”
“妈妈？……”
“妈妈，你不为我高兴吗？”

孩子长牙了，对妈妈来说本来是件值得高兴的事，但对大象妈妈来说，却意味着担忧和害怕。简单的对话讲述了一个令人揪心的故事，将“不要买卖象牙”的诉求表达得相当走心。

① 许道军.创意写作十五堂课［M］.上海：上海大学出版社，2019：10.

3. 巧妙设置悬念

如何讲故事才能勾起消费者的兴趣和好奇心、激发消费者认同感，促使其进一步采取行动？最吸引人的故事讲法是巧妙设置悬念，比如这个可口可乐文案就使用了这种手法：

据说，在英国流传着这样一个故事，世界上最不为人知的三个秘密是：英国女王的财富，巴西球星罗纳尔多的体重，以及可口可乐的配方。

4. 制造冲突和竞争

你想要消费者安安静静地坐着花上 30 秒看完你的广告吗？ 请在 30 秒里制造一些戏剧冲突，让他们惊心动魄地度过这 30 秒。你可以把你的产品跟非同类的产品进行对比和竞争，让双方形成冲突，以突出产品优势。

比如为了突出麦片的“停不下来”，让某人在来电话时，犹豫是继续再吃一口麦片，还是接电话。(吃麦片和接电话的竞争)

除此之外，很多创意广告为了“制造竞争”，会让产品处于某个“不常用的情形”下，以替代更加常用的产品。比如为了突出牛仔裤结实，有创意广告塑造这样的情形：车抛锚后拖车来了，但是没有绳子，于是让拖车用牛仔裤拖着后面的车走。(牛仔裤和绳子的竞争)

5. 塑造极端情境

极端情境就是找到一个情形，在该情境下，将产品的一个卖点的重要性突出到了不切实际甚至荒谬的程度。如摩托车文案：

太省油，以至于太久不加油，油箱盖都生锈了。

或者讲一个故事，向消费者呈现使用产品之后出现的极端后果（甚至是负面的后果）；或者干脆从反面来讲一个故事。有时候你创造性地呈现一些“因为功能太好而导致的负面后果”，往往可以加强消费者对产品功能的认可。比如：

联想笔记本太薄了，让你一不小心容易丢到下水道里！

为了塑造这样的“极端情形”，一个最常用的技巧就是“荒谬地取代”，这个“荒谬地取代”的构思过程是：你不必购买我们的产品，其实有替代方案。比如烧烤餐具的广告：

野炊时可以没有我们，你可以用扫把作为替代方案。

五、广告文案的行文结构

广告文案形态繁多，传播途径不一，因此写法各异，没有固定的格式。我们这里所介绍的只是文字类广告的一般结构。

1. 标题

标题是广告主题或基本内容的集中表现。它有点明主题、引人注意、诱读正文、加深印象、促使购买的作用。因此，在拟作时，应从技术上和艺术上两个方面考虑。技术上考虑的是如何使广告标题醒目、形象，它要求把标题放在突出的位置，字体的大小排列、色彩形状都要精心设计、妥善安排；艺术上考虑的是标题要准确、新颖、生动，只有鲜明准确、充满活力、构思独到的标题才能吸引广大公众。

广告标题有直接性标题、间接性标题和复合式标题。

（1）直接性标题。采用一语道破、开门见山的方式介绍广告中最重要的事实和情况，使人们一看便知道要推销什么，会给消费者带来什么利益。这类标题要求简明、确切。例如，“容声，容声，质量的保证”“海尔，真诚到永远”何以解忧，唯有杜康”“金嗓子喉宝，入口见效”等。

（2）间接性标题。标题中不直接出现所要推销的产品的内容，往往连产品的名称都不告诉消费者，而是用含蓄委婉且饶有兴致的词句反映所要推销的商品信息，引导消费者的兴趣与好奇心，刺激人们的购买欲望。如“眼睛是灵魂的窗户，为了保护您的灵魂，请给窗户安上玻璃吧”，这是某眼镜的广告。标题没有直接说出商品名称，但已经用暗喻的手法间接地告诉了消费者，显示了对他们切身利益的关心，因而使消费者乐于接受这样的诱导。再如，“发光的不完全是黄金”（美国银器广告）、“分享这份梦幻”（香奈儿香水广告）、“第一流产品，为足下增光”（上海鞋油广告）等，都是利用各种修辞手法暗示或诱导消费者，引起消费者的好奇心，从而进一步注意到广告正文。

（3）复合式标题。这类标题是直接性标题和间接性标题的综合运用。它的写法类似于新闻稿中消息标题的写法，常由双标题或多标题组成，除了一个主标题外，还有一个副标题，或由引题、正题、副题构成。双标题的正题往往以艺术的手法表明一个引人入胜的想法，副题则是说明产品的名称、型号、性能等，起到进一步补充的作用。如：

小到一颗螺丝钉（正题）
四通的服务无微不至（副题）

上述标题是四通文字处理机的广告标题，正题是间接标题，采用了“比”的修辞手法，是虚写。副题是直接标题，点明了产品信息，是实写。这则广告标题以螺丝钉作比，让消费者联想到产品的质量过硬，服务周到，小到一颗螺丝钉都不马虎，关键部位就更不用说了。通过标题的诱导，产品赋予了新的内涵，也加深了消费者对产品的印象感知。可以说该标题拟制得非常巧妙。

有的广告标题除正题、副题外，还有引题。例如：

春兰金牌产品保姆服务推行全球（引题）
我们时刻准备为您四全服务（正题）
始终追求最好是我们的目标（副题）

上述复合标题中，引题交代背景或意义，正题直接点名主旨，副题对正题进行补充，作附加说明。

复合标题将直接性标题和间接性标题糅合在一起，各取所长，既富有隐喻性、趣味性，又达到清楚明白的效果，常常用于前两种标题不易表达广告内容时。

一则广告中，标题起着提纲挈领、画龙点睛的作用，阅读了标题也就大致了解了广告内容。因此广告标题应该精心设计，制造不同寻常的效果，以吸引广告受众。

2. 正文

广告正文一般由引言、主体和结尾三个层次构成。

（1）引言。广告文稿的引言要求以高度的概括和精练的笔触，迅速生动地点明标题的原意并引出下文。在写作方式和技巧上，引言应根据标题的具体形式和本文的要求相应地变化手法，并没有统一不变的模式。以容声冰箱广告文案为例，其标题为“请选用名牌容声冰箱”，引言为“容声冰箱由 1991 年起，产销量已连续四年居全国同行业第二位”，用实事承接标题，引起下文。

（2）主体。主体是阐述广告主题或提出产品论据的主要部分。主体要充分地表达广告商品的特点，以及这些特点与顾客之间的关系，点明产品可以让顾客得到哪些利益、好处等，要根据广告宣传的需要和广告商品的特点，将有关内容严密地组织起来。美国可口可乐曾在英国播放的一则电视广告，其文案主体部分如下：

一次核战争后，幸免于难的美国核动力潜艇“自由女神号”的全体官兵，成了最后的一部分人类。潜艇穿过密布战争遗痕的海洋，驶向故乡美国。战斗警报突然拉响，水兵们又迅速奔向各自的岗位，“自由女神号”重新变成一座战斗堡垒。旧金山已遥遥在望，刚才收到的神秘电台讯号变得越来越清晰，但它时有时无，让人难以捉摸；游艇浮上水面，排列在甲板上的水兵向这个被毁灭的城市默默致哀。组建的突击队在指挥官杰克逊少将的指挥下登陆，悄悄地向一座超级市场的废墟接近，少将感到恐惧和痛苦，脑海里充满了战前与女友来此购物的情景，如今战争已夺去了她的风韵和银铃般的欢笑……当神秘的讯号又出现时，伏在断墙残垣后的突击队员果断地冲进了破楼。一梭枪弹射击后，他们惊讶地发现，既没有敌人，也没任何战争设施，有的只是一架放在窗台上的发报机和一个被窗帘挂住了的饮料罐。每当海风吹入，窗帘浮动，饮料罐就被带着撞向发报机，从而在键纽上无意识地敲打出时断时续、毫无规则，因而也无法破译的讯号。

一场虚惊过去了，面对眼前的场景，官兵们啼笑皆非，相对无语。此时，镜头越来越推近饮料罐。当它占满整个屏幕画面时，人们看到，原来那个惹事生非的饮料罐是“可口可乐”饮料罐。最后推出广告语：“当整个人类毁灭时，可口可乐仍然存在。”

广告创意以超现实的想象，强有力地表达了可口可乐在市场上和大众心理中不可动摇的地位，具有强大的感染力，使广告和产品深入人心。

（3）结尾。结尾要画龙点睛地突出商品的销售目的。一般是用祈使、号召的方式引起消费者的购买欲望，产生及时的购买行动。应简洁有力。

3. 口号

广告口号，又称广告语，是广告主从长远的经济利益出发，在一定时期内相对稳定并反复使用，带有强烈鼓动作用的语句，是体现广告定位、创意、主题的一两句最动人、最引人注目的精彩言辞。广告口号既可以给消费者留下强烈持久的印象，又具有标记和识别的功能。广告口号应力求突出特色、凝练押韵、鼓动性强、文辞优美、便于记忆，字数一般掌握在 8 ～ 15 字为好。在文面上，标语在广告正文和画面的上部、中部、下部、左侧、右侧皆可放置；既可以横向排列，也可纵向排列，还可以斜排。

4. 随文

随文也称附文。主要传递与本企业有关的一些必要的备查信息，具有与客户沟通联系、为业务往来提供方便的作用。随文一般包括企业与经销点名称、地址、网址、行车路线、邮政编码、电话、电报、电传、开户行、户头、联系人与负责人姓名等。一般安在正文之后。

思考与练习

（1）学校“电子竞技俱乐部”要招收新成员，请你代写一份纳新广告。

（2）每人选择一个最吸引你的广告，小组讨论分析它的类型和创意特点。

（3）组建工作坊并命名向全班介绍（学生自由组建工作坊，规模 5 ～ 8 人），讨论、生成工作坊名称，并推举汇报人向全班展示名称的来源、涵义等，可互评，选出最有创意的一组。

拓展延伸

［1］葛红兵，许道军. 大学创意写作（应用写作篇）［M］. 北京：中国人民大学出版社，2017.

［2］许道军. 创意写作十五堂课［M］. 上海：上海大学出版社，2019.

第四节　商务合同

一、商务合同的含义

合同是平等主体的自然人、法人、其他组织之间设立、变更、终止民事权利义务关系的协议。商务合同是指签订合同的两个或两个以上当事人之间，为实现一定的商务目的确立相互之间某种权利或义务关系的文字协议。

在商务活动中，合同有重要作用。一方面，在宏观上，经济合同是实现经济计划、发展商品生产的重要工具。随着商品经济的发展，越来越多的经济关系和经济活动准则，需要用法律形式确定下来，商务合同自然成为发展商品经济不可缺少的工具。各部门、各企业之间合同的如期履行就意味着国家计划的完成有保证。另一方面，就单位和企业而言，经济合同是实现目标化管理，提高经济效率的有效手段。通过签订合同，双方按照合同有效地进行经营活动，从而提高管理水平。同时，经济合同有利于国家、集体、个人之间的经济合作，在三者之间起纽带作用。

二、商务合同的特征

（一）商务合同是具有法律约束力的协议

商务合同一经依法成立，即具有法律约束力，各方必须严格履行遵守，违约者要依法承担经济、法律责任。这与意向书、谈判纪要等协议性的文书是不同的。

（二）商务合同是最有具体操作性的一种协议

商务合同有国家规定的具体要素内容，项目具体细致、操作性强，格式规范严格。与意向书等协议性文书相比，是最具有操作件、规范性的契约文书。

三、商务合向的种类

（一）按合同内容划分

可分为买卖合同，供用电、水、汽、热力合同，借款合同，租赁合同，融资租赁合同，建设合同，运输合同，技术合同，保管合同，仓储合同，委托合同等。

（二）按格式划分

可分为表格式合同、条文式合同、表格条文结合式合同。

条文式合同以文字说明为主，将合同内容一条一条写下来。条文式合同相对比较自由：内容繁复，条文就多些；内容简单，条文就少些。条文式合同能把双方协商一致的意见表达得更完整、更充分，适合相对比较复杂或缺少惯例的权利、义务关系的确立。

表格式合同将合同内容以表格形式列出，预先印制成统一的合同单，签订时把双方协商同意的内容逐项填入表中。表格式合同醒目方便，一般用于一方同意另一方的条件而达成的合同。

表格条文结合式合同是将合同的部分内容如标的、数量、金额等以表格形式列出，将其余内容用条款形式来表达。表格条文结合式合同既有表格式合同醒目方便的优点，又有条文式合同细致全面的长处。

（三）按期限划分

可分为长期合同、短期合同。

（四）按照载体划分

可分为书面合同、口头合同、其他形式合同。

按《中华人民共和国民法典》第三编《合同》有关规定，合同的“书面形式是合同书、信件、电报、电传、传真等可以有形地表现所载内容的形式。以电子数据交换、电子邮件等方式能够有形地表现所载内容，并可以随时调取查用的数据电文，视为书面形式”。

四、商务合同的写法

条文式合同、表格条文结合式合同一般包括下列四个部分。

（一）标题

一般由合同的事由加“合同”两字组成，如《民用爆破器材买卖合同》《汽车维修合同》等。

（二）合同编号、签订地点、签订时间、双方当事人

标题下方靠右，标明合同编号、签订地点、签订时间。部分合同不标签订地点，签订时间放在合同末尾。

标题（或签订时间，无签订时间时写合同编号）下方靠左，标明双方当事人称呼，称呼后加冒号，然后注明双方当事人名称（或姓名）。称呼一般按双方当事人在合同中的身份标注，如“出卖人”“买受人”’“出租人”“承租人”；少数情况下也可根据行文需要，在身份后加括号注明“甲方”“乙方”。名称应当按营业执照上核准的名称填写，不用简称。少数合同要求注明双方当事人的详细情况，如《商品房买卖合同》。

（三）正文

合同正文一般包括如下内容。

1. 起始语

起始语一般为正文开头第一段，简要地写明订立合同的根据或目的，说明经双方协商一致，签订该合同。如《商品房买卖合同》的开头是“根据《中华人民共和国民法典》第三编《合同》《中华人民共和国城市房地产管理法》及其他有关法律、法规之规定，买受人和出售人在平等、自愿、协商一致的基础上就买卖商品房达成如下协议”，然后以冒号领起下文。较多合同书没有起始语，直接进入合同条款。

2. 合同条款

即双方协商一致的内容。合同条款包括《中华人民共和国民法典》第三编《合同法》及其他法律法规规定应当具备的条款、法律法规规定以外当事人约定的条款。合同的末尾

一般有专门条款规定合同的生效日期或有效期限，以及其他约定事项。

（四）生效标识

合同的生效标识一般包括：

（1）加盖双方当事人印章，注明当事人住所。

（2）双方法定代表人签名或盖章，注明法定代表人居民身份证号码。

（3）委托代理人签名或盖章。

（4）注明双方当事人电话号码、开户银行、账号、邮编等。

合同书标题下没有签订日期的，应在本部分下方靠右位置标明合同订立时间。

表格式合同标题有的使用“合同”这一名称，有的使用其他名称，如《铁路局货物运单》（GF-91-0403）、《港口作业委托单》（GF-97-0409）。标题下方或右方注明编号。其他项目或内容一般都在表格内。

五、例文评析

【范例】

商务采购合同[①]

合同编号：××××××

签订日期：××××年×月××日

签订地点：×国××公司

甲方（采购方）：×××

乙方（供应方）：×××

本合同在甲方和乙方之间订立。按照以下规定条件和条款，甲、乙双方就商品买卖达成一致意见。

一、商品名称、规格和数量

甲方根据技术标准购入所需产品，名称列入附件。所附技术协议、质量保证协议及保密协议均为本合同不可分割的一部分。在甲方同意的情况下，乙方有责任采取一切与合同供货相关的必要措施，如投资及有效地利用其生产能力。

二、合同价格

价格和有效期列于附件。

三、交货目的地

×国××公司。（详细地址略）

四、交货时间及数量将另作规定（略）

五、包装

依据具体规定包装。

① 陈星野，陈建中．商务文书写作指要［M］．北京：中国经济出版社，2012：208．（略有改动）

六、交付

1.货物的交付在到达甲方指定的目的地，并经甲方验收合格后视为完成。

2.如果预料发生交货或提供服务的延迟，乙方应立即通知甲方。同时，乙方必须及时做出相应的补救措施并报告甲方。

3.乙方应在对甲方不造成任何经济负担的条件下确保有一定成品的安全库存量。在“附件一”中甲方将对每种产品的数量做出明确的规定。甲方保留在任何时候检查库存的权力。

4.如果乙方因不可抗力外的原因不能按时交货，甲方可在总额不超过合同价格××%范围内，要求其按每延迟一周交货支付合同价格的××%作为罚金。

七、风险转移和发运

1.货物的风险只在货物已到达“第三条 交货目的地”规定的甲方指定的交货地点并已办理收货手续后才转移给甲方。

2.通常情况下装卸运输费用应由乙方负担，特殊情况另作协议。

3.每批货物都应有装箱单或包裹附单以表明其内容和完整的订货参考。

八、发票

发票应表明订单序号或送货单的号码。如果发票内容或提供资料不完整，则发票不能支付。发票的复印件应注明副本。

九、付款

1.合同支付的款项应自完成供货且甲方收到发票之日起××天内支付。

2.支付行为并不表示对供货符合合同要求的认可。

十、质量保证

乙方必须与甲方签订《质量保证协议》，并严格执行。

十一、技术

乙方必须与甲方签订《技术协议》，并严格执行。

十二、保密

乙方必须与甲方签订《保密协议》，并严格执行。

十三、分包给第三方

未经甲方书面同意不得分包给第三方，否则甲方有权全部或者部分退出合同并提出损害索赔。

十四、条款的终止

本合同经双方签字后立即长久生效，本合同提前××个月通知后可以终止。如果有特殊原因，甲方有权提前终止合同，特殊原因如下：

1.乙方破产或影响资产的组织调整。

2.违反本章第十条中质量保证条款。

3.违反本章第十一条中技术条款。

4.违反本章第十二条中保密条款。

十五、附加规定

1.本合同的任何变更应以书面形式并由双方代表签字方为有效。

2.本合同及其附件构成合作双方关于此项事宜的专用合同。因此，所有关于此项事宜的原有协议作废。

3.如本合同中的个别条款生效，将不影响其他条款。合作双方将友好协商达成具有同等经济效果的条款以取代失效的条款。

十六、仲裁

凡由执行本合同所发生的或与本合同有关的一切争执，应通过友好协商解决，如协商无效，则应申请由仲裁委员会进行仲裁。该仲裁裁决为终局裁决，对双方均有约束力。仲裁费用由败诉一方负担。

兹证明，本合同由双方签署正本两份。

附件：（略）

甲方名称：×国××公司	乙方名称：×国×××公司
单位地址：×国××××	单位地址：×国×××××
法定代表人：×××	法定代表人：×××
委托代表人：×××	委托代表人：×××

【评析】该合同在格式上遵守规范，各主要条款内容均很完备。合同用语简明严谨，比如对采购物品技术标准、质量标准的界定，对法律性条款的明确规定，都很合情、合理、合法。合同中，甲方所购产品的名称、数量等，虽未在正文中具体述及，但将其归入附件交代说明，使正文中双方的权力、义务、责任等条款得以突出。

思考与练习

（1）签订商务合同过程中要注意哪些问题？

（2）由于工作需要，某校要与地方某公司签订为期一年的房屋租赁合同，请你参考网上下载的合同式样改写一份，具体内容自拟。

拓展延伸

［1］谭钻然.商务沟通［M］.成都：电子科技大学出版社，2016.

［2］陈星野，陈建.商务文书写作指要［M］.北京：中国经济出版社，2012.

下篇　实用演讲

第九章　演讲概述

第一节　演讲的本质

一、演讲的定义

演讲（public speech）也叫演说或讲演。从广义上说，凡是以多数人为对象的讲话都可以叫演讲。一般来说，演讲是指在特定的时空环境下，讲话者就某个问题以有声语言为主要形式并辅之以态势语言，如姿态、动作、手势、表情等，面对广大听众发表意见、阐明事理、抒发感情，从而达到感召听众的一种现实的社会实践活动。这是一种有目的的行为方式。

“演”与“讲”的关系是什么？如何把握？“演”是作用于听众的视觉，“讲”是作用于听众的听觉，演讲是“演”与“讲”的有机结合。在演讲实践活动中，“讲”为主，“演”为辅，二者是互相交织、互相渗透、互相促进的和谐统一关系。“讲”是起主导作用和决定因素的，而“演”则必须建立在“讲”的基础上，否则它就失去了存在的意义。演讲如果只有“讲”没有“演”，只作用于听众的听觉器官而不作用于听众的视觉器官，就会缺少动人的主体形象；如果只有“演”而没有“讲”，就只会作用于听众的视觉器官而不作用于听众的听觉器官。所以，只有既“讲”且“演”，既是听觉的又是视觉的，兼有时间性和空间性艺术特点的综合的现实活动，才是演讲的本质属性，这是演讲区别于其他现实口语表达形式和艺术口语表达形式的关键所在。

演讲作为人类的一种社会实践活动，必须具备演讲者（主体）、听众（客体）、沟通主客体的信息，以及主客体同处一起的时境（时间环境）四个条件。这四者缺一不可，离开任何一个条件都构成不了演讲活动。演讲者若想发表自己的意见，陈述自己的观点和主张，从而达到影响、说服、感染他人的目的，还必须通过一些传达手段。演讲主要的传达手段有：有声语言（讲）、态势语言（演）和主体形象。

二、演讲的特征

演讲与口语交际、表演艺术及其他公众交际相比，具有如下三个显著特征：群众性、务实性、鼓动性。

（一）演讲的群众性

从活动形式来看，演讲具有广泛的群众性。一是演讲者要面对集结在同一个场境中的听众慷慨陈词；二是听众也可以成为演讲者。

从起因、发生过程、效应后果来看，演讲是从群众中来，到群众中去。演讲者根据群众急切的要求或有待激发的愿望，针对面临的问题、事物、境况进行表述，演讲者与听众应站在同一立场上，采取同一步调，同情共感，同心同德，始终认为自己就是群众中的一员。任何一个演讲者须知，演讲是群众的事业，从事演讲活动，一刻都不能脱离群众，在群众面前要甘当小学生，虚心学习。

（二）演讲的务实性

一方面，演讲的场境是真实的，不像戏剧、曲艺等表演艺术那样是虚拟、想象的。表演艺术家上台表演，演的是他人的故事；演讲者上台演说，说的是自己故事。

演讲者以真实、本色的面目出现在听众的面前，以真实的声态激情投入，不必通过变形、夸张的手段。演讲者靠有声语言和无声的态势语言取胜，不必从旁作多余的烘托、渲染。

另一方面，演讲的内容多是现实生活中当务之急的事，无论是涉及政治、经济、学术、科技、世态、民情的哪个方面，都是现实中亟待解决的问题。对于是什么、不是什么、应该怎么办、采取怎样的行动等，演讲者要明确表态，使听众真正有所领会，从而知道如何努力，知道如何效法。演讲应该比其他任何面对群众的宣传、演示活动更能产生现实效应。

（三）演讲的鼓动性

演讲往往发生在历史发展中千钧一发的关键时刻，或是在生活中是与非、美与丑、善与恶的尖锐冲突中，或令人激昂、感奋的情势中进行的。因此，这种演讲具有强烈的鼓动性是势所必然的。在平常生活中，演讲也不能失掉它的重要特色——鼓动性。

演讲之美主要体现在鼓动效应。能使听众惊醒起来、感奋起来的便是好的演讲。美国作家斯诺在他的《西行漫记》中，记述了毛泽东向他讲述的自己青年时代的一段故事：“黎元洪领导的武汉起义发生以后，湖南宣布了戒严令。政局迅速改观。有一天，一个革命党人得到校长的许可，到中学做了一次激动人心的演讲。当场有七八个学生站起来支持他的主张，强烈抨击清廷，号召大家行动起来，建立民国。会上人人聚精会神地听着。那个革命的演说家是黎元洪属下的一个官员，他向兴奋的学生演说的时候，会场里面鸦雀无声。听了这次演讲以后四五天，我决心参加黎元洪的革命军。”[①]很显然，这个革命者的报告具有

① 爱特伽·斯诺.西行漫记［M］.北京：生活·读书·新知三联书店，2012：213.

强烈的鼓动性。

一篇成功的演讲必然具有强烈的鼓动性，而演讲内容的逻辑力量和演讲者的激情则是构成鼓动性的重要因素。

三、演讲的类型

社会生活丰富多样，行业各异，演讲也是各式各样的。根据演讲的内容、演讲的功能、演讲者的临场状态，可对演讲进行不同的分类。

（一）根据演讲的内容分类

主要可分为政治演讲、思考教育演讲、学术演讲、军事演讲、法律演讲等。

1.政治演讲

政治演讲是指人们从政治角度阐述评论一些重大政治事件和现实问题，并表明立场、阐明观点、宣传主张的一种演讲。施政演说、就职演说、竞选演说等都属于这类。这类演讲涉及的往往是一些重大的政治问题。演讲者要表明自己的政治倾向，宣传自己的政治观点，让听众了解自己的施政纲领或政治观点，从而获得理解和支持。政治演讲在提出问题、分析问题、解决问题的过程中，要显示出无懈可击的逻辑性，这样才能使听众心服口服，才能赢得听众的理解和支持。

2.思想教育演讲

思想教育演讲是指以思想品德教育为目的的演讲。这类演讲针对现实生活中人们的思想动态、思想倾向和思想问题，以真切的事实、有力的论证、充盈的感情来讴歌真善美、鞭挞假恶丑，引导听众树立正确的人生观、世界观，激励听众为崇高的理想、事业而奋斗，适用于演讲比赛、主题演讲会、巡回报告等。

思想教育演讲有以下特点：一是时代性。其所涉及的内容大都是现实生活中比较突出的敏感问题，有浓郁的时代气息。二是劝导性。思想教育演讲的目的是劝说、引导、警示，帮助人们树立正确的价值观、人生观。三是生动性。思想教育演讲并不是用抽象的说教方式把自己的观点强加于人，而是运用具体生动的事例和形象直观的表达，去打动听众，使之与演讲者在思想上共鸣，自觉自愿地接受演讲者的观点。

3.学术演讲

学术演讲是指介绍科学研究成果、传授科学知识、表达学术见解的演讲。学术演讲具有以下特点：一是学术性，即对某一学科领域内的现象或问题做系统剖析和阐述，以揭示事物的本质及发展的客观规律。二是创造性，即对科学问题有独特的发现和独到的见解，在前人研究的基础上进一步研究得出新资料、新方法、新见解。三是通俗性。学术演讲要把抽象深奥的科学道理表达得深入浅出、通俗易懂。

4.军事演讲

军事演讲即党和国家领导人、军队指挥员就战备、训练、作战、执勤以及军队管理等问题进行宣传、鼓动、动员的演讲。

5. 法律演讲

法律演讲有广义和狭义之分。广义的法律演讲是指在法庭调查、法律咨询、仲裁活动、普法教育等活动中的演讲。狭义的法律演讲是指诉讼演讲，即指公诉人、辩护代理人在法庭上所做的演讲。

（二）根据演讲的功能分类

以功能为标准，演讲大体上可分为以下几种类型。

1. 传授性演讲

传授性演讲是使人们知道、了解和掌握某些知识、信息和事理的演讲，也有人称之为“使人知”演讲。演讲者的目的在于传授知识和信息，并不希望支配听众的行为。传授性演讲的特点是知识性强，要求演讲者知识丰富，对所谈的事情成竹在胸、准确无误。

2. 说服性演讲

说服性演讲是使听众信服自己观点的演讲，也有人称之为“使人信”演讲。这种演讲的功能不仅仅在于让听众明白知晓演讲者所要传达的信息，更是要影响听众，使他们改变观念和思想。说服性演讲是以“使人知”的传授性演讲为基础的，只有知道了、明白了，才能“使人信”，它要求演讲者有很强的说服能力，使听众相信并接受某种事实和观点。

3. 鼓动性演讲

鼓动性演讲又称“使人激”演讲。这种演讲意在使听众激动起来。如马丁·路德·金的《在林肯纪念堂前的演说》，用他的几个“梦想”激发广大黑人的自尊感、自强感，激励他们为“生而平等”而奋斗。

鼓动性演讲是一个深层次的演讲，它不仅要求演讲者与听众在信息上沟通，而且要求演讲者与听众在心理上进行沟通，在感情上产生共鸣，在思想上产生共振。这就给演讲者提出了更高一层的要求，既要“晓之以理”，更要“动之以情”，使听众为演讲者的思想观点而欢呼雀跃，与演讲者一道喜、怒、哀、乐。只有这样，才能达到鼓动性的功效。“鼓动”不是演讲的终极目标，使听众遵循演讲者的意愿行动起来，才是演讲者追求的最高境界。

鼓动性演讲多用于政治、战争和大型活动的动员，要求用最真实的事实和最有激情的语言去激励、去震撼，推动人们去行动。比如，第二次世界大战期间法国总统戴高乐在伦敦做《告法国人民书》的演讲，号召法国人民行动起来，投身反法西斯的行列。这类演讲要避免繁琐、复杂的逻辑论证，要有一股强烈的气势和激情，多以号召、呼吁式的语句结尾。

此外，还有“使人乐”演讲。这是一种以活跃气氛、调节情绪、使人快乐为主要功能的演讲。多以幽默、笑话或调侃为材料，常出现在喜庆的场合。这种演讲很多，人们大都能听到，它的特点是材料鲜活、语言诙谐幽默。

（三）根据临场状态分类

按演讲者的临场状态，演讲还可以分为以下三组。

1. 命题演讲与非命题演讲

命题演讲即指事先确定了主题，把表达内容限定在主题范围以内的演讲。专题演讲、辩论竞赛、部队的讲评动员、答记者问等，都属于命题演讲。命题演讲的特点是：主题鲜明、针对性强、内容稳定、结构完整。

命题演讲有两种形式：全命题演讲和半命题演讲。命题演讲的题目一般是由演讲组织者事先确定的。如某单位组织“传承红色基因 担当强军重任”主题演讲，为了让演讲人员各有侧重，每个演讲者可分别从政治建军、改革强军、科技建军、依法治军四个方面，选其中一方面组织材料、准备演讲。半命题演讲指演讲者根据演讲活动组织单位限定的范围，自己拟定题目进行的演讲。

非命题演讲即指不限定讲话内容范围的演讲。这种演讲非常普遍。由于表达内容选择自由，更能发挥演讲者的个人特长，充分表现自选命题。

2. 即兴演讲与有备演讲

即兴演讲，又称即席演讲，是指演讲者在事先没有充分准备的情况下，特定情境的激励、交往实际的需要和责任心的驱使令其产生强烈的表达欲望，并当场就眼前场面、情境、事物、人物，临时起意发表的演讲。它的特点是：有感而发、时境感强、篇幅短小、感染力强。它要求演讲者要紧扣主题，抓住由头，迅速组合，言简意赅。

即兴演讲事先基本上没有准备。所谓没有准备，一是事先没有准备发表演说；二是虽然事先知道要发表演讲，但并不知道演讲的题目和主旨。即兴演讲还可分为主动演讲和被动演讲两种。所谓主动演讲是指演讲者受某种情景气氛的感染，心情激动，情不自禁地发表演讲。所谓被动演讲是指在他人邀请下发表的演讲。即兴演讲对演讲者的素养要求较高。演讲者不仅要有丰富的知识积累、广见博识，还要有非常强的思考能力和应变能力。

有备演讲是指在实施演讲之前，有较充分的准备时间，并能利用这些时间进行必要的资料搜集、整理、选择和运用。大型会议的领导讲话、战士演讲比赛和各种经验交流会等都属于这类演讲。有备演讲可以全面展示演讲人的气质、风度、才华和能力，甚至发挥广泛的社会作用。听众能从演讲者表达的内容和情感，领略他的胸襟、志向并受其感染。人们可以通过参与有备演讲，丰富知识、陶冶情操、砥砺意志、练就口才。

3. 论辩演讲

即由两方或两方以上的群体，针对某个问题产生不同意见而展开的面对面的话言交锋。其目的是坚持真理、批驳谬误、明辨是非。比如，我们生活中常见的法庭论辩、外交论辩、赛场论辩，以及每个人曾经历过的生活论辩等。它的特点是针锋相对、短兵相接。

在论辩演讲中，有时可以事先知道辩论的论题、范围，如外交谈判、演讲会的论辩等。有时事先并不知道辩论的论题，只是论敌突然挑起论争，短兵相接，不得不战。但无论知不知道论题，准备得充不充分，就论辩过程而言，由于论敌的思路变化莫测，推导也灵活多样，故辩论场上风云变幻无穷，对抗性极强，没有太多时间让演讲者仔细推敲、考虑，这就对演讲者提出了极大的挑战。论辩演讲更要求演讲者具备正确的思想、高尚的品质、严密的逻辑和较强的思维能力、语言能力及应变能力。

根据不同的标准，演讲还可以有其他的划分方式，如按主题题材分，按表达目的分，按表达方式、场所、风格分等。

第二节　演讲的准备

古语有云："凡事预则立，不预则废。"（《礼记·中庸》）要想获得好的演讲效果，必然需要精心准备。抗日战争期间，毛泽东主席等中央领导同志为了培养革命力量，创办了抗日军政大学，并且亲自给抗大的学子授课。这些课程不仅是知识文化、军政素质的传授，也是革命精神的宣讲演说。毛主席为提高教学效果倾注了满腔心血，他常常废寝忘食、不分昼夜地备课。正是因为有了充分的准备，毛主席的演讲总是能赢得大家的掌声，也正是因为这些精彩的演讲，革命的种子才得以传播到各个地方。可见，充分的准备是演讲获得成功的必要条件。

每个演讲者在进行演讲以前，首先要问自己三个问题：为谁演讲，讲些什么，在哪演讲。根据以上三个问题，可以把演讲的准备确定为三个方面：对象、环境、主题。

一、对象

演讲的对象就是听众。听众是演讲的信息接收者，也是整场演讲的合作者。成功的演讲是演讲者和听众的完美合作。听众的点头、鼓掌等反应对演讲者而言是一种信息反馈，影响着演讲者的发挥。因此，演讲者必须事先了解听众的成分，并分析他们的心理特点。

（一）听众的成分

听众的成分包括性别、年龄、受教育程度、职业和规模等几个方面：

第一，听众的性别。听众中的男女比例会影响演讲者口头语言风格和演讲的声调。第二，听众的年龄。听众的年龄会影响演讲的内容和表达方式，因为年龄不同，价值观念和思维方式都有很大的不同。第三，听众的教育程度。演讲者的语言和词汇应该适应听众的教育水平。第四，听众的职业。了解大多数听众的职业常常可以预测他们关心的主题，预判他们对于演讲内容的反应。第五，听众的规模。听众的人数将制约演讲的形式。如果听众较少，可以采用与听众更为亲近的方式进行演讲，例如用对话的方式或者穿插更多的提问，动作上可以有较多自由的走动，同时场景布置也应更加紧凑；相反，如果听众较多，那么就需要多采用叙述、议论、说明的方式，演讲时一般只在舞台上适当走动而不宜设置过多互动，以免现场出现混乱。

（二）听众的心理特点

了解听众的心理特点需要从以下三个方面进行：

一是听众对信息的选择性。听众只对与自己利益相关和兴趣爱好一致的信息感兴趣，只接受那些与自己意见一致或自己认同的观点，因此演讲者需要了解听众的需求到底是什么。了解听众的需求，才能有针对性地进行演讲，从而打动听众，取得好的效果。众所周知的“望梅止渴”的故事中，曹操之所以能带领军队走出暑热难捱之路，全在于他了解士兵对止渴之“水”的需要，因此谎说前方有结着酸甜硕果的梅林，一下子让士兵口中生津，同时产生摘梅解渴的希望，士气大振，急速向“梅林”奔去。这个激励士气的小故事也很好地说明，演说者只有充分了解听众的需求，才可能使说出的话对听众施加较深的影响。

二是听众同时具有独立意识与从众心理。从众心理指个人受到外界人群行为的影响，而在自己的知觉、判断以及认识上表现出符合公众舆论或保持与群体一致的行为，是部分个体普遍拥有的心理现象。在听演讲时，一方面，听众是一个头脑冷静、比较理智的人，对演讲者的观点有自己的看法；另一方面，听众有与其他听众相互影响并相互强化情绪和行为的反应。演讲中经常出现的众人鼓掌而“我”亦鼓掌、众人笑而“我”亦笑的现象就是从众心理的结果。因此，演讲的时候需要特别注意演讲的论点一定要明确，一定要有真实性、说服性，同时要有真情实感，要有新意。

三是“名片效应”与“自己人效应”。“名片效应”与“自己人效应”是指由于交流双方存在相似性和共同点，因此更容易接受对方的信息，更容易彼此沟通。“名片效应”主要指双方观点一致；“自己人效应”是指双方不仅观点一致，而且还有很强的亲密感，在这一点上，信息传播者对接收者的影响更大。因此，演讲者必须与听众建立起“自己人”的关系，例如：

> 各位朋友：我是翻山越岭，历经千难万险才来到这里为大家来进行演讲的。虽然辛苦，但是我一点都不后悔，因为到这里我就发现，这里是山美、水美、人更美，在座的每一个人都非常热情，你们都是我的亲人啊！

短短几句话，一下子拉近了与听众的心理距离，使听众的心里暖乎乎的，从而为接下去的演讲内容做好铺垫。

二、环境

人们的一切活动都是在特定环境中进行的并受环境的制约，演讲活动也不例外。演讲使用语言离不开特定的时间、空间及特定的社会文化背景。俗话说“到什么山唱什么歌”“在什么时代说什么话”，就是这个意思。

（一）社会环境

社会环境指的是演讲活动的大背景，是一定时期和空间范围内的社会生活、社会关系构成的宏观背景，包含时代、民族、地域等因素。不同的民族、地域有着不同的风俗习惯和文化规范，了解这些社会背景有助于演讲的恰当表达。比如，英国人见面习惯谈天气，因为英国气候多雾多雨，人们关心天气；而我国自古以来是一个农业社会，“民以食为天”，人们见面打招呼就喜欢问“吃饭了没”。在基督教文化中，13 是禁忌数字，因为耶稣的第十三个门徒犹大背叛了他；而在中国文化中，4 因为和“死”谐音，常常被当作不吉利的数字。如果不了解这些时代、文化、地域上的差异，演讲时就有可能闹笑话甚至出现误解。

（二）语言环境

语言环境指的是演讲活动的小背景，是口语表达时候的具体情境、人际关系及其显现出来的氛围等因素。例如，下面这段孙中山先生的演说词，就充分利用了当时的语言环境诠释演讲的主题。1924 年 4 月，孙中山先生在广州女子师范学校进行了一场有关革命与建设关系的演讲，当谈到“从前推倒大清帝国，改造中华民国，就是打破不文明的旧国家，建立文明的新国家”时，为了便于听众理解，孙中山先以该校后面的观音山作为例子进行说明：

> 从前的观音山，有很多楼台亭阁，树木花草，站在广州市的北边很高，风景是很好的。此刻市政厅要把它辟作公园，所以把那些旧房屋都拆去了。我有一个朋友，从前也游过观音山的，也见过那些楼台亭阁，近来他又去游玩过一次，回来对我说，为什么把观音山那些旧房屋都拆去了呢？为什么要弄到这样荒凉凄惨？这真是可惜得很啊！我回答他说，市政厅有新计划，要把那山辟作很好的新公园，所以把它暂时变成荒凉的景色，这没有什么可惜的，请你明年再去游观音山罢，便可知道将来是一番什么样景象。改造国家的情形，也和这一样。①

孙中山先生就地取材，将深奥的道理变成通俗生动的比喻，非常富于感染力。

获奖中篇小说《高山下的花环》的作者李存葆曾深有体会地说：“在战斗最激烈的时刻，宣传鼓动不会是长篇的大道理。”有时“面对敌人痛骂一声，回头对战友一摆手，喊一句‘有种的，跟我上’的指导员，也不失为可敬可钦的指导员。”②这痛骂敌人之声或对战友喊一声“有种的，跟我上”的言语形式，充满着对敌人的切齿痛恨和决一死战的勇气，比长篇大论的宣传鼓动更有力。这是紧张、激烈的战斗环境所导致的。

（三）现场环境

演讲现场的环境也是演讲能否成功的重要因素，一个糟糕的房间可能会将一次最好的演讲变成一场灾难。因此，演讲者有必要事先前往现场考察，熟悉场地、调试设备，同时也可以提前消解由于环境陌生而产生的紧张感。演讲现场需要了解的环境信息如下。

1. 演讲地点

确切了解演讲地点所在位置。诸如：可使用什么交通工具到达？停车位在哪儿？通常需要多少时间到达，高峰时段又是如何？需不需要乘坐电梯，电梯在哪里？是否有休息室，休息室与演讲房间有多远距离？

---

① 孙中山. 女子要明白三民主义——在广东女子师范学校演说词［M］// 中华全国妇女联合会妇女研究所，中国第二历史档案馆. 中国妇女运动历史资料：民国卷（1912–1949）上. 北京：中国妇女出版社，2011：65.

② 李维. 创作寻踪［M］. 北京：北京十月文艺出版社，1984：223.

2.演讲空间

演讲空间的大小、容纳人数、座位布置方式、舞台与听众席的距离等，都会影响演讲者与听众的关系、信息传递的速度以及演讲的最终呈现效果。对于室外演讲，要确保周围的景观不会影响声音的传递、阻碍听众的视线；对于室内演讲，房间大小、座位多少要与听众人数相匹配。无论是在哪种空间进行演讲，座位都应该尽量集中，以便演讲者与听众进行互动或是目光交流。

3.工具设备

在信息化的时代，演讲往往会借助一些辅助工具及设备，如麦克风、音响、灯光、黑白板、投影仪、电脑、屏幕等。如果演讲当中需要用到这些工具设备，应该事先前往现场进行调试，检查软硬件的兼容性、设备的质量和呈现效果，熟悉使用方式，避免在演讲过程中出现问题。

三、主题

每个演讲都有自己的主题，如果一个演讲没有主题，演结束后听众完全不知道演讲者在表达什么意思，那就是“乱讲”。主题是演讲的灵魂，主题的选取要遵循以下几个原则。

（一）主题鲜明正确，观点新颖深刻

演讲的目的在于宣传、教育、组织和激励群众。因此，演讲的主题要鲜明、正确，演讲中呈现的观点要新颖、深刻。鲜明是指主题要贯穿于全篇，能够给听众留下深刻的印象，引起强烈的反响；正确是指观点见解具有积极意义，能使听众受到教育，取得良好的社会效应；新颖是指见解独特，给人以醒目之感，对听众具有诱惑力和吸引力，能激起听众的兴趣和注意；深刻是指提出的主张和见解能揭示事物的本质，能使听众受到启迪，从感性认识提高到理性认识。

（二）适合听众要求，内容有的放矢

选题要有针对性，要能深刻影响听众，极大地感染听众。前面已经说过，演讲前应该对听众进行充分了解，在选择主题时，就应该考虑不同类型听众的需要，根据听众的民族、职业、层次、知识水准、兴趣爱好、风俗习惯等，选取适当的主题，才能调动听众的注意力，唤起听众听讲的热情和兴趣。例如，对山区老农大谈高能物理、量子力学，恐怕大学者也会受冷落，倘若换成水土改良、种植方法创新，情况就会大不一样。为了适应不同类型听众的需要，选题要考虑“适应度”。选题的“适应度”较大，适应的听众面就较宽；反之，“适应度”较小，适应的听众面就较窄。一般来说，话题的专业化程度越高，其适应度就越小。

（三）切合自身身份，文稿熟记于心

选择演讲话题，应切合自己的年龄、身份、气质，适合自己的知识水平和兴趣。这样，演讲者便能自然地融入自己的思想感情，“得心应口”，措辞、语调、口气也就自然、有声有色、富有活力，给人以新鲜感和亲切感；否则，如果硬要去讲那些不切合身份、气质、

年龄和知识水平的话题，就必然会力不从心，即使勉强讲了，也必然是生吞活剥、生硬呆板、无法感人。演讲者不妨“驾轻就熟”，选择自己比较熟悉、最感兴趣的话题。这里所说的“驾轻就熟”，不是指搬用僵死的套话、空话，也不是指套用固有的框架格式，而是指选择自己熟悉、了解、有兴趣、有体会的话题，选择与自己的专业、知识面接近的话题。这样容易讲深讲透，讲出水平，讲出风格。另外演讲者比较熟悉、比较感兴趣的话题，常常是其曾经思考过或有一定了解和研究的话题。可见，演讲者要使自己的演讲门路宽、演讲时左右逢源，要注意平日的思考和知识积累。

（四）明确演讲方向，主题凝练集中

根据心理学的研究，一般人的大脑在 1 小时以内，只能接收一两个重要问题。因此，演讲的话题必须集中凝练、富有特色，演讲的时间要掌握得恰如其分。一般来说，一篇演讲只能有一个主题，必须围绕这个主题展开阐述，否则就容易出现焦距模糊、思想枝蔓的毛病。

曾经有位同学参加一场讴歌革命先烈牺牲精神的演讲比赛，最初确定的主题是“缅怀先烈，悼念先烈”。这个主题虽然鲜明、正确，但过于宽泛，立意不够具体鲜明，讲起来也缺乏新意，不够深刻。经过讨论，演讲者以自己亲人的亲身经历作为素材，他的外祖父是一位革命烈士，宁死不屈服于敌人的威逼利诱。他的外祖母自新中国成立以来便受到不公平待遇，甚至被劝退党，虽然蒙冤受屈，但她仍旧按时缴纳党费，仍然努力为党工作。这种信念是多么的坚定！这都说明了一个问题：他们有纯正的入党动机，所以才会洒热血、仰天大笑，历万劫、不改初衷。于是他把主题确定为“端正入党动机，矢志不渝为党奋斗终生”。这样一提炼，角度改了，主题深化了：当新时代商业文化冲击着正确的人生观和价值观的时候，特别是在部分人产生信仰危机的时候，这篇演讲的针对性和教育意义就更显得突出了。

思考与练习

（1）结合自己的经历，谈谈什么是演讲，演讲前应该做好哪些准备。

（2）全面了解听众信息对于一场演讲来说有什么意义？

（3）请从以下古语中选择一个作为演讲的主题，并诠释你对这个主题的理解。

①“己所不欲，勿施于人。”（《论语・颜渊》）

②“见义不为，无勇也。”（《论语・为政》）

③“天时不如地利，地利不如人和。”（《孟子・公孙丑下》）

拓展延伸

[1] 孙中山.女子要明白三民主义——孙中山在广东女子师范学校演说词[M]//肖扬，郭必强，中华全国妇女联合会妇女研究所，中国第二历史档案馆.中国妇女运动历史资料——民国政府卷 1912—1949.北京：中国妇女出版社，2011：58-68.

[2] 李燕杰.演讲美学[M].上海：上海人民出版社，1985.

第十章　演讲稿的撰写

精彩的演讲稿是演讲成功的基础，在确定了演讲主题以后就要开始布局谋篇、设计演讲的结构、撰写演讲稿。演讲稿需要更深一步地推敲怎么开头、如何收尾、哪一部分是演讲的重点、哪些内容可以简单略过、怎样铺垫、怎样承接等。所以，撰写演讲稿是个复杂的工程。

一、演讲稿的结构

一般而言，演讲稿的结构分为开场白、主体和结尾三个部分。

（一）开场白

人们常说“良好的开端是成功的一半”，对于演讲来说也是如此。开场白对整个演讲极为重要，出彩的开头是整个演讲成功的基础，如果开场白没有吸引住听众，稍后的演讲想要引起关注就更加困难。

一般说来，演讲者可以利用开场白作简单的自我介绍或是对演讲背景、主题进行介绍，也可以讲讲自己的心情感受，为整篇文章奠定感情的基调，还可以自然地引出对演讲正文的分析和阐述。具体而言，开场白要满足以下几点要求。

1. 紧扣演讲主题

演讲的开场白要针对某个演讲的具体情况来组织、安排、构思，没有固定的模式。紧扣演讲主题、围绕主题进行阐述和论证是每个演讲开场白必须具备的条件，是保证演讲结构完整、严谨的关键问题。切不可出现“下笔千言，离题万里”的现象，也不要讲一些与演讲主题毫不相关的话。

2. 力求简短精练

开场白要尽量的简短，不要在演讲主题没展开前阐述过多。因为受演讲时间的限制，演讲者要把握好各部分的时间安排，不能使人产生头重脚轻的感觉。

3. 快速吸引听众的注意

在营销界有一个著名的“七秒定律”，该定律认为消费者会在 7 秒内决定是否有购买商品。这个说法或许有些夸张，但第一印象确实非常重要。如果演讲一开始不能得到听众的好感，后面再精彩的言论也将黯然失色。因此，有经验的演讲者，总是创造出新颖独特、有奇趣、显智慧的开场白，以吸引听众，控制现场，为接下去的内容顺利搭梯架桥。

注意了以上三点，我们便可以设计出一个好的开场白。不过，优秀的演讲者还会根据具体演讲的地点、听众、主题特征来设计特定的开场白。

开场白常见的方式有：

（1）开门见山式。在演讲的开头，直截了当地把演讲的主题向听众说明，既能开门见山地让听众快速地了解演讲的内容，又能引起听众对该话题的注意，从而顺利地引出后面的观点。

抗日战争全面爆发后，随着形势的发展与持久抗战的需要，中国共产党亟需培养大批既有马列主义理论水平又有实践经验的德才兼备的干部，毛泽东等党的领导人对此十分重视，亲自指导开办了红军学校、抗日军政大学等学校，并经常到这些学校作讲演。下面的这篇《当学生，当先生，当战争领导者》就是毛泽东到中共中央党校演讲时的讲稿：

> 同志们，说了很久要来讲话，但回回没有来得成，很对不住。今天讲三个问题。第一，当学生；第二，当先生；第三，当战争领导者。
>
> 同志们现在都是学生，又何必来讲当学生呢？况且有一部分同志快毕业了，毕了业就不是学生，其他的同志也等不了多久就毕业，为什么还要说当学生呢？岂是学生要永远当下去吗？我说对的，学生要当一百年。什么道理呢？又是怎样讲呢？因为同志们快毕业了，其他的几个月以后也要毕业了，所以来对这个问题贡献点意见。①

面对这些学生，他首先讲明了他们的三重身份：学生、先生和战争领导者，然后直接进入第一个问题——如何当学生，他以设问的方式，把听众内心对于这个问题的疑惑提出来，引起了大家的兴趣，然后又以大家意想不到的答案回答了这个问题，循循善诱，令人信服。

（2）幽默风趣式。1957 年 11 月 17 日，正在苏联进行访问的毛泽东在紧张的外事活动之余，来到莫斯科大学，接见了中国留学生代表并发表了《世界是你们的》著名演讲。当他来到莫斯科大学礼堂时，全场欢呼似潮。在他准备演讲之前，时任驻苏大使的刘晓同志首先向大家介绍了随毛主席前来的代表团成员：邓小平、彭德怀、乌兰夫、陈伯达、胡乔木、杨尚昆等同志，当刘大使介绍完之后，毛主席立刻幽默地“介绍”道：“这位是中华人民共和国代表团团员，驻苏大使刘晓同志。”引来台下一片笑声。毛主席站起来走到台前，说：“同志们！我向你们问好！”台下再次爆发出热烈的掌声。接着他说了那句著名的话：“世界是你们的！也是我们的，但是归根结底是你们的！”话音未落，如雷的掌声再次响起。②

可以看出，毛泽东的这次演讲开篇是根据现场气氛和眼前情景即兴发挥的，决不是刻意为之。他向同学们问好，又接着刘晓大使的话幽默地“介绍”驻苏大使本人，洒脱、幽默、亲切，为演讲开篇作了很好的铺垫，也激荡了留学生的心情，引起了强烈的共鸣。

（3）讲述故事式。讲故事是演讲常用的技巧，一个引人入胜的演讲常常是由一个接一个的故事串起来的。在开场时，演讲者也可以通过与主题相关的故事引入。

1951 年 9 月 29 日，周恩来应北京大学校长马寅初之邀作《关于知识分子的改造问题》

① 李波.周利苹.现代应用文写作［M］.南昌：江西高校出版社，2017：131.

② 单刚.王英辉.岁月无痕［M］.北京：中央编译出版社，2007：127-128.

的演讲，听讲对象扩大为京津地区高等学校的教师和学生代表。周恩来作了开场白后，这样进入了主题：

> 讲到改造问题，我想还是先从自己讲起。我中学毕业后，名义上进了大学一年级，但是正赶上五四运动，没有好好读书。我也到过日本、法国、德国，所谓留过学，但是从来没有进过这些国家的大学之门。所以，我是一个中等知识分子。今天在你们这些大知识分子、大学同学面前讲话，还有一点恐慌呢。①

当天，有些教师不知道周总理要讲什么，本来是怀着不安的心情而来。周总理开场便讲述了自己的亲身经历，这一番肺腑之言让到场的教师和学生代表立刻消除了紧张情绪，也敞开了自己的心扉。

（4）制造悬念式。人都有好奇的天性，一旦有了疑虑，非得探明究竟不可。在开场白中制造悬念，往往会收到奇效。我党的早期革命家彭湃，一次到乡场上准备向农民发表演讲。怎样才能吸引来去匆匆的农民呢？他想出了一个好主意。他站在一棵大榕树下，突然高声大喊："老虎来啦！老虎来啦！"人们信以为真，纷纷逃散。过了一会，才发现是虚惊一场，于是都围上来责怪他。彭湃说："对不起，让大家受惊了。可我并没有神经病，那些官僚地主、土豪劣绅难道不是吃人的老虎吗？"接着，他向农民们分析他们受苦受难的原因，呼吁他们要翻身作主就要团结起来。这种充分利用人们好奇心理的开场方式，为他宣讲革命道理开了一个非常有轰动效应的头，起到了很好的宣传效果。

（二）主体

演讲稿的核心是主体，这部分既要自然地紧承开场白的内容，又要使主题清晰、层次清楚。要根据客观事物内部联系的特征和共性合理安排演讲稿各层次，比如：一件事情一般有发生、发展、结局几个阶段；问题有提出、分析、解决几个过程；人物有成长变化的历史；场景有空间位置的特点等。安排层次要通篇考虑，给人以整体感；要主次分明、详略得当，给人以明确感；要相互照应，过渡自然，给人以流畅感；要简洁不能太复杂，给人以明朗感。

一般说来，演讲的层次可以分为横向结构、纵向结构和纵横结合结构。因此，层次安排经常以时间发展、逻辑线索、认识过程为顺序，形成相应的层次结构。

1.横向结构

这种组合结构，或按事物的组成部分展开，或按空间分布展开，或按事物的性质归属关系展开。按照不同的排列展开方式，横向结构可分为简单列举式和总分并列式。简单列举式即是围绕主旨，把选取的材料逐条逐项并列排出，从不同角度来表现演讲中心。总分并列式则常遵循总分思路辐射式地展开，并列的各部分按事物的逻辑关系分类安排，分别围绕主旨阐述一个问题，或说明事物的一个侧面。

---

① 中共中央文献研究会.建国以来重要文献选编［M］.北京：中央文献出版社，2011：387.

1937 年 10 月 19 日，毛泽东在延安陕北公学鲁迅逝世周年纪念大会上所作的《论鲁迅》演讲就是采用横向组合结构，主体部分分别列举了鲁迅的三个特点：政治远见、斗争精神和牺牲精神，并把这些特点总地概括为“鲁迅精神”。①这篇演讲对鲁迅的评价及特点的概括精准，论据的引用真实、精当，字里行间洋溢着同志般的真挚深厚的情谊，达到了理与情相交融。

2. 纵向结构

纵向结构一般是按照时间的推移、事件的发展顺序或人们对于事物的认知过程来排列层次，包括直叙式和递进式两种。

直叙式即以时间推移的先后为序，或以事情的发生、发展或变化过程为序。这种结构层次比较单一，事情的来龙去脉很清楚。但这种叙述方式很容易流于“记流水账”，因此在运用时要注意突出重点，兼顾一般，切忌平均用力，平铺直叙。

递进式即按照人们对于事物、事理由浅入深的认识过程，递进地安排结构层次，多采用“叙事—说理—结论”的模式，即摆情况、作分析、下结论的方式，内容上呈螺旋式层层深入，由表及里。这样的安排说理透彻，说服力强。

1963 年 8 月 28 日，著名的美国民权运动领袖马丁 · 路德 · 金在林肯纪念堂前发表的《我有一个梦想》演讲，采用的就是递进式结构：摆情况——100 年前，林肯签署《解放奴隶宣言》，但是 100 年后的今天，美国的黑奴还生活在悲惨的种族歧视环境下；作分析——黑奴争取权益的斗争方式首先要举止得体、纪律严明，其次要团结白人，最后要坚持不懈；下结论——经过斗争所能换取的未来是一个激动人心、令人兴奋但真实的未来。②

3. 纵横结合结构

有些内容丰富、容量较大、时间较长的演讲，可以采用这种结构。它以时间顺序为主线，穿插横向组合材料；或者以横向组合为主，穿插纵向组合材料。先按纵向组合容易看出事情发展过程，先按横向组合容易看出事物之间的联系和特点。但采取这种结构不宜搞得太复杂，否则听众接受起来有难度。

（三）结尾

演讲稿的结尾和开场白一样重要。好的结尾，能曲终奏雅，让听众有“余音绕梁”之感；不好的结尾，则会令人失望和扫兴，导致前面的开场白和主体的工作都功亏一篑，因而演讲结尾的设计也很讲究策略。下面列举几种常见的演讲结尾方式。

1. 总结式结尾

这种结尾扼要地总结演讲内容，能起到提醒、强调的作用，给听众留下完整的总体印象，起到突出重点、深化主题的作用。

法国大革命期间，罪恶滔天的法国国王路易十六被资产阶级革命党人抓获了，愤怒的

---

① 何梦觉. 鲁迅档案：人与神［M］. 北京：中国工人出版社，2002：187-189.

② 陈建伟. 脱稿讲话的艺术：任何场合都能把话说得精彩［M］. 天津：天津人民出版社，2017：160-164.

人民群众强烈要求当时的资产阶级临时革命政府立刻以绞刑将其处死。然而，由于欧洲各国皇室之间长期以来形成的血亲关系，处死路易十六会使整个欧洲的反动封建势力联合起来扑向法国，围攻和绞杀这场刚刚萌芽的革命。处不处死路易十六的问题，在新生的政权内部引起了激烈的争论。身为临时革命政府领袖的罗伯斯庇尔坚定地认为——路易十六必须死！但是如何说服那些软弱的“理智派”呢？1792 年 12 月 3 日，临时革命政府就路易十六的处置问题召开了一次国民公会。罗伯斯庇尔借此机会进行了一场演讲，他历数路易十六种种不可饶恕的罪行，并分析权衡了“杀”与“不杀”的各种利弊，最后以下面的话作结尾：

> 国家要生存，路易就必须死。在内外都平静无事、我们获得自由和受人尊敬的时候，也许可以考虑宽大的处理办法。但是，在还没有获得自由的今天，在我们做了那么多的牺牲和战斗以后严刑峻法还只适用于不幸者的今天，在暴君的罪行还成为争论题目的今天——在这样的时刻，不能有慈悲的想法；在这样的时刻，人民要求的是报复！①

“人民要求的是报复”犹如“豹尾”简短有力，它暗示法国大革命的胜利靠的是人民，新生政权的维持和胜利果实的保卫要靠人民的力量，没有比满足人民的要求和站在人民一边更重要的了。因此，法国人民的仇敌和暴君必须死，可谓一记警钟令人振聋发聩。

2. 号召式结尾

号召式结尾可以鼓动听众的感情，激发他们采取某种行动的欲望，是非常重要、非常有价值的结尾方式。具有号召力和鼓动性的结尾，应该以慷慨激昂、扣人心弦的语言，对听众的理智和情感进行呼唤，或提出希望，或发出号召，或展示未来，以激起听众感情的波涛，使听众产生一种蓬勃向上的力量，而不是空喊口号、空谈理想。

在一场名为《新时代的流行色》中，演讲者这样结尾：

> 青年朋友们，我们肩负着历史的重托！是千里马，就应该高声长鸣；是龙种，就应该飞腾起舞。当今的世界有着千变万化的流行色，而只有自尊、自信、自强、自立，才是我们精神世界的流行色。我们要争当出头鸟，竞做弄潮儿，把我们的青春、热血、大智大勇，自觉投入新时代的大熔炉里去，为中华的振兴发光发热吧！②

这段结尾很有文采，以充沛的感情唤起青年在时代洪流中对于保持自尊、建立自信、发奋自强、努力自立的精神共鸣，富有青春激情的同时，让人听来也不会觉得流于空洞。

3. 幽默式结尾

以幽默的结尾结束演讲的方法不胜枚举。总的原则是，演讲者本身应该保持幽默感，

---

① 陈默. 人一生要读的经典（全民阅读提升版）[M]. 北京：北京联合出版社，2015：323-324.

② 侯俊杰. 活学活用口才 [M]. 哈尔滨：哈尔滨出版社，2006：135.

并能在演讲中恰如其分地把握住演讲的气氛和听众的心态。有时演讲过程中发生的一些小事也能成为幽默结尾的灵感。

延安时期，有一次毛泽东正在会议上发表演讲，他烟瘾很大，一边讲，一边习惯性地掏出一盒香烟，然后用手指在里面慢慢地摸，但摸了半天也不见他摸出一支烟来。警卫员以为烟抽完了，正准备去拿新的过来时，他笑嘻嘻地从烟盒里掏出一支烟，夹在手指上对大家说："最后一条!"这个"最后一条"既是指最后一支烟，也是指演讲的最后一个问题，一语双关，妙趣横生，令全场大笑。①

需要注意的是，在演讲中，大多数时候使用幽默都应是有"预谋的"，也就是说，不是每一个话题都可以拿来即兴幽默。演讲者只有根据演讲内容、场合等因素有针对性地选择幽默话题，才能做到符合观众的口味，吸引观众的注意力，从而取得预期的效果。

二、演讲稿的写作技巧

写演讲稿的时候，我们可以调用很多表达技巧来增加语言的可信度和感染力。

（一）善用故事

真正会演讲的人往往是会讲故事的人。一个好的故事可以迅速让听众的情绪产生变化。因为人们在听故事时，大脑会模拟故事发生的整个过程，仿佛亲身经历一样，情绪很快就被带动起来。比起枯燥的大道理，故事就更容易打动听众。那要如何设计一个故事呢?

我们可以尝试从《西游记》中学习讲故事的经验。《西游记》里的故事通常是这样发生的：师徒四人在取经路上遇到一个地方，进到该地之后，唐僧被妖怪陷害抓走，孙悟空前去营救，但打不过，无奈之下去请救兵，救兵到，妖怪现原形，唐僧被救。师徒一行四人再次出发。把以上故事梗概进行提炼，可以得到一个讲故事的"五步法"：

问题：唐僧被妖怪抓走，孙悟空无法救出；
努力：孙悟空去请救兵；
转折点：救兵现身，将妖怪收走；
改变：唐僧得救；
道理：要找对救兵才能解决问题。

许多电影大片也是采取这样的套路。如果要讲好故事，上面这五个关键点的安排很重要。具体而言，讲故事的五步法就是：

第一步：设置问题。问题是一个好故事的关键，听众对问题和冲突是最感兴趣的，因此电影、话剧里有戏剧冲突，小说里有情节冲突。在准备讲故事时，首先要思考一下，这个故事中有没有一个特别突出、特别能够吸引人们注意力的问题。

---

① 苏马.向毛泽东学演讲结尾［EB/OL］.［2021-10-04］.http://cpc.people.com/cn/n/201410922/c68742-25704778.html.

第二步：描述努力过程。在解决问题的过程中，主人公的努力是第一个可以带动故事情节往高潮发展的关键点，也是故事继续往前推进的动力。这部分内容应该成为故事的核心，在篇幅设置上往往占据较多的分量。

第三步：设置转折点。这一步是在第二步的基础上延伸开来的，它与第二步中讲述的内容相关，是前面情节的进一步发展，对故事的结局也起到重要影响，因此是一个承上启下的部分。同时，由于这部分内容往往与开头奠定的基调产生反差，所以也是会给听众新鲜感的部分。这部分内容的关键在于精巧和创新。

第四步：呈现改变的结果。故事发生转折之后，前面所设置的问题能否得到解决？解决了之后，故事的发展会有什么不同？这部分内容关系到这个故事的最终意义，它虽然是前面几步逐渐发展得到的结果，但影响却至关重要。所以这部分内容应该选择能够对听众产生启发的细节，以便在最后进行理论上的升华。

第五步：升华故事的道理。叙述完故事之后，还应该对这个故事进行总结，上升到道理的高度，这既是对故事核心精神的凝练，也在最后留给听众回味和思考的余韵，是画龙点睛之笔。比如，电影《阿甘正传》里最后有这样一句话："生活就像一盒巧克力，你永远不知道你拿的是哪一颗。"这句话简短却又蕴含哲理，能够让人记住并思考，这样的升华能够提升整个演讲的层次。

（二）活用数字

数字有什么用？请看下面两句话：

（1）沃尔沃的规模非常大，在很多国家都有分公司并拥有很多雇员。

（2）沃尔沃是世界第二大重型卡车和大型客车制造商，第三大建筑设备的制造商。在近 20 个国家设有生产基地，并在 180 多个市场开展经营活动，全球雇员约 9 万人。

这两段文字，哪段会更让人印象深刻？肯定是（2），因为我们的大脑对数字比较敏感，我们会感得数字更加真实可信，所以在演讲中适时地列举数字，对于呈现一些客观的事实非常有用。

但是在演讲中频繁使用数字也会枯燥，因此，当有些事例中的数字过于抽象时，把数字和听众熟悉的含义联系起来，就能够达到出人意料的效果。比如，描绘地球到某个星体的距离，如果直接说××光年，人们可能没有很明确的概念，但如果这样描述：

如果一列火车以每分钟一英里（1.6 公里）的速度行驶，那么它到达离我们最近的星体要用 4800 万年；如果在那星球上唱歌，而且歌声能够传到这里的话，那么需要等上 380 万年；如果一根蜘蛛线能延伸到那个星球，那么这根蜘蛛线将重达 500 吨。

把一般人感觉陌生的光年替换成人们熟悉的时间、重量去诠释，瞬间让数字变得有趣起来。听众也不需要准确地知道这些数字到底意味着什么，却能从这些描述中切实地感到两个星球之间的遥远和宇宙的浩渺。

（三）巧用修辞

1. 比喻

比喻就是通常说的打比方，用浅显、具体、生动的事物来代替抽象、难理解的事物。比喻的基本结构包括三部分：本体（被比喻的事物）、喻词（连接本体和喻体、表示比喻关系的词语）和喻体（比喻的事物）。

比喻这个技巧虽然简单，但也有精彩和拙劣之分。下面这两个句子是我们常常见到的比喻句："平静的湖面犹如一面镜子。""他的脸红得像个大苹果。"这两个比喻虽然都没有错误，但并不算精彩，为什么呢？因为它的本体和喻体都太相似了。好的比喻应该更重视神似而非形似。试着感受下面这两个句子：

> 约翰·克特兰（John Coltrane）有次掉了一颗门牙，迈尔斯·戴维斯（Miles Davis）说他笑起来像钢琴。（注：两位是20世纪六七十年代美国著名的爵士乐手）
>
> 忠厚老实人的恶毒，就像米饭里的沙子，经常会给人一种不期待的伤害。
>
> ——钱锺书《围城》

好的比喻就好像是给黑暗的舞台打聚光灯，让听众的注意力集中到你想让他们关注的地方。好的比喻能够呈现一幅语言图画，使你的想法更加形象具体，在演讲中，它可以配合故事给听众营造一种氛围或感觉。

2. 类比

类比是基于两种不同事物或道理间的类似，借助喻体的特征，通过联想来对本体加以修饰描摹的一种文学修辞手法，也是一种说理方法。类比的方法是为了解释或说明一个抽象的道理A，先用一个和道理A有共同特征、听众熟悉的例子B去解释，从而让听众触类旁通。比如，上学的时候，老师对你说："你这样学习可不行啊，三天打鱼、两天晒网的。"这句话就是类比，老师用你熟悉的例子"打鱼"去劝你要"好好学习"。这两件事有共同特征，那就是都需要付出努力才能有所收获。类比在演讲中的主要作用是说服，它可以帮助演讲者深入浅出、形象生动地解释复杂的内容，从而达到说服的目的。

三、演讲稿的语言要求

演讲的语言影响着演讲的成败。演讲的语言需要尽量满足以下几点。

首先，在通俗易懂的基础上口语化，能"上口"。这就需要杜绝生僻词语，少用或不用文言词句。用短句不用长句，用正装句不用倒装句，尽量用双音词少用单音词。演讲稿写完后，念一念，听一听，看看是不是"上口""入耳"。

其次，生动形象。演讲稿的语言要幽默风趣。常用比喻、比拟、夸张等手法，把抽象化为具体、深奥讲得浅显、枯燥变成有趣。这样，既能深化演讲的意图，又能使演讲的气氛轻松和谐；既可调整演讲的节奏，又可使听众消除疲劳，达到更好的预期效果。

再次，准确简洁。古人讲："事以简为上，言以简为当。"可见，表达的简洁是一个很高的标准，简洁表达的突出特点是：表达的内容简短明了，集中概括；表达的线条清晰，主干突出；表达的句式结构简约，短句多，节奏性强。

具体来说，演讲者可以注意以下几点：一要去掉毫无意义的口头语和多余的感叹词，把信息价值不大的话减到最低限度。二是要坚持以少胜多的原则，字斟句酌，精心辨别用词，选择最能准确反映事物本质、表达思想感情的语汇，能用一个词说清楚，就绝不用两个。三要坚持说短话。说话要抓住中心，紧扣话题，避免枝蔓太多，主干不清，不说空话，避免不必要的重复。四要控制篇幅，不宜过长，不要对一次演讲的期望太高，不要以为你说的道理人们都没有听过，更不要以为人们都喜欢听冗长的演讲。讲清楚、恰到好处就可以了；长了便臭，久了就烦，这是基本的道理。

有一次，某学院举行毕业典礼，特邀幽默大师林语堂参加并请他即席演讲。安排在林语堂之前的几位颇有身份的演讲者，似乎为了炫耀自己的口才，讲得冗长而乏味，众人皆不爱听。轮到林语堂演讲时，他开头的第一句话是："绅士的演说应该像女人穿的迷你裙，越短越好！"引得哄堂大笑，演讲固然不是越短越好，但是过于冗长势必引起听众的反感排斥。

思考与练习

（1）演讲稿的开头、正文、结尾三大部分，分别要注意的事项是什么？

（2）由中央广播电视总台主办的2019主持人大赛的最后一轮比赛中，要求以《我是主持人》为题进行3分钟的自我展示，邹韵的演讲内容获得了现场评委和观众的一致好评，一举夺得冠军。请分析这篇演讲稿使用的演讲技巧，并对其呈现的效果进行评价。

以下是她演讲的全文：

今年是我做记者的第九个年头。在我做过的很多报道结尾，我都会报尾。比如说，央视记者美国华盛顿报道，又或者是CGTN（中国国际电视台）北京。在过去的九年里，我的名字和工作单位都没有变，但是最后这个地点却一直在变。从中国的主场外交活动，到"精准扶贫"政策落地的一个小村庄；从美联储货币政策的发布，再到飓风"桑迪"的重灾区。我从一个个新闻现场，去见证一个个历史性的时刻。

有人说，站在这个舞台，主持人大赛的舞台需要一种气，那就是底气。我也很认真地想过，我的底气到底来自于哪儿？因为我不属于那种站在台上特别打眼的人，我也不是科班出身，但是我想，我的底气可能来自于在过去的九年里，我的报道是我一条一条跑出来，一个字一个字敲出来，一个画面一个画面编出来，一场直播一场直播完成出来的。生命见证过多少真实，付出怎样的努力，我希望就会有怎样的底气。

这条路真的很难，所以我也有过动摇，这也是为什么在2015年我去剑桥读书的时候，没有选择读跟媒体相关的专业，而是选择了一个最容易转型的商科。但读完书，我反而更坚定地想要在这条路上走下去，因为我太想念那种在一个国际场合，我作为一个中国记者，去努力地获得一个提问的机会，来发出中国的声音。我太想念，不管是在三都澳的渔排上，还是在宁德的茶园里，去跟国际的观众分享那些有趣的事、有趣的人的那种紧迫感。

今天站在这个舞台上，有很多话想说。康辉老师曾经说过，从记者到好记者到主持人，再到好主持人，这是一个媒体人很扎实的路径。在过去的九年里，我努力地去实现从记者到好记者的转变。而在今天这个舞台上，我希望可以迈出从好记者到记者型主持人的转变，这个转变注定艰难，但我想我会拼尽全力。因为毕竟邹韵走运，支撑起她的不是运气，而是越努力，越走运。在未来，我希望在这个国际化的语境中，可以有我的小小的一席之地。

我想我会努力地去成为一个更加开放的中国人，始终打开聆听各方声音的大门，但是不忘自己的中国根。因为只有这样，我们才能写出更多的、铿锵有力的中国文，为我们的祖国在国际话语体系上加分。谢谢大家！

（3）如果举行一场名为“军魂永铸”的演讲比赛，你该如何确定此次演讲的主题？

拓展延伸

［1］毛泽东.希望寄托在你们身上［A］//单刚，王英辉.岁月无痕［M］.北京：中央编译出版社，2007：124–127.

［2］周恩来.关于知识分子的改造问题［A］//何东昌.中华人民共和国重要教育文献［M］.海口：海南出版社，1998：119–122.

［3］习近平.在纪念中国人民志愿军抗美援朝出国作战70周年大会上的讲话［EB/OL］.（2020–10–23）[2021–03–01].http://www.gov.cn/xinwen/2020–10/23/content_5553715.htm.

第十一章　演讲实施的技巧

第一节　有声语言的表达技巧

运用有声语言来进行交流是人类特有的一种功能。自然界的动物们虽然也会用声音发出种种信号，例如，海豚可以用超声波来觅食，鸟儿可以用叫声吸引异性，但还没有哪种动物能够像人类这样将有声语言与复杂思维相匹配，并发展出完善的语言体系用以传递信息、表达情感。

有声语言的表达一般可以分为三种情形：一是我们日常生活中的有声语言，在日常的情形中我们的表达一般是比较随意自然的；二是念读稿件时的有声语言，这种时候通常需要字正腔圆地读出稿件；三是表演时的有声语言表达，这种表达不仅要流畅自然、语音标准，还要有感染力，也就是有饱满的情感。演讲中的有声语言就是最后这种情形下的语言。

一、普通话发声技巧

在先秦时期，各地的语言甚至文字都是不一样的，秦始皇统一六国之后，实施“书同文”，统一了文字，但是各地仍然存在多种不同的方言。那么古人如何进行沟通呢？其实早在周朝的时候，各地都通行的话一般就是朝廷里的官员所讲的话，叫作“雅言”，或者叫“通语”。到了后来，某些地区形成了相对固定的方言区，在方言区内部也有通行的语言，这就是官话。

我们国家目前主要有八大官话区，分别是：北京官话、中原官话、东北官话、冀鲁官话、胶辽官话、兰银官话、西南官话、江淮官话。现行的普通话是以北京语音为标准音，以北方话（官话）为基础方言，以典范的现代白话文著作为语法规范的通用语。在演讲中，我们一般使用普通话来进行有声语言的表达，因此，说好普通话是我们实施演讲时要掌握好的第一个技巧。

（一）发声系统

在学习具体的技巧之前，我们首先来了解一下人体发声系统的构成，也就是有声语言赖以生存的生理基础，它包括呼吸器官、发声器官、咬字器官、共鸣器官等。

呼吸器官是发声的动力系统，它主要由肺、气管、胸腔和膈肌组成。吸气时，气流从口鼻进入，通过气管、支气管最后到达肺内。肺就像是一个伸缩的气囊（或风箱），吸气时，气囊扩张，肺容积增大；呼气时，气囊收缩，肺的容积减少。呼气的时候，气流从肺中经过支气管、气管，再从口鼻而出，当气流经过声带时，它会促使声带振动、发声。

发声器官指喉头和声带，它是成声的基本物质条件。喉头由五块软骨和肌肉组织构成，声带就长在由喉软骨构成的活动小室里。气流冲击声带，在喉室形成喉原音，再经过口、咽、胸、鼻腔体，使声音扩大、美化。

咬字器官是由口腔中的唇、齿、舌、腭组成，通过这几个部位的不同动作、形态，我们就可以发出不同的字音来，可以说正是由于它们，我们发出的声音才具有了表意功能。因此，我们把这些咬字器官形象地称为“语音的制造场”。

共鸣器官由喉腔、咽腔、口腔、鼻腔、胸腔等组成。不同的共鸣腔体就像不同的音箱一样，把喉部微弱的声音扩大、美化，使我们能辨别出不同的声色。也正是因为共鸣腔的不同运用，才使得艺术语言更高雅、更优美，表现力更强。

（二）吐字归音

在有声语言的表达技巧里，首先要注意吐字归音的问题。吐字归音是中国传统戏曲声乐艺术的一种发音方法。它根据汉语语音特点，将一个音节的发音过程分为“出字”“立字”“归音”三个阶段。通过对每一阶段的精心控制，使吐字达到清晰有力、珠圆玉润的境界。吐字归音作为一种发音方法，已从戏曲艺术语言逐步渗透到歌唱、话剧等艺术语言，以及播音的实践中。

1.普通话的音节构成

在学习吐字归音的具体技巧之前，我们应该先了解普通话音节的构成。根据传统语音学的划分方法，普通话的音节结构分为声母、韵母、声调三个部分。

声母是由辅音承担的，位于音节的开头。从发音部位来看，声母可以分为7类：①双唇音（b、p、m）；②唇齿音（f）；③舌尖前音，俗称平舌音（z、c、s）；④舌尖中音（d、t、l、n）；⑤舌尖后音，俗称卷舌音或翘舌音（zh、ch、sh、r）；⑥舌面音（j、q、x）；⑦舌根音（g、k、h）。从发音方法来看，普通话声母又可分为五类：①塞音（b、p、d、t、g、k）；②塞擦音（z、c、zh、ch、j、q）；③擦音（f、h、s、sh、r、x）；④鼻音（m、n）；⑤边音（l）。

韵母位于音节中声母后面的部分，一个韵母既可以由元音承担，也可以由元音和辅音共同承担，但每个音节中至少有一个元音，元音在音节中占主要地位。与其他语言相比，汉语具有显著的音乐性，这是因为在汉语的发音中，元音占优势。普通话韵母有39个，根据元音、辅音在韵母中的数量及音色，可分为单韵母、复韵母、鼻辅音韵母，例如“a、bō、huì、guài、yuán、kuàng”等几个音节里的“a、o、ui、uai、uan、uang”；根据发音过程或顺序分为韵头、韵腹、韵尾三部分，例如“guǎng”音节里的“u、a、ng”就分别担任了韵头、韵腹、韵尾的角色；普通话音节中充当韵头的是元音i、u、ü，充当韵尾的是元音i、u、o（o与a或ia相拼做韵尾要归u音）和辅音n、ng。音节中可以没有声母、韵头、韵尾，但是不能没有韵腹，韵腹主要由元音充当。

声调也叫“字调”。普通话声调共分4类（即调类），分别是阴平、阳平、上声和去声。

每一个声调都有各自高低、升降和曲直的变化（即调值），它是声调的实际读法。普通话声调调值通常采用五度标记法记录。用一条竖线表示声音的高低，从下面最低点到最高点共分为五度，即低、半低、中、半高、高，分别用1、2、3、4、5依次表示。下图为普通话声调五度标记图。

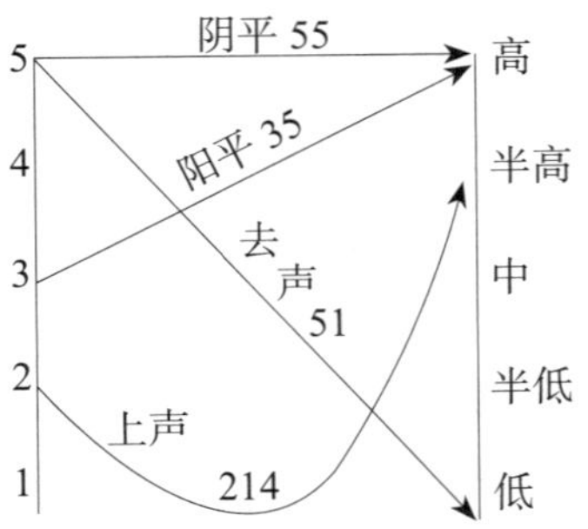

阴平（高平调）的调值为55。高平调，发音时起音音高由5度到5度，声带闭合同气息控制、音高一样，都要保持始终如一，不能松懈与下降，尤其在起音后，气息力度较大，音高略高。发音即将结束时音高稍降，气息放松；想象发出的声音（气息）就像一根粗细适中并通畅横放着的管子。四个声调中阴平的值最高，全调时值比上声、阳平略短，比去声稍长。

阳平（高升调）的调值为35。发音时起音音高由中音3度不断上升至最高5度，声带闭合由松到紧，气息控制由弱变强，声音走向是直线上升不能拐弯儿；想象发出的声音（气息）就像一根粗细适中并通畅直挺斜立向上的管子。全调时值比阴平、去声稍长，比上声略短。

上声（降升调）的调值为214。发音时起音音高由半低2度下降至1度并在此稍做停留，然后上升到4度，即先降后升。声带闭合由微紧到松弛，稍做舒展再到紧；想象发出的声音（气息）就像一根“U”型管，在“1”值处弯度较大。一般把上声调值发成2114来体会可能会更好，气息保持控制，并逐渐加强。全调时值比阴平、阳平、去声都要稍长一些。

去声（全降调）的调值为51。发音时起音音高由最高的5度降到最低的1度；想象发出的声音（气息）就像一根粗细适中并通畅直挺斜立向下的管子。全调比阴平、阳平、上声都要略短一些。

2.吐字归音技巧

在练习吐字归音时，我们首先要把每个字的音节分为字头、字腹和字尾三部分。字头包括声母和韵母的韵头，字腹是一个音节在发音中口腔开度最大、泛音共鸣最丰富、声音最响亮、时值最长的发音阶段，字尾指音节中收尾的部分。例如在“dian”这个音节中，di是字头，a是字腹，n是字尾。

出字是指在吐字归音过程中对字头的处理，指头（声母）和颈（介音，也叫韵头）的发音过程，出字是字音准确的关键。传统语音学把声母的发音过程分为成阻、持阻和除阻。字头的处理影响整个字音的质量，所谓“出字有力，叼住弹出”，就是成阻时要尽量缩小声母的成阻部位，力量要集中，呈点状接触，避免唇舌松软无力造成成阻部位呈片状；持阻时，成阻部位的肌肉要继续保持一定的紧张度，气流积蓄于成阻部位准备冲击成声，唇舌成阻部位决不能懈怠；除阻是声母与韵头的发音过程，韵头的处理要注意与声母融为一体，要迅速、流畅，既要弹出有力，又要用巧劲儿，防止拙、噪、硬。因此，发音时唇舌的肌肉要有弹性，控制好力度，不能像蜻蜓点水那般一掠而过，需要恰当的力度点到为止。用一个播音主持行内惯用的形象比喻，就像老虎叼虎崽过山涧一样。

立字是指吐字归音过程中对字腹的处理，是字音圆润、饱满、响亮的关键。在发这个部分的音时，要求做到圆润饱满，有拉开立起之势。立字时口腔的动作要领与出字时恰好相反，不是去“阻止”气流，而是要尽量地让气流在口腔内通畅流动，利用口腔共鸣的作用，让字腹中的元音得到突出和强化，使整个音节响亮而充实。另外，由于字腹部分也是声调的主要体现者，声调和被拉开立起的元音结合在一起，便形成了有声语言中抑扬顿挫的音乐美。

归音顾名思义，就是将立字阶段放出去的字腹收归其位。汉语音节的字尾有元音，如i、u、o；也有辅音，如n、ng。不同的字尾有不同的收声方法，但总地来说有两点要求：弱收到位和干净利落。弱收到位就是说在字尾发音阶段，气流要减弱，音量要减小，使发音有结束感；干净利落就是说在字尾阶段收声不必像字腹那样完整响亮，而是点到即可，不能为了追求完整而拖长发音时间。也就是说，在归音时，要既不可拖泥带水留尾巴，也不可唇舌“不到家”，造成“丢音”。

吐字、立字、归音三个阶段是有机联系和相对独立的发音状态，就像一个两头尖中间胖的“枣核儿”。充分把握吐字和归音的发音要领，就是体现枣核的两个尖儿，而立字正是体现“枣核儿”的中间部位。

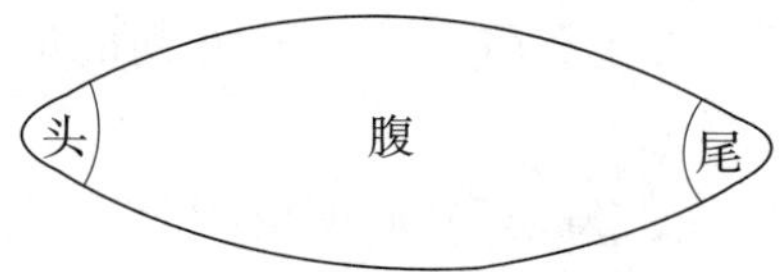

二、有声语言的情感表达

很多初次登台演讲的人往往会因为紧张而说话的速度太快，就像放鞭炮一样噼里啪啦。但是当别人为其指出这一点后，他们又会呈现出另外一种变化，那就是慢得平坦，慢得没有变化。针对这种情况，我们要提醒初次上台的演讲者：在演讲的过程中，要学会灵活控制节奏。一场精彩的演讲必然会有跌宕起伏、波澜叠起的节奏感。节奏感主要由以下要素组合而成。

（一）重音

重音是指根据表情达意的要求，有意对句子中的某些词句从声音上加以突出，旨在表达思想重点、抒发感情、加深听众印象。普通话中既有词或词组的重音，也有语句的重音。前者如“铅笔”，重音在“笔”上；后者如“伟大的、光荣的、正确的中国共产党万岁”，其中的重音分别为“中国共产党”和“万岁”。由于语句是公众演讲存在的基本单位，所以我们这里说的重音主要指的是语句重音。

演讲稿是由众多的语句组成的，组成各个语句的词、词组在表情达意的过程中，不可能是同等重要、一律平等的，总是有的重要些，有的次要些。要把它们区分开来，就得将那些最重要的词或词组进行加重或强调，显示出它们的重要性。正如苏联著名戏剧家斯坦尼斯拉夫斯基所指出的那样，重音好像人的食指，指示着节奏中或句子中最重要的词。重音处理得当，不但可以改善语言的单调平板，还能使语意更明白、语言的感情色彩更强烈。

语句中的重音主要包括以下几种类型。

第一，凡句子中列举的同类词语，或排比句中属于排比成分的词语或词组，需要重读。我们来看看下面这三段话：

（1）我爱我们的蓝色，它是大海的韵律，它是天空的广阔，它是和平的徽号，它是我们理想的寄托。

（2）这是清高，是奉献，还是书呆子气，任其议论好了。我们自我意识很好，我们没有辜负党的培养，对得起人民的哺育，对得起社会，做出了力所能及的贡献，心地坦然，光明磊落。

（3）让我们以真诚的心、不屈的意志、聪明的智慧，在父老前辈面前，在弟弟妹妹面前，在子孙后代面前，塑造起一座崭新的、巍峨的丰碑吧！

第一句中用“大海的韵律”“天空的广阔”“和平的徽号”“理想的寄托”来诠释“我们的蓝色”，这几个词组在句子中性质和作用相同，而且构成了一组排比句，所以应该重读。

第二句中“清高”“奉献”“书呆子气”是一组并列的词语，都是“别人”对“我们”的看法，应该重读。

第三句中“真诚的心”“不屈的意志”“聪明的智慧”是一组并列的词组，是“我们”的优良品质，“在父老前辈面前”“在弟弟妹妹面前”“在子孙后代面前”是“我们”要塑造的丰碑的状语，都应该重读。

第二，文章中起照应、重复作用的词语，要重读。我们以下面这篇演讲稿的开场白为例：

听了我这个演讲题目，也许有的同志会感到奇怪：跳，有什么好说呢？可是，我要说跳，我要说一说朱建华打破世界纪录时，那振奋人心的一跳！①

这里有三个“跳”字，其中应该重读的是第一个和第三个。第一个“跳”字是整个演讲中首次出现的与主题密切相关的词，这时听众也会对此表示疑惑，所以应该重读，而且说话的语气应该包含惊异之情；第三个“跳”字真正道出了演讲者要说的“跳”的具体指向，

① 上海人民出版社.上海青年演讲作品选［M］.上海：上海人民出版社，1984：11.

是点题之字，所以也要重读。但是需要注意的是，第二个“跳”字不能重读，因为前面有限定的主体“我”，如果在这里加重语气，就可能给人“只让我说，别人不能说”的感觉。

第三，某些词语很普通，但如果是演讲的着眼点，又切合表达感情的需要，就需要重读。比如以下一段演讲：

> 现在，我可以向领导、向父老乡亲、向那些不曾受到我的分文优惠的顾客们公开我“敛财”的秘密：四年来，我已有7900元的存款，这是当了21年民办教师、九年正式教师和村小代理负责人的我30年总收入的四倍还要多的财富。①

在上面这段演讲中，演讲者的主旨是要强调捐资办学前聚资之艰难，7900元在当时是一笔巨款，尤其是对收入微薄的演讲者而言，所以在这段话中，这几个数字应该重点进行强调，以突出演讲者在筹集这些资金的过程中遇到的困难。

（二）停顿

停顿既是换气时的生理需要，也是演讲者情感表达的技巧工具。在句子中的不同位置停顿，表达出的语意也可能产生差别。例如：“他看见我走了”，如果在“我”的后面停顿，那便成了“他走了”；如果没有停顿，则是“我走了”。演讲中的停顿主要包括以下四个方面。

第一，换气停顿。演讲稿中有些句子容量大，拉得比较长，一口气读不下来，出于生理上的需要，稍微停顿一下。

第二，语法停顿。演讲中，演讲者根据句子的语法结构所做的停顿，叫语法停顿。这种停顿在演讲稿中一般用标点符号表示出来，通常顿号短，句号长，逗号较长，分号又较逗号长。

第三，逻辑停顿。演讲中，有时为了强调某一观点，突出某一事物，而在句中没有标点符号的地方做适当的停顿，这种停顿叫逻辑停顿。例如：“军人以奉献为本，他们为了祖国的安危、人民的幸福不惜献出自己的青春年华，不惜献出自己的热血和生命。”这句话中，“军人”“人民的幸福”两处虽然没有标点，但都需要稍做停顿，并辅以重音的技巧，用以提醒人们的注意，强化听众的印象。

第四，心理停顿。心理停顿也叫感情停顿，它不受书面标点和句子语法关系的制约，完全是根据演讲中情感或心理的需要而做的。例如我国著名演讲家李燕杰在《国家、民族与正气》里讲道：

> 历史上，真正成就大事业的人都是把祖国的命运与自己的命运紧密联系在一起的。在他们的胸怀里，始终跳动着一颗追求至真、至善、至美的爱国之心。②

---

① 高山流水.实用演讲词［M］.北京：中国少年儿童出版社，1998：174-175.

② 李燕杰.李燕杰报告集［M］.上海：上海人民出版社，1982：6.

这段话里，“爱国之心”前面应该加以停顿，因为“至真、至善、至美”三个词已经把情感推向了一个高峰，在这里稍做停顿，能够加强感染力。

（三）语调

语调指语句里声音高低升降的变化，也就是我们常常说的“抑扬顿挫”，它一般是和句子的语气紧密结合起来的。语调有升降变化，我们发出的语音就有了动听的腔调，听起来便具有音乐美，也就能够更细致地表达不同的思想感情。演讲中常用的语调有三种。

（1）上扬调：声音由低而高，一般用来表示惊讶、反问、号召、鼓动，或意犹未尽等情绪，往往能够在演讲中引起人们的注意。例如：

> 我们现在提出知识化、专业化的更高要求，难道不是完全正确的和必要的、完全符合历史发展的吗？↗

这是一个反问句，用上扬调，能增强语势，产生一种无可置辩的效果。再如：

> 马克思主义是永存的。让马克思伟大真理的光芒，永远照耀我们前进！↗

这里是一个感叹句，句尾使用上扬调，表达一种号召和鼓动。

（2）下抑调：声音由高至低渐次下降，一般用来表示自然、肯定、祈使和话语结束等。例如闻一多的《最后一次讲演》中有这样一句话：

> 我们有这个信心，人民的力量是要胜利的↘，真理是永远存在的↘。①

这句话表达的是对人民的力量最终能够战胜国民党反动派、真理最终能够打败黑暗腐朽的反动势力的信心，使用下抑的语调能够给听众以更加坚定的力量。

（3）平直调：声音从头到尾比较平稳，变化不大。一般用来叙述、说明、解释，表达庄重、严肃、悲痛、冷漠等情绪。例如斯大林的《悼列宁》：

> 列宁同志和我们永别时，嘱咐我们要珍重党员这个伟大称号，并保持这个伟大称号的纯洁性。列宁同志，我们谨向您宣誓：我们一定要光荣地执行您的这个遗嘱！→②

这段话语调变化不明显，但听众却能从平稳中想象到斯大林当时庄重肃穆的神情。

需要注意的是，这些语调的运用必须以自己的真实感情为依托，而且必须交替使用，才能显示演讲的抑扬顿挫、生动感人，千万不可矫揉造作或缺乏变化。

---

① 张克中，段承校.闻一多纪典［M］.南京：江苏文艺出版社，2018：240.

② 张昌华，汪修荣.世界名人名篇经典［M］.哈尔滨：北方文艺出版社，2005：99.

思考与练习

（1）怎样确定重音的位置？

（2）请试着在下列诗句中找出应有的停顿，并大声朗读出来：

春眠不觉晓，处处闻啼鸟。
夜来风雨声，花落知多少。

（3）朗诵叶挺的《囚歌》，找其他同学听听你的朗诵，探讨语调的处理是否正确。

为人进出的门紧锁着，
为狗爬出的洞敞开着，
一个声音高叫着：
爬出来吧，给你自由！
我渴望自由，
但我深深地知道
人的身躯怎能从狗洞子里爬出！
我希望有一天
地下的烈火，
将我连这活棺材一齐烧掉，
我应该在烈火与热血中得到永生！

（4）“我们今天没有一场考试。”这句话可能表达6种意义，请同时运用语言和态势语在同伴面前表示出这6种不同意义：

①表示惊讶。

②陈述客观事实。

③表示我们今天要做别的事情了，不考试了。

④表示别的组今天考试，我们不考试。

⑤表示我们今天绝对不考试。

⑥表示我们今天的考试不止一场。

（5）回忆一次你当众讲话时由于紧张而“卡壳”的情况，向你的同伴说说你是如何解决的，有何体会？将体会用文字（300字以内）记录在演讲资料本上，将其内化为成长的体验。注意运用描绘、叙述的手法。

拓展延伸

普通话水平测试教研中心.普通话训练与测试专用教材（第2版）[M].中国传媒大学出版社，2019.

第二节　态势语言的表达技巧

演讲是综合的语言艺术，不仅要运用口语进行讲述，还需要运用态势语言辅助表达。态势语言又称为体态语，是演讲者在演讲过程中所展示出的情态和姿势，情态主要指眼神和面部表情，姿势主要指手势和其他体态动作。

态势是演讲者的精神气质的外化形式，它不仅仅反映演讲者的个性、气质、风采和魅力，是吸引听众的重要因素，同时也是表达思想感情的必要手段。因此，演讲者应重视运用态势语言这一演讲的辅助手段。良好的态势表达技巧是后天培养的。下面我们就分别从眼神、表情和手势三个方面来谈谈态势技巧的运用。

一、眼神

眼睛素有“心灵之窗”的美称，它是心灵的镜子、情感的图画、思想的荧屏。人们内心的隐衷、胸中的秘密，常常不自觉地流露于眼神之中。因此，如果演讲者善于运用自己的眼神，便能够增强演讲语言的状物、传神、言态的表达效果，甚至能够表达出语言难以描述的极其微妙的思想情感。反之，如果演讲者目光恍惚、游移，则听众注意力容易分散；演讲者目光不与听众接触，则听众感到演讲者在背诵而不是在演讲。具体说来，演讲中运用眼神的方法主要有以下三种。

第一，前视法。演讲者视线平直向前流动，统摄全场。一般说来，视线的落点应该放在全场的中间部位，在此基础上适当地变换视线，照顾到全场的观众，并用弧形的视线在全场流转，不要忘掉每一个角落的观众。

第二，环视法。眼睛向全场有目的地扫一下，使所有听你演讲的人都注意到你，觉得你在和他交流，这样能较全面地了解听众的心理反应，可根据你的环视随时调整演讲的节奏、内容、语调，把握演讲的主动权。这种方式适合初上台时使用，可以起到静场的作用，但在演讲过程中不宜过于频繁使用，以免给观众造成压迫感。

第三，虚视法。就是似视非视，是一种虚与实的目光交替，“实”看一部分人，“虚”看一部分人。这种眼神可克服演讲者分神、紧张的毛病，显示出彬彬有礼、端庄大方的神态，又可以使演讲者的精力集中到演讲的内容上来。随着演讲者思想感情的千变万化，眼神的变化要和有声语言形式、手势、身姿等密切配合，会收到更大的效果。

二、表情

除了眼神外，演讲者的情感主要还表现在面部表情上。雨果曾说：“脸上的神气总是心灵的反映。”（《笑面人》）我们也常形容一个人“喜则眉飞色舞，怒则切齿圆睛”。演讲者应该注意自己面部表情的变化，善于用面部表情来表达自己细腻而微妙的思想情感，使听众透过这“思想荧屏”，及时地了解和把握演讲者的内心世界，并帮助听众加深理解演讲者演讲的思想内涵。

演讲者的面部表情一定要与特定的演讲内容和特定的演讲场合的气氛相适应并富于变化。有的演讲者，无论讲到高兴、愉快、庆功、祝贺之处，还是讲到挫折、失败、伤心、悲痛之处，面部始终没有丝毫喜怒哀乐的感情，这样是无法激起听众的情感波涛的。表情的运用要注意以下几点。

第一，无论何时何种场合，演讲者的面部表情都应该是真情实感的自然流露，因为唯有真情实感才能影响和感染听众。情不由衷、装腔作势、矫揉造作的面部表情，只能令人生厌，绝不可能收到良好的演讲效果。

第二，演讲者运用面部表情要有分寸和自制力。有些演讲者在运用面部表情时，缺乏耐心和自制力，易于受过激或冲动情绪的影响。当讲到高兴的地方时，毫不顾忌地张着大嘴狂笑；讲到伤心的地方时，则又泪流满面，哽咽得说不出话来。像这类缺乏自制、有失分寸的面部表情，不仅无助于有声语言的表达，而且有损演讲的效果。

第三，演讲前调整好心态。有的演讲者，或因初次登台而心情紧张，或因事先准备不充分而缺乏信心，在讲台上展现给听众的是一种羞怯呆滞、惶恐不安的面部表情，这不仅会损害自己的形象，减弱演讲的魅力，还会给听众留下一种不舒服的感觉。这种表现和自身的心理素质有密切关系，因此在上台前应该做好心理状态的调整。

三、手势

手势是演讲者在演讲过程中借用手和手臂的动作、造型来表达思想感情的一种方式。生活中，人们在说话时除了会有各种面部表情之外，还常常配合着各种手势，例如高兴时拍手称快，愤怒时挥动拳头，悲痛时捶胸顿足，恐惧时双手捂眼，悔恨时拍打前额等。由于手势活动的幅度大，表现的灵活性鲜明，表达的内容丰富，因此它有极强的感染力。某些手势以它特定的意义得到社会普遍理解和承认而被广泛地应用于演讲之中，成为演讲者表达思想感情的得心应手的有力工具。

例如一位军人在演讲《敬礼，军人的妻子》时，富有感情地说：

> 做一个军人的妻子是光荣的，也是崇高的。她们与其他的妻子一样承担着义务，生儿育女，赡养公婆；她们也同样在工作、学习。然而，她时常只有一个人。她们用自己的行动支持自己的丈夫履行军人神圣的职责。是的，军功章上有你的一半功劳。军人的妻子，请接受我们军人崇高的敬礼吧！①

演讲者讲到这里，敬了一个军礼。这个军礼听众产生了崇高敬意。

在演讲中，手势的运用多种多样，千变万化，在运用手势时，需注意如下几点。

---

① 刘建祥.演讲指南［M］.北京：长征出版社，1991：70.

第一，手势运用要得当。所谓得当，即指手势的意思要与手势所表示的意义相适合。如果演讲的内容和做的手势不相适，就会使听众坠入云里雾里。比如说："我们一定努力争取实现目标！"这本应是冲击式的举拳手势，但若把手势运用成手掌横扫，或向下按，或向后摆，显然不符合内容的涵义。

第二，手势的运用要自然。演讲的手势贵在自然，自然才是感情的真实流露，动作要做得舒展大方，令听众赏心悦目。要避免那种僵硬、死板、呆滞、做作的手势，注意运用富于变化的手势。

第三，手势运用要简练。在演讲中，手势的运用不要太多，也不能过少。过多会喧宾夺主，分散听众的注意力；过少则会减弱演讲的感染力，无助于听众加深理解。因此演讲中该运用手势的地方一定要用手势，不需要手势的地方则尽量不用。

第四，手势的运用要协调。演讲者的手势从来就不是单独进行的，它的一招一式总是和声音、姿态、表情等密切配合进行的。手势是对有声语言及其他表达方式的补充和解说，万万不可做得太早或过晚。手势的运用，只有与有声语言及其他态势语言密切配合，才能产生应有的效果。

总之，在演讲中不管怎样运用手势，都必须有助于演讲者表情达意，有助于听众加深对演讲内容的理解；否则，宁可不用。

思考与练习

（1）什么是态势语言？态势语言的特点和作用是什么？

（2）态势语言的使用原则有哪些？

（3）正视、俯视、斜视、凝视、环视、点视、虚视这些不同的眼神有可能反映出说话人或听话人的哪些心情？根据平日的观察，开展讨论，然后说说自己的体会。

（4）在班上进行自我介绍。要求：必须有 2～3 个富有个性的手势；时间不少于 2 分钟。

（5）判断题。

①演讲者在台上演讲时，眼神应锁定某处，以便集中精力。(　　)

②表情是演讲者情感的反映，因而在演讲过程中，演讲者应该使面部表情尽量夸张，以凸显演讲的效果。(　　)

③演讲过程中，频繁使用手势语有时反而会喧宾夺主。(　　)

（6）为下面这段演讲稿设计恰当的手势语。

军人是这个国家的擎天之柱，而让这个国家繁荣富强的更多是靠你、靠我、靠大家，靠的是我们青年一代。不仅仅是军人，更多岗位上的人都把自己最好的 18 岁、最好的青春献给了最爱的祖国。

青春之火，为理想而燃烧；青年之路，为家国而奋斗。每个人的生命中总有那么一段时光，我们会被某一种力量所吸引，或欣然一笑，或泪流满面，或心存温暖，或慷慨激昂。

因为年轻，我们以梦为马，驰骋万里；更因为责任，我们意气风发，奋勇图强。

（该选文选自《国防教育》杂志 2020 年第 1 期，总第 106 期。原作品获 2019 年全国大学生“爱我国防”主题演讲大赛二等奖，演讲者是华东政法大学郭宇航。）

拓展延伸

［1］张莉，刘宝巍.管理沟通：思维与技能[Z/OL].（2021-06-30）[2021-05-30].https://www.icourse163.org/course/HIT-1001566010?from=searchPage.

［2］2019 中央广播电视总台主持人大赛视频合集[Z/OL].（2019-12-09）[2021-01-30].http://zcrds.cctv.com/.

第三节　临场应变技能

临场应变技能是指演讲者在发表演讲时，面对意外的、非正常情况阻碍和干扰，采取应急措施加以调控，从而使演讲活动能够继续进行的一种技能。它主要包括怯场情绪调控、演讲场面的调控、意外失误的补救等。

一、怯场情绪的调控

大多数初次登台演讲的人都产生过怯场和紧张心理，即使是久经沙场的演讲家，当演讲偶然受到外界刺激而出现混乱时，也都会出现短暂的惊慌。因此演讲者能否调节和控制怯场情绪，是演讲能否持续下去、能否取得成功的关键。

（一）产生怯场情绪的原因

一般来说，演讲者怯场的原因有下列几个方面。

一是演讲者缺乏成功的信念。有的演讲者，一上台演讲就感到紧张、害怕，心跳加快，呼吸急促，甚至心惊肉跳，手臂情不自禁地抖动，两腿也直打战，总感到自己准备不充分，自己的普通话讲得不够好，因而上台后更加心慌意乱，不是忘词，就是“卡壳”。

二是演讲者主观上患得患失。有的演讲者对自己讲的内容不够有把握，害怕讲得不好或讲错，尤其是有本单位领导在场或重要人物在场时，担心讲不好会没面子，思想压力过重而造成心理紧张。

三是有的演讲者执着于自我形象的完美，总认为自己的长相平平，“对不起观众”，因而觉得站在众人面前是件痛苦的事。尤其是当自己的动作不雅或失误时，更感到恐慌，站立不安。

（二）克服怯场情绪的方法

针对上述怯场的原因，可采用以下办法调节与控制怯场情绪。

首先，要明确演讲目的，端正演讲态度。演讲者要想到演讲的目的是什么，比如说为了宣传本单位成绩、展示学习成果、锻炼自身能力等，而不是要沽名钓誉、捞取资本、炫耀自己、出人头地。演讲者演讲的目的明确，态度端正，就必然会带着健康的成功欲望去堂堂正正地发表演讲，也就一定会表现出饱满的精神、十足的信心和无所畏惧的良好精神状态。

其次，要增强自信心。当自卑感和胆怯心理向自己袭来时，应当自己鼓励自己，相信自己所讲的是对的，应该勇敢地登上讲台去倾吐，去呼吁，去呐喊。要从内心相信听众是友善的，相信自己的演讲必定成功，相信演讲艺术是令人“潇洒的艺术”。要意识到自己是讲台的主人。一个初次登台的演讲者，只有克服畏惧心理，去掉自卑和胆怯情绪，不断增强自信心和必胜心，才能充分发挥自己的演讲才能，从而使演讲获得成功。

再次，要做好演讲前的各种准备。不少演讲者怯场是由于缺乏准备而造成的。因此要克服怯场情绪，就必须充分做好演讲前的准备。比如，熟悉演讲内容，准备好演讲的着装、饰物，预想一下演讲可能出现的情况及应变措施等。当演讲者自己觉得一切准备就绪，胸有成竹，就能减轻紧张心理和上场时的恐惧心理。

最后，要有意识地调节和控制自身的心理和生理方面的一些因素。比如，当怯场、恐惧的心理向自己袭来时，注意放松情绪，缓缓吸气，使自己过速的心跳趋于正常，再缓缓地将气均匀呼出，如此反复几次，即可缓解紧张的情绪。

二、演讲场面的调控

在演讲过程中，由于诸多因素的影响，演讲会场往往会出现一些不利于演讲的场面。诸如听众情绪浮躁、会场骚动，或交头接耳、随意走动等。针对这种场面，演讲者要善于调节和控制，有效地调动广大听众的注意力，使演讲沿着正确的方向发展。

在电视剧《北平无战事》中有这样一个场景：流亡的大学生拒绝领取美国政府的救济粮，纷纷喊出口号，现场一片嘈杂。这时，空军飞行大队队长方某上台后发表了一番演讲：

> 同学们，我现在也很难受。我们这个号称世界四强之一的国家，却要靠另一个国家的施舍援助才能不饿死人，那是因为我们贫穷落后。现在美国援助的粮食就踩在我的脚下，上面写的是“Made In USA”，看到这几个字母的时候，我心里的感受，应该比大家还要深一些。1939 年，我参加空军，和美国人一起打日本，那时候，他们来帮助我们的，仅仅是一些退役空军，任何一点武器、物资，都不肯援助我们；直到日本偷袭珍珠港，太平洋战争爆发，我们和美国成了盟友。我记得很清楚，第一次看到美国制造的援助物资的时候，我和我的战友还大哭了一场。
>
> 一样是美国援助的物资，我从心里面也不愿意接受，而且我在考虑，这粮食到底应不应该发给你们？但是我相信一个人说的一句话，这个人就是清华著名导师梁启超先生，他讲过，少年强则中国强！那我们今天到底该不该领这个粮食？如果我们领了，我们中国青年能不能在五年或者十年后还给他们？如果能的话，我们应该领这个粮食。不为别的，就为东北来的流亡的一万五千多学生，我们也应该领！我向大家保证，所

有从我手里发下去的粮食，我都会给美国援华委员会写一个欠条！大家同意的话，就在学联的欠条上面签个字，我们今天领的粮食，不是他们援助的，是我们借他们的，我们有借有还！

方某的这场讲话为什么在混乱的形势下取得了成功呢？他先是通过描述当时中国的惨状激发学生的耻辱心；随后他又通过自己的亲身经历告诉大家，美国只有真正需要我们的时候，才会真心援助我们，点出了问题的实质，唤起了大家的自尊心；最后具体问题具体分析，从梁启超的“少年强则中国强”论证领粮的必要性，并施展策略把领粮说成“借粮”，讲出了骨气，唤起了大家的自强心，当然就会镇住全场，获得大家的认可、拥护。

在演讲过程中，不论是初登讲台的演讲者，还是久经“沙场”的演讲者，出现失误和意外，这是常有的事。为了尽量减少由于失误和差错给演讲者造成的不良效果，演讲者就必须掌握弥补差错、补救失误的一些技巧和方法。

如有一次，某单位举行演讲大会，一位演讲者随着掌声走上了讲台，却不慎被话筒线绊倒了，台下的听众顿时发出了一片哄笑声，会场的秩序骚乱起来。然而，这位聪明的演讲者从容地爬起来，不慌不忙地走到话筒前，微笑着对听众说：“同志们，我确实为大家的热情所倾倒了，谢谢！”话音刚落，全场便欢呼声大作，大家都为演讲者这种绝妙的应变能力和灵活自如的补救方法拍手叫好。这位演讲者实际上运用的是一语双关的幽默语言补救技巧。

一个演讲者只有具备了较强的补救失误能力和现场控制能力，才能适应各种复杂演讲环境的需要，才能使自己的演讲随物赋形、游刃有余。那么应该如何培养现场应对能力呢？下面介绍两种演讲者常用的补救失误的技巧。

（一）对错话的补救

演讲时，演讲者由于心情紧张，临场发挥不好而说错了话，或由于讲述过快而说漏了嘴，或由于现场意外被其他人或事吸引造成了错误。当演讲者觉察到这种失误时，都要及时采取补救措施。如果立即声明“刚才讲错了”是没有必要的，正确的方法应该是把讲错的话搁置一旁，接着正确的讲法再讲一遍。这样做虽有重复之嫌，但总可纠正谬误。或者把讲错的话当作反面论题使用，即兴加进一些话来驳斥之以圆场。

例如，一位演讲者在演讲时由于不慎说错一句话，直到话说出口才意识到，但已经晚了，怎么办呢？当即认错，势必影响效果。于是他当机立断，把错话重复了一次并问大家：“刚才那句话对吗？不对！”接着，他又解释了不对的原因，然后又继续演讲了。这种补救错误的技巧往往不落痕迹，对演讲效果的负面影响最小。

（二）对忘却的补救

演讲中，忘词、“卡壳”的现象是经常发生的，不仅普通人常出现这种状况，连一些惯常登台演讲的名家也会出现这种状况。缺乏经验的演讲者，面对此种情况，往往心情紧张，额上冒汗，手足无措，尤其是如果听众发出唏嘘声、嘲笑声时，演讲者就会越发不安。富有经验的演讲者则能够冷静地处理这些情况。

根据梁实秋的记载，1923年春天，在清华大学高等科楼上一间大教室里，梁启超正在做《中国文学里表现的情感》的演讲，他神情潇洒，声如洪钟，语调铿锵有力。但有时候记不起来，愣在台上好一会儿。每当出现这一情况，梁启超就会用手指敲几下头，猛然想起，再笑容可掬地讲下去。短暂的卡壳丝毫不影响学者的风范与声誉。因此，用平常心面对演讲过程中的卡壳对初学演讲的同学尤其重要。

面对“忘词”，最常见的办法是能圆则圆，不能圆则不必在此处浪费过多时间，而是应该快速唤起下一个内容，想到哪儿就从哪儿讲起，只是加强一些语句的过渡和衔接。这样做虽然会导致一些内容丢失，但不易被听众觉察，也不至破坏听众情绪或涣散听众的注意力而导致演讲失败。如果被忘却的话是很重要的内容，当想起来后，仍然可以重新插进去讲，当然，这样做的前提是对稿子很熟悉。

综上所述，演讲者在面对演讲时的突发情况时，应该注意这样几点：一是情绪上自始至终放松，不要怯场，不要紧张；二是除特殊情况外，要保持用适中的语速、语调或平时试讲练习时的语速、语调；三是思想不要开小差，不要去想与演讲无关的事；四是要精神饱满，精力充沛，不要被听众的某些不良情绪所干扰。

思考与练习

（1）练习下面句子，抓准重音。

①美国西南航空公司规定，如果乘客体型过胖，一个座椅无法容纳身躯时，必须另外购买一张机票方可登机。

②英国广播公司日前通过观众投票评出的100名英国古今名人，贝克汉姆名列其中，他是当选的3名体育明星之一。

（2）分角色朗诵下面的《我的南方和北方》选篇，找对读的同学听听你的朗诵，并探讨节奏的处理是否正确。

甲：自从认识了那条奔腾不息的大江，我就认识了我的南方和北方。

乙：我的南方和北方相距很近，近得可以隔岸相望。我的南方和北方相距很远，远得无法用脚步丈量。

甲：我的南方，也是李煜和柳永的南方。一江春水滔滔东流，流去的是落花般美丽的往事和忧愁。梦醒时分，定格在杨柳岸晓风残月中的那种伤痛，也只能是南方的才子佳人的伤痛。

乙：我的北方，也是岑参和高适的北方。烽烟滚滚，战马嘶鸣。在胡天八月的飞雪中，骑马饮酒的北方将士，正向着刀光剑影的疆场上逼近。所有的胜利与失败，最后都消失在边关冷月下的漠风中……

甲：我曾经走过黄山、庐山、衡山、峨眉山、雁荡山，寻找着我的南方。我的南方却在乌篷船、青石桥、油纸伞、鱼鳞瓦的深处隐藏。在秦淮河的灯影里，我凝视着我的南方。在寒山寺的钟声里，我倾听着我的南方。在富春江的柔波里，我拥抱着我的南方。我的南方啊！草长莺飞，小桥流水，杏花春雨。

乙：我曾经走过天山、昆仑山、长白山、祁连山、喜马拉雅山，寻找着我的北方。我的北方在黄土窑、窗花纸、热土炕、蒙古包中隐藏。在雁门关、山海关、嘉峪关，我与我的北方相对无言。在大平原、大草原、戈壁滩，我与我的北方倾心交谈。在骆驼和牦牛的背景里，我陪伴我的北方走向遥远的地平线。我的北方啊！大漠孤烟，长河落日，唢呐万里。

（3）在同学面前讲一个小故事，生动、恰当地运用手势、眼神和丰富多变的面部表情。

拓展延伸

［1］（美）迈尔斯，尼克斯.高效演讲——斯坦福最受欢迎的沟通课［M］.长春：吉林出版集团有限责任公司，2013.

［2］李媛媛，张超.职场菜鸟礼仪指南[Z/OL].演讲前的准备——克服演讲恐惧（2021-06-25）[2021-05-30].https://www.xuetangx.com/course/KMUST12041001047/5882820?channel=search_result.

［3］李媛媛，张超.职场菜鸟礼仪指南[Z/OL].演讲时的礼仪——魅力风采的展示（2021-06-25）[2021-06-30].https://www.xuetangx.com/course/KMUST12041001047/5882820?channel=search_result.

第十二章　军队常用演讲

演讲是军队政治文化工作中一项重要内容，是部队进行思想政治教育的有效方式，是锻炼部队官兵沟通、表达能力的重要方法，也是提高军队人员人文素养、军事素质的途径之一。

古今中外很多著名军事家都很重视演讲能力的培养，许多将领不仅军事谋略过人，而且思维敏捷、能言善辩。从战争开始前的组织发动，到激烈战斗中的添力鼓劲，再到战斗结束后的祝捷庆功，指战员总要发表简洁而极富鼓动力的演讲，用以动员部队、鼓舞士气、激励斗志。我们要建立一支具有战斗力、凝聚力的军队，就必须重视军事演讲在紧张严格的军营里的作用。

演讲活动在军队中有多种表现形式和应用场景。从内容上看，军队常用演讲主要有思想政治教育演讲、读书演讲、战时演讲及包括点名、讲评等在内的分队日常演讲这几种类型。

第一节　思想政治教育演讲

一、思想政治教育演讲的含义和特点

（一）思想政治教育演讲的含义

思想政治教育演讲是对广大官兵进行思想政治教育时进行的演讲。它是部队中最常见的一种演讲形式，是我军在长期的斗争实践中形成的优良传统，在人民军队的发展历程中起到非常重要的作用。

在今天，思想政治教育演讲主要承担两项重要任务：一是宣传党中央治国理政的方针、政策；二是对所属人员进行正确的世界观、人生观、价值观教育。思想政治教育演讲肩负着政治意识形态教育的特殊使命，因此，演讲者不仅要掌握演讲的基本技巧，还应该具有一定的政治觉悟和理论水平。

思想政治教育演讲的形式和内容都是十分丰富的。从教育对象上看，思想政治教育演

讲可分为三种：一是干部对战士进行政治思想教育所作的演讲；二是基层单位组织指战员相互交流学习心得或学识的演讲；三是院校教员对学员传授思想政治方面知识的演讲。

从内容上看，可以分为：基本理论教育演讲、时事政策教育演讲、革命纪念日和重大节日教育、党团课教育、经常性思想教育演讲等。

（二）思想政治教育演讲的特点

在军旅生活中，思想政治教育演讲的使用范围最广、频率最高，它主要有以下几个特点。

1.现实的目的性

演讲属于现实活动的范畴，而非艺术活动。思想政治教育演讲通过对现实社会的政治生态、思想道德等现象的判断和分析，直接向听众阐述自己的主张和看法，从而让受众受到政治教育。任何一次思想政治教育演讲都不能脱离政治教育的目的。以思想政治教育为根本目的，这是思想政治教育演讲的最大特点。

2.严格的时限性

不管进行何种思想政治教育演讲，都有严格的时限性。这包括两层含义，一是演说内容的时效性，二是演讲时间的限制性。思想政治演讲非常讲究效果，其内容必须反映时代脉搏，紧扣时代急需深入回答的问题；演讲时应该紧扣主题、直指人心，在有限的时间内达成最佳的效果。

3.政策的导向性

思想政治教育演讲的重要目标就是传播马克思主义，坚定广大官兵的共产主义信念，解读、宣传我党的方针、政策，用马克思主义的观点、立场分析社会现象，使受众提高政治觉悟和思想认识，因此具有鲜明的政策导向性。

4.情感的鼓动性

成功的演讲往往离不开鼓动。演讲者的情感表达是达到演讲目的的重要途径。思想政治教育演讲是要通过演讲者的情感投入，唤起受众对主流意识形态和价值观的认同、共鸣，并内化为动力，由此方可达到鼓动之效果。

二、思想政治教育演讲的技巧

（一）强化责任，提高觉悟

思想政治教育演讲是敏感性很强的演讲，它的内容应该和时代的步调高度一致，和广大官兵的心紧紧相连。要搞好思想政治教育演讲，演讲者必须具有强烈的革命责任感，必须具有敏锐的观察力，必须具有坚定的党性原则，必须具有一定的政治理论功底。而以上这些要求，都建立在演讲者对党的路线、方针、政策的深刻理解，对部队建设有火一样的热情，对广大官兵有无限热爱的深情的基础上。

然而我们也不难发现，在进行思想政治教育演讲时，有些同志很不负责任。他们并不用心去了解官兵们在看什么、想什么、谈什么，而是照本宣科，上级布置什么就讲什么，材料上写多少就念多少；也不关心官兵们现在喜欢什么样的演讲形式，而是因循守旧、故步自封，还按照过去的老套路来，结果讲得干干巴巴、枯燥无味。如此一来，战士们不愿听，一到思想政治教育时，不是争着出公差，就是课上看书看报、交头接耳、打瞌睡。究其原因，是演讲者自身觉悟不够，没有把思想政治教育当作一件大事、要事落到实处，而是抱着敷衍、应付的态度，完成任务了事。

因此，站在演讲者的角度而言，搞好思想政治教育演讲的关键在于责任心。演讲者要带着这种发自内心的责任感，对自己所讲的理论、政策深入思考、研究透彻。思想政治教育演讲应该是演讲者内心信念的外化，只有演讲者自己真正信仰共产主义精神、切实践行马克思主义理论，“让有信仰的人讲信仰”，听众才有相信的理由，也才能进一步树立起正确的世界观、人生观、价值观。

（二）把握脉搏，讲准问题

从听众的角度来看，思想政治教育演讲有没有吸引力，首先是看演讲者能不能回答广大官兵最关心的问题。现在，部队官兵的文化水平较之过去有了很大提升，信息化时代背景下人们获取各种资讯的途径也很多。如果置这些变化于不顾，你想你的，我讲我的，演讲内容与官兵的思想实际“两张皮”，或者遇到“是非之地”就绕道走、敲边鼓、“炒冷饭”，那么，思想政治教育演讲理所当然地会受到冷遇。

一个称职的演讲者，在进行思想政治教育演讲时，应该清晰地了解官兵的思想实际，从官兵训练、生活的细节蠡测时代的脉动，见微知著；同时也应该牢牢地把握住时代的脉搏，寻找时代的变化投射到官兵训练、生活中的影子，与时俱进。这样演讲的内容才能深入人心，引起共鸣，收到良好的教育效果。这就要求广大演讲的实施者一方面要和干部、战士打成一片，和他们交朋友，了解他们的思想、学习和生活，寻找他们的兴奋点，另一方面也要关注时事，不断更新自己的知识储备，提升理论水平。干部战士的实际问题在你的心中，你的演讲才会有活泼的生机。

某基层部队的领导干部在下连调研时发现：一些基层单位在组织思想政治教育时“喊的调子高、用的语言硬、讲的道理多”，错把演讲者摆在了教育主体位置上，一味注重资料找得全不全、课件做得好不好，演讲中通篇都是生硬的道理、空洞的说教。官兵们每每听课时也觉得大话、空话、套话多，教育理论性太强，离自己的实际生活很远。接收到这些反馈之后，该单位负责思想政治教育的同志及时转变观念，通过问卷调查、交流谈心等方式，深入了解官兵心中的困惑，用官兵的身边事做典型和榜样，用官兵熟悉的方言和有感染力的网络流行语进行演讲，官兵们对思想政治教育的兴趣越来越大，教育成效显著提升。

在电视剧《亮剑》中，赵刚政委面对刚刚被俘虏的国民党士兵，也采取这样的技巧进行劝说，他首先列举了这些战俘所在部队在过往战争中取得的客观战绩，肯定了他们的抗日成果，然后就直指当时内战困境的核心问题：

事情走到今天这一步，责任不在军队，而在蒋介石的独裁政府！抗战胜利后，各民主党派要求成立联合政府，通过广泛的民主选举，选出执政党共同治理国家，可是蒋介石政府呢，要搞独裁，压制别的党派，在政治上搞法西斯式的统治，把中国变成警察国家，连社会名流的生命安全都得不到保障，闻一多先生和李公朴先生被暗杀这就是个例子；在经济上蒋介石政府要维护四大家族的利益，民不聊生，通货膨胀，这样一个独裁、腐败、黑暗的政府，难道不应该推翻它吗?！古人说，纣无道，起而伐之；庆父不死，鲁难未已。兄弟们，现在是到了决定一个民族前途的时候了，每一个有良知的中国人都应该做出自己的选择，我赵刚选择是要自由，要民主，推翻独裁统治，打倒法西斯独裁政府，建立一个人民当家作主的新中国！兄弟们，你们中有一部分人的家乡在我们解放区，你们知道吗，解放区的老百姓在搞土地改革，所有的穷人都分到了土地。(俘虏兵：我们家乡就在分田地呢。) 可是兄弟们，咱们有了土地，人家蒋介石不干，总想方设法要把它抢回去，咱们怎么办呢？（俘虏兵：那就跟他拼命！）

（三）以情动人，润物无声

与一般演讲相比，思想政治教育演讲政治性、理论性、教导性更强，“以理服人”可以说是必须遵循的一条原则。但是，理论可亲可近，才能入脑入心。思想政治教育首先要让广大官兵愿意听、听得懂，他们才能记得住、用得上。军人也有血有肉，也重情重义，所以思想政治教育不仅要讲大道理，还要讲真感情；不仅要仰望星空，还要脚踏实地。在演讲中，应该尽量运用鲜活的事例、鲜活的材料、鲜活的语言去诠释真理，而不是把真理“硬塞”给听众。

成立于中部战区空军某基地的“老战士报告团”，多年来奔波于全国 20 多个省（市）、自治区，讲述红色故事，宣传革命信仰，甚至成了“网红”。这个报告团“红”起来的原因，就在于他们的故事鲜活真实，以情动人。报告团中有一位“90 后”成员高洁缘，她是抗洪英雄高建成的女儿，她在追忆自己父亲的事迹时，并没有把父亲塑造成过去英模事迹报告中“高、大、全”的形象，而是直言自己心中很多的“不理解”：

我叫高洁缘，是一名“90 后”。和所有“90 后”同龄人一样，迷恋童话，相信精灵的存在，崇尚个性，追随网络，接触非主流，使用火星文，有自己独特的审美观。信仰这个词，对我们来说，还相当遥远而朦胧，甚至是虚无的。当然，我还有一个同龄人没有的身份，那就是，我是抗洪英雄高建成的女儿。

这些年，我每年都会回到爸爸的部队。在我们指挥所有两座丰碑，一座是以张绪爷爷为代表的老战士报告团，一座是以我父亲“抗洪英雄”高建成为代表的十七烈士。老战士报告团对我来说，他们是鲜活的、真实的，像一束火苗、一盏灯，不知不觉地在我懵懂的心里打下了底色，而爸爸很长一段时间是模糊的、遥远的。我始终不明白，为什么他走得那么毅然决然？

爸爸牺牲时，我只有四岁。他对我来说是熟悉的陌生人。从我记事开始，大人们就告诉我，他是一个舍身救人的大英雄，而我，是英雄的女儿。可是，这和我有什么关系?！我多希望能像别的小朋友一样，驮在爸爸宽阔的肩膀上走在阳光下，骑在爸爸厚实的背上发出响亮的笑声；上学后，我多希望爸爸能来参加我的家长会，会在校门口打着雨伞等我放学，我多希望让爸爸的大手紧紧地牵着我，走过我成长路上的风和雨……可是，你在哪呀，爸爸！

说真的，从小我就不愿意参加有关任何抗洪的纪念活动，不喜欢了解九八抗洪这段历史，不喜欢看记载它们的书籍，不喜欢听到那首《为了谁》，甚至想，如果爸爸不是军人该多好！

我不理解“把生的希望留给别人，把死的危险留给自己”这句话，不理解爸爸为什么义无反顾地去挽救战友的生命而舍下了自己的亲人，难道他不知道我和妈妈一直、一直在等着他回来吗？妈妈的爱人只有一个，我的爸爸也无人可以替代，为什么牺牲的是我的爸爸?！我从小就特别不情愿被贴上烈士子女、英雄后代的标签，我不愿意被别人说我现在的一切是因为我爸爸的牺牲换来的，不，我希望能用所有的一切换回一个活着的爸爸！

高洁缘在开头以“90后”视角，用这个年轻群体共同的回忆，对照自己特殊的身份，点出了她成长经历中与众不同的一面；而后以女儿视角，用所有孩子内心最殷切的期盼，对照多年来盼而不得的失望甚至是绝望，点出了她内心“不理解”“不愿意”“不喜欢”的原因。后来她了解到了老战士报告团中那些爷爷们的事迹，虽然很感动，但还是不免有疑问：“真的假的？不会是做秀吧？哪有这么傻的人啊？”她内心的这些想法，其实也是现在很多年轻人对老一辈革命先驱、对当代革命军人牺牲奉献精神的疑惑。如何解开这个心结？她用自己的成长经历给出了最好的解答：

生如夏花，灿若星河。我懂了，爸爸和老战士报告团的爷爷们书写的是军人的情怀和大爱，诠释的是党员的奉献和担当。他们是平凡的，因为他们只是尽了党员应尽的职责；他们也是伟大的，因为他们用生命铸就了共产党人的丰碑。是他们让我明白，信仰既不是虚幻的空中楼阁，也不是挂在嘴边空洞的说教，那是用热血发出的誓言，用生命兑现的承诺；也让我明白，共产党员就要奉献和牺牲。我开始认真思考，我该追寻怎样的人生？我要走怎样的路？

军校3年，是我人生涅槃的3年。第一次穿上军装、第一次体能训练、第一次操作兵器……记不清有多少个难忘的第一次，也记不清有多少欢笑和泪水伴随着第一次。每当我想放弃的时候，他们就像我人生中的灯塔一样，指引着我前行的方向。3年时间，在奋力拼搏中度过，我取得了优异的成绩，并被评为自立自强先进典型。最让我兴奋和自豪的是我加入了中国共产党，正式成为这个先进群体的一员。毕业后，我主动要求回到爸爸的部队。我用18年读懂了父亲，也用18年找到了自己的人生方向。站在爸爸的塑像前，我敬了一个庄严的军礼：爸爸，我来了！

“我们这代人，在我们老去的路上一定一定不要变坏。”这是网络上流行的我们90后的一句宣言，也是对社会的一个承诺。作为90后的党员，面对时代的洗礼、社会的考验，我们更要不断向老战士报告团的前辈们学习看齐，时刻牢记党旗下的誓言，以青春的姿态，肩负起我们这一代人的责任担当。①

在精神上给听众以启迪，在情感上给听众以共鸣，将正确的世界观、价值观、人生观融入先进人物的事迹中去，如春风化雨般滋润听众的心灵，这是思想政治教育要追求的目标。

思考与练习

（1）思想政治教育演讲的要求是什么？最容易出现哪些方面的弊病？

（2）结合当前政治学习、主题教育的主题，以学员队全体学员为讲授对象，写一篇思想政治教育的演讲稿。

拓展延伸

［1］李红，张喜阳.思想政治教育实务［M］.天津：天津人民出版社，2016.

［2］黄云武.思想政治工作实践录［M］.石家庄：河北人民出版社，2016.

第二节　读书演讲

一、读书演讲的含义和特点

（一）读书演讲的含义

读书演讲是部队基层文化生活的重要内容，它包括读书活动和演讲活动两个部分，通常情况下这两项活动互相配合，紧密联系，先有针对性地开展读书活动，而后根据读书体会，组织专题演讲会。读书活动和演讲活动也可独立进行，例如为配合部队各种教育，组织官兵进行读书活动；在节日、纪念日举行专题演讲活动等。

坚持不懈地开展读书演讲活动，对提高官兵的文化素质，锻炼口才表达能力，拓宽知识视野，丰富业余生活，打牢立身做人的思想根基，具有重要的意义。

（二）读书演讲的特点

宋代著名诗人黄庭坚云："士大夫三日不读书，则义理不交于胸中，对镜觉面目可憎，

① 老战士报告团迎来"90后"［EB/OL］.http://kj.81.cn/content/2016-07/13/content_7153298.htm，2020-05-28.

向人亦语言无味。”读书不仅仅是为了“千钟粟”“黄金屋”，更是为了明理、修身。读史使人明智，读诗使人灵秀，数学使人周密，科学使人深刻，伦理学使人庄重，逻辑修辞之学使人善辩。读书演讲活动的目的是为了增加部队官兵的文化底蕴，它有以下几个特点。

1. 实用的知识性

古人说“读万卷书，行万里路”，人生有限，未必每个人都有行万里路的精力和财富，但人人都可以有读万卷书的时间和能力。部队举办读书演讲活动的目的是督促官兵读书，但并不意味着鼓励官兵一味追求所读书籍的数量，而是更注重官兵能否从所读的书籍里获取有用的知识和信息。这是读书演讲活动讲求实用的一面。叶圣陶先生说：“不要盲从‘开卷有益’的成语，也不要相信‘为读书而读书’的迂谈。要使书为你自己用，不要让你自己去做书的奴隶。”①

如何才能不做书的奴隶？在选择书目的时候要有自己的判断，第一要根据自己的兴趣选择书目，对什么样的书有兴趣，实际上也就是对什么样的知识有兴趣。对什么样的知识有兴趣，很多时候来自于自己这方面知识的欠缺，所以第二就是要根据自己的需要选择书目，比如工作中遇到了难题，就需要选能“对症下药”的书来读；若是从事文书工作的参谋，可能需要多读些公文写作的书；若是从事人事工作的干事，可能就需要多读些管理学的书。

但从长远来看，并不是所有书都能有即时的作用，有些书的益处在于对人的逻辑、理解和表达等多方面能力的潜移默化的影响，阅读者在读的时候，未必能马上将这些东西转化为有用的技能，但经历了长时间的濡染之后，思考问题的深度、看待世界的角度、对待人生的态度，都会有所变化，这种看似无用的用处，实则是一种没有功利性的“大用”。

一部好书，有缜密复杂的思维框架，有深入浅出的语言文字，有人生百态、真知灼见。著名的文学评论家谢冕曾说读书人是幸福人，对于一名军人来说，读书不仅是让自己内心变得更加充实、坚定的途径，更是提升学习能力、适应瞬息万变的新时代的必要条件。对读书在军人生活中的地位，有人这样说道：

> “蹉跎莫遣韶光老，人生唯有读书好。”军人执干戈以卫社稷，在军事科技迅猛发展的今天，更加需要知识的武装。因此，军人应把读书当成一种使命责任，变成一种生活方式，让学习成为一种发自内心的需求。通过读书学习，让我们更加坚定自己的初心，厚实自己的底蕴，读而有得，学以致用。②

阅读并从书中获取有用的知识不止是读书演讲的特点，更是开展各种类型演讲的基础，是积累素材、丰富学识的过程。对读书演讲来说，在获取了知识之后，我们还应进行更深入的思考，从当中得到一些启发，这才是更重要的。

2. 深刻的启发性

唐代史学家刘知几曾说，史家应有三长：才、学、识。才是个人能力，学是知识积累，

---

① 叶圣陶．读书的态度［M］//朱永新．叶圣陶教育名篇选．北京：人民教育出版社，2014.

② 赵杰．让书香充盈人生［N］．解放军报，2020-5-12（06）.

识是独到的见解。这也是当代知识青年、新型高素质军事人才应该具备的条件。读书演讲就是引导广大官兵在阅读的基础上，学会思考问题以及解决问题。在信息化战争条件下，没有才能、没有学识、没有思辨能力，不能成为一名优秀的战士，更不能成为一名优秀的指战员。

优秀的演讲者不仅要具有渊博的学识，还应有敏锐的眼光和深刻的见解，就是要读完一本书之后能从中得到启迪，在获得书中的知识之后还能运用知识解决问题，这个问题可以是技术层面的问题，更可以是精神层面的问题，读书演讲活动更聚焦于后者。下面这段话诠释的是中华民族几千年来，植根于血脉深处的爱国主义精神和家国情怀：

> 几千年来，中华民族历经磨难而能浴火重生，中华文明屡遭浩劫反而生生不息绵延不绝，植根于民族文化血脉深处的家国情怀是巨大的精神原动力，灌注其中的最强音就是爱国主义。中华民族的家国情怀，是中华优秀传统文化薪火相传、永续发展的血缘脐带，是中华民族跻身于世界民族之林的厚土根基，已经深深地融入中华民族的精神血脉，铸就成中华民族永不褪色的精神旗帜。它以国家统一、民族富强、社会稳定、人民幸福为核心宗旨，是千百年来中国人共同的精神追求和价值理想。①

这段话并不是从四书五经、孔孟之道中得出来的，而是作者从金庸的武侠小说中总结出的。金庸的武侠小说是大家都喜闻乐见的文学作品，大多数人津津乐道的是其中的武打招式、武功秘籍和引人入胜的情节，但其实金庸的作品不只有这些表面功夫，它蕴含了深厚的家国情怀：

> 金庸创造的武侠世界，已经超越了传统武侠小说一味强调江湖义气、快意恩仇的做法，他在侠义书写中注重提升侠的精神品格，以家国情怀的文化特质赋予“侠之大者”一种“为国为民”的优秀品质和崇高境界。可以说，这种源自中华民族优秀传统文化基因的家国情怀是金庸多部小说的内核，如最浓烈的精神甘泉，滋养和浇灌着全世界华人共同的精神家园。金庸写“义”，写父子、师徒、朋友间的伦理责任以及武林荣誉，这些都是侠客们游走江湖所必须遵循的崇高正义，《书剑恩仇录》中的陈家洛，《雪山飞狐》中的胡氏父子，《射雕英雄传》中的郭靖，《天龙八部》中的乔峰，《神雕侠侣》中的杨过等，都是英雄形象，都是“义”的代表与化身。更可贵的是，金庸在一系列小说中赋予“义”以新的内涵，并把“义”提升到“为国为民”的高度，这实际上是以民族大义为高蹈的一种脊梁精神，就是为了群体和大多数人、为了民族国家的利益而赴汤蹈火，死不旋踵，舍生取义，杀身成仁。对侠而言，就是“侠之大者，为国为民”，使他们在民族争斗、正邪交锋的漩涡中彰显英雄本色。②

这种家国情怀常常被金庸作品精彩的描写所掩盖，但如果能透过这些描写看到这一层，

---

① 陈夫龙.侠义书写中的家与国［J］.博览群书，2018（12）.

② 陈夫龙.侠义书写中的家与国［J］.博览群书，2018（12）.

那么读者从书中获得的就不仅仅是对江湖传说的猎奇感受，而是精神上的升华。

二、开展读书演讲的要点

读书演讲是配合读书活动开展的语言活动，要使读书取得好效果，读书演讲是一个很有用的手段。搞好读书演讲，要注意以下几点。

（一）认真读原著，找准闪光点

读书演讲，顾名思义，就是通过阅读某一本著作，引起自己的思考，进而发表自己的某个观点。因此，搞好读书演讲的首要因索，就是事先要读好书。而读书则要选好阅读的书目。因此，演讲者在进行读书之前，要认真了解广大指战员都喜欢什么书、基层最需要读什么书、什么书对指战员们的成长大有裨益。对军人来说，军事经典著作就是最好的读物：

> 军人，无论身处哪个岗位，第一身份是战斗员，强固初心担当使命的最终体现是能打胜仗。读经典特别是军事经典著作，对于把握胜战规律、通晓制胜机理、深谙明天的战争，不断增强工作的原则性、系统性、预见性、创造性具有重要意义，这也是马克思主义哲学实践观点的指向。①

书目选好以后，要把书找来认真阅读，深刻理解书中的内容，并选取最能打动你心的闪光点。一本好书里边可能有若干个闪光点。从写作的角度来看，找闪光点就是确定主题。当闪光点确定之后，就要精巧构思，用巧妙的语言把它表达出来。由于演讲的思想水平、欣赏角度、文化素养以及现实需要不同，即使是同一本书，不同的演讲者选取的闪光点也不尽相同。

比如某连队举行了一次阅读都梁小说《亮剑》的演讲活动，关于李云龙这个角色，有人觉得他是英雄，也有人觉得他身上有“匪气”，不同的阅读者会有不同的视角。其中一位战士作了一篇题为“土匪还是英雄”的演讲，对这个角色做出了有层次的分析：

> 李云龙是一位叱咤风云、百战沙场的职业军人，是一个一生都在血与火中搏斗的名将。他的人生信条是：面对强大的敌手，明知不敌也要毅然亮剑。即使倒下，也要成为一座山、一道岭。就是这样一个人物，却是一个非常有争议的人物：李云龙经常违抗命令，把上级的指示当成耳旁风；但令人感到奇怪的是，就是这样一个人，领导依然器重他，友军特别佩服他，敌人格外重视他；更令人感到纳闷的是，李云龙的缺点表现得异常明显，他没有什么文化，非常粗鲁，一开口就脏话连篇，甚至还多多少少带有一点匪气。那么，《亮剑》中的李云龙究竟是英雄还是“土匪”呢？究竟该如何看待这种明显有些“另类”的英雄形象？我们这个时代需要什么样的英雄形象作为精神上的指引呢？

---

① 贾宏乾.以经典浸润初心［N］.解放军报，2020-4-14（06）.

这位演讲者是很欣赏李云龙的，但他没有单纯讴歌李云龙的优点，而是非常客观地分析李云龙性情中的优缺点，并提出为什么这样具有明显缺点的人物反而能够引起受众的追捧的问题，吸引大家的思考，最后得出他的观点：

> 毫无疑问，《亮剑》中的李云龙是一个不好管理的角色。但是这个李云龙，对国家、对民族、对抗日大业有着无比的忠诚。这个人的“粗口”不仅不让人感觉反感，反而让人觉得亲切；这个人的大大咧咧也给人一种视死如归的大将风度。相反，如果一味要照顾什么“高级干部的整体形象”，采取了与此相反的处理方式，那么，小说的魅力至少会降低一半。生活化的英雄、有缺点的英雄才能被接受。因为英雄也是人，而不是神。“高大全”在生活中是不可能的。李云龙式的英雄形象，他带给我们的是民族的志气、威武不屈的力量、坚定不移的信仰！

这篇演讲稿中，不仅对李云龙的人物形象进行了剖析，而且还提出了一个问题，就是到底什么样的英雄才是真英雄？是不是性格上有些小缺点的人就不能成为英雄？答案显然是否定的。真正的英雄不是各方面都必须完美无缺的，真英雄的标准是对国家、对人民忠诚，是在民族危难之际展现出不屈的气节和坚定的信仰。

（二）紧密联系现实，回答时代问题

读书是学习，演讲也是学习，二者相结合更能产生实效。读书演讲与日常的阅读活动不同之处在于，平时读书的主要目的是为了学习和实践，而读书演讲则可以应用于分析、解决官兵们的现实思想问题。长期以来，读书演讲在部队中广受欢迎，在官兵中产生了广泛的影响，主要原因是读书演讲在一定程度上回答了广大官兵急需要解决的问题。这是读书演讲的生命力，也是读书演讲特有的活力。

读书演讲的本质是演讲活动，所以演讲稿的撰写与读书笔记、读书报告的写作不同，它的焦点更加集中，必须紧密联系现实进行思考。简而言之，对于听众来说，听完你的演讲，不仅仅是了解到这本书的内容，更重要的是跟随你的演讲对这本书所带来的问题有了进一步了解的兴趣。

举例来说，要把握当前国情，就必须了解我们的民族精神，了解中华文明的生命力，而民族精神和文明的生命力来源于深厚的历史积淀。近代百余年以来的救亡革命史是中国现代国情的源头，但广大官兵学习起来却有些难度，因为这类书大多是大部头，里面资料繁多、线索错综复杂，大家有畏难情绪。某连队的一位班长看到这样的情况，便利用连队举行“强军故事会”的时机，精心准备了一次演讲，跟战士们分享了金一南教授的《苦难辉煌》这部著作，其引用的许多精彩的故事和生动的细节一下子就把战士们吸引了，大家纷纷借来阅读，还趁着训练间隙讨论。

《苦难辉煌》这本书后来大受欢迎，不仅仅是因为故事精彩，更重要的是引发了读者对我党我军历尽苦难，一路披荆斩棘，终于走向辉煌的背后的那股精神力量的追寻。有人这样写道：

一份事业的成功，一个伟大的开始，必然伴随着苦难和艰辛。我们每每怀着崇敬提起长征之时，没有人能对他们的疲倦奔袭感同身受，感受他们走在战友用生命铺就的前进之路上的悲痛和刚毅。前进，前进，革命，革命。如此人间炼狱，非意志坚定之人不能趟过。他们怀着三千越甲必吞吴之信念踏上征程。中国共产党，在失去和失败、前进和撤退中寻找方向，突破黑暗。心怀火炬，便能燃尽天下草木。革命的火种，生生不息。在湘江两岸，几近八十年之后，我们仍能听见红军战士拼死不丢阵地的呐喊；大渡河上，泸定桥仍飘摇在激流之上，安定沉重，它的每一根铁索上，都是不屈的中国军魂。在雪山中爬出来的战士，必是革命的光明未来，纵使伤亡惨重，能走到最后的人，一定能铸起中华民族的钢铁长城。

时过境迁，曾经浸透热血的这片土地早已郁郁葱葱，曾经激战拼死的长桥高墙如今也已归于平淡，徒留断壁。历史总是无情向前推进，从不因悲壮而倒退，在一片繁花似锦里成长的我们，看不见他们的绝望……即使此刻热泪盈眶也抵不上他们一滴鲜血的滚烫。一碗家乡酒，壮士不复还。苦难的数载光阴，为中国共产党淘尽黄沙，英雄尽在于此，我们的未来坚不可摧，忠诚与信念永不褪色！①

这篇读后感提炼出了那些精彩事迹所蕴含的革命先辈内心坚定的信念，因为有这样的信念，革命先辈们才有可能完成一个个看似不可能完成的任务。尽管和平年代的我们不必再经历那些苦难，但我们应该知道今天的辉煌是怎样得来的，更应该知道我们要怎样努力去创造未来的辉煌。这是时代的声音，也是革命精神永不磨灭的力量。

（三）深刻剖析自己，加强思想升华

新的历史条件下，国际、国内环境深刻变化，各种负面影响不断干扰，加之官兵成分结构变化，军人的思想也发生了复杂的变动，针对这种变化，仅仅做好思想教育工作是不够的。读书演讲活动是思想政治教育的有效辅助，从自发性和主动性的角度来看，读书演讲让官兵们在书本中寻找心灵的寄托，在阅读中获得启发，更具有感召力。比如老一辈的革命故事可歌可泣，但是当下却面临一个很现实而且很严峻的问题，那就是那个年代已经渐行渐远，如何从这些故事中找到与现实的契合之处，让和平年代的人们与之产生共鸣？有人做出了这样的解答：

革命年代令人振奋，因为那里有激情、热血、炮火、眼泪与理想。但是很多年后的今天，斗转星移，人们早已从那个时空中抽身而出。在窗明几净的桌前，在熙熙攘攘的街道，在周而复始的平淡日子里，通过阅读，虽然依旧可以知道那些遥远年代的故事，但若仅仅止于“知道”，而心无涟漪，实际上是精神遗忘。因此，一本好的革命读物，绝不能只是讲故事，它应该通过文字的力量，促使人们在思想中演绎过去，在

---

① 张淑媛.苦难孕育伟大——《苦难辉煌》读后感［EB/OL］. http://www.81.cn/zggfs/2014-08/29/content_6117231.htm，2020-05-29.

情绪激荡中拥抱未来。①

某军校开展演讲活动前，一位在读的军校学员表示自己怀揣建功立业报效祖国的宏志而来，但是枯燥的训练生活、严苛的制度要求、饱满的学习任务让他感觉自己离最初的目标越来越远，他迷茫了，他说：

有多少人像我一样，带着高昂的初心，拥着一腔热血，携着倔强的自信来到军营想要立志报国？但是理想和现实的差距却让我心生退却。难道这条路真的不适合我？还是说我并没有看到荣誉的背后其实都是荆棘？说实话，有一段时间我迷茫了，觉得所受的苦都没有什么意义。

后来他参加了读书活动，看了《血沃中原》这本书，读到抗日将领吴焕先的故事，深受感动，思想有了转变，他在《信仰的力量》的演讲中这样说：

艰难岁月中，吴焕先的母亲和妻子均以乞讨为生。当母亲听说部队条件艰苦时，为了支持红军，她把讨来的大米、小麦、黄豆、谷糖和麸皮掺和在一起的百家粮背到军部，给战士们充饥。当时大家都想极力劝阻军长留下老母亲，好赡养老人。可深明大义的母亲理解儿子的难处，半夜一声不吭偷偷地走了。几天后，妻子曹干仙听说部队断粮十几天，也将自己乞讨积攒下来的几十斤大米送到了部队。妻子的情况，吴焕先一点也不知道，自从围了七里坪，他就没再回过家。当时已有孕在身的妻子来过军部一次，但是由于战事吃紧，吴焕先谁都不见，妻子只好无奈地将装有十几个鸡蛋的粗布包叫警卫员转交给他。过了几天，当警卫员外出打粮时，竟在一个人烟稀少的荒郊，意外地看见了将乞讨的粮食全部送到部队里，把战士们当作家人对待的嫂子。当时她衣如破絮，倒在地上，脸色青紫，警卫员走上去拼命地又摇又叫，然而，她却再也没能醒过来。就这样，她连同她腹内的那个没有出世的孩子，悄然地、永远地离开了这个世界。她是为了丈夫、为了战士们、为了伟大的革命事业而活活饿死的！然而母亲的事情，吴焕先又怎么知道呢？离开部队后，老母亲依旧天天蹒跚在乞讨的路上，讨来的粮食一粒也不舍得吃，全都留下来，送到军营里，给那些战士们吃。年迈的母亲哪里经得住这般折磨，最终体力耗尽，饿死在乞讨的路上！然而就算这样，吴焕先的母亲和妻子用生命换来的粮食，吴焕先也全部分给了战士们。

让我感动的是，这些人究竟是为了什么甘愿奉献自己的生命呢？孟子说，舍生取义，这个义，就是你相信它有价值吧！义就是对于一种价值的信仰。而我之所以缺乏这样强大的精神动力，根本还在于我没有坚定的信仰。信仰不仅对于一个人，而且对于一个社会、一个国家和民族，是万万不可缺少的，它就像大海中的灯塔，戈壁沙漠里的指南针。

① 任伟.《回望峥嵘读初心》绝不只讲故事[J].博览群书，2018(08).

现在我们国家富裕了，人民生活也有了极大改善，但为什么还有那么多不尽如人意的地方？人们的幸福指数，为什么比物资匮乏的20世纪50年代降低了？一个最根本的原因，我认为就是信仰的缺失。当今社会呈多元化发展，但任何国家、任何社会，都应该有自己的核心价值观、自己的民族尊严。一个国家要强大，一个民族要兴盛，离不开执政党和人民大众的同心同德、和衷共济。尤其一个国家正在往上走，正在爬坡的时候，更要患难与共，齐心合力。信仰的核心，至少应该包括向善和向上，包括崇尚光明和正义，包括自觉的社会担当，而这份担当落在每个人身上就是要求每个为了这个国家奋斗的人都要努力踏实地做好当下的每件事，而不是好高骛远地去追求想象中的“理想”！因为所有的“理想”都必须踩在脚踏实地的每一步上，前提是你始终相信，你的加入不是可有可无，是有意义并且可以大有作为的，因为在座的包括我自己今天什么样，军人这个群体就是什么样，在座的包括我自己明天什么样，我们伟大的祖国和军人群体就是什么样！

思考与练习

（1）读书报告的写作与读书演讲稿的写作有何区别？

（2）以学员队为单位，组织大家阅读一本当代军旅文学作品，开展一次读书演讲活动。

拓展延伸

[1] 叶圣陶.好读书而求甚解：叶圣陶谈阅读［M］.北京：开明出版社，2017.

[2] 中国编辑学会.读书的方法与技巧［M］.北京：人民出版社，2018.

第三节　战时演讲

一、战时演讲的含义和特点

（一）战时演讲的含义

战时演讲就是在真实的战场上所进行的演讲。根据战争的进程，战时演讲可以分为战前动员演讲、战中鼓动演讲、战后总结演讲、瓦解敌军演讲和战地英模事迹演讲等类型。

1.战前动员演讲

战前动员演讲是指在战争打响之前，为了激励广大官兵奋勇作战取得战争胜利所进行的演讲。战前动员既包括传统战争军事行动前的动员演讲，也包括和平年代军队执行多样化军事任务、进行非战争军事行动前的动员演讲。精彩的战前动员具有强烈的针对性、鼓动性和战斗性，可谓一字千钧、震撼人心，是军人战斗精神的催化剂，是军队战斗力生成的助推器。

2. 战中动员演讲

战中动员演讲就是在具体作战过程当中开展的演讲。战斗中的动员是战时政治工作最核心最关键的阶段，也是最惊心动魄的阶段。一般来说，战斗中没有过多的时间沟通交流，指战员需要在刀光剑影、血雨腥风中见缝插针地传递信息；没有充足的时间准备，需要在枪林弹雨、炮声隆隆中胸有成竹地宣传鼓动；没有足够的耐心娓娓道来，需要在冲锋陷阵、杀声震天时镇定自若地激励士气。战中动员演讲的核心任务就是在瞬息万变的战争形势下，有的放矢地进行鼓动宣传，因时而异、因人而异地采取不同的方式，保持将士们冲锋陷阵的高昂战斗情绪。

3. 战后总结演讲

战后总结演讲是军事指挥员在部队完成了一次战斗任务以后，总结部队作战情况，肯定作战的主要成绩和经验，指出缺点和问题所发表的演讲。其目的是为了发扬成绩，纠正错误，以利再战。战后总结应该包括以下方面的内容：首先概述作战基本情况，说明作战的事件、背景、条件，取得了哪些战绩；其次要具体指出作战取得的成绩，条分缕析地说出主要经验和收获；最后是指出存在的问题和教训，指明今后努力的方向。

4. 瓦解敌军演讲

瓦解敌军演讲是在作战过程中用多种对敌宣传策略，使敌军军心产生动摇、内部分化的演讲。如战地对敌广播、战场对敌喊话等。

5. 战地英模演讲

战地英模演讲是在战场上宣传英模先进事迹鼓舞将士士气的演讲。受限于战争条件，战地英模演讲往往是根据战场实际需要出发，讲究实效性，演说对象灵活多样，可以针对个别人，也可以在班排、营连上讲，既可以是英模现身说法，也可以是以第三人称进行叙述，但是要注意不可长篇大论，而是突出最激励人心的要点。

值得注意的是，当前世界局势已远远不同于20世纪两次世界大战时的情况，当今的世界和平与战争并存，建设与摧毁同在。在国内国际形势发生深刻变化的今天，我国发展面临的风险和挑战交织叠加，反恐维稳、抢险救灾、维护权益、安保警戒、国际维和、国际救援等非战争军事行动任务日趋繁重。军队在执行这些任务的过程中，同样也需要开展演讲，以协助行动顺利进行。

（二）战时演讲的特点

1. 及时性

战时演讲要根据战场情况、任务、思想动态，结合战术要求抓准时机持续地进行，虽然一般的演讲也会具备鼓动性，但是战时演讲的鼓动性要更加及时且讲究实效。胜利时要鼓舞大家不要居功自傲，失败时要鼓舞大家不可灰心沮丧，情况紧急时要鼓舞大家镇定冷静。英国首相丘吉尔在战时的演讲就很具有代表性。第二次世界大战爆发后，希特勒疯狂进攻欧洲各国。英伦三岛沦为孤岛，英国陷入民族存亡的危难境地。丘吉尔临危受命就任英国首相，发表了一次又一次的战时演讲，如他就任首相后的第一次演说《热血、辛劳、眼泪和汗水》，既是首相就职演说，也是战争动员令。这篇演讲只用了1000来个字，时间大概是3分钟，却获得了前所未有的效果，极大鼓舞了英国军民乃至世界人民与法西斯血战到底的斗志。

2. 精准的针对性

人们的思想总是随着情况的变化而不断地变化着。战场上的情况瞬息万变，指战员们受这个大环境的约束，也不可避免地产生这样或那样的想法，这些思想对完成战斗任务，夺取战斗胜利影响很大。战时演讲要针对指战员的思想实际，有的放矢地进行。思想认识提高了，精神就会振奋起来，就会保持旺盛的士气，取得事半功倍的效果。

3. 广泛的参与性和强烈的鼓动性

战时演讲与平时演讲不同。在日常生活中演讲都是"一人讲，众人听"，但是战时演讲却不是如此，它是一个发动群众、人人开口的演讲活动。在作战中，干部既是指挥员，也是演讲员；不仅干部要带头进行鼓动演讲，每个战士也要进行鼓动演讲，形成人人握枪杀敌、个个口里演讲的宏阔场面。

二、战时演讲的策略

电影《战狼》中，冷锋的战友俞飞牺牲在入侵雇佣兵的枪口下，原本的军事演习升级成为抗击入侵者的战争，指战员向战狼中队的队员发出了作战的命令：

> 同志们，看着你眼前牺牲的战友告诉我，这是什么？这是战书！是向中国军人的挑衅！再过六个小时，敌人可能会穿越国境线，逃出中国，现在我命令你们，把失去的尊严夺回来。如果在这个时间里，你们没有完成任务，我会调动战机，对这片区域进行覆盖式轰炸。我们将要守护的这个地方，终年荒无人烟，如果没有发生这场战斗，我们可能一辈子也不会来到这里。这里没有青山绿水，没有金银宝藏，可是在我们军人的眼里，这里是最美的地方，因为它是中华人民共和国的国境线，是我们是用生命和鲜血，誓死捍卫的地方！现在，让我们以军人的尊严宣誓：犯我中华者，虽远必诛！

这段台词是一篇非常优秀的战前动员令，在敌人忽然入侵的紧急情况下，指战员简洁明了地说清了当时的情况，言简意赅地布置了任务。这段话集中体现了战时演讲的几个特点：语言简明有力，鼓舞战斗士气；讲清任务形势，指明行动方向；渲染战争气氛，激发爱恨情感。

（一）语言简明有力，鼓舞战斗士气

苏联教育家加里宁曾说："演讲内容中，往往四分之三是水，只有四分之一有用。可惜，我们还不会真正把水挤干。"（《在〈教师报〉编辑部所召集的城乡优等教师会议上的讲演》）

战争的紧迫性往往不能容演说者有过多的遐思时间，未来的战争是信息化战争，战场节奏越来越快，临战动员必须更加简短有力、掷地有声、精准有效。因此演说的语言首先必须做到言尽其意，演讲者自己对演说的观点要有清晰的理解，必须十分明确自己所讲的话有哪些是必要的，是针对谁说的，要解决什么问题。在技巧上，这样的演讲多用语法结构简单的短句，不需要太多的修饰成分，并且在演讲中要善于使用停顿、重音等来突出要表达的中心思想。

二战期间，德军绕过法国马奇诺防线从北欧进攻法国，由于形势估计错误，英法联军很快就无法抵挡德军攻势，德军直趋英吉利海峡，把近 40 万英法联军围逼在法国北部狭小地带，只剩下敦刻尔克这个仅有万名居民的小港可以作为海上退路，于是英法两国决定实施“敦刻尔克大撤退”。德军扶持投降的法国元帅贝当建立了维希傀儡政权，主张抵抗的戴高乐将军则前往英国寻求首相丘吉尔的支持。在法国危难之际，戴高乐发表了《谁说败局已定》的演讲，下面是其中的节选：

> 毫无疑问，我们确是吃了败仗……
>
> 但是难道已一锤定音，胜利无望，败局已定吗？不，绝不如此！请相信我，因为我对自己说的话胸有成竹。我告诉你们，法兰西并没有失败。我们完全可以以其人之道还治其人之身，并有朝一日扭转乾坤，取得胜利。①

戴高乐彼时流亡英国，即使有英国的支持和帮助，他每天也只能使用两次英国BBC电台，而每次只有五分钟。在这极其有限的动员时间里，他必须选择最重要的内容，因此他的首次讲话，紧紧围绕着“法兰西并不是孤立无援”“法兰西并未落败”这个主题，鼓舞那些不愿屈服和投降的法国人民，并向全世界昭告法国依然有抵抗的精神，力求争取一切可以团结的力量。他的这番讲话也确实在世界范围内产生了很大的影响。

（二）讲清任务形势，指明行动方向

战时演讲特别是战前动员，既是为了鼓舞士气，更是为了把战斗的形势讲明白，把战斗的任务布置清楚，把行动方案、敌情、我情及友邻部队的协同配合情况等一一交代，让战士们明确战斗的目标和方向。

早在商周时期，在作战之前，将领就会对士兵进行动员。《尚书》中有一类文章叫作“誓”，例如《费誓》《秦誓》等，“誓”就是表决心的话，这些文章就是传世文献中最早的战前动员令，所以战前的动员我们也叫“誓师”。《尚书·周书·牧誓》是其中非常有名的一篇，它记载的是公元前 11 世纪，周武王统率大军伐纣，临战前在商都朝歌南七十里的牧野所发表的战争动员令（内容见本书第 6 页）。在这篇战前动员令中，周武王先是向从征的将领和追随他参战的各诸侯国首领列举了商纣王的主要罪状，说他听信妇人之言，对祖先的祭祀不闻不问，轻蔑废弃同祖兄弟而不任用，反倒轻信那些从四方逃亡而来的罪恶多端

① 徐景林.你应该熟读的纪典演讲辞［M］.南昌：百花洲文艺出版社，2018：81.

的人，因此周武王要替上天来惩罚他。接下来讲到如何列阵攻击，进攻的阵列的前后距离不得超过六步、七步，在交战中根据实际情况，四、五、六、七回合之后，就要停下来整顿阵容。最后讲到如何对待投降的敌人，要让俘虏为自己服役。在布置任务期间，还穿插着鼓舞士气和斗志的口号："勖哉夫子！"（大意为"奋勇向前啊，将士们！"）全篇誓词层次分明，布置有序，体现了周武王军队严明的军纪。

（三）渲染战争气氛，激发爱恨情感

战争是你死我活的搏斗，一如北非古国迦太基历史上著名将领汉尼拔所说的，战争就是"要么胜利，要么死亡"。在生死关头，唯有激起将士们心中的爱恨情感，令上下一心、同仇敌忾，坚定必胜的信念，才能最大程度地激发起将士们的勇气和斗志。

1941年，德国撕毁《苏德互不侵犯条约》，以闪电战的模式急速向苏联推进。丘吉尔发表了关于希特勒入侵苏联的广播演讲：

> 我看到俄国上万的村庄，那里穿衣吃饭都依靠土地，生活虽然十分艰辛，那儿依然有着人类的基本乐趣，少女在欢笑，儿童在玩耍。
>
> 我看见纳粹的战争机器向他们碾压过去，穷凶极恶地展开了屠杀。
>
> 我看见全副戎装，佩剑、马刀和鞋钉叮当作响的普鲁士军官，以及刚刚威吓、压制过十多个国家的、奸诈无比的特工高手。
>
> 我还看见大批愚笨迟钝、受过训练、唯命是从、凶残暴忍的德国士兵，像一大群爬行的蝗虫正在蹒跚行进。
>
> 我看见德国轰炸机和战斗机在天空盘旋，它们依然因英国人的多次鞭挞而心有余悸，却在为找到一个自以为唾手可得的猎物而得意忘形。
>
> 在这番嚣张气焰的背后，在这场突然袭击的背后，我看到了那一小撮策划、组织并向人类发动这场恐怖战争的恶棍。①

这篇演讲在今天仍不断被人提起，丘吉尔在这里用手无寸铁的少女、儿童这些温暖、柔弱的形象，反衬出全副武装的德国士兵的凶残无情，极大地激起了人们对苏联人民的同情和对法西斯的痛恨。

思考与练习

（1）战时演讲的特点有哪些？搜集一篇你最喜爱的战时演讲经典作品，谈谈你喜欢它的原因。

（2）结合未来战争的需要，谈谈在信息化作战条件下的战场环境中，应该如何提高战时演讲能力？

---

① 李盟.世界著名政治家的精彩演说［M］.北京：北京联合出版社，2014：174-176.

拓展延伸

［1］毛泽东.当学生，当先生，当战争领导者［J］.党的文献，2013（6）：3—7.

［2］朱德.一年余以来的华北抗战［A］//《红色档案：延安时期文献档案汇编》编委会.红色档案：延安时期文献档案汇编（第3卷）（第41期至第59期）［M］.西安：陕西人民出版社，2013.

第四节 分队日常演讲

在基层分队日常生活中，运用到演讲这一语言表达方式的，一般来说有点名和讲评两种活动。点名与讲评有时会一起进行，例如每天的晚点名会对一天的工作进行讲评，但有些课目训练、会议或专项活动结束后，也会进行针对性地点评。

一、点名

点名是指在部队基层单位中，由指挥员对列队部属进行的口头呼点和简短讲话的行为。点名是我军在革命战争年代形成的管理方式和传统，现已成为我军制度化管理的内容，对保持部队内部高度集中统一、维持紧张有序的工作起着积极的作用。

（一）点名的要求

点名讲话时间不长，动作不大，但作用不小。做好点名讲话要注意以下几点。

1.认真准备

点名演讲虽然是即席性的，但仍有一定的准备时间。点名前，连首长应先行商定内容，把该讲的事情理出头绪，然后由值班员集合全队人员进行点名。主持点名的干部讲话前要打好腹稿，必要时在本子上列出提纲，做到点名时条理清楚、简单明了、重点突出、不缺内容。切忌毫无准备、张嘴就说、漫无边际，以致出现丢三落四、拖拖拉拉或让大家听不明白的现象。

2.突出主题

晚点名讲话主要是讲近一两天的情况，一般情况下不应包罗数日或更长时期的情况。每次点名要针对突出问题，重点讲一两个主题，如果一次点名涉及多个主题，不仅会淹没重点，影响工作落实，而且会给人以报“流水账”的感觉，使人理不出头绪，抓不住工作重心。要做到重点突出，就要抓住关键环节和倾向性问题。

抓住关键环节，就是要围绕当前的中心工作重点来讲，同时也应顾及连队的长远建设，解决好影响当前工作顺利进行或制约连队长远发展的突出问题。

抓住倾向性问题，就是要围绕问题或事故的苗头讲，把问题制止在萌芽状态中，防止积重难返以致出现严重后果。

3.控制时间

点名时间一般不得超过15分钟，但一些连队的点名越“点”越长，动辄就是个把小时，不仅占用了战士的休息时间，也影响了点名的效果。

产生这种现象的原因，一是一些连队干部在口头表达能力上有欠缺，讲话缺乏条理，抓不住重点，没用的话讲了不少，真正需要讲的问题却说不清楚。二是认识上的偏差，有的连队干部认为说少了就显得不重要，讲不够就引不起大家的重视，本来是一点就明的道理，却不厌其烦地阐述。三是干部轮番轰炸，每个人都要再“补充两句”，使点名越拉越长。

要解决这些问题，连首长要做好以下几点工作：一是在点名前要充分交换意见，分清各自职责，避免“各吹各的号，各弹各的调”；二是讲话前要理清思路，并且要对出现的问题进行仔细分析、深入思考，才能言之有序、言之有物；三是要学会凝练语言，用通俗明快的讲话把工作布置清楚，从而把点名时间控制在规定的时间内。切记，点名讲话不在于多，而在于精。

（二）点名的内容

点名的基本内容一般有清点人员、生活讲评、宣布次日工作或者传达命令、指示等。清点人员通常采用呼点的方式，可以按官兵名册呼点全体人员，也可以呼点部分人员。生活讲评主要讲评连队执行一日生活制度的情况，表扬好人好事，批评不良现象。

二、讲评

讲评是机关工作最常用的一种语言表达形式。同是对某一件事情、某一项工作进行讲评，不同的人讲，效果往往不一样，甚至大相径庭。善讲者，可起到帮助鞭策、鼓劲加油的作用；不善讲者，不但起不到推动工作的目的，甚至往往引发意想不到的负面作用。

讲评通常在三种情况下进行：一是一项工作或一个阶段工作结束后；二是班务会、连务会等会议上需要讲评总结时；三是发现部队工作中有值得肯定宣扬或需要纠正的问题时。讲评的目的是使部属明白哪些地方做得好，哪些地方做得差，需要怎样改进；激励官兵的工作热情和协同合作的团队精神。

（一）讲评的要求

基层官兵几乎天天面对讲评，讲评的内容既涉及基层部队工作能否有序开展，更会影响到官兵的积极性。因此，对于干部骨干来说，讲什么、怎么讲，要认真对待、审慎把握。

那么，好的讲评究竟应该注意哪些方面的要求呢？

1.具体明确

讲评工作不应总是用“总的说来”“大多数”“少数人”等概括性的语言，而必须具体指出哪个方面、哪些同志、哪个单位做得好，哪些做得差，好在什么地方，差是因为什么原因。这样才能使部属有所触动，有改进的明确方向。做到这一点，关键是要以做好工作为出发点，敢于坦率地指出每个人、每个单位的优长差距。

2.就事论事

讲评应在充分掌握情况的前提下进行，讲评者应深入实际，耳闻目睹，直接了解和掌握第一手材料；也可听取汇报，收集二手材料了解情况。要对所讲评的人或事做到准确无误，凡说明观点的例子都要有事实根据，不能道听途说，凭想象发挥，否则听者难以心服口服，甚至会产生逆反心理，影响机关干部的形象。讲评要着重对部属在这项工作中的表现效果、方法做出实事求是的评述，而不应对其工作技能、思想素质，特别是对工作的态度进行评述。如果随便否定一个人的工作能力、思想基础和工作态度，往往会彻底打击他的工作信心和积极性，使其更不愿干好。如果是个人技能问题，应在实际工作中具体帮助指导；如果是思想问题，应单独谈话解决，要始终把部属看作有素质、能干好的人，绝不流露出看不起部属的情绪。否则，部属就会对你的讲评产生反感。

3.重在激励

把讲评的重点放在改进工作、激励进取精神上。对部属工作中存在的问题，只讲能够改进的，属于客观因素和马上不易做到的事不宜提出。讲评时应先表扬肯定，后批评分析。要看到多数人是愿意把工作做好的，也确实做了大量工作，因而讲评时，一定要先肯定成绩然后再提出问题差距，这样既易于让人接受，又利于部属在好差对比中明确前进方向。

4.忌啰嗦无味

毛泽东早就形象地把某些人的讲话比喻为“懒婆娘的裹脚布——又臭又长”，讲评时能一句话说清楚的就不说两句话，能使用群众口头语言的就尽量避免书面语言。只有这样，才能使大家能听想听、听出道理、听出努力的方向来，才不至于令人感到味同嚼蜡，不仅没有收益，反而感到难受。好的讲评易引起大家的共鸣，一个好的讲评就如一曲动人的音乐，令人击节应和，使人在不经意中受到触动和启发。只要多学习、多锻炼、多总结、多实践，就能不断提高讲评工作的水平。

一位新上任的连主官为了能尽快融入连队，想要把方方面面的情绪照顾好，凡事都留有余地，在准备讲评时也是如此，每逢晚点名，他会把各班、排表现好的方面逐个讲评一番。刚开始，大家得到了他的认可，工作积极性明显提高，与他的关系也日渐融洽。可随着表扬愈发频繁，战士们反而产生了消极情绪。究其原因，就是讲评出了问题。大家认为每次讲评工作都是挨个表扬、模糊批评，搞“平均主义”，“你好我好大家好”，“干好干坏一个样”，失去了讲评的意义。这种情况在部队中并不少见，有的干部能敏锐地意识到这一点，并及时指出其危害。

近期，我发现部分单位战士在工作训练中犯了错误，干部骨干在讲评时经常用“个别同志”代指具体姓名。

“个别同志”是一种模糊的称谓，在特定的情况下使用可以起到保护当事人隐私和自尊心的作用。然而，如果干部骨干在讲评问题过程中不敢“点名”，总以“个别同志”代替，时间久了，不仅无法达到解决问题和治病救人的效果，反而会成为个别战士不能正视问题的“遮羞布”。

一线带兵人在重要问题和关键时刻，要摒弃“批评战友怕伤和气”的顾虑，敢于指名道姓进行批评教育，帮助战士改正缺点；犯错的战士也应端正态度、虚心接受批评并加以改正，这样我们的战斗力和凝聚力才会越来越强。①

这是针对上述“平均主义”“模糊主义”问题的整改方法，同时也是一篇有代表性的讲评稿。在这篇稿子中，讲评人按照“发现问题—分析问题—解决问题”的思路，首先鲜明地指出了近期讲评中存在的“模糊”做法，其次分析了这种做法带来的危害，最后讲清了讲评的正确方式以及被讲评人应有的态度。语言简洁明了，内容切实有效。

（二）讲评的内容

讲评的目的是鼓励先进、鞭策后进，营造创先争优的良好氛围，以便扬长避短更好地开展工作。因此既要把成绩讲够，也要把问题点透，要讲得客观全面、公平公正，不可一讲评就批评，一发言就恶言。

讲评的主要内容一般包括：①陈述目前工作中取得的成绩或存在的问题；②总结好的经验做法或分析出现问题的原因；③指出下一步开展工作的方向或解决问题的方法。

下面这篇讲评针对的是一次具体的课目训练：

今天我们组织了野战生存课目训练，同志们参训热情很高，但也发现不少问题：有的同志为了方便，不仅不注意隐蔽伪装，还卸下战斗装具；有的同志为避免麻烦，干脆用零食充饥，人走后也没有消除痕迹。

究其原因，主要是部分同志打仗意识树得不牢，对野战生存认识存在偏差，片面认为野战生存就是野炊，除了环境苦一点、食材少一点、味道差一点外，其他和营区内组织炊事训练没啥区别。

同志们，野战生存是以适应战场环境为目标的综合性训练，简单地说，就是锤炼大家在战时无保障条件下的野外生存能力。为此，大家必须转变观念，按照实战标准进行训练。干部骨干要充分预想战场情况，科学制订施训方案，既要演练如何“吃得饱”，更要主动营造“吃不饱”的困境，提升大家在恶劣战场环境中的生存能力。②

讲评人首先肯定了训练过程中大家的热情，但也明确指出在这次野外训练中出现的问题，继而分析这些问题产生的原因，归根结底还是思想意识有偏差，于是向大家讲明野战生存训练的重要意义，并指出下一步需要改进的方向。

---

① 不能总给“个别同志”留面子［N］.解放军报，2019-7-8（08）.

② 野外生存不是野炊［N］.解放军报，2017-9-27（11）.

思考与练习

（1）模拟担任学员队值班员，进行一次晚点名和一日工作讲评。

（2）以队为单位，针对近期某项课目训练，组织一次讲评活动。

拓展延伸

[1] 郭会.军队基层干部演讲与口才实训教程[M].西安：西北工业大学出版社，2017.

[2] 肖春明.全国全军演讲名篇选析演讲技巧50种[M].南京：东南大学出版社，1992.

附录　军队机关公文格式

【上行文】

0 1
× 密

中国人民
解 放 军　×××××××××

××〔20××〕×× 号　　签发人：×××

关于 ×××× 的请示

××××××：

　　×××××××××××××××××××××××××××
×××××××××××××××××××××××××××××
×××××××××××××××××××××××××××××
×××××××××××××××××××××××××××××
×××××××××××××××××××××××××××××
×××××××××××××××××××××××××××××
×××××××××××××××××××××××××××××
×××××××××××××××××××××××××××××
×××××××××××××××。

××。

附件：1.××××××××××××××××××××
　　　　××××××
　　　2.××××××××××

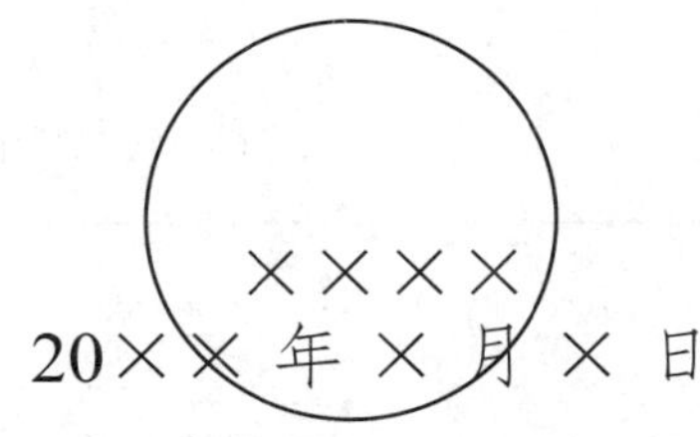

××××
20××年×月×日

抄送：×××××、×××××、×××××，×××××，
　　　×××××，×××××。　　　　　（共印××份）

承办单位：×××××　联系人：×××　电话：×××××

×××××××××　　　　　　20××年×月×日印发

【下行文】

0001
× 密
× 急

中国人民解放军××文件

××〔20××〕××号

关于××××的通知

××××××:

×××××××××××××××××××××××××××
×××××××××××××××××××××××××××××
×××××××××××××××××××××××××××××
×××××××××××××××××××××××××××××
×××××××××××××××××××××××××××××
×××××××××××××××××××××××××××××
×××××××××××××××××××××××××××××
×××××××××××××××××××××××××××××
×××××××××××××××××××××××××××××
×××××××××××××××××××××××××××××
×××××××××××××××××××××××××××××
×××××××××××××××××××××××××××××
×××××××××××××××××××××××××××××
××××××××××。

×××××××××××××××××××××××××××
×××××××××××××××××××××××××××××
××××。

　　×××。

　　附件：1.××××××××××××××××××××
　　　　　　××××××
　　　　　2.××××××××××

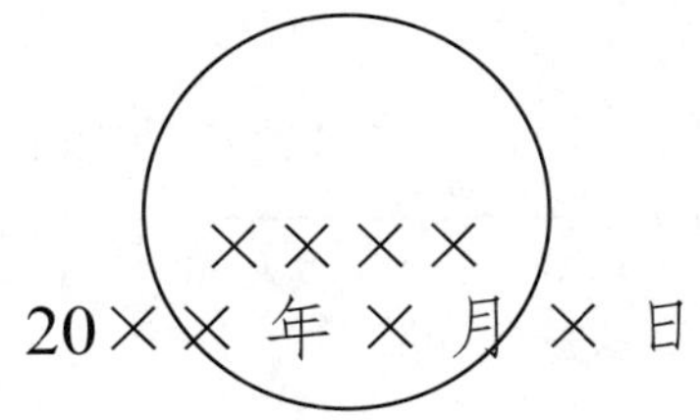

××××
20××年×月×日

（×××××）

抄送：×××××、×××××、×××××，×××××，
　　　×××××，×××××。（共印××份）

××××××××　　20××年×月×日印发

【平行文】

01
× 密
× 急

中国人民解放军××××

××〔20××〕××号

关于××××的函

××××××：

　　×××××××××××××××××××××××××××
×××××××××××××××××××××××××××××
×××××××××××××××××××××××××××××
×××××××××××××××××××××××××××××
×××××××××××××××××××××××××××××
×××××××××××××××××××××××××××××
×××××××××××××××××××××××××××××
×××××××××××××××××××××××××××××
×××××××××××××××××××××××××××××
×××××××××××××××××××××××××××××
××××××××××××××××××××××××××××。

　　×××××××××××××××××××××××××××
×××××××××××××××××××××××××××××
×××××××××××××××××××××××××××××
×××××××××××××××××××××××××××××
×××××××××××××××××××××××××××××
×××××××××××××××××××××××××××××
×××××××××××××。

××。

附件：1.××××××××××××××××××××
　　　××××××
　　2.××××××××××

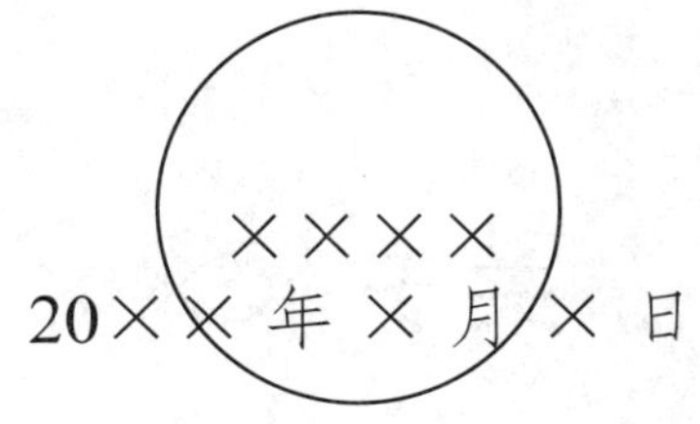

××××
20××年×月×日

抄送：×××××、×××××、×××××，×××××，×××××，×××××。（共印××份）
承办单位：×××××　联系人：×××　电话：×××××
×××××××××　20××年×月×日印发

【函】

中国人民解放军××××

01　　　　　　　　　　　　　　　　　　××〔20××〕××号

×　密

关于××××××的通知

××××××：

　　×××××××××××××××××××××××××××
×××××××××××××××××××××××××××××
×××××××××××××××××××××××××××××
×××××××××××××××××××××××××××××
×××××××××××××××××××××××××××××
×××××××××××××××××××××××××××××
×××××××××××××××××××××××××××××
×××××××××××××××××××××××××××××
×××××××。

　　×××××××××××××××××××××××××××
×××××××××××××××××××××××××××××
×××××××××××××××××××××××××××××
×××××××××××××××××××××××××××××
×××××××××××××××××××××××××××××
×××××××××××××××××××××××××××××
×××××××××××××××××××××××××××××
×××××××××××××××××××××××××××××
××××××××××××。

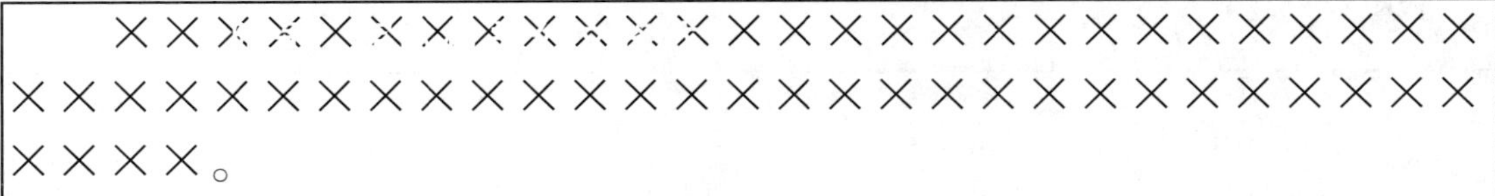

　　××。

××××
20××年×月×日

（×××××）

抄送：××××××、××××××、××××××，××××××，××××××，××××××。（共印××份）
承办单位：××××××　联系人：×××　电话：××××××

【命令】

001
×　密

中国人民解放军××××× 命令

××〔20××〕××号

××××××××

××××××：

××××××××××××××××××××××××××
×××××××××××××××××××××××××××××
×××××××××××××××××××××××××××××
×××××××××××××××××××××××××××××
×××××××××××××××××××××××××××××
×××××××××××××××××××××××××××××
×××××××××××××××××××××××××××××
×××××××××××××××××××××××××××××
×××××××××××××××××××××××××××××
×××××××××××××××××××××××××××××
×××××××××××××××××××××××××××××
×××××××××××××××××××××××××××××
×××××××××××××××××××××××××××××
×××××××××××××××××××××××××××××
×××××××××××××××××××××××××××××
×××××××××××××××××××××××××××××
×××××××××××××××××××。

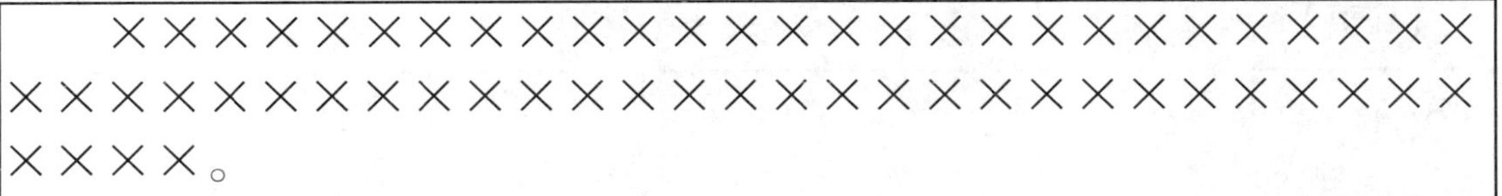

　　××。

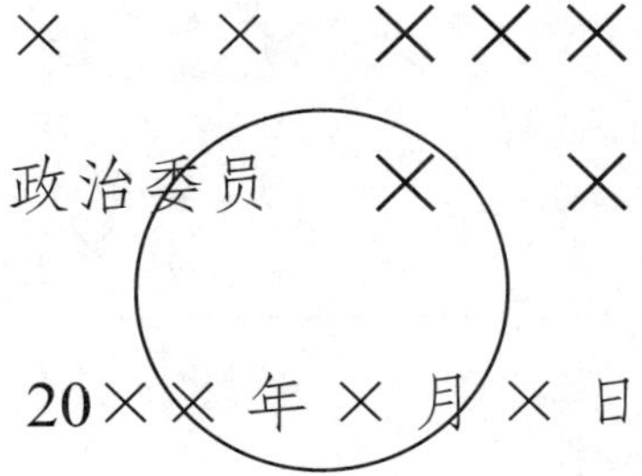

×　×　×××

政治委员　×　×

20××年×月×日

抄送：×××××、×××××、×××××，×××××，
×××××，×××××。（共印××份）

×××××××××	20××年×月×日印发

【纪要】

001
× 密

××××××纪要

〔20××〕××号

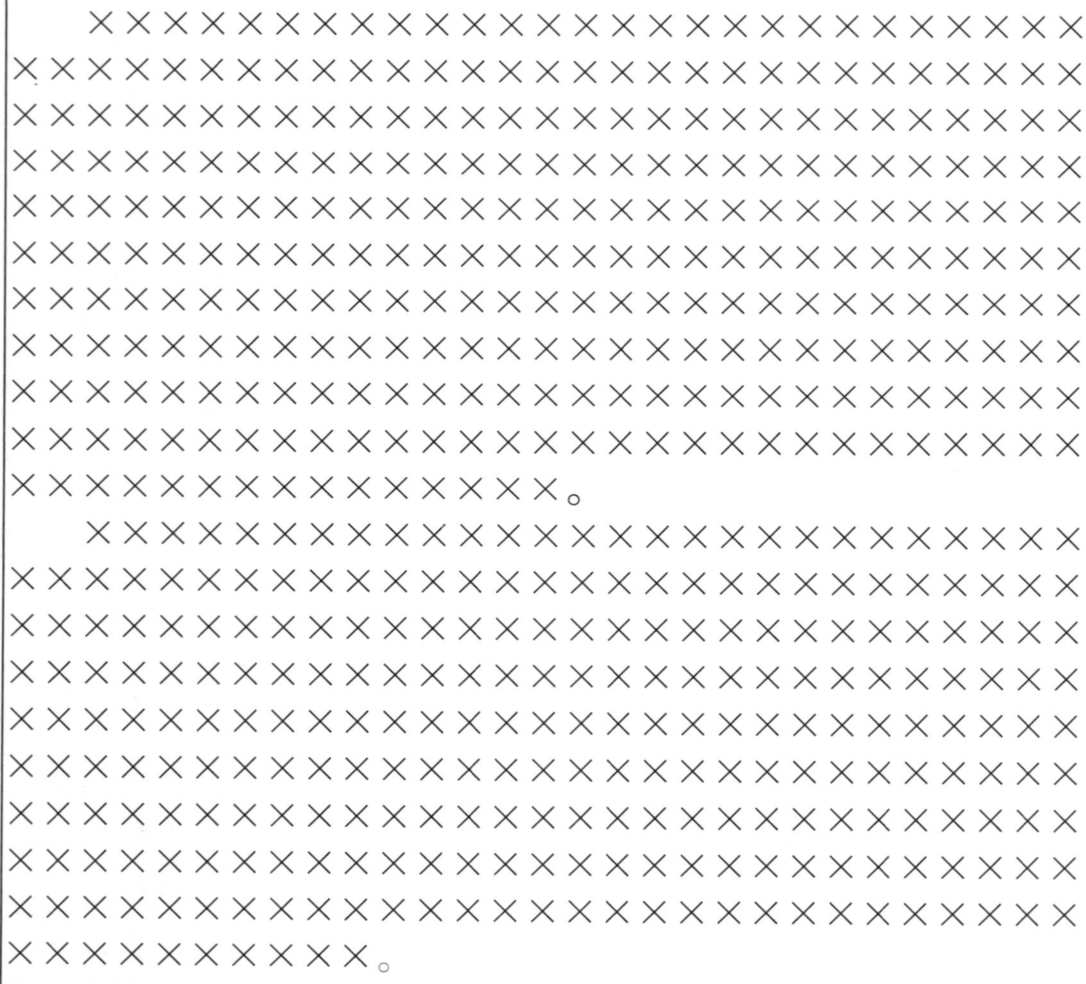

××。

××。

　　××。

　　出席：×××、×××、×××、×××、×××、
　　　　×××、×××、×××。

　　列席：×××、×××、×××、×××、×××、
　　　　×××、×××、×××。

　　缺席：×××、×××、×××、×××、×××、
　　　　×××、×××、×××。

分送：×××××、×××××、×××××，×××××，
　　×××××。（共印××份）

抄送：×××××、×××××、×××××，×××××，
　　×××××。（共印××份）

×××××××××　　20××年×月×日印发

【联合发文】

01
× 密

中国人民解放军 ××××
××××

××〔20××〕××号　　　　签发人：×××　×××

关于××××的请示

　　×××××××××××××××××××××××××××
×××××××××××××××××××××××××××××
×××××××××××××××××××××××××××××
×××××××××××××××××××××××××××××
×××××××××××××××××××××××××××××
×××××××××××××××××××××××××××××
×××××××××××××××××××××××××××××
×××××××××××××××××××××××××××××
×××××××××××××××××××××××××××××
×××××××××××××××××××××××××××××
×××××××××××××××××××××××××××××
×××××××××××××××××××××××××××××
×××××××××××××××××××××××××××××
×××××××××××××××××××××××××××××
×××××××××××××××××××××××××××××
×××××××××××××××××××××××。

　　×××。

　　附件：1.××××××××××××××××××××
　　　　　　×××××××
　　　　　2.××××××××××

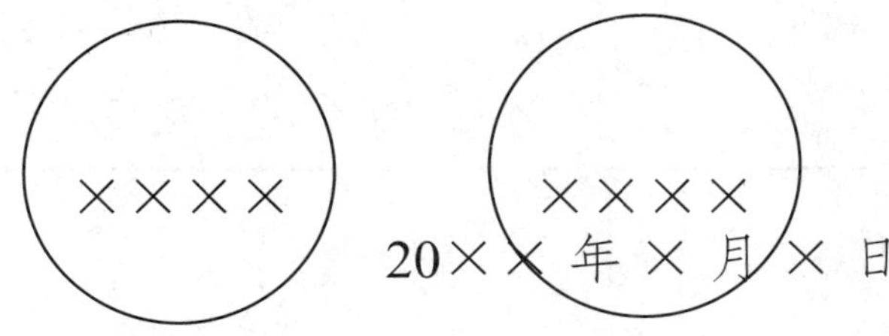

20×× 年 × 月 × 日

分送：×××××、×××××、×××××，×××××，×××××。（共印 ×× 份）

抄送：×××××、×××××、×××××，×××××，×××××。（共印 ×× 份）

承办单位：×××××　联系人：×××　电话：×××××

×××××××××　20×× 年 × 月 × 日印发

0001
× 密
× 急

中国人民解放军 ×××××
××××× 文件

××〔20××〕××号

关于××××的通知

×××××××××××××××：

×××××××××××××××××××××××××××
×××××××××××××××××××××××××××××
×××××××××××××××××××××××××××××
×××××××××××××××××××××××××××××
×××××××××××××××××××××××××××××
×××××××××××××××××××××××××××××
×××××××××××××××××××××××××××××
×××××××××××××××××××××××××××××
×××××××××××××××××××××××××××××
×××××××××××××××××××××××××××××
×××××××××××××××××××××××××××××
×××××××××××××××××××××××××××××
×××××××××××××××××××××××××××××
×××××××××××××××××××××××××××××
×××××××××××××××××××××××××××××
××××××××。

××。

附件：1.××××××××××××××××××××
××××××
2.××××××××××

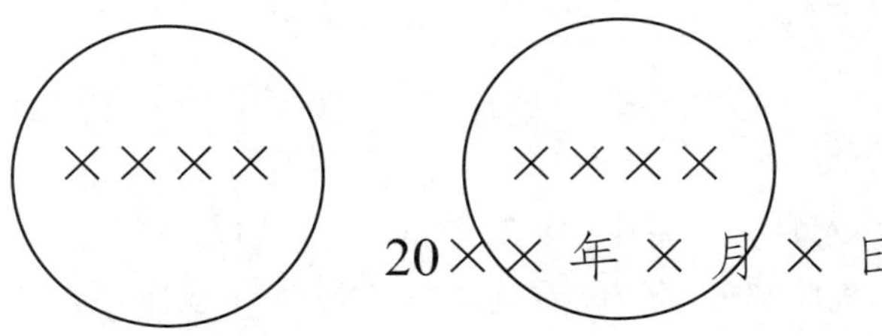

（××××）

抄送：×××××、×××××、×××××，×××××，
×××××。（共印××份）

×××××××××　20××年×月×日印发

参考文献

[1] 李和忠，李赟.军队和武警机关公文写作与处理［M］.济南：黄河出版社，2011.

[2] 马金生.从入门到精通：大型文字材料写作技法详解［M］.北京：海潮出版社，2019.

[3] 吕泽志，马常亮，杨杰.经验做法类文字材料写作［M］.北京：蓝天出版社，2016.

[4] 马文.军官公文写作技巧和范例读本［M］.北京：海潮出版社，2012.

[5] 中国人民解放军学位委员会办公室.军事应用写作［M］.北京：国防工业出版社，2015.

[6] 郑绍保.发展党员操作规程一本通［M］.北京：红旗出版社，2013.

[7] 陈金林.新编军队常用文体写作指导及范例［M］.北京：国防科技大学出版社，2014.